国际传媒前沿研究报告译丛
黄晓新　刘建华 ／主　编

THE MEDIA AND COMMUNICATIONS IN AUSTRALIA（4TH EDITION）

澳大利亚的传媒与传播学（第四版·上）

〔澳〕斯图尔特·坎宁安（Stuart Cunningham）
〔澳〕苏·特恩布尔（Sue Turnbull） ／主编

王　莹 ／译

中国书籍出版社
China Book Press

图书在版编目（CIP）数据

澳大利亚的传媒与传播学：上下册 /（澳）斯图尔特·坎宁安,（澳）苏·特恩布尔主编；王莹译.
-- 北京：中国书籍出版社, 2023.8
ISBN 978-7-5068-9381-7

Ⅰ.①澳… Ⅱ.①斯… ②苏… ③王… Ⅲ.①传播媒介—研究—澳大利亚 Ⅳ.①G219.611

中国国家版本馆CIP数据核字(2023)第064653号

著作版权登记号/图字01-2023-1771

The Media and Communications in Australia, 4th edition / By Stuart Cunningham, Sue Turnbull / 9781743311639

Copyright © 2014 by Stuart Cunningham and Sue Turnbull
Authorized translation from English language edition published by Routledge, part of Taylor & Francis Group LLC; All Rights Reserved.
本书原版由Taylor & Francis出版集团旗下，Routledge出版公司出版，并经其授权翻译出版。版权所有，侵权必究。
China Book Press is authorized to publish and distribute exclusively the Chinese (Simplified Characters) language edition. This edition is authorized for sale throughout Mainland of China. No part of the publication may be reproduced or distributed by any means, or stored in a database or retrieval system, without the prior written permission of the publisher.
本书中文简体翻译版授权由中国书籍出版社独家出版并仅限在中国大陆地区销售。未经出版者书面许可，不得以任何方式复制或发行本书的任何部分。
Copies of this book sold without a Taylor & Francis sticker on the cover are unauthorized and illegal.
本书封面贴有 Taylor & Francis 公司防伪标签，无标签者不得销售。

澳大利亚的传媒与传播学（上、下册）

[澳]斯图尔特·坎宁安 [澳]苏·特恩布尔 主编　　王 莹 译

责任编辑	杨铠瑞
责任印制	孙马飞　马　芝
封面设计	春天·书装工作室
出版发行	中国书籍出版社
地　　址	北京市丰台区三路居路97号（邮编：100073）
电　　话	（010）52257143（总编室）　　（010）52257140（发行部）
电子邮箱	eo@chinabp.com.cn
经　　销	全国新华书店
印　　刷	三河市富华印刷包装有限公司
开　　本	710毫米×1000毫米　1/16
字　　数	470千字
印　　张	39.5
版　　次	2023年8月第1版
印　　次	2023年8月第1次印刷
书　　号	ISBN 978-7-5068-9381-7
定　　价	118.00元

版权所有　翻印必究

国际传媒前沿研究报告译丛（8卷本）
编辑委员会

学术顾问： 胡百精　喻国明　周蔚华　魏玉山　张晓明　孙月沐
　　　　　　梁鸿鹰　林如鹏　方立新　喻　阳　于殿利　杨　谷
　　　　　　王　青　贺梦依　隋　岩　熊澄宇　邓逸群　谢宗贵
　　　　　　武宝瑞　高自龙　施春生　林丽颖　张　坤　韦　路
　　　　　　（排名不分先后）

主　编： 黄晓新　刘建华

编　委： 刘向鸿　李　淼　师力斌　孙佩怡　康　宏　杨驰原
　　　　　　张文飞　董　时　刘一煊　赵丽芳　卢剑锋　王卉莲
　　　　　　黄逸秋　李　游　王　珺　遆　薇　王　莹　杭丽芳
　　　　　　刘　盼　李文竹　洪化清　黄　菲　罗亚星　任　蕾
　　　　　　穆　平　曾　锋　吴超霞　邹　波　苏唯玮　汪剑影
　　　　　　潘睿明　傅　烨　肖　蕊　杨青山　杨雨晴　黄欣钰
　　　　　　邱江宁　周华北　林梦昕　王梓航　韩国梁　史长城
　　　　　　牛　超　薛　创　庞　元　王　淼　朱　琳
　　　　　　（排名不分先后）

出品单位： 中国新闻出版研究院传媒研究所

编者简介

斯图亚特·坎宁安（STUART CUNNINGHAM）是昆士兰科技大学媒体与传播学特聘教授，也是澳大利亚研究理事会创意产业与创新卓越中心主任。近年来，他发表了多篇专著和论文，包括《数字中断：电影在线移动》（与迪娜·约尔达诺娃合著，2012年发表）、《创意产业的重大概念》（与约翰·哈特利、杰森·波茨、特里·弗洛、约翰·班克斯和迈克尔·基恩合著，2013年发表）、《隐藏的创新：政策、产业和创意部门》（2013年发表）和《银幕发行和网络世界的新国王》（与乔恩·西尔弗合著，2013年发表）。

苏·特恩布尔（SUE TURNBULL）是澳大利亚卧龙岗大学传播和媒体研究教授。她在媒体教育、观众和电视研究领域发表了大量文章，尤其关注喜剧和犯罪题材影视剧。最近的出版物包括与凯特·达里安·史密斯联合编辑的《电视警匪片》（2014年）《回忆电视》（2012年）和与朗达·威尔科克斯联合编辑的《调查维罗妮卡·马斯：青少年侦探系列文章》（2011年）。她是澳大利亚媒体国际杂志的编辑，并与马丁·巴克共同编辑《参与：受众和接受研究杂志》。

译者简介

王莹，先后毕业于首都经贸大学和爱尔兰都柏林大学，获都柏林大学理学硕士学位。现任中欧数字协会副主席，中国传媒大学MBA业界导师。曾任新华社记者和携程集团国际事务部总经理等职，具有广泛的国际公关和品牌运作经验并热心公益。其研究领域包括数字经济，互联网企业国际化，宏观政策分析，公关危机、欧洲主权债务危机等。

译丛前言

传播是人类与生俱来的行为，人类社会的不断发展带动传媒技术的不断变革与传媒形态的不断创新。传媒的进化发展反作用于人类社会，发挥社会监督、协调沟通、经济推动与娱乐润滑的作用，促进人类社会的不断进步。

加拿大著名传播学者麦克卢汉的"媒介即信息"认为，媒介所刊载的内容并不重要，重要的是媒介本身，一种媒介其实是一个时代一个社会文明发展水平的标志，它所承载的"时代标志性信息"是辽阔的、永恒的。一部文明史，其实质就是人类使用传播媒介的历史，也是传媒从简单到复杂的发展历史。

媒介发展史其实就是媒介技术变革史，正是因为造纸技术、印刷技术、电子技术、数字技术、网络技术、移动技术、人工智能等新技术的出现，人类传播从口耳相传走向窄众传播、大众传播，又从大众传播走到分众传播、精准传播，一切皆媒介、人人皆传播成为现实，世界也就成为名副其实的"地球村"。

进入21世纪以来，由于互联网特别是移动网络和数字技术的发展和普及，带来新的传媒革命，重构社会生态。党中央审时度势、高度重视、周密部署，2013年我国开启传统媒体与新兴媒体融合发展的步伐。经过10年来各方面的共同努力，我国传媒融合发展取得显著成效，相当多的主流融媒体机构已经成型，融媒体传播能力已经具备，融媒体内容生产提质增效，主流舆论阵地得到稳固，媒体融合加快向纵深发展，并正在构建"全媒体传播体系"。在这个过程中，我们需要了解掌握国外媒体的融合现状、发展道路和趋势，学习借鉴国外媒体融合发展、建设的经验教训，为我所用，进一步攻坚克难。

中国传媒业作为文化产业的核心组成部分，在我国政治经济文化社会生活中发挥着信息传播、人际沟通、休闲娱乐和舆论引导、社会治理的功能，具有举足轻重的地位。国际传播能力也在不断提高，在国际传媒舞台上获得了一定的地位。但是，与纽约时报（The New York Time）、新闻集团（News Corporation）等国际传媒大鳄相比，我们的传播实力与国际地位还远远不足不够，在掌握国际话语权上还有较大的努力空间。

2022年10月16日，习近平总书记在党的二十大报告中指出，要"加强全媒体传播体系建设，塑造主流舆论新格局"，"增强中华文明传播力影响力。坚守中华文化立场……讲好中国故事、传播好中国声音，展现可信、可爱、可敬的中国形象。……推动中华文化更好走向世界"。要落实这一指示，夯实国际传播基础，增强中国软实力，提升国际话语权，我们既要利用国内政策与资源优势，也要了解国际先进传媒业的运作规律、基本格局和受众状况，知己知彼，才能把中华文化推向世界。

有鉴于此，我们组织编译出版了"国际传媒前沿研究报告"丛书。理论是灰色的，而实践之树常青。与以往的新闻传播理论著作译介相比，本套译丛更强调传媒发展实践，着重译介西方发达国家最新传媒发展态势的前沿研究报告，以鲜活的案例和有可操作性的做法，以及比较科学的理论总结，为中国传媒业提供切实可行的参照与抓手，加快走向世界的步伐，加快国内媒体与国际媒体的创新合作和"无缝对接"，加快建设国际一流媒体，为推动建设人类命运共同体作出贡献。

本译丛共8本，分别为《新媒体与社会》（美国）、《加拿大传媒研究：网络、文化与技术》（加拿大）、《传媒产业研究》（英国）、《德国传媒体系：结构、市场、管理》（德国）、《新视听经济学》（法国）、《俄罗斯传媒体系》（俄罗斯）、《澳大利亚的传媒与传播学》（澳大利亚）、《韩国传媒治理》（韩国）。

感谢中国新闻出版研究院，感谢业界、学界与政界的所有领导和师友，感谢本译丛版权方和相关机构的大力支持，感谢在外文转译为中文过程中立下汗马功劳的所有朋友们的努力、帮助和奉献，感谢中国书籍出版社的真诚付出。

由于水平和时间所限，译丛一定存在这样或那样的缺失和不足，望读者、专家不吝赐教。

黄晓新　刘建华

二〇二三年八月八日

以时空观民族观形质观深化文明交流互鉴[①]

（代序）

2022年10月16日，习近平总书记在党的二十大报告中指出，"增强中华文明传播力影响力。坚守中华文化立场……讲好中国故事、传播好中国声音，展现可信、可爱、可敬的中国形象。……深化文明交流互鉴，推动中华文化更好走向世界"[②]。中华文化影响力的提升和更好走向世界的一个重要基础就是世界文明的交流互鉴。他山之石可以攻玉，我们对其他优秀文明成果有了全面和深入的了解，可以借鉴其好的经验与做法，促进文化事业和文化产业繁荣发展，为国内外提供更多优秀文化产品，实现健康持续的文明交流互鉴。文化贸易是世界文明交流互鉴的一个非常有效的手段。对外文化贸易既包括文化产品的输出，也包括文化产品的输入，是输出与输入双向一体的过程。对于中华民族文化而言，兼容并蓄是其五千年惯以形成的品格，她对世界文化一直秉持开放借鉴的态度。要彰显中华文化在世界民族之林的应有位置，不仅需要输出我们的文化产品，而且也要输入世界优秀文化，以更好地发展中华民族文化，建设社会主义文化强国，增强中

---

① 本文作者刘建华，原载于《南海学刊》2022年11月第6期。
② 习近平. 高举中国特色社会主义伟大旗帜为全面建设社会主义现代化国家而团结奋斗[EB/OL]. 新华社官方账号 https://baijiahao.baidu.com/s?id=1747667408886218643&wfr=spider&for=pc./2022-10/26/.

国国家文化软实力，提升中华文化国际影响力。输入世界文化的指导方针与基本原则就是文化扬弃，要对世界各民族文化进行抛弃、保留、发扬和提高。抛弃消极因素，利用积极成分，为中华民族文化发展到新的阶段做出贡献。本文以此为切入点，从时空观、民族观、形质观三个层面来研究分析文化产品输入的文化扬弃问题，力图为政府与贸易主体提供理论性的框架路线与实践性的方法指导，使世界优秀文化为我所用，"发展面向现代化、面向世界、面向未来的，民族的科学的大众的社会主义文化"。[①]

一、时空观与文化扬弃

对外文化贸易中，作为产品输入国，中国引进文化产品的指导思想与方法论就是文化扬弃。毛泽东指出，继承、批判与创新是文化扬弃的本质。毛泽东的文化扬弃理论的基本内涵是："以马克思主义文化观为指导，尊重文化发展的否定之否定规律，从中国革命和建设的需要出发，批判地继承中外历史文化的成果，从而创造性地建设有中国特色的无产阶级新文化。"[②] 在具体文化实践中，毛泽东提出了文化扬弃的两条总原则，"一是坚持马克思主义文化观的指导，二是坚持从中国的具体情况出发，坚持为人民服务的方向"[③]。在这两条总原则下，要灵活机动地对中外文化进行继承、批判与创新。"历史上

[①] 习近平.高举中国特色社会主义伟大旗帜为全面建设社会主义现代化国家而团结奋斗[EB/OL].新华社官方账号 https://baijiahao.baidu.com/s?id=1747667408886218643&wfr=spider&for=pc./2022-10/26/.
[②] 常乐.论毛泽东的"文化扬弃论"[J].哲学研究，1994（2）：4.
[③] 常乐.论毛泽东的"文化扬弃论"[J].哲学研究，1994（2）：6.

的许多文化遗产却并没有这种可以截然分割的具体形态，而是好坏相参、利害糅杂的有机统一体。"① 对于国外文化的扬弃，毛泽东作了一个形象的比喻，"一切外国的东西，如同我们对于食品一样，必须经过自己的口腔咀嚼和胃肠运动，送进唾液胃液肠液，把它分解为精华和糟粕两部分，然后排泄其糟粕，吸收其精华，才能对我们的身体有益"②。

在对外文化贸易的实践中，文化输入是一个非常复杂而又需要大智慧与大战略的把关过程，它涉及本国消费者文化需求满足与本国文化价值观主体地位问题。在马克思主义的时空观理论中，时空的本质就是社会时空观，或者说是实践时空观。"实践是人的实践，社会也是人的社会，正是人通过长期的物质生产活动和人类之间的相互交往活动，才形成了人类社会和人类社会历史，世界历史无非是人通过人的劳动而诞生的历史"③。所谓实践时间，是指人类实践活动的持续性。所谓实践空间，是指实践运动的广延性。它包括地理空间与关系空间。前者是指以实体形式存在的地理环境，表现为人们进行生产、生活、科学研究和从事各种活动须臾不可缺少的场所。后者是交往空间，是人们实践活动中结成的经济、政治、文化生活等日常的和非日常的交往关系。实践空间是衡量人类对自然的占有规模以及人类社会联系和发展程度的特殊尺度。

每个时代有一定的文化产品，每个地理空间与关系空间也有一定的文化产品，它们有着各自的本质与特征。随着交通技术与信息技术

---

① 常乐.论毛泽东的"文化扬弃论"[J].哲学研究，1994（2）：3.
② 常乐.论毛泽东的"文化扬弃论"[J].哲学研究，1994（2）：5.
③ 黄小云等.论马克思时空观的实践维度[J].文史博览，2006（12）：33.

的发展，全球化成为现实，各国之间经济、文化、社会的联系与交往日益密切。中国在大力输出自己文化产品的同时，也在努力引进有益于本国经济、政治、文化、社会与生态文明建设的国外文化产品。而世界各国由于地理上的区隔及基于此的改造自然与社会的过程不同，其文化产品也是千姿百态，不同历史时期与不同区位的文化产品必然有其不同于中国文化实践的特征，也不一定都适合中国的文化消费需求。因此，只有对国外文化产品的时间结构与空间结构有准确的了解与把握，才能真正实现文化扬弃的产品输入。

1. 时间结构

关于文化产品的时间结构，我们可以从三个层面来进行分析。一是人类历史层面，二是产品时效层面，三是消费时长层面。

人类历史层面是指不同历史发展阶段的文化产品结构问题。对于不同的输入国来说，对不同时间段的文化产品的需求种类与数量是不同的。关于人类历史的划分，没有一个固定的标准。对于人类发展史上文化产品的时间划分，我们借用美国历史学家斯塔夫里阿诺斯在其著作《全球通史》中的划分标准，分为古典文明时期（公元500年之前）、中世纪文明期（公元500—1500年）、西方崛起文明期（公元1500—1763年）、西方优势文明期（公元1763—1914年）、现代文明期（1914年后）、当代文明期。

我们所说的文化贸易具体是指精神文化的贸易。精神文化又包括几个层面，一是指公益性的承载人类永恒价值的文化，一是指供大众消费娱乐的文化。从以上六个时间段来说，古典文明、中世纪文明、西方崛起与优势文明时期的文化,大多是指那种具有人类永恒价值的文化,主要指精英高雅文化,当然也包括一些民间通俗文化。现代科学技术飞速发展,传播技术不断改进以后,印刷、复制、传播、阅读等变得日益简单与普及,大众文化随之诞生。大众文化产品实质是当前国际文化贸易的主要内容。因为大众文化既能承载精英高雅文化内容,也能承载民间通俗文化内容,并在此基础上,创造出为当代大众所欢迎的文化产品。即使是芭蕾、歌剧等高雅文化内容,也能通过大众生产与传播手段,成为受众喜闻乐见的产品形式。从这个意义上来说,现代文明与当代文明期的文化,实质上主要是指以传媒产品为核心的大众文化产品。

因此,对于中国来说,在输入国外文化产品时,应当注意其历史时间结构。既要输入当代时尚的、先进的文化产品,又要考虑输入其古典文明期、中世纪文明期、西方崛起与优势文明期的精英高雅文化。这些文化具有永恒的人类价值,对于开启中国人的智慧、转换中国人的思维方式,具有巨大的借鉴作用。

产品时效层面是指文化产品的时效性结构问题。时效性是指信息的新旧程度、行情最新动态和进展。对于文化产品来说,我们根据其时间耐久的程度,可以分为即时性文化产品、一般性文化产品与恒久性文化产品。

即时性文化产品对时效性的要求最高,需要即时生产、即时传播、即时接受,一旦时过境迁,该文化产品就没有多大意义了。随着现代传播科技手段的发展,人们对信息时效性的需求将有增无减,永无止境。信息化时代,市场竞争日益激烈的时代,谁最早获得信息,谁将拥有决定胜负的主导权。如同商业竞争者们所说,当下不是大鱼吃小鱼的时代,而是快鱼吃慢鱼的时代。商业竞争如此,日常生活也是如此。人们不再满足于最近、昨天、上午等时间上的信息获得,他们需要了解今时今刻、即时即刻乃至将时将刻的信息,需要了解正在发生与将要发生的信息。但凡是提供这方面服务的传媒产品,必然受到欢迎。从另一个角度来说,如果某个媒体提供的新闻信息不能及时传播给受众,那将毫无意义。

即时性的文化产品主要是指提供新闻信息的大众传媒,诸如报纸、电视、互联网等,当下主要是指微博、微信、移动客户端等新媒体产品。对于中国来说,输入即时性的文化产品主要应该是指电视与互联网媒体。尤其是在网络社会与数字化时代,中国受众对世界各地发生的新闻需要有即时的了解,才能了解自己所处的环境,从而做出各种正确判断与决策。而广播、电视、互联网、微博、微信、移动客户端等,是人们即时掌握国外信息的主要手段。所以,中国必须选择与输入适宜的互联网新媒体及广播电视产品,以满足国内受众的文化需求。

一般性的文化产品是指在短期内或者近期内传播并有效消费的产品,也就是说,这类文化产品的时间跨度稍长,处在恒久性文化产品与即时性文化产品之间。这类文化产品具有当代时尚前卫的形式,是针对当代人的文化消费心理与需求而设计生产的,内容具有当下性,可以在一段时间(如一周、一个月、一年)之内有效传播并消费。当然,这个一段时间不具永恒性,过了一定的时间段,就有可能失去市场,难以为受众所接受。

通常而言,畅销书、音乐、广告、影视剧、演艺、动漫游戏、部分可视艺术(设计、工艺、书画)等,都属于一般性文化产品,它们的传播与消费可以持续一段时间,一两年之内不会过时。比如畅销书,一般拥有一年时间的市场。当然，时间不会太长，试想，十年前的畅销书，现在可能没有多少人愿意去看。流行音乐也是如此，今天的人们恐怕不会有太多人去听几年前甚至几十年前的流行音乐，有些流行音乐也许过几个月就没人去听了。广告、影视、动漫游戏等也是如此，我们不能总是把国外很多年前的电影引进来，因为影视剧还是具有一定的时代性，广告也是根据市场主体某个时段的营销计划而设计的，公司隔一段时间就更换广告深刻说明了这一点。部分工艺与书画作品也不一定具有恒久传播与消费价值，随着时代的变化，人们的消费偏好也会有所变化。譬如，书画领域的范曾热、启功热等，就说明了这一点。

恒久性的文化产品是指此类产品具有永恒价值，没有时效性，不论在什么时代都具有传播与消费价值。这类文化产品主要是指经典文学作品、音乐、工艺与书画艺术等。对于这些文化产品来说，输入者有充裕的时间去甄别去选择，根据本国消费者实际情况与思想意识形态指向，引进适销对路的文化产品。

文化产品的消费时长层面是指受众消费文化产品耗时多少的问题。文化产品是体验性的消费产品，是一种时间性产品。这就要求消费者必须对一个文化产品完整消费后，才能获得其价值，也才能知道是否满足其消费需求，也决定了消费者对此类产品的再购买。因此，把握消费者的消费时间观念就极为重要。消费者对文化产品耗时的接受程度是多元复杂的，不同职业、不同性别、不同年龄、不同民族的消费者，对同一类型文化产品的耗时长短定然不一。譬如电影，有些消费者可能喜欢 1 个小时之内时长的，有些消费者可能喜欢 1—2 个小时时长的，有些消费者可能喜欢 2—3 个小时时长的，当然，电影作为按小时计量消费的文化产品，绝不会达到四五个小时，这已超过了所有消费者的极限。因此，必须根据不同消费者的消费时间偏好，输入不同时长的电影。对于中国观众来说，目前比较喜欢的是长达近3小时的好莱坞大片，1小时左右的电影并不受其欢迎。在浅阅读时代，人们的眼球资源的确不够分配，也应运出现了读图书籍、短视频与微电影等，这就需要文化产品输入者进行及时把握与调整了。

所以，对于中国而言，文化产品输入者应该对不同人口统计特征的消费者进行深入研究分析，针对不同的消费时间偏好及其发展变化趋势，准确引进不同时长的国际文化产品。影视剧、歌舞演艺、图书等文化产品，尤其受消费时长的影响，而这些产品又是国际文化贸易的主要对象，因此，有必要对这些文化产品做出详细分析与区隔，进行分门别类的引进。

2. 空间结构

文化产品的空间结构包括地理空间与关系空间两个层面。

从地理空间来看，2019年，根据商务部服贸司负责人的介绍，"从国别和地区看，中国文化产品对东盟、欧盟出口增长较快，分别增长47.4%、18.9%；对'一带一路'沿线国家出口增长24.9%；对美出口下降6.3%"[①]。根据商务部一位新闻发言人的介绍，"2017年，美国、中国香港、荷兰、英国和日本为中国文化产品进出口前五大市场，合计占比为55.9%，我国与'一带一路'沿线国家进出口额达176.2亿

---

① 数据来源于中国新闻网，https://baijiahao.baidu.com/s?id=1661399484447253162&wfr=spider&for=pc，2021-8-20.

美元,同比增长 18.5%,占比提高 1.3 个百分点至 18.1%,与金砖国家进出口额 43 亿美元,同比增长 48%。文化产品出口 881.9 亿美元,同比增长 12.4%;进口 89.3 亿美元,同比下降 7.6%。顺差 792.6 亿美元,规模较去年同期扩大 15.2%"①。从更早的时间 2012 年来看,中国引进的文化产品分布情况如下②:我国文化产品进口国家的地理分布都是美洲、欧洲、亚洲、大洋洲的分布格局,几乎没有非洲国家的文化产品。从国家个数来看,排名前 15 的进口国中,欧洲国家最多,核心文化产品国家中有 6 个,占 40%;亚洲国家与地区居次,有 5 个,占 33.3%;美洲国家排第三,有 3 个,占 20%;大洋洲只有澳大利亚,非洲国家缺位。从进口金额来看,欧美国家份额最大,2012 年 1 月份核心文化产品进口额为 1902.9 万美元,占排名前 15 的国家总额 3821.7 万美元的一半;亚洲国家与地区 1896.9 万美元,几乎占据另外一半份额。也就是说,从空间结构来说,中国文化产品进口国主要是欧美国家与亚洲国家,各占据半壁江山。欧美国家主要集中在经济发达资本主义国家,亚洲国家与地区主要集中在日本、韩国与中国台湾及香港地区。值得一提的是,近几年中国与"一带一路"沿线国家和地区的对外文化贸易规模逐步扩大。

这个地理空间结构存在较大的非均衡,欧美国家主要是英美等老牌资本主义国家,应该要兼及对东欧及南美洲一些国家文化产品的进口。亚洲方面,主要是日本、韩国、中国香港、中国台湾等东亚国家

---

① 数据来源于中国产业信息研究网,http://www.china1baogao.com/data/20180209/1578390.html,2021-8-20。
② 数据来源于商务部服务贸易司,《2012 年 1 月我国核心文化产品进出口情况简析》,中国商务部 http://www.mofcom.gov.cn/aarticle/difang/yunnan/201204/20120408067456.html,2012-4-19。

与地区,而东南亚、西亚与中亚(如印度、泰国、埃及)等国家,虽然在"一带一路"建设倡议下各个指标有所提高,但尚需加大文化产品进口力度。至于非洲国家,也应该有一定的文化产品进口计划,以加强中国与非洲国家的文化交流与互动,从而更好地促进中华文化在非洲国家的影响力。

从关系空间来看,凡是与中国建立外交关系,或者有政治、经济、文化与社会其中之一交往关系的国家与地区,在理论上都应该与中国有文化贸易关系,既包括中国文化产品的输出,也包括中国对这些国家与地区文化产品的输入。只有坚持这种开放与公平的文化交流立场,才能真正使中华文化在世界上有着独立而不可替代的地位,成为公平与正义的代言人,拥有不可小视的话语权,为人类文明的发展与进步做出应有的贡献。

3. 时空文化产品的扬弃

文化产品因其时间性与空间性,结构繁杂多元,中国输入国际文化产品时,应该坚持均衡与适时的文化扬弃策略。

所谓均衡策略,是指文化产品空间结构的合理安排。既要按照先进性原则,大力引进发达国家,特别是西方发达资本主义国家的先进文化。这些文化产品蕴含着人类发展的最前沿思潮与科技创新,对中国文化的发展,对中国人民思维方式的转变,对中国人民知识结构的改善,对中国经济、政治、文化、社会与生态文明的进步,具有巨大的促进作用,应该大力引进。同时,我们又要按照均衡与公平原则,对凡是与中国有经济、政治、文化、社会交往关系的国家,进行一定的文化输入。要在文化没有优劣的理念指导下,对五大洲各个国家的文化产品进行适量而科学的引进。这不仅仅是为了让中国人民了解这些东道国的文化,更重要的是树立中国坚持文化平等交流的大国形象,消解世界各国对中国崛起称霸全球的误会,使中国文化获得更多国际受众的了解与认可,为中华民族文化在世界民族之林中争得应有地位。

所谓适时策略,主要是指对时间文化产品的合理安排与引进。要科学地对国际文化产品按照人类历史层面、产品时效层面、消费时长层面进行分类引进,要在对本国消费者进行深入科学的调研基础上,适时引进不同时间特性的文化产品。从人类历史层面来看,我们不仅要引进现当代的大众文化产品,而且也要引进古典文明时期、中世纪文明时期、西方崛起文明时期与西方优势文明时期各个国家的经典作品,如欧洲文艺复兴时期的哲学与文艺作品、古埃及与古印度的经典文艺与宗教作品。从产品时效层面来看,我们应对国际文化产品的即时性、一般性与恒久性进行区隔,针对本国消费者时间偏好进行适销对路的产品引进。从消费时长来看,要具体把握国内消费者的时间弹性,认清不同国家消费者在文化产品耗时容忍度上的差异,在此基础上,对不同时长的文化产品进行有效引进。

二、民族观与文化扬弃

本文所说的民族文化产品,是指从价值观与思维方式视角来审视的文化产品,也就是说,这些文化产品代表着一个民族的核心价值观与思想意识形态,是一个民族国家合法性存在的前提。从这个意义上来看,作为文化产品引进者,我们必须对某个民族文化产品持辩证的态度，既要认识到该民族文化是该民族国家合法性存在所必不可少的东西，是维系该民族团结、发挥凝聚力与创新力作用的精神性东西；又要清醒地知道，对于自己国家来说，该民族文化产品不一定有其合理之处与存在价值，有些甚至对自己国家文化价值观与思想意识形态的维系起着消解作用。因此，我们需要对某个民族文化产品进行审慎对待与科学分析，需要输入者具有高远的智慧与精准的把关能力，一是尽量输入民族精粹成分占优势的文化产品；二是在两者难以分开的情况下，引进时要对国内消费者进行一定的国际文化鉴赏素养教育，使消费者自己能主动区分并吸收该民族文化精粹，抛弃文化糟粕。

1. 民族精粹与糟粕

首先，我们需要界定何为民族精粹与民族糟粕。所谓民族精粹，是指在某个民族文化中，维系该民族凝聚力、激发其创新力的反映特定价值观与思想意识形态的文化成分。所谓民族糟粕，是指存在于民族文化中，宣传封建迷信霸权，压制个性创造，忽视人本、民主与科学精神的文化成分。在世界各国民族文化中，既存在那种崇尚个性、尊重人本、主张科学民主的文化，也必然存在不同样式的文化糟粕。

其次，我们需要界定民族精粹与民族糟粕的表现形态。对于民族精粹的表现形态，就中国而言，可以从优秀传统文化、主流意识形态文化与先进文化三个层面进行剖析。优秀传统文化主要是指在中华五千年文明历史中，中国劳动人民在改造自然与社会的实践中所形成的民族文化精粹，包括：普适性的科学文化，如四大发明、地动仪等；精英文化，如诸子百家的学说，尤其是儒家的仁爱谦和文化，历代文人墨客对生活与社会感悟的优秀文学作品（李白、白居易诗歌，四大名著等）；民间文化，如各种民间文学，流传于老百姓生活中的风俗与习惯等。就国际文化而言，主要包括优秀传统文化、科学技术文化等。譬如西方文化，其民族精粹就是其科学、民主、人本精神与丰富的科学技术发明，当然，也包括西方历史上哲人大师的作品，如柏拉图、亚里士多德、康德、莎士比亚、贝多芬、凡·高、韦伯等人的著作。科学家们的理论著述与实践发明等，也是其民族文化精粹，需要吸收利用。当下来看，西方民族文化精粹与糟粕交错在一起，其糟粕具有很大的隐蔽性，往往以娱乐的形式，打着人本、民主、科学的旗号，大肆进入世界各国，特别是对发展中国家来说，往往被这些"普世性"文化所迷惑，在享受其文化精华的同时，不知不觉也为其糟粕所俘虏，对本民族文化价值观与思想意识形态构成巨大威胁。例如，我们在享受好莱坞电影、迪士尼文化、麦当劳文化的同时，也被美国文化中的个人主义、拜金主义所影响。具体而言，当下世界各国文化精粹与文化糟粕交错在一起的表现形态就是以娱乐为主的大众文化产品，包括报纸期刊、影视剧、动漫游戏、广告、流行音乐、畅销书、文化旅游、互联网、新媒体等。相对而言，高雅艺术如歌舞剧、经典作家图书、可视艺术（绘画）、经典音乐等，则侧重于表现一个民族文化中的精华内容。

最后，我们需要厘清民族精粹与民族糟粕的作用与影响。对于文化产品输入国来说，引进的文化产品优劣，直接影响到该民族的文化价值观与思想意识形态，影响一个国家的凝聚力与创造力，甚至影响一个社会的动荡与政权的更迭。东欧剧变与苏联解体，使西方国家认识到，比军队大炮更有力更隐蔽的武器应该是文化，于是，硬实力之争转变为软实力之争。经济全球化与文化全球化背景下,各民族国家不能独立于国际文化交流之外。实际上,国际文化交流也的确能够促进一个民族国家经济社会的发展,能够给本国人民带来更多福利。但是,文化毕竟是一个民族国家合法性存在的前提,倘若一个国家的民族文化全然被他国文化所代替,则这个民族国家也就丧失了存在的合法性了。更严重的是,西方经济发达国家,对于和自己政治制度不同的国家抱有敌意,一些政客总是希望通过对别国的控制来攫取更多的利益,形成民族国家之间的不公与非正义。因此,他们有意无意把所谓的普世文化掺杂在各种形式的文化产品中,以达到和平演变、不战而屈人之兵的成效。鉴于此,文化产品输入国应该深切认识各国文化精粹的促进作用与文化糟粕的破坏性,以审慎的态度、科学的方法、高瞻的智慧、宽大的胸怀、自信的立场,引进国际文化产品,有效利用并提升其文化精粹的促进作用,排除并解构文化糟粕的破坏作用。

2. 民族文化产品的扬弃

要有效利用民族文化精粹并解构民族文化糟粕,就要采取毛泽东所说的"吸取精华、去其糟粕"的文化扬弃原则。要做到此,需要从以下三方面入手。

第一,从市场主体来说,需要其兼顾社会效益与经济效益,做一个具有民族发展责任的企业。在对民族文化产品的扬弃过程中,涉及价值观与思想意识形态的一致与冲突问题,关乎整个国家的民族价值观与主流意识形态的形成与传承问题。对外文化贸易中,作为以利润最大化追求为目标的市场主体,偏重对经济效益的考虑定然会多些,这也是无可厚非的。对于具有巨大市场价值的国际文化产品，市场主体必然积极引进，以规避投资风险，寻求利益最大化。然而，民族价值观与主流思想意识形态的维系是所有中国人都应尽的责任与义务。作为中华大家庭中的一员，市场主体在具体的文化贸易执行过程中，也应该有这种责任意识与义务担当，社会效益的维系也必然成为其引进国际文化产品的一个首要度量因素。

第二，从消费者来说，需要具有古为今用、洋为中用的思想境界，做一个有民族荣辱感的主人翁。国际文化产品到达消费者手中时，已经是一个精神产品的接受过程。消费者在体验性消费后，获得的是精神上的收益。精神文化产品的消费过程，不仅能给消费者带来精神性的快感，也会加深、改变或破坏消费者已有的价值观与思想意识形态。如果某种文化产品所承载的文化价值观与思想意识形态与消费者既有的价值观和思想意识形态存在相同或呼应之处，则会强化与加深这些价值观与思想意识形态。如果是相反或者有所偏差，则有可能对消费者既有的价值观与意识形态产生冲击，或者偏离，或者破坏，或者改变。因此，作为消费者，必须有一定的国际文化产品鉴赏能力，要具有"古为今用、洋为中用"的思想境界，以一种中华民族文化主人翁的姿态，对国际民族文化产品进行抛弃、保留、发扬和提高，吸收其有利文化成分。

第三，从政府监管者来说，需要其制定科学有效的民族精粹与糟粕的鉴别框架体系，做一个有民族振兴使命感的主导者。国际民族文化产品，有着不同于普适性的科学技术文化产品或纯粹性娱乐文化产品的本质特征，它所蕴含的价值观与思想意识形态对消费者个体和民族国家的作用并不相一致。同样的文化产品，对消费者个体来说，提供的可能是正向精神福利,但对民族国家来说,也许是负向精神福利。譬如,消费者在消费好莱坞电影时,美国式的叙事方式与高科技技术手段,的确让消费者享受到了正向精神福利,但隐含在影片中的美国价值观与思想意识形态会潜移默化地影响消费者的价值观与思想意识形态,这对一个民族国家而言,具有巨大的威胁,是一种负向精神福利。因此,作为监管者的政府管理部门,必须成为国际文化产品输入过程中的主导者,才能确保文化产品给消费者个体与民族国家提供最大化的正向福利。基本做法是:首先,政府监管者要明确本国涉及价值观与思想意识形态的文化构成。其次,在文化产品的输入实践中,政府部门要制定一个详细的文化产品引进指导方案,对普适性的科学技术文化、纯粹娱乐性文化与价值观和思想意识形态文化进行区分,分门别类。最后,政府部门要构建民族文化产品社会效益评估指标体系,综合评估给输入国带来的正向社会效益与负向作用,做出是否引进的决策。

三、形质观与文化扬弃

形质是普遍地当作一个词语来进行理解的,字典上的解释有肉体、躯壳,外形、外表,才具、气质,形制,形式等。在中国书画艺术中,形质与意象相对应。在建筑、文学等艺术创作中,有形质与意的呼应及渗透问题。中国太极中,也有形质与神意的说法,即以形取意,以意象形。在西方,有一个形质学派,该学派起源于1890—1900年间,由布伦塔诺的弟子厄棱费尔和麦农创立,他们接受了布伦塔诺的思想,将布伦塔诺的意动心理学具体运用到形(form)、形质(form-quality)的形成，认为形、形质的形成既不是感觉的复合，也不是马赫所说形式是一种独立的存在，而是由于意动，才使形、形质呈现出来。形质学派的初衷是对元素主义进行批驳。他们自称发现了一种新元素，并由注重形质而研究复型，后又由复型的分析发现倾向于意动的探讨。形质学派一方面发展了马赫的感觉理论，另一方面又为格式塔心理学派提供了一套完整的形质的概念与理论根据。在知觉理论上，形质学派是由元素主义向格式塔心理学过渡的桥梁。

通过以上关于形质的解释与分析，我们不是想把某种理论简单拿过来分析文化产品，而是力图汲取其中的养料，结合文化贸易实践，分析在引进国际文化产品时，如何在形质上进行评判，以输入适宜的国际文化产品。不论是书画艺术、太极拳，还是西方的形质学派，他们都注重一种事物形式与内涵的完美结合。在中国艺术理论领域，形质偏重于指外形、形态，指人们能观看得到的外在形象。西方的形质学派认为，外形的形成，有赖于意动，这实际上是指事物内涵对人们知觉上的刺激，在内涵意动的驱动下，事物的形质才得以呈现。英文单词 form-quality，就是形式与才质的复合体，这说明了形式与才质交错结合的必要性及它们对于消费者知觉刺激上的必要性。对于文化产品来说，只有美的形态与优的才质的完整结合体，才能值得我们去引进，才能值得本国受众去消费，才能对本国文化创新发展发挥积极有效的作用。

其实，形质一词既包含了外形之义，也兼具才质之指。我们更应该把它作为一个短语来理解，即通常所说的文质彬彬，指的是文采与质量都非常好。对于文化贸易实践来说，我们也应该引进"形质彬彬"的国际文化产品。出于研究上的方便，我们从产品类型与产品才质两个方面分别分析国际文化产品的特征。

1. 产品类型

如果按照两分法，我们可以把文化产品分成有形的与无形的两种。前者是指文化产品实体，后者指的就是版权。文化产品实体包括由产品输出国生产的新闻、报刊、图书、音像、广播影视、广告、动漫游戏、演艺歌舞、可视艺术（工艺品、书画等）、互联网、新媒体等。版权即著作权，是指文学、艺术、科学作品的作者对其作品享有的权利（包括财产权、人身权）。版权是知识产权的一种类型，它是由自然科学、社会科学以及文学、音乐、戏剧、绘画、雕塑、摄影和电影摄影等方面的作品组成。

在国际文化贸易中，既有图书、影视剧、音像制品、绘画、工艺品等实物的贸易，如各种图书博览会、电影节、文化旅游等，也包括关于此类文化产品的版权贸易。在智能技术、移动技术、数字技术与网络技术时代，全媒体的产生，可以使不同媒体形态的内容同时在不同类型媒体上进行传播与消费，媒介介质的边界得以消失，这为版权贸易创造了更加有利的条件，版权贸易是将来文化贸易的主体形式。

从具体的形态来看，国际文化产品的类型主要包括核心文化产品、外围文化产品与相关文化产品三大层次。在当下的对外文化贸易实践中，中国主要侧重输入世界各国优秀的核心文化产品与外围文化产品，这类产品对于文化价值观与思想意识形态的维系起着重大作用，影响一国凝聚力的形成，决定一国文化软实力的强弱，对于一国文化创造力与影响力具有巨大的促进或破坏作用。

国家统计局和中宣部共同编辑的《中国文化及相关产业统计年鉴.2020》数据显示，2019年我国文化及相关产业进出口总额为1114.5亿美元，出口额为998.9亿美元，进口额为115.7亿美元，顺差为883.2亿美元。贸易顺差的扩大，一方面说明了我国文化实力在不断增强，文化产品获得了国际市场的认可；另一方面，也显示了我国在对国外文化产品的引进力度上还有不足。作为一个经济实力全球排名第二的大国，要建成文化强国，除了让自己的文化产品走出去，还应该把世界优秀文化产品引进来，只有在与全人类优秀文化产品的交流互动中，借鉴吸取其精华和优点，才能不断生产出更优秀的文化产品，真正成为有全球影响力的文化强国。反观当下文化进口现状，还是有较大的提升空间。有关数据显示，"2019年我国文化进口方面，图书、报纸期刊、音像制品及电子出版物为16.5亿美元，其他出版物为4.5亿美元，工艺美术品及收藏品为36.8亿美元，文化用品为23.9亿美元，游艺器材及娱乐用品为11.1亿美元，文化专用设备为38.4亿美元"[①]。纵观中国核心文化产品的引进情况，总体来说，类型日益多样，新闻出版、图书、期刊、电子出版物、广电影视等都包括其中，引进数量、金额与版权数也在不断增加。但是，问题也很明显，一是引进总量偏小，二是仅限于图书、期刊、电影的引进，并且主要是图书的引进，包括实体图书与版权的引进。近年来在文化产品引进工作上有了提升，如电影方面，2012年，中国在原本每年引进20部美国电影的基础上增加了14部IMAX或3D电影，中国观众看到了更多的美国电影。近年来，随着国产片的壮大，进口片票房所占份额在不

---

① 国家统计局社会科技和文化产业统计司，中宣部文化体制改革和发展办公室编.中国文化及相关产业统计年鉴.2020[M]. 北京：中国统计出版社，2020：245.

断压缩，2018年为35%左右，进口片包括美国片、印度片、日本片、法国片等，但贡献份额最大的还是美国片。

在文化产品引进上，我们还需要在产品类型上多下功夫，既要引进那些优秀的为我国受众所喜闻乐见的产品，又要考虑不同民族国家不同类型文化的独特性，引进丰富多元的文化产品。

2. 产品才质

产品才质主要是指引进的文化产品的质量。ISO8402对质量的定义是：反映实体满足明确或隐含需要能力的特性总和。ISO9000对质量的定义是：一组固有特性满足要求的程度。美国著名的质量管理专家朱兰（J.M.Juran）博士从顾客的角度出发，提出了产品质量就是产品的适用性。即产品在使用时能成功地满足用户需要的程度。适用性恰如其分地表达了质量的内涵。这一定义突出使用要求和满足程度两个重点。对于文化产品来说，其质量的内涵极为复杂。一般来说，文化产品分为社会客体与精神客体两个方面。作为社会客体，主要体现为物质形态、设计、包装等方面。消费者对其的使用要求主要落在美观、舒适、简便等方面，并因人、因时、因地、因民族而不同。虽然复杂多元，但基本的使用要求与一般工商产品并没有太大差异，只要紧扣产品性能、经济特性、服务特性、环境特性与心理特性等同几个方面的满足即可，其追求的是性能、成本、数量、交货期、服务等因素的最佳组合。

对于文化产品的精神客体来说，其质量要求与满足非常难以把握。由于文化产品的精神属性与符号特征，生产者总是以一定的规则与方式把意义编码进去，因此消费者必须具备与生产者共通的文化空间，才能进行准确的解码，不然，就会发生霍尔所说的偏向解读与反向解读。即使是优秀的文化产品，在输入国消费者看来，也就一文不值，遭到唾弃。对引进文化产品精神客体的才质判断是：在使用要求方面，主要包括信息获得、娱乐休闲、思想情操陶冶、良好价值观塑造、思想意识形态强化等。在满足程度方面，对于消费者个体而言，主要是信息获得的及时性、身心放松、精神世界的净化、良好道德的培养、良好的售后服务等；对于民族国家而言，主要偏重于文化价值观与统治阶级意识形态的维系与强化。如果引进的文化产品对一国价值观与思想意识形态构成威胁甚至破坏，在输出国或其他国家看来非常优秀的文化产品，也有可能被输入国视作文化糟粕与文化垃圾。

要之，对于文化产品的才质要求问题，会因个人、因民族、因国家、因环境的不同而不同，没有"普世性"的大一统文化产品，是否为优秀产品，需要以动态的视角去评判，尽可能获得一个综合性的最佳组合。当然，文化产品质量的判断还是有一个基本标准的，首先是形态适宜，其次是产品特性、功能、价格、成本、服务等有一个最佳组合，最后是其给民族国家与消费者个体可能带来的精神福利的最优综合得分。

3. 形质文化产品的扬弃

对于此类文化产品的引进，首先，我们坚持"形质彬彬"的扬弃方略。要综合判断文化产品的类型及其对民族国家与消费者个体可能带来的满足，再进行抛弃、保留、发扬和提高。既不能投消费者所好，仅限于单一类型文化产品的引进，譬如，我们不能因为浅阅读时代、消费碎片化时代的特征，一味引进视听媒介产品，而应该着眼于不同类型文化产品的合理结构加以引进。同时，我们也不能投某个管理组织所好，只引进有利于其价值观与思想意识形态维系并强化的文化产品，而应该考虑综合引进反映全人类先进文化与时尚文化的各种类型文化产品，哪怕是承载美国霸权思想的好莱坞电影与麦当劳文化，我们也要进行一定比例的引进。

其次，引进者需要熟悉本国消费者个体与民族国家对不同类型或者同一类型甚至同一种文化产品的使用要求，进行分门别类的合理引进。这就要求引进者做大量细致的调研工作，要不厌其烦地监测市场消费要求的动态变化，随时调整引进计划，尤其重要的是，对引进产品的类型与才质要具有高远的前瞻性，最大化避免不当文化产品对市场主体、国家与消费者个体造成的破坏与损失。

最后，引进者要对文化产品持有整合满足需求的理念，不要固守于单个因素的极致化追求，要整合文化产品各个因素给消费者个体与民族国家带来的最佳效应，以决定是否引进。

前　言

　　理解媒体和传播环境从来都不是一件简单的事，而且这个问题随着时间的推移，似乎变得越来越复杂。媒体和传播环境是一个复杂多变的研究领域，联合编辑格雷姆·特纳（Graeme Turner）曾参与这本涉及这一领域的教科书的编撰工作，但随着他的退出，这一任务变得更加复杂。他不仅参与了本书的编撰工作，还做了许多其他工作，对澳大利亚的媒体和传播研究作出了不可估量的贡献。虽然格雷姆退出了本书的编撰工作，但接替他的苏·特恩布尔同样具有图书编撰方面的专业技能，所以对本项目的影响不大。

　　本书是《澳大利亚的媒体与传播学》的第四版，确切地说应该是第六版，该书最早于上世纪90年代初出版，当时书名为《澳大利亚媒体》。每当推出一个新的版本，我们都尽量用笔墨反映快速变化的世界，即澳大利亚的媒体。

　　该书在几年前再次发行，此后，互联网的地位日渐突出，并逐渐发展成为未来主要的通信平台和信息中心。苹果公司在全球成功建立了一个相当安全的小额支付系统，开始解决"从模拟美元到数字美分"的难题，此后，将在线内容货币化的重大实验（包括优质新闻内容的付费墙）也蓄势待发。虽然娱乐媒体的发展方向已基本清晰，但高质量的新闻报道需要资金支持，这是一项紧迫的任务，目前还未根本解决。

真人秀（内容涉及烹饪、家庭装修、唱歌、跳舞、个人健康等）已经成为一种主流节目形式，虽然它们被誉为一种更平等和更亲民的节目形式，但人们对人为编排的电视剧的未来产生了担忧。数字电视的发展走过了从缓慢起步到全面发展的阶段，而模拟电视信号在澳大利亚各地也正在经历逐步关闭的过程。大多数家庭现在可以通过唯一的付费电视提供商福斯电视台（或其地区再供应商澳洲电信）接收15个免费广播电台［由澳大利亚广播公司（ABC）、特别广播服务公司（SBS）和三个商业网络联合推出的"免费电视"服务］和几十个额外的频道。人们可以通过应用程序在移动设备上消费大量的这种影视内容。与此同时，数字电台却在为吸引用户而苦苦挣扎。

博客、推特、脸书和移动通信，至少在目前，已全面走进了许多人（尤其是年轻人）的日常生活。随着我们与当前新一代硬件和软件互动能力的增强，以及几乎完全建立在这种能力（尤其是社交网络）之上的平台的发展，人们开始对我们进入所谓"产销合一"的经济时代的问题展开了讨论。由于单一平台媒体企业的前景正在变得黯淡，报纸和杂志等传统媒体也意识到这一问题，所以媒体和通信行业越来越多地将手机、电脑游戏和相关的交互式多媒体视为未来发展的主要方向。也就是说，虽然电视收视率仍在增加（即使是在美国也是如此。在美国，互联网对传统媒体的冲击可能是最大的），但与此同时，人们越来越喜欢通过全球网络下载或用DVD观看大型连续剧，这种趋势正在改变人们获取和观看电视节目的方式。

这本书在重新编撰发行时也考虑了这些发生在当前的重大变化，以及其他方面的新事物和新动向。

这本书的再版发行离不开众多撰稿人的合作与支持，对此，我们应该向他们表示衷心的感谢。他们的工作富有成效，质量很高，代表了澳大利亚在媒体和传播学研究领域的真正实力。在这本书的筹备过程中，艾伦·昂温出版公司的伊丽莎白·韦斯（Elizabeth Weiss）为我们提供了很好的建议和技术支持，而苏·贾维斯（Sue Jarvis）负责这本书的审校，也同样出色地完成了任务。我们还要特别感谢哈维·梅（Harvey May）。作为一个大型项目的经理，他不仅工作认真负责，兢兢业业，而且专业熟练，技术过硬，为本书的再版发行作出了重大贡献。当然，这本书的最终出版取决于编辑的质量，这是我们的职责所在。我们希望通过这本书的出版，能让我们的读者对澳大利亚的媒体和传播领域有进一步的了解，为他们深入研究和学习这方面的知识提供重要的参考。

斯图尔特·坎宁安和苏·特恩布尔

目 录

导论：当代媒体和传播 / 1

第一部分　方　法 / 17

第一章　媒体与传播：理论传统 / 19

第二章　文本分析 / 33

第三章　媒体呈现 / 49

第四章　想象受众 / 69

第五章　政策和法规 / 87

第二部分　行　业 / 111

第六章　媒　体 / 113

第七章　电信业 / 133

第八章　电　台 / 163

第九章　电影、视频、DVD 和在线交付 / 189

第十章　电　视 / 217

第十一章　杂　志 / 243

第十二章　广告与营销 / 267

第十三章　流行音乐 / 289

第十四章　互联网、网络与移动通信 / 315

第十五章　游戏：移动、定位和社交 / 345

第三部分　问　题 / 363

第十六章　社交媒体 / 365

第十七章　社会性自我 / 371

第十八章　"白面包"媒体 / 377

第十九章　名人文化 / 385

第二十章　隐私伦理 / 391

第二十一章　体育媒体 / 397

第二十二章　媒体与环境 / 403

第二十三章　公共服务广播 / 411

第二十四章　分级与规定 / 417

第二十五章　应用程序产业 / 425

第二十六章　媒体伦理 / 433

第二十七章　危机传播 / 439

参考文献 / 445

附　录 / 515

缩略语和首字母缩写词 / 517

中英文对照词表 / 527

导论：当代媒体和传播

斯图尔特·坎宁安（STUART CUNNINGHAM）和
苏·特恩布尔（SUE TURNBULL）

当代媒体的本质是什么？

本书旨在帮助学生了解当代媒体和传播环境。本书针对全新的传播平台、消费模式、产业结构以及传统印刷、广播媒体和通信结构和功能，提供了一系列的思考方法。本书定位反映出近年来媒体和传播环境发生了翻天覆地的变化，不禁让人发出前文小标题中的疑问：当代媒体的本质是什么？问题中隐含着这样一个观点：现今对媒体的思考，如果依然只参考电视、广播等电子媒体与报纸、杂志等印刷媒体，以及此类媒体与固定电话、移动电话等电信媒体的传统区别，已经不再明智。以信息为基础的传播系统几乎无处不在，如家用电脑、广播和电影中引入数字制作和发行技术，媒体和通信市场全球化，广播、信息服务和电信日益融合，以及 Web 2.0 服务和社交媒体激增，挑战现有媒体，都使得媒体格局高度动荡，引起极大改变。当代媒体各个领域都受到了这些挑战的影响，且正在应对这些挑战，这正是当今媒体相较几年前状况的不同之处。所谓的"新"媒体，其大部分构成内容及影响已不再是新话题。与此同时，应用程序等全新领域已经在过去几年中发展起来。尽管如此，我们也必须认识到：在那些媒体系统高度发达的国家，这种情况尤为明显，而全球大部分人仍没有机会接触到这些新媒体平台。然而，只要有新媒体平台存在的地方，都会产生深远的影响。

当然，对于传统媒体形式或"旧"媒体形式，媒体和传播研究仍有许多亟待了解之处。媒体发展史告诉我们，技术变化不一定会导致新兴媒体取代旧有媒体形式。对目前媒体动态的理解，取决于对过去发生事件的精确理解。在澳大利亚，学术界对电影、报刊和电视仍怀有浓厚的兴趣，但对其历史和分析仍然存在着巨大的差距，例如，在关于电视进入澳大利亚的论文集《记住电视》[达里安·史密斯（Darian-Smith）和特恩布尔（2012版）]中就揭示了这一点。全新的商业电视综合史[尼克·赫德（Nick Herd）所著《网络：澳大利亚商业电视》（2012版）和布里奇特·格里芬·弗利（Bridget Griffen-Foley）的《变化的电台：澳大利亚商业电台的故事》（2009版）]大大丰富了媒体历史，尽管广告、流行音乐和大众杂志还正在成为新兴媒体。《澳大利亚媒体指南》由布里奇特·格里芬·弗利担任编辑，于2014年出版。该指南有望在媒体领域发挥重要的参考作用。

许多领域都将得到进一步发展。最近，已将研究营销和公共关系战略在创作媒体内容方面的作用纳入媒体研究。由于对媒体和通信行业有了更广泛的认识，该领域的学者们开始认识到电信行业的本质：电信行业是信息社会基础设施的一个重要组成部分。曾经，电信业务主要受工程师和报纸商业版面青睐，而媒体研究人员则最关注电视节目。如今，这样的领域划分已经不再适用了。第十四章中对移动电话产生的巨大文化影响和商业影响进行了讨论，这一影响是对传统观点最大的挑战之一。

那么，当代媒体的本质究竟是什么？重要的是，曾经把传播系统和其特征内容联系在一起的核心区别（如电视节目和广播电视之间的联系）正在逐渐变得模糊。大众不再使用收音机收听最喜欢的电台节目——在家使用电脑即可收听，现在更多的是使用手机或平板电脑收听流媒体内容。就家庭消费而言，可以由一家电信公司或互联网服务提供商捆绑提供付费电视订购、互联网网络、固定电话和移动电话服务。即使是经济困难的学生，通常也能负担得起预付费、囊括所有重要的网络、社交媒体和短信服务的移动服务。万维网创始人之一蒂姆·伯纳斯·李（Tim Berners-Lee）认为网络访问是人权，过去称为USO（普遍服务义务）。无论监管机构是否大力要求服务提供商履行该义务，大多数人都会想办法保持联系。保持联系是当代人权。

当从网上下载音乐或视频时，不一定清楚是在参与媒体、音乐还是信息技术领域的活动，还是可能因违反国际版权法而正在犯罪。就内容而言，以前的独立媒体形式，如新闻、时事和娱乐之间的界限也已经变得模糊不清。真人秀节目使得游戏节目、肥皂剧和纪录片之间的界限不再清晰。电视对真人秀节目的参与者的日常生活有直接影响，因为参加电视游戏会让他们分不清是在过外面的"真实生活"还是节目中的剧本生活。全新的媒体和传播形式——博客圈、推特空间、大型多人在线游戏（MMOG）以及移动娱乐和信息应用程序——都给媒体研究带来了挑战，即要提出分析策略，理解大量媒体体验的功能、用途和意义。

由于内容和受众跨越了国家和地域界限，甚至"这是谁的媒体？"这样的问题也变得愈加难以回答。尤其当主要的国际媒体集团不断全球化，使得必须不断重新评估"什么是澳大利亚媒体和通信？"这一问题。如第五章所概述，澳大利亚于2007年取消了对外国媒体（和跨媒体）所有权的管制，产生了极大的影响。与美国的自由贸易协定于 2005 年完成，该协定对澳大利亚某些形式的媒体监管颁布了禁令。第二大电信企业 Optus 归新加坡电信公司（Singtel）所有，该公司多数股份则归新加坡政府所有。在大多数商业电视网络的所有权结构中，外国股权公司现在占很大比重。像谷歌（Google）这样的大公司也开始在媒体生态中发挥其影响力。媒体占比发生变化、与主要媒体经营者进行优惠政治交易以及国际通信内容和系统对澳大利亚市场高度渗透，都意味着近年来关于什么是"澳大利亚"媒体的辩论发生了重大变化。

融合与竞争

"融合"是当今推动对媒体和通信性质进行重新评估的两种最重要的力量之一。融合通常用于描述媒体系统、媒体内容和由此产生的系统行业区别消失。通常，融合描述通信公司业务，如 Telstra，在付费电视（拥有 Foxtel 50% 的所有权）、固定电话和移动电话、在线视频（Telstra T-Box）和互联网供应（BigPond）方面拥有融合利益。

融合概念包含三个方面：技术融合、产业融合和政策融合。由数字化技术促成的技术融合指携带和转换"内容"的能力越来越强，可将声音、数据、图像或文本转换为多种格式。例如，同一首音乐可以 CD 形式在家用音响系统上播放，也可下载到家用电脑上，或以数字文件形式在 MP3 播放器（如 iPod）上播放。这种技术能力促进了行业融合，媒体行业和通信经济中以前独立的领域（如广播、电信、计算机、出版和艺术）已在寻求合并或形成联盟。

这些转变促使必须对用于监管相关行业的政策制度进行重大修改。如果把媒体和通信监管和政策发展历史看成经历了三个不同阶段，就可以更好地理解这些转变。第一阶段，在上个世纪持续了六七十年，极具稀缺性，见证了保护、普遍服务和公共利益的重要性。第二阶段，现已接近尾声，极具丰富性，自由化、竞争、电子化和多样性为重点。第三阶段仍在萌芽中，但将反映通信基础设施分散化的特征，很可能将媒体和通信行业纳入更广泛、更普遍的服务行业的监管之中（见Pavlik 1996，第259页）。有人认为媒体在社会中发挥着特殊的社会、政治和文化作用，对他们来说，这些变化影响深远，需仔细考虑其后果。第五章介绍了2011—2012年澳大利亚进行的一次重要的"融合审查"。建议创建一个全新的"内容服务企业"类别，将大型广播公司、电信公司和互联网服务供应商放在一起进行监管。发现自身需要处理新闻监管、澳大利亚电视内容配额前景、频谱分配和转售、所有权和控制权、涉及创新和竞争政策事项以及更多其他方面事项。融合几乎涉及方方面面。

"内容融合"是融合比较棘手的一个方面。此处"内容"指过去称为媒体"信息"的部分——或指最初涉及的大多数行业中的程序。区别在于传播媒介或传播系统（所使用的技术）以及用以承载的材料（内容）。内容，与今称相同，指电视节目、网站信息、应用程序信息或电子邮件信息。随着媒体和通信行业企业组织发生变化，媒体领域之间竞争加剧，想从所制作的内容中获得最大效益，压力也与日俱增。事实上，这意味着将相同的内容，经过必要的修改，呈现到尽可能多的传输和分发平台上。在电影行业中，一个新主题将衍生出一系列新产品——从T恤到电脑游戏、从电脑游戏到主题公园游乐设施。

在广播行业中，这意味着建立一个提供广播节目在线版本、广播存档记录、粉丝网站、聊天室和演出指南等一切服务的网站。曾经舒适的行业差异已不复存在，接踵而来的是全方位的竞争：每个媒体都在与其他媒体竞争。

融合也将传媒公司带入更广泛的商业关系中，这意味着利益冲突频频发生。澳大利亚媒体对体育的报道即是一个典型例子。体育已经成为电视——尤其是收费电视——创新、增长和盈利的驱动力。媒体机构——其中包括一些世界上最大的媒体机构——已在体育以及体育报道中获得了商业利益。例如，自默多克（Murdoch）赞助的超级联赛介入以来，作为澳大利亚橄榄球联盟股东，澳洲新闻有限公司所发挥的作用。20世纪90年代末，橄榄球运动曾因此出现了短暂分裂，该联盟还拥有《超级15橄榄球联赛》的主要股权，该节目只在付费电视台播放。

随着特定种类的媒体服务内容差异性越来越小，竞争则越来越普遍，越来越激烈。这有时会跨越早期监管概念所设定的界限，使传统媒体不得不参与到他们认为不公平的竞争中。例如，引入Skype等技术，互联网服务提供商（ISP）可以通过互联网而不用通过电话公司实现通话。电信公司抵制这种发展趋势，认为应该为此向互联网服务供应商用户征收访问费。可以理解，这些公司认为互联网是特立独行、自由放任的资本主义，并对此感到不满。因为在商业和技术创新之外，政府监管还没有要求互联网服务供应商上缴电话公司要求的费用。

现在的商业环境变得更加复杂，在某种程度上，选择也变得越来越少。媒体越来越多地提供娱乐而非信息，因此，媒体试图在人们需要信息之前就猜测他们的口味偏好。为了了解未知的受众口味，媒体总是凭直觉，在收视率、排行榜或发行量上挥汗如雨，并定期升级和重新确定他们对受众喜好的判断（见第四章）。但这完全不精确。大众传媒收视率测量方法不精确受到了更严格的考验。互联网和移动媒体的使用指标相对精确，开始引起广告商和营销人员的关注。因此，业界对寻找新媒体使用的"货币化"（粗略地说，如何从中赚钱）方法产生了强烈兴趣。

当然，媒体表现一直都有很强的不可预测性。因此，在目前的竞争框架下，将会出现更多的不可预测性，但这并不意味着我们应该对其置之不理。公众调查经常会发现，澳大利亚人很关注媒体的表现质量。这些调查中反复提及有关暴力的表现形式、侵扰性新闻的报道方式、新闻和时事的质量以及广告质量和数量等问题。2011—2012年席卷英国媒体的电话黑客风波，引发了莱韦森调查，在澳大利亚引起了较大反响，并于2012年进行了芬克尔斯坦独立媒体调查，使人们对新闻标准感到不安，且感觉无力对媒体进行有效反击。观众对国家广播公司ABC的忠诚度——忠诚度并不总能反映收视率系统所显示的收视偏好——似乎意味着承诺维持一个不完全商业性质的媒体系统。因此，媒体表现并不完全由行业决定，社区关注也要求政府发挥作用。

变革速度

如今，我们有了另一个最能将澳大利亚媒体与传播研究紧密联系起来的主题，这让我们认识到，在这一快速变革时期，老牌或"传统"媒体正承受着新型发布、传播及展示模式与形式的挑战，导致受众和用户注意力被夺取。当然，媒体公开报道也会受商业利益影响，因此，凡事都要依照证据进行评估，而不能基于企业宣传或早期采用者的热忱。理清此类主张的可信度是本书写作的目的之一。本书几乎每一章均包含此议题的相关内容。理清楚正在发生什么，为什么会发生，如何发生的，在哪里发生，效果如何，也许正是当今媒体与传播研究的核心焦点。

举几个例子，第六章中的内容提醒我们：报纸发行量长期下降的局势似乎不可逆转。但应注意，下跌态势同样也是参差不齐的。一些高端市场出版物，通过专注发布"硬新闻"来博取理想读者群的青睐，从而遏止发行量的大幅下降——即便在当代印刷媒体所面临的严峻形势下，这一策略仍有可能奏效。书中第十四、十六和二十七章，将向大家展示"博客圈"、业余或公民新闻迅速发展的证据。当然，有人会将后一种现象理解为一种民主化趋势，但同样利弊共存。如果公民新闻能够占据更为广泛的天地，那么澳大利亚公共领域内专业记者的流失（包括两家主要新闻机构，Fairfax Media 和 News Limited）将导致记者们失去就业前景，还有可能造成民主赤字。

同龄人可以轻松下载和相互分享各自喜爱的乐队音乐，这给音乐产业带去了翻天覆地的变化。通过采用合法下载的商业模式，苹果 iTunes 成为音乐发行行业新出现的主流播放器，但在整个网络下载和分享活动中仍占很小的使用比例。值得注意的是，开发这种模式需要一家计算机公司（但在创新方面需要做到卓有成效）的加持。正如第十三章所指，唱片业在数字消费的合法性方面仍存在严重分歧，唱片业巨头仍在声称自己不断遭受侵害，而其他证据则表明，许多明智的音乐创作人已经在通过将网络作为宣传媒介来获取更多收益。如前所述，这些讨论反映了双方正根据这些新变革尝试寻找重构相关产业的恰当方法，也反映出公司正尝试在监管及政治方面发挥影响力，以为其当前利益格局提供保障。

经过几年的防守行动以及针对非法下载和谷歌等大型信息聚合平台提起的激进式诉讼（针对其子公司 YouTube），澳大利亚的电影电视行业最终开始受到数字发行模式的严重影响（澳大利亚在这方面落后于美国和欧洲几年）。大量非法下载（使用诸如 BitTorrent 等类似平台）的证据浮出水面后，众多数字发行项目开始涌入这一机会空间。电影和电视领域新兴数字市场所引发的周边动荡，还包括好莱坞编剧协会（Writers Guild）20 年来最大规模的罢工行动（2007 年至 2008 年）。由此可见这些新发行方式所带来的各种后果：不仅会影响到相关节目或电影的版权所属公司，试图通过网络发行此类内容的新供应商同样会受到波及，同时还会为参与内容制作的演员和相关人员带来麻烦，因为他们起初并未考虑跨平台收入的前景问题。

正如前文所述，传媒专业学生面临的挑战是，你将遇到相当多两极分化的双方论点。比如关于互联网和 Web 2.0 等新技术的潜力，乐观主义者与怀疑主义者/悲观主义者的态度就会泾渭分明。有断言称，媒体与传播行业战略中存在一种"根本性危机"，这种断言与将其定义为"万变不离其宗（霸权资本主义终将胜利）"的说法截然相反。而且，正如我们之前提到的，虽然许多人会宣称他们面对的是历史性的艰难时刻，但很少有人会去媒体发展历史中寻求解决方式，并将其作为一种在愈发明晰的背景中正确理解当前形势的方法。

这些本就带有偏激性质的辩论可能会混淆视听，由于这一问题对诸多相关方面都非常重要，让双方各自本就根深蒂固的态度更加坚定，常常导致"玻璃杯内空了半杯还是剩了半杯"式的（乐观主义者与悲观主义者之间的）辩论。为了处理这些颇具挑战性的动态和数据，人们往往将其分成选择性的、能够证实其预设立场的多个部分。但这些因素确实凸显了这一问题的重要性，并表明行业人士、分析师、受众和用户都深深意识到了其中的利害关系。你也将直接参与这场辩论及其结果，因为几乎可以肯定，你既是某种形式社会媒体的参与者，也是传统媒体的消费者。

事实上，变革是持续不断的，但我们无法确定能否正确把握。我们是否"见证"且参与了自媒体、移动影像和地面广播（Levin 2009，第258页）出现以来，媒体史上最大、最根本的变革？换句话说，新媒体大规模取代旧媒体的证据，实际上是"少之又少"（Miller 2010，第10页）的吗？我们知道，新事物往往会融入旧事物，对待旧事物要取其精华，去其糟粕，而非全盘抛弃。上述推断正是忽视了这一历史教训。

与其急于做出非黑即白的断言，我们需要提出一系列可以深入探究的课题，例如，变革的速度是怎样的？变革是否加速？生产、渠道、消费的模型是什么？它们是如何以及为何而变化的？可供选择的模型有哪些？它们有怎样的历史故事，成功或失败经历？这些变革对不同行业产生了哪些不同的影响？探求这些问题的答案将带你进入一个新奇的旅程，同时深入到媒体与传播研究的中心层面。

本书结构框架

本书分为三个部分：方法、行业和问题。第一部分有五章内容，对当今澳大利亚媒体与传播研究中所使用的途径和方法论的范围进行了调查。所涉及学科范围非常广泛，各部分联系紧密。正如本导论所指出的那样，曾经的互斥方法之间的思维交锋，在如今的媒体与传播研究当中屡见不鲜。交锋过程容易催生出一众不稳定甚至有威胁的联盟，但也赋予了这一领域强大的解释能力。这也向我们标示出媒体研究在人文科学和社会科学分界线之间所处的经典位置。从方法上讲，最具成效的媒体与传播研究在批判性眼光与实证方法之间、内容分析与文本分析之间、政治对立与政治改革、参与之间维持着动态关系。读者将会发现，本书有着众多理论、方法和观点的共同支撑。这也意味着本书通过对媒体与传播政策进行批判、对媒体在公共利益面前的不负责表现提出质疑，与该领域保持着积极密切的联系。我们研究媒体和传播的目的，不仅是为了了解其运作方式，也是为了站在公民角度对其运作方式进行评估，并在可能的情况下作为心怀理想的专业人士参与这种运作。

第二部分探究媒体与传播行业本身。其中一些章节对广播（广播、电视）、电信、印刷媒体（报纸、杂志）、广告、流行音乐和电影等既定媒体部门进行补充，这些章节呼应了我们先前所说的媒体与传播领域的重组。将互联网、线上和手机文化、电脑游戏和应用程序囊括在内，为的是对当今澳大利亚的媒体与传播行业进行彻底且全面的总结和介绍。本部分章节从历史角度切入，对该行业的产业及政策层面进行论证，同时提醒读者注意当下和未来的关键问题。

第三部分对一组精选的当代媒体问题进行探讨。我们重新设计了本节，每个简短章节都以范文模式介绍媒体与传播课程中常见的各种评价。在大多数情况下，所选主题跨越第二部分中涵盖的各个行业领域，以吸引不同兴趣的学生；涉及的主题包括体育、通过社交媒体存活背景及社交媒体生活对隐私的影响、文化多样性、明星文化的塑造，在危机期间的环境以及对媒体的使用。社交媒体被视为新兴产业部门，而应用程序"行业"则被视为最新出现的"新"平台。希望这些短文会对学生起到激励作用，促使其思考如何进行选择并从不同的角度进行这些相关话题的写作。

当然，并非每个人都会阅读本书的每个章节，因此章节被设计为单独部分，分别讨论各章节所涉及的领域。所选作者均拥有丰富的专业知识，其中包括许多目前在澳大利亚工作的重要学者和经验丰富的教师。所涉及所有主题或方法都有一个共同目标：让读者更好地理解媒体与传播，进而推动我们对澳大利亚文化和社会理性的全面了解。

为什么要研究澳大利亚的媒体与传播？

最终问题是，我们为什么要去了解媒体行业？媒体行业在澳大利亚运营时的监管环境、生产过程以及产品是怎样的？媒体行业在澳大利亚社会所扮演的角色以及对澳大利亚社会作出何种贡献？我们必须承认这些合理问题的存在，整本书中给出的答案也并非绝对是公正客观的。我们的答案来自一系列关于媒体在社会中应该扮演的角色以及媒体定义的观点。但是关于媒体我们并不可能给出公正客观的立场，因为媒体的社会和政治功能是如此巨大、如此重要，以至于我们所有人对媒体的态度都受制于我们的自身利益，以及我们在社会权力结构、自身文化政治中的所处地位。

这一研究领域的良性发展，直接反映了这些问题的重要性。自20世纪70年代起，在澳大利亚涉及媒体与传播的研究在大学才正式起步。在那个时代，几项调查报告（Frow 和 Morris，1993；Turner，1993；Wilson，2006）指向并揭示了一组调查相关领域，这些研究方法在经历一代人的努力后迅速涌现，如今越来越受学生欢迎。在过去十年的大部分时间里，媒体与传播一直是泛人文学科中最受欢迎的特定研究领域。根据两项较早的综合研究（Molloy 和 Lennie，1990；Putnis，2000）来追溯该学科的持续发展是一个十分有趣的过程。从官方招生数据来看，从 2002 年的 19293 人到 2007 年的 22321 人，再到 2012 年的 29869 人，招生人数总体呈增长态势。在此期间，高等教育总入学人数增长了 9%，而媒体和通信专业的入学人数则增长了 55%。

当下的《优秀大学指南》（2013）告诉我们，目前，澳大利亚有 102 所院校的 52 个校区开设了媒体与传播课程，在澳大利亚最受欢迎的学习领域中位居第 11 位。媒体与传播专业的受欢迎程度与会计、计算机和信息技术等专业接近。《优秀大学指南》还指出，一些大学的媒体与传播专业对此类课程（以入学临界点来衡量）的需求非常高。在课业评估和学习负荷方面，对比全国其他专业大多数毕业生，媒体与传播专业的毕业生满意度明显要高，而在更广泛的人文或创意艺术领域，更多媒体与传播专业毕业生获得了全职工作。在新兴大学开设的第一波媒体与传播课程中，入学人数所占比例超过了三分之一，较老的大学和继续教育机构在这方面也具有很好的表现。

媒体与传播专业的毕业生职业前景怎么样？尽管在课程内容的质量、相关性以及提供课程内容的机构方面有很多独立的个性化因素影响，但我们对于职业结果的理解将以积极示例呈现。

由于认识到了我们对毕业生的职业生涯路径还不够了解，2012 年

Stuart Cunningham 与 Ruth Bridgstock 一起对过去十年中所有获得昆士兰科技大学媒体、文化和传播研究（MCCS）学位的校友进行了一项调查。（详见 Cunningham 和 Bridgstock 2012 年的研究）。校友的回应率很高，他们很高兴与母校进行交流，这一结果非常令人满意。调查人群中大约有四分之一参与了进一步的正式调查。参与进一步调研的校友中，工作领域在学科群范围内的人数占比最大，这表明他们对其在基础学历引导下选择的职业轨迹有强烈的满足感和责任感。

尽管 24% 的校友在毕业后待业过一段时间，但平均待业时间仅有两个月。自毕业以来，只有 4% 的年轻人待业超过一次。虽然该专业预期职位主要是新闻、市场营销、公共关系等方向，但这些受访者所担任的职位却涉足广泛，403 名毕业生总共有 110 个不同的职位。走向社会的第一年他们的职业发展方向不太稳定，有的涉足过多份工作、级别稍高的临时工作、志愿工作以及一些与 MCCS 无关、与学位水平无关的工作。从离校第二年开始，这种不稳定的情况逐渐消退。

83% 的受访者表示，MCCS 课程的毕业生在就业时能拥有额外的敲门砖。这些特殊技能包括书面交流、实际应用理论知识的能力、批判性和分析性思维、与媒体相关的学科技能和口头交流技能。鉴于许多 MCCS 毕业生所处的媒体行业流动性较大且发展方向较为紊乱，无论课程对学生的就业方向如何重视和引导，他们的毕业才能、技能和人脉关系都将面临压力。因而我们发现，培养过程中学科属性和通用技能的充分融合可能会更利于毕业生的职业定位。

当然，这种人气和成功也招致了批评。媒体与传播研究可能会受到媒体本身或其他学科学者的攻击，就像"只不过是对热门电影和电视节目的琐碎分析"（Levin 2009，第 259 页）这种说法。例如，"媒体与传播研究"对澳大利亚学校英语课程的影响被批评为"偏离了学科核心利益的话题"。然而，大多数人承认，随着我们进入一个媒体饱和的社会，媒体与传播研究的重要性实际上正在上升，在这个身份、社会关系、民主进程的未来，以及我们对周围世界的了解，都越来越依赖于媒体与传播行业、技术、内容以及平台。因此，媒体与传播研究正在扩大其学科覆盖范围，吸收法律、艺术、商业和更多领域的知识。

最终，这个词可能要留予行业领导者研究。Jordan Levin 是执行团队的一员，该团队创作了一些美国电视台的面向青年观众的主流电视剧，比如《恋爱时代》《吉尔莫女孩》《吸血鬼猎人巴菲》和《超人前传》。从行业的角度反思，他认为建立媒体研究的必要性"不仅仅是一个受人尊敬的跨学科知识领域，而是一个规划我们未来的关键领域。这必须成为整个学术界、媒体行业本身以及它所涉及的所有支持者的优先事项"（Levin 2009，第261页）。

第一部分
方 法

第一章
媒体与传播：理论传统

约翰·辛克莱（JOHN SINCLAIR）

澳大利亚媒体与传播理论和研究领域处于独特的地位。一方面它是西方其他国家（尤其是以英语为母语的国家，或称"英语系国家"）产生的思想和著作的高度衍生，在一定程度上是由于当今思想的普遍全球化，但也由于澳大利亚过去是英国的殖民地，以及自上世纪下半叶以来与美国的联系。另一方面，在澳大利亚，我们能够观察和比较北半球大都市中心产生的影响和模式，并根据本国国情和在世界上的地位，有选择地进行结合和改进。然而我们必须承认，近年来对我们亚洲地区发展的关注相对较少。

本章的目的是确定欧美理论和研究中出现的主要范式或学派的起源，因为它们适用于媒体与传播；追溯其对于澳大利亚特定调查方法产生的潜移默化的影响；并展示其如何在适应澳大利亚经验的过程中发生转变的。

欧洲与美国

将媒体研究背后的主要理论取向差异及其相应的研究方法对标为"欧洲系"或"美国系"已经成为惯例（Putnis，1986）。在这一特征中，"欧洲系"意味着高度的解释性和整体性，也就是说，以宏观视角看待整个社会。它的社会政治立场是批判社会的存在，历史角度看通常是基于十九世纪欧洲主要社会理论家卡尔·马克思的观点。就其方法而言，它具有演绎性，会将一般原则运用于对特定案例的分析。

相比之下，"美国系"方法在其范围内具有很强的经验性和微观性。在极端情况下，其知识形态依赖于对独特现象的直接观察——最好是可控的、可衡量的事件，例如在实验室环境下。它的社会政治立场被认为是自由、多元或"价值中立"的——换句话说，它不符合任何有意愿造就社会变革的社会阶层，但从这个意义上说，它实际上更为保守。

这种类型学是对我们在媒体研究中发现的主要差异进行对比和分类的一种便捷方式，并有效地识别批判和实用之间的几个主要对立因素。由于这些原因，本章将不打破传统的简化方法，仍将其分别标记为"欧洲系"和"美国系"。然而，思想不属于地理疆域，重要的是要认识到，即使批判理论在美国历来比较软弱，但欧洲事实上不仅产生了这种特有的批判性和解释性的思想流派，而且具有很强的"实证主义"传统，这与美式的经验主义和功能主义（Giddens, 1974）有异曲同工之妙。

这一矛盾在20世纪70年代的一场激烈辩论中被公诸于世，这场辩论被冠以"实证主义之争"这一可怕的名字（阿德诺，1976）。实证主义的基本观点是，自然科学的方法可以而且应该用于理解和控制社会和文化，包括媒体。这是建立社会"科学"背后的基本信念，例如，欧洲社会学。在这种观念中，实证主义与功能主义联系在一起，功能主义认为一个社会形成了一个完整的、整合的整体，其中每个部分都有其存在的目的。

英国文化研究

英国自身关于媒体和文化的主要思想传统是资产阶级观点，而非无产阶级观点，这在澳大利亚也同样有影响力。该传统可追溯到 Matthew Arnold 的 19 世纪文化观，即"已知和所想的最佳理论"，在这一传统中，像 F.R. 和 Q.D. Leavis 以及 T.S. Eliot 这样的文学家认为自己是精神、贵族、传统和精英"高雅文化"的捍卫者，该文化正因以媒体为代表的工人阶级"大众文化"的崛起而受到围困（Mulhem，1979）。具有讽刺意味的是，他们对大众文化的蔑视使他们与法兰克福学派的同时代作家产生了共同之处：20 世纪前几十年大众媒体、电影和广播的发展引发了保守派和激进派的批判。事实上，正是双方共同把"大众"这一主体带入了关于"大众媒体"和"大众文化"的辩论中（Swingewood，1977）。

法国结构主义与符号研究

英国的另一个重要影响表现在电影研究领域。正如伯明翰学派（Birmingham School）在社会和政治冲突背景下强调媒体形象和表现的思想意义一样，荧幕研究也将注意力转向了以电影为代表的西方资本主义社会更大的神话故事和思想方法。这样的作品大部分发表在《荧屏》杂志上，开启了对表象的意识形态批评，转向了女权主义和结构主义的视角。Laura Mulvey（1975）在电影中提出的"男性视角"（male gaze），就是一个典型的例子。

以法国为基地的结构主义运动，是一场广泛的知识分子运动，将 Jacques Lacan 的精神分析理论、Claude levi-strauss 的人类学理论和 Ferdinand de Saussure 的符号研究联系起来，共同推动了文化理论中有时被称为"语言学转向"的前进步伐。早期人们也注意到了 Althusser 的意识形态理论是如何推动这一发展的。就媒体研究而言，言下之意是，与其将传播研究作为由行业、技术和受众组成的学科领域，不如将重点放在媒体讯息本身。问题终归在于，图像和其他类型的"文本"是如何通过代码、规则和话语产生意义的，这些意义被认为是意识形态上的。

美国经验主义

经验主义传统起源于第一次世界大战后几十年来美国的三大历史进程。作为战争遗产，并基于对新"社会科学"的高度信任，以及它们服务于政府和商业利益时所能带来的好处，同时伴随"大众媒体传播"的兴起，这一传统更加专注于宣传、鼓吹和说服。

在战争中保持中立态度的同时，美国政府和学术机构高度自觉地使用"鼓吹"的手段，这不仅是一种消极力量，也能在积极意义上构建民意和"舆论"（引用了当时的另一个创新概念）。研究宣传的方法是基于当时新兴的心理学等行为科学，和实证主义一样，这类科学也是基于通过直接观察形成的知识，包括实验室实验。

哈罗德·拉斯韦尔（1902—1978）是那个时代最具代表性的人物，他的通信模型理论专注于，"谁说了什么？通过什么渠道说的？对谁说？有什么作用？"这一范式，这提供了一种研究议题，其实主要集中在"什么"，或者说消息内容，以及效果。"内容分析"被设计为一种系统和可量化的方法,用于描述和分析媒体信息的含义,而效果被认为是对媒体内容的直接心理或行为反应,就像皮下注射针或"神奇子弹"。实际上,这一方法并不是进行分析,而是对特定媒体文本进行定量描述,用以衡量某些元素或主题出现的频率,例如电视剧中的暴力行为(Potter,1999)。法兰克福学派的学者批判性地解释了他们在媒体内容中所发现的意识形态的意义,而美国社会科学家则更希望揭示某些类型的媒体内容对"态度"的影响。这是一个针对媒体行业崛起的心理范式,尽管这是一个社会化或"大众"化的现象(Jowett 和 O'Donnell,1992)。

到了20世纪40年代,人们开始从社会学的角度来看待问题,尤其是在行为学方法无法证明有太多效果的情况下——这一点不足为怪。Paul Lazarsfeld 和他应用社会研究局(Bureau of application Social Research)的同事假设,"个人影响"在"两步流动"过程中发挥作用,其中"意见领袖"在媒体和更广泛的受众之间相互调节。这种方法并没有直接影响大众中的匿名个体,而是发现通过报纸和广播形成观点(至少在社会调查中研究过的投票意向和消费选择问题上)的有影响力个体,然后把其观点传递给他人(Lowery and de Fleur,1983)。这种转变将重点从"大众"转移到"通信",并变得更加不明确。

第二次世界大战之后,美国的经验主义在整个社会科学领域被制度化,在不具备自身社会理论的情况下,美国就和保守功能主义结盟,然后在社会学和人类学中占主导地位。20世纪70年代,更加符合多元化的"大众传播"方式已经巩固其本身。这基本构成了主流观点,即没有一个社会群体主导社会。经验性的社会科学传统在美国仍保持着强健稳定的延续,并且可以在《传播研究》和《传播杂志》等主要期刊上找到。

澳大利亚传统

文化研究

随着大学教育的普及和 20 世纪 60 年代澳大利亚的国际影响被广泛接受，以及对"澳大利亚生活方式"自我批判的开始，到 20 世纪 80 年代初，英国文化研究的播种已经有了肥沃的土壤。当时已经有了流行文化的研究，虽然这些研究倾向于文化史（Spearritt 和 Walker，1979），但 Dermody、Docker 和 Modjeska 编辑的一部主要文集（1982）明确地将伯明翰（Birmingham）与澳大利亚的文化研究联系在一起，其中包括有关澳大利亚电视制作的重要文章。澳大利亚文化研究的第一个学士学位初始设立于 1981 年（Sinclair 和 Davidson，1984）；《澳大利亚文化研究杂志》于 1983 年开始发行，并于 1987 年成为国际化的文化研究杂志。

就像在伯明翰一样，澳大利亚的文化研究倾向于将结构主义和符号分析应用于媒体研究，就像将其与"活跃的"流行文化的其他方面联系起来那样。Graeme Turner 的《国家小说》（National Fictions）（1986 年）是"澳大利亚文化研究"系列丛书的起点之作，Turner 从文学批评和银幕研究的理论基础中开始评论澳大利亚电影中的意识形态话语。随后是《奥兹国的神话》（Fiske, Hodge and Turner，1987），这是一个关于日常生活、旅游标志、郊区和海滩的文化研究方法。

在澳大利亚，民族小说可以作为一个有用的例子，用以说明人们接受所的思想——这种情况下便是欧洲结构主义结合英国文化研究和文学批评——如何能够有效地融合，或适应澳大利亚的媒体文本和文化传统（Turner，1986）。这也表明了电影分析与文化研究的契合之处。文化研究的机构通常设于美国大学的文学和跨学科研究部门。然而，作为一种处理电影的方法，它基于文本的关注重点在于叙事和表现方式，使其与当时出版的 Dermody 和 Jacka 的作品有所不同。尽管 Dermody 和 Jacka（1987，1988a，1988b）也关注电影中民族神话的形成过程，但他们更关注电影产业本身的结构和发展所采取的政治经济学方法的来龙去脉。

到 1993 年，澳大利亚文化研究已经出版了自己的同名读本（Frow 和 Morris，1993），并成立了自己的专业协会。媒体对读者的贡献主要集中在论述中——对文本意义的分析。然而，也有两篇关于观众的文章值得注意：一篇是对文化研究受众调查中使用的"人种学"方法的批评（Nightingale，1993）；另一篇是关于观众概念本身的论证文章（Hartley，1993a）。Hartley 认为，观众是"隐形的虚构人物"，是由诸如电视网络之类的机构和媒体研究人员为其自身目的所定义的说法。这篇文章颇具影响力；值得注意的是，这篇文章吸收了 Elizabeth Jacka 于 1994 年发表的一篇论文，该论文论证了社会科学方法可以用来实现文化研究目的这一不合潮流的事实。Jacka 还为 1993 年出版的另一本书作出了贡献，这本书还对"澳大利亚文化研究和媒体研究"进行了区分（尽管这两者均包括在内），并将文化和媒体政策的问题提上日程（Turner，1993b）。在 2000 年后，文化和媒体研究蓬勃发展，特别是在 2004 年至 2009 年由澳大利亚研究理事会（ARC）资助的全国性文化研究网络，以及在 Graeme Turner（2012）

领导下的昆士兰大学批评与文化研究中心尤为兴盛。

社会科学

从 1970 年左右起，澳大利亚大学开始开设媒体与传播研究课程，通常囊括在教育、社会学和政治学系之中。因为这些社会科学学科本身就是在美国模式的影响下发展起来的，这反映在很多早期研究成果中。例如，Western 和 Hughes 的《澳大利亚大众媒体》（1971）实际上是一项针对媒体使用的社会学调查，基于全国样本，并按人口变量和政治指标进行细分。虽然上面所讨论的既不是行为主义者，也不是经验主义者，但它仍然受到其纯粹的定量而非解释性方法的限制，而且提供的研究方法也远低于其标题所承诺的。

一个更为初始的例子是 Patricia Edgar（1977）的《儿童与影视暴力》。Edgar 在澳大利亚墨尔本的拉筹伯大学开设了有史以来第一个媒体与传播研究生课程。她的研究将社会学的正统实地调查方法论与心理学的人格量表相结合，对青少年对影视暴力的反应进行了研究。她指出，澳大利亚相关研究相对较为缺乏，但她的文学评论中汇集了来自英国和美国的广泛观点。这远远超出了美国传统的行为主义。特别是，她批判性地评价了当时在大西洋两岸都很流行的社会心理学方法，"使用与满足理论"，并试图将社会科学分析与 Berger 和 Luckmann 两位生活在美国的欧洲理论家提出的"现实的社会建构"哲学相结合。在她的实际研究中，她将定量数据与定性访谈数据相结合，以文本形式对青少年对特定电影和节目的反应做出报告。

所有这一切听起来可能是兼收并蓄的，也就是对各种理论进行了自由借鉴，但 Edgar 选择的方法有目的地指向她的研究议题，她对各种理论的处理方式尤为关键，完全不是模仿和借用。由于以上原因，《儿童与影视暴力》是早期关于澳大利亚媒体与传播的研究实例，涉及了研究人员如何从其他地方了解相关观点，并批判性地反思，然后进行融合，以便结合自身环境研究问题。可与之相媲美的作品是已故的 Grant Noble 的著作《荧幕前的小孩》（1975）。这本在多国出版的著作也包含一系列原创性研究，以及对该领域文学的学术（虽然视角较为独特）评论，包括源自作者专业出身的心理学方面的研究。

上世纪七八十年代，美国的经验主义传统受到了严厉批评，但系统性调查和观察的内在价值似乎并未受到否定。事实上，媒体研究有别于文化研究的一个特点是前者的取向是"真实世界"（不同于文化研究更加理论化的"语言转换"），以及对经验证据的严格收集和评估、合适方法的制定。对美国社会科学研究模式的批评更多指向其倾向于为了自身利益对方法论技术进行干涉，从而限制了研究范围，甚至忽视了研究的目的和对象。这也是一个受到审视的问题：易于处理但微不足道的"微观"社会心理学研究，或者媒体与传播行业结构的"宏观"问题，而不是政治经济学的"宏观"方法。

在澳大利亚，广泛且基于社会科学模式的当代实证性研究最常见于《澳大利亚传播杂志》，该杂志于 2013 年停刊。这本杂志不仅发表媒体相关研究成果，还对传播理论和研究应用的其他领域进行考察，包括政治传播、公共关系、管理传播和其他专业实践领域。澳大利亚和新西兰通信协会（ANZCA）成员也有类似的研究范围，不过其文化研究和政治经济学（Maras，2004）是相辅相成的。

独特的澳大利亚

正如美国影评人在不知如何将澳大利亚电影归入常规类别时喜欢用"古怪"一词描述澳大利亚电影一样,这个词语也可以用来描述澳大利亚的媒体与传播理论及研究。这种"古怪"源于本章所讨论的国际影响的特定融合,但也源于参与其中的一些特定个人,以及澳大利亚的某些独特之处。

在澳大利亚创立该领域的过程中最重要的人物是 Henry Mayer,他是悉尼大学任职多年的政治理论教授,也是《澳大利亚媒体信息》杂志的主要创始人。《澳大利亚国际媒体》(MIA)成为当今媒体研究领域的主要期刊。Mayer 自己的第一份出版物是《澳大利亚新闻报》(1964)。作为对媒体结构和表现的批评性描述,在取向上最接近政治经济学派,但 Mayer 极度怀疑并且反对教条主义——他自称是"冲突多元主义者"(见 Tiffen 1994a,第 14 页)。尽管如此,Mayer 在这里培养和激励了这一领域的许多当代资深学者,比如美国的 Dallas Smythe 和 Herb Schiller。

另一位值得一提的研究者是 Eric Michaels,他是美国人,在澳大利亚研究原住民的电视使用情况,他的工作受到国际认可。他的报告《澳大利亚中部土著对电视的新发明》(1986),从几个方法论的角度对瓦尔皮里人如何使电视适应他们的文化价值观进行了高度原创性的分析:电视成为一种"文化技术"(O'Regan,1990)。Michaels 自此将媒体和土著问题纳入澳大利亚的研究课题。

其他方面的发展,在不同层次上同样与"文化技术"有关,而且更具集体性。20 世纪 80 年代初期,在布里斯班格里菲斯大学(Griffith

University in Brisbane），就出现了一群对法国理论家福柯的观点感兴趣的学者群体。福柯关于权力和话语的研究推动了对媒体和其他机构的"政府性"研究。福柯的方法似乎提供了一种理解社会秩序的方法，却不涉及统治阶级及其意识形态。虽然对福柯的崇拜是一种国际性趋势，但在澳大利亚，它也将学术界的重心转向文化和媒体政策这一连接政府和文化的关键因素（Cunningham，1992；Mercer，1994）。在Tony Bennett 和Colin Mercer 的领导下，来自颇具影响力的"格里菲斯学校"（Griffith School）的一项研究在文化政策研究所（Institute for Cultural Policy Studies）实现了制度化，而后者又成为澳大利亚文化和媒体政策的关键中心（Australian Key Centre for Cultural and Media Policy）（1995—2002）。昆士兰科技大学的政策和文化产业研究已经以"创意产业"的旗号发展起来，成立于2005年、在Stuart Cunningham 领导成立的ARC 创意产业和创新卓越中心（Centre of Excellence for Creative Industries and Innovation）的推行下，全国多所大学在新媒体与传播技术方面的合作工作已经汇集在一起。

事实证明，"政策时代"的到来是将学术理论和研究引入政策分析和批评以及与日益趋同的现实媒体与传播行业互动的有效途径。事实证明，对文化和媒体政策的关注是一种有效的约束，使文化研究摆脱了对文化和媒体政策抽象化的批评倾向，同时也使政治经济学面临使用这种方法时必须处理的文化复杂性。尽管如此，关于媒体与传播理论和研究的方向，并未达成共识，尤其是创意产业的倡议方面招致了很多争议和批评（O'Connor，2009；Turner，2012）。

结 论

因此，眼下的局势绝不是澳大利亚媒体与传播研究发展的唯一终点。本章并未自诩已经按时间顺序呈现出了整体或全貌。如要进行更加全面的叙述，还要纳入其他著名的思想学派、其他主要人物和其他中心、机构。我想说的是，"欧洲系"的批判理论与"美国系"对经验细节的关注进行结合，是在对产业结构和功能方面有了一定的理解为前提的，或许还会关注政策影响，并代表着一种指导澳大利亚众多最佳作品的理想。没有哪个中心或学派能垄断这种融合。相反，这是一个文化衍生但独立、媒体密集的国家学会建设性地适应所接受的思想，以应对现实处境的方式。

进一步解读

Turner（2003）的《英国文化研究导论》（British cultural studies: An Introduction）对英国文化研究及其理论根源进行了出色阐述。美国大众传播研究的发展在 Lowery 和 de Fleur（1983）的《大众传播研究的里程碑》中有着进一步解读。澳大利亚利用多种方法开展媒体研究的具体例子可以在 Turner（1986）的《民族小说》、《弗洛和莫里斯》（1993）和《澳大利亚文化研究：读者》，以及《澳大利亚国际媒体》《Continuum》和《澳大利亚传播杂志》上的文章中找到；Cunningham（1992）的《框架文化：澳大利亚的批评和政策》介绍了利用文化政策研究方法开展媒体研究。关于当代政治经济学的介绍，请参阅 Wasko, Murdock and Sousa（2011），《传播政治经济学手册》，关于全部相关理论的全面介绍，请参阅 McQuail（2010）和 McQuail 的大众传播理论（第 6 版）。

第二章
文本分析

艾伦·麦基（ALAN MCKEE）

什么是文本分析？

假设你想知道：澳大利亚文化中是否存在性别歧视？你会如何收集数据来回答这个问题？一些想法会如雨后春笋般涌现。比如你可以做一个全国范围内的调查，直接询问人们是否有性别歧视的倾向，或者（更明智的方法是）询问一些能够揭示潜在性别歧视倾向的问题——比如"女性生育之后可以外出工作，你是否赞同这一说法？"或者，你也可以与人们展开性别角色话题相关的访谈或小组讨论。但是，这种数据收集方式存在三个关键问题。

首先，你只能得到你所提问题的答案，而澳大利亚可能存在的性别歧视现象，你的提问中可能并不会涉及——例如，假设澳大利亚人普遍认同男女平等，但他们对听从女性领导的命令感到不适。如果你并未提出有关女性领导的问题，你就不会在调查中发现这个问题。

其次，人们并不愚蠢。他们知道你在寻找什么样的答案，而没有人愿意因为回答你的问题而损害自身形象，因此他们可能会给出他们认为你想听到的答案。媒体研究(media research)的典型例子是艾伦·西特（Ellen Seiter）（1990）的文章《电视观众调查中的独特做法：令人不安的采访案例》。Seiter教授在一本杂志上刊登广告，邀请肥皂

剧观众接受采访。但当她开始采访时,他们在采访有回应的受访者时,

> 受访者在开始采访时对回答观看肥皂剧的时间采取回避态度,并坚称他们只是偶尔看肥皂剧……这一采访并不寻常,因为他回答的采访来自报纸上一则旨在采访肥皂剧观众的广告。
> (1990,第63页)

正如Seiter所指出的,这些消费者非常清楚,许多学者都是"势利小人",他们看不起肥皂剧之类的"垃圾",因此他们相当明智地给出了其自认为教授会想听到的答案。他们还会批评肥皂剧,并问出:"看肥皂剧的人是啥心态?"这样的问题(Seiter 1990,第64—65页)。

第三,问题就在于当你让人们思考某个话题时,他们就会开始思考。他们之前可能从未思考过这个话题,所以通过简单地询问这个问题,他们对这个话题的看法可以因为你的提问发生实质性转变。当我采访电视剧《神秘博士》(Doctor Who)的粉丝们时,问到他们是否认为这个节目带有政治色彩,很多人都会在说出答案前发出类似"嗯……(长时间停顿)""老实说,我从来没有真正想过这件事",或者"我不知道。但这是个好问题。"这样的评论(McKee 2004,第210页)。这些受访者能够为我想出一个答案,但他们之前从未思考过这个话题。我在这样的采访中没有了解到任何关于他们每天参与这个电视节目的相关经历。

在回答类似"澳大利亚文化中是否存在性别歧视?"这样的问题时,最大的问题在于:你如何能够观察"状况外"的人们?如果没有任何学者询问他们关于世界的问题,那么如何收集关于他们如何在日常生活中看待世界的数据呢?

这就是文本分析的切入点——寻找人们在日常生活中创造的、关

于他们如何理解世界的证据。就拿一家报纸报道的例子来说：最近在喀麦隆的一个法庭案件中，法官裁定一位女性不能继承财产，他说："女性就是财产。作为财产怎么能拥有自己的财产？"（Abdela，2001，第20页）这种理解世界的方式与大多数澳大利亚人完全不同。我们大多数人会认为女性当然应该被列入"人类"的总范畴，而对喀麦隆法官来说，她们更应该被列入"财产"类别。这种对我们周围世界的思考方式、理解方式和呈现方式的差异，显然会对我们与世界和其他人的关系产生重要影响。这并不意味着喀麦隆的每个人都会同意这位法官的意见，但我们知道澳大利亚的法官不太可能做出这样的评论（尽管有时法官被指控发表"性别歧视"的评论）。因此，我们解读文本（电影、电视节目、杂志、广告、衣服、涂鸦等）是为了试图了解在特定的文化和特定的时代，人们是如何理解他们周围的世界的。

当我们对一个文本进行文本分析时，我们会对可能对该文本做出的一些最有可能的解释做出明智的猜测，以帮助我们理解制作和消费该文本的人们是如何理解这个世界的。

如何做文本分析

列出一些关于人们如何看待你感兴趣的世界的问题

文本分析的起点是一个你想要回答的问题。不能只是对文本（电影、电视节目等）进行"文本分析"，因为分析文本的方式有很多。当你有问题时，就可以开始在文本中寻求答案。

传统上通过文本分析解决的问题通常是关于政治的（从最广泛的

意义上来说）。例如，大众传播研究的研究者通常对媒体如何呈现传统形式的政治感兴趣。为回答这些问题而研究的最常见的文本是非虚构的——报纸、电视和广播新闻、时事和纪录片。虽然对这些文本提出的问题通常是关于他们涉及传统政治问题的方式，但文化研究的研究人员将"政治"一词运用在更广泛的意义上。文化研究传统上以马克思主义的关切为基础——分析一种文化如何呈现统治阶级的愿望，同时削弱工人阶级的权力。文化研究扩大了这种关切，研究出对其他群体权利进行文化剥夺的其他方式，包括妇女群体、同性恋群体、残疾人群体和任何占主导地位的种族和语言群体之外的群体。分析文化的方方面面可以给这些问题找到答案，既包括新闻、时事，也包括肥皂剧和其他形式的戏剧、轻娱乐、真人秀、流行小说等。

如果你对其他领域感兴趣，文本分析的美妙之处在于它可以应用到任何文本中，几乎可以回答任何关于理性的问题。要创造自己的研究课题，你应该尽可能多地接触各种形式的文化产品，观看各种不同的电视节目、电影、戏剧，阅读各种各样的杂志、报纸、小说，玩不同类型的电脑游戏，逛博物馆和美术馆等，同时考究大量的历史和文化理论，以获得新的想法、视角，发现新的问题。我们在此所关注的问题是：澳大利亚文化中是否存在性别歧视？根据《牛津英语词典》，性别歧视意味着"基于性别而产生的偏见、刻板印象或歧视，通常是针对女性的"。

让你的问题变得更具体

"澳大利亚文化中是否存在性别歧视？"这是一个很宏大的问

题，而试图回答这个问题将会引出一个庞大的研究项目。下一步是努力使其更加具有针对性。2010 年 6 月 24 日，朱莉娅·吉拉德（Julia Gillard）成为澳大利亚首位女总理，但她任职仅 3 年多时间。从我过去几年在澳大利亚的媒体消费体验中，我注意到了她的身份引发的争议。从这种担忧中，我预见到了一个由一位研究人员主持的文本分析项目中的可行问题：媒体对朱莉娅·吉拉德的报道属不属于性别歧视？这是思考更广泛问题的一种方式。不要低估聚焦问题的重要性。刚开始踏入研究领域的人，通常会尝试去解决一些太过宽泛的研究课题。他们想对西方文明史以及所有曾在西方文明史中生活过的人高谈阔论。当然，澳大利亚文化整体上是否存在性别歧视这一更广泛的问题也很重要。但文本分析的关键是提供证据以让读者相信你的观点。一个研究人员不可能提供足够的数据来对澳大利亚文化的各个方面以及澳大利亚对男性和女性的态度做出令人信服的声明，这需要一个庞大的团队、花费大量的资金和时间，通过对商业电视、男性杂志、交友网站、爱情小说、政府报告等相关文本的分析，对整个"澳大利亚文化"做出令人信服的断言。不过，一个深思熟虑的问题很好地解决了更为广泛的问题。朱莉娅·吉拉德作为澳大利亚前总理，在国家领导人团队中担任代表角色。通过检视她在媒体上的表现，我们可以在国家层面上对澳大利亚的性别歧视作出一些判断。

根据你的经历，列出与你的问题相关的文本

解决好你的问题后，开始列出你要分析的文本。你想关注报纸？在线新闻网站？电视节目还是广播？如果你已经熟悉了解澳大利亚文

化，你可以开始列出相关的文本进行分析。运用你的文化知识确定对你最有用的文本（如果你对澳大利亚文化一无所知，你的工作将会变得困难很多，下面我会讨论）。就这一问题，我将对报纸内容展开分析，将重点放在都市日报上，因此我的问题将变得更加集中（着眼于"都市日报"而不是更大范畴的"媒体"）。文本就有了一种连贯的体裁，倾向于使用一类大致相似的"文本系统"来表现。

通过学术研究和大众研究，寻找更多文本

找寻任何先前关于该主题的学术文章，这可能会引导你获得该领域的重要文本。用关键字搜索图书馆目录，然后进行"横向扫描"（走向书架，横向查看其他相同编目号码的书）。在互联网上搜索你能想到的任何其他来源。

搜集相关互文文本

当你在做文本分析时，你在做的是试图理解这些文本在日常文化中的作用。如果文本与读者的解读毫无关系，那么利用该文本进行生拉硬扯是毫无意义的。当你做文本分析时，你会想利用媒体文本来证明其在日常文化中的意义。正如我在上面提到过的，通过研究媒体文本，我们可以了解人们在所生活的文化环境中是如何理解这个世界的。

如果我们想要充分猜测读者对文本可能做出的解释，我们需要了解他们遇到文本的文化背景。这包括了解受众，即"人口统计数据"，文本所面向的对象。你需要对文本的传播文化有所了解。在"对文

的可能解释进行情况猜测"的时候,让我们"知情"的是我们自身拥有的与文本内容相关的知识——这与受众在理解该文本时所拥有的相关知识是一样的。我将这些内容分为四类——尽管这只是一个粗略的指导,它并不是详尽无遗的,但也是相辅相成的。

· 系列中的其他文本:如果你想了解报纸故事可能的解读,你必须熟悉一份报纸的几个问题。不要试图根据你所接触的单个问题来猜测可能的解释——你不会理解规则是如何运作的,你可能会弄错。以"鼓"为例——它是一家经常利用幽默来表达自己观点的在线新闻网站。当地发表的一篇性别歧视文章可能故意用恶搞来削弱性别歧视的表达,而不是支持这种表达。

· 文本体裁:题材是理解文本的有力工具。题材通过提供规约起作用,使得制片人与观众能够进行有效沟通。如果在卡通片中有人被煎锅击中脸部,我们知道这只是为了好玩。我们不应该担心这个角色是否能幸免于难,或者是否会因此毁容。相反,在电视剧《法律与秩序:特殊受害者》(Law and Order: SVU)中,如果一个角色被平底锅击中面部,我们就会知道这是一个严重的攻击事件,会使人严重受伤,而且在故事中也会产生不同的影响。了解这种题材及其规则可以帮助我们合理猜测观众会如何阅读一篇文章。例如,报纸上抨击朱莉娅·吉拉德的政策并不一定是性别歧视,因为报纸上报道的总会是她以政客身份的行为。如果它以一种男性总理不会因此引起注意的方式引起了人们对前总理性别的关注,那么这就是性别歧视。

· 关于文本本身的交互:你可以通过查看交互文本——公开传播的文本,与你所感兴趣的文本有明确的关联——来获取可能的解释。观众可以用信件、网络帖子、评论或文章来描述他们对于文本,或其他参考原文的娱乐片段，或该类型文本如何发挥作用的更广泛讨论的解释。再者，这些文本并非简单地告诉我们人们是如何真正解读这些文本的，一如采访他们一样。但这并不意味着观众只是简单地按照这些交互文本所告诉他们的东西来思考。但我们确实知道，就像学者所做的那样，观众们会利用现有的文本思维方式来理解文本。

· "符号域"：这是一个更广泛的公共语境，供文本传播，将在下一节详细描述。

尽可能多地了解更广泛的"符号域"

尽可能多地了解文本传播的符号域（阅读报纸、杂志，看电视，听音乐）很重要。符号域是"意义世界"，或者说是文化背景，文本在其中传播（Hartley 1996，第 106—121 页）。这是最为模糊也最为全面的语境范畴。当我们在理解一篇文章时，我们也在吸收其他各种关于世界是如何构建的知识——这些知识构成了我们对世界的理解。

通过了解在文化背景中哪些话语（理解世界的方式）是常见且有影响力的，你就可以对文本做出合理的解释。例如，有些人对儿童足部有性迷恋，而在一个针对这些人的网站上，有一些来自经典家庭电影《音乐之声》中的图片（影片中有孩子们光着脚跑来跑去的片段）（Lumby 2008，第 17 页）。对于观众来说，这部电影可能被理解为色情电影。但我们也知道，在更广泛的澳大利亚文化中，恋童癖被认为是令人憎恶的——因此，当一家商业频道在圣诞节播放《音乐之声》时，观众认为用这样的方式解读它是不合理的。当你进行解读时，你应该先了解该文本传播的文化知识以及你所谈论的特定读者的文化。

阅读报纸本身也会让你感受到其他类型的文本——音乐、电影、书籍、电视节目——他们希望读者对他们的这些文本感兴趣。当然，这与每个报纸读者的消费需求不相匹配，但它确实让你对都市报读者可能会遇到的文化有一个大致的了解。看、读、听这些内容可能有助于了解消费者阅读习惯。

收集文本

这通常是项目中最难的部分，因为极少类型的文本被图书馆或档案馆系统地保存起来。国家图书馆能找到畅销书以及学术书。电影和电视节目可以通过国家档案馆的 Screensound 进行下载（www.screensound.gov.au/index.html）。

高校图书馆是十分宝贵的资源。如果你正在寻找电视节目，YouTube 会提供大量的材料，现在很多 DVD 都可以买到。如果难以找到，直接联系电视制作公司也是值得的：只要稍微友好地说服他们——他们中有些人就可以让研究人员查看他们自己的档案。对于报纸而言，获取新闻报道内容相对简单——数据库 Factiva（可通过许多大学图书馆目录获取）包含来自世界各地主要报纸的每一篇报纸报道。然而，它只提供了故事中的内容，不包括故事的其他重要方面——尤其是照片和布局。

尽可能多地分析这类文学作品，了解其逻辑规则

当你开始阅读报纸上关于政客的报道时，你会开始看到他们工作

的规则。更"优质的"报纸（中产阶级读者更多）往往会有更多关于政客的报道。更多"耸人听闻的"报纸（有时也被称为"小报"，读者多为劳工阶层）往往很少有报道，尤其是关于国家政治，而这些报道往往会出现在后来的报纸上（"软新闻"和犯罪新闻通常会带来更高的收入）。一些报纸（如《澳大利亚人报》）有强烈的右翼倾向，并且倾向于制作对任何工党政治家（而不仅仅是当时的总理）具有高度批判性的报道。报纸是视觉媒体，经常以具有强烈形象的故事为标题（因此政客们喜欢拥抱婴儿或在工厂戴安全帽）。

　　当你分析这些文本进行对读者来说似乎合理的解读时，请记住这不是文学分析。你并未尝试寻找巧妙的解释和作者想要的"正确"解释。这不是意识形态分析，因为你在试图找到隐藏的政治信息，而消费者并未意识到这些信息。相反，你是在基于这些文本在日常生活中的各种解读做出可靠的猜测。如果观众可能做出了"错误"的解读，或者说这与作者的意图有所不同，那么你应该对"错误"的解读比对"正确"的解读更感兴趣。例如，这些故事的作者可能并没有试图表现出性别歧视——但这并不意味着他们没有性别歧视。你可能会注意到，他们经常谈论朱莉娅·吉拉德的着装，而通常不提男性政客的着装。《悉尼先驱晨报》的一篇文章讨论了朱莉娅·吉拉德会见北约领导人Anders Rasmussen 的过程。文章写道：当时的总理穿着"白色短夹克和黑色裤子"。Rasmussen 穿什么衣服？故事中并未提及此事（Totaro，2010）。在《每日电讯报》中，一位评论员指出，"在吉拉德政治生涯中原本应该最为自豪的一个日子里，她用一头奇异的发型和一件蓬松的 80 年代挂毯印花夹克，把这个好日子弄得一团糟"（Quigley，2006）。《霍巴特水星报》写道：最近，她穿着一位时尚专家描述的类似"廉价汽车旅馆床罩"的衣服来到小镇。现在，有人呼吁给朱莉娅·吉拉德总理提供服装津贴，以确保我们国家的领导人避免未来出现任何毫无时尚感的着装（Toohey 2010，第 1 页）"廉价汽车旅馆的床罩已经不再存在，取而代之的是深蓝色细条纹西装。"（《每日电讯报》2010，第 7 页）在《先驱太阳报》（Herald Sun）中，"她因陈旧的衣橱和灰白的发根而受到抨击，但似乎朱莉娅·吉拉德总理终于找到了时尚的脚步。"（Coster, McMahon and Epstein 2011，第 37 页）

这里有很多例子（并且很容易找到其他例子），表明这不仅是一个巧合或者一个孤立的例子。如果你注意到，相比之下，高级男性政客——首相 John Howard 和 Kevin Rudd——从来没有被这样讨论过，就证实了这一点。有评论提到穿运动服，比如运动服（Howard）或"鹦鹉走私者"（Tony Abbott）——但这与他们的时尚感不同。如果"性别主义"包括"刻板印象"。"基于性别"，那么关注高级女性政治家（而非高级男性政治家）的时尚感就是性别歧视，因为它依赖于一种常识性假设，即女性比男性对时尚更感兴趣（参见 Walsh 2013；对此，Goldsworthy 2013 有进一步研究）

同样需要注意的是，我并没有在这里给出一些巧妙的解释。一份报纸报道说，"她因陈旧的衣橱和灰白的发根而受到抨击，但似乎朱莉娅·吉拉德总理终于找到了她的时尚的脚步了"（Coster, McMahon and Epstein 2011，第 37 页）。我认为，这将这位前首相与时尚联系在了一起。这不是一个微妙、深刻或有见地的解读——而是一个显而易见的解读。这就是你想要的——这种对于文本使用者来说显而易见的解读。这个过程的困难部分是收集数据——而不是你对它的巧妙解读。

重新回归文本，重新思考你对它们的解读

请记住，当你对这些文本的工作环境有了更多的了解时，你可能不得不回到文本中去，重新思考你对它们的解读，并做出新的猜测。你可能从报纸上的调查开始，研究他们对朱莉娅·吉拉德的描述是否存在性别歧视。当你阅读它们，并了解它们正在传播的更广泛的文化背景时，你可能会开始以不同的方式看待它们。比如形象管理，你可能会注意到政坛更广泛地向"旋转"转变的讨论。你会发现，重温朱莉娅·吉拉德的服装故事，你会发现它们更符合这种写作体裁。《堪培拉时报》的一篇报道指出，"朱莉娅·吉拉德总理今年一直穿红色衣服"（Canberra Times 2011，第19页），而这篇文章实际上是在讨论形象顾问及其在政治中日益重要的作用——无论是对男性还是女性。也许这个故事并没有影射一个关于性别歧视的假设，即认为女性就应该对时尚更感兴趣，也许这是政治管理中更为普遍的问题。

要永远记住，你的解读只能是一种猜测——我们永远无法确切地知道任何一个人会对任何具体文本做出什么样的解释。我们可以尝试采访一些人来找出答案，但是我们又回到了我在本章开始时讨论的问题：仅仅通过提问，你已经要求人们以一种特定的方式来思考问题。收集数据的行为改变了结果。

用合适的形式写出你的结果，以达到你想要的目的

现在你的努力有了结果：澳大利亚的《都市日报》如何将朱莉娅·吉拉德介绍给读者，表明因为她是女性，她应该对时尚感兴趣。

第一部分　方　法

那么，你将如何处理这些信息呢？

如果你想通过一门大学课程或获得更高的学位，那么更适合具有学术性的写作形式（Davis 和 Mackay，1996）。如果你想参与公众辩论，或许一篇使用了你的研究成果的杂志文章会更有用。如果你想尝试在你认为需要改变的文化领域做些事情，也许你应该写一份报告，然后提交给一个政府部门。重要的是，你要用合适的体裁来写。为了获得更广泛的受众而将研究"通俗化"并不是什么好羞愧的事情。普通民众不用花时间阅读冗长复杂的文章。因为他们并不涉足特别的专业领域——媒体研究、政治历史和女性研究。报纸上每天都向他们报道数百个不同的话题——不仅是澳大利亚的州和联邦政治，还有各种不同犯罪的前因后果；儿童面临的危险——包括游泳池和运动；社会随着新技术改变的方式；不断演变的性别角色和不同性别，不同文化背景的人的权利问题。这些内容并不像他们为了娱乐目的可能阅读的材料，或者提供给他们所享受的娱乐方式，和他们所关注的运动的信息，或者可能直接适用于房地产市场数据，或者商业板块中反映其工作习惯的故事。因此，当试图触及更广泛的受众时，你需要找到一种尽可能简洁的方式，来交流你的研究成果，并使研究成果与受众息息相关。"简单化"——或者，用一种不那么精英化的方式来表达，"与非专家人士交流"——是一项重要的技能，很难掌握。

关于你的结果有一点：你将无法引用数据，因为这种方法不涉及统计性别歧视故事的数量。文本分析是定性的（用文字表示）而非定量的（用数字表示）。当我们用数字来计算以特定方式工作的文本数量时，我们称之为"内容分析"。每一种方法都有优缺点。用最简单的话来说，内容分析往往具有更大的可靠性（如果两个研究人员在同一份报纸上统计相同的东西，他们会得出完全相同的答案），而定性的文本分析往往有更高的有效性（它更符合现实生活）。例如，一组研究人员研究了澳大利亚报纸中的土著呈现情况，开发了一套内容分析类别（Jackson, Stanton and Underwood, 1995）。"土著人民与动物的对等"是一种倾向，尤其是在更古老的表述中，研究人员注意到土著人民与动物等同，要么赞扬他们融入自然，要么谴责他们缺乏文明。他们在做内容分析时，有一个故事是对当地影视明星 Ernie Dingo 的采访，标题是"Ernie Dingo 是领军人物"。研究人员不得不将这个故事归入"土著人与动物的等同性"的范畴，尽管这显然与他们提出"消极"这一范畴时的想法大相径庭。如果他们没有将研究结果归为此类，那么这项研究的科学可复制性就会受到影响。考虑到文本是如何工作的，它显然试图做什么，以及它可能的解释，那么整个内容分析项目都会受到影响。

结　论

当你向人们提问时，你就改变了他们思考问题的方式。文本分析是研究人员收集信息的一种方法，这些信息涉及其他人在日常生活中理解这个世界的方式，而他们的日常生活并没有得到学术界的关注。要做文本分析，你首先要提出一个你感兴趣的文化课题。然后，你收集合适的文本进行分析。在分析它们时，你需要了解相关交互文本的知识——系列、体裁、分析文本的评论以及更广泛的符号域——从而对文本可能产生的解释做出明智的猜测。这样，你就可以提供关于给定文化在给定时间的意义建构实践的证据——消费者群体可以使用的理解世界的方式。

通过这一过程,你会发现:澳大利亚报纸在报道前总理朱莉娅·吉拉德时,明显带有性别歧视。他们关注她的着装方式、她的发型和时尚感,却从没对男性总理有过这些关注。你可以通过详细参考有关著述,将这一发现扩展为一篇学术文章,其文献综述为关于女性政治家的媒体呈现前期研究。或者,你也可以根据近期这种性别歧视的例子,利用少数几个最精彩的例子来阐述你的观点,把它发展成一份报纸的评论文章。重要的是,无论你怎么做,你都能用支持你观点的实例证据来佐证你的发现。这就是文本分析的乐趣所在。

进一步解读

通过 Alan McKee(2003)的《文本分析:初学者指南》中的简单介绍进一步深入了解本主题。然后再将优秀的文本分析学家给出的更详细例子纳入考量,比如约翰·哈特利在他的《目的论:电视研究》(1992,第21—44页)中提出的"电视和肮脏的力量",以及在他的《图片的政治》(1993b,第28—41页)中提出的"图片的政治"。用更高级的著作进行充实,例如,罗伯特·C.艾伦(1992)的《话语的渠道重组》。

第三章
媒体呈现

凯特·鲍尔斯（KATE BOWLES）

食品或饮料产品的广告或营销传播不得削弱健康或积极生活方式的重要性，也不得损害健康均衡饮食的推广，或展示、设定不成比例的产品或分量，或以其他被认为与现行社会标准相悖的方式，来鼓励被合理地认为是过度消费的行为。

研究澳大利亚媒体与传播行业最明显的方法之一就是分析这些媒体是如何评价朱莉娅·吉拉德的问题、思想和事物的。乍一看，正如上面的例子所示，这似乎是一个毫无问题且切实可行的命题。我们需要理解媒体呈现场景（比如对分量大小的描述）与现实中的"环境"（例如，"小、中、大"的共享社区定义）之间的关系，因为它们可能会对决策行为产生影响。这一假设不再局限于实物图像，而是表现更抽象的信仰、关系和价值的方方面面。如果我们理解了媒体是如何呈现这些庞大而重要的概念的，那么我们将更接近于解释这些媒体呈现是如何导致概念，以及行为和社会经验伴随时间的推移而发生变化的。讨论中有很多利益相关者，包括学者、电视节目制作人、广告创意、制片人、游戏设计师和网站编辑。事实上，任何一个工作涉及与他人沟通的人，无一不在不断思考媒体呈现的运作方式，为什么它很重要。也有一系列的方法被用来描述媒体呈现的内容和实践。在接下来的一章里，我们将会看到其中的一些内容，但首先我们将考虑我们所说的

"呈现"的确切含义：

厌倦了看那些与你的厨房冒险现实完全不同的烹饪节目吗？

（《杂志2000》，第115页）

"媒体呈现"存在于与我们称之为"现实"的其他事物的关系中。以最简单透明的媒体节目类型之一：烹饪节目为例。首先，它包含了镜头前真实发生的过去事件的选择性证据——某一天确实发生的事情，其中有许多不可预测的因素。真正的烹饪事件发生的时间要比烹饪节目需要花费的时间更长，因此节目依靠选择和编辑等传统手法向观众展示烹饪。理解这一点对于赋予节目意义是很重要的，但同样重要的是，这些知识不会影响你的观看乐趣。其次，烹饪节目设定了一种关系，一种虚拟但看似真实的未来烹饪体验，可以在真实的厨房（也许是你的厨房）中实时进行。这必然是不切实际的，但它仍然对你有意义，因为它遵循了你理解和接受的与编辑和时间压缩有关的通用约定。

但每次你遇到一种媒体呈现，都会评估它的局限性，然后根据媒体呈现所暗示的内容与你自己的经验或假设之间的可信度差距来衡量它的有用性。这就是为什么你会被吸引观看一种新型的烹饪节目，因为你已经"厌倦了"一些不再满足于你自己的冒险中遇到的"现实"的东西。这就把我们带到媒体呈现的第二个重要维度：它是一个选择系统，提供选择的基础是具有争议性的价值观，使得一种媒体呈现被评价为比另一种表现得更好。

第一部分 方 法

评判媒体呈现

如果媒体呈现的形式和内容是一系列产品选择的结果，那么作为媒体呈现的消费者和生产者，我们的目标部分在于尝试确定控制这些选择的原则。就媒体与传播行业的惯例而言，这些选择范围从电影的选角，到电视肥皂剧的故事情节，再到新闻媒体对镜头的选择和编辑。如果你被要求扮演一个俱乐部老板的角色，这个角色应该是男性吗？她会是亚裔吗？如果你需要孩子的照片来说明一篇新闻稿，典型的孩子应该是什么年龄、身形、体型或种族？这些决定可以衡量媒体呈现和现实之间的差异，这就是为什么媒体呈现作为一种实践会充满特权和优先权的含义。这些是谁的选择？是什么激励或限制了这些选择？

日常媒介素养意味着观众和读者能够充分理解选择、构成和媒体呈现的过程，其结果偶尔也会引起一些摩擦。比如，女性可能会更多地被描绘成从事被认为属于男性的工作，或者残疾孩子的父母可能会开展运动，希望看到更多的孩子成为普通孩子。这些例子表明，图像能够而且应该更好地呈现社会现实，因为它们有能力影响人们的思维和行为方式。从两个完全不同的来源来看这两个关于表示效果的论点：

> 女性每天都要接受媒体公开的性别表达，这种表达方式非常公开，具有高度的性暗示，并且绝对有辱人格。我特别提到了 Howard Showers 的广告牌（高大瘦弱，赤身裸体的女性，紧捂乳房，撅着嘴，显然是想卖牛仔裤）、Warner 的"我爱做女人"内衣活动（高瘦半裸女性穿着垃圾内衣，过分化妆），以及"必胜客女郎"（她在菜单上吗？）我们太容易被物化了，有什么奇怪的吗？（"性别歧视初学者指南"2000，第28页，重点添加）

因此，"电视世界"的规范——长期充斥着专业成功、身体健康、白人、性感的中上层阶级的人——对许多人来说，它定义了一个基本轮廓，即它到底是怎样存在于广阔的世界。除了他们眼前的个人经历……这确实会给观众带来潜在的精神分裂。如果他们直接的（必然是有限的，而且实际上是种族隔离的）个人经历领域给他们提供了评估媒体对特定话题言论的参考依据，那么他们就会变得更容易受到媒体表达的攻击（或者至少会感到困惑）。（Morley 1999，第144页）

两位作家都对表现形式持批评态度，认为它们可以真正改变自我、身份和对世界的感知。第一个作家——一名学生记者——认为澳大利亚的广告牌广告改变了女性对自己的看法，鼓励了其他人物化女性的习惯。这是一个关于媒体呈现效应的争论。第二位作家——一位媒体研究学者——在更深层次上提出了基本相同的论点。他表示，由于我们的真实体验必然比媒体上呈现的体验范围更为有限，我们无法判断其准确性，因此他们会接受现实体验，从而相应地调整我们对真实世界的印象。这些关于图片影响我们所相信的东西的信念，以及对于媒体用户的假设，都是由来已久的。例如，在1937年，一位关于美国电影产业崛起的评论员写道：

视觉和声音表现的绝对力量是对个人和群体的强大力量。无论拍电影的人是什么样的愿景和意图，这种媒体形式都会产生不可忽视的规范性结果。（Rosten 1939，第314—315页）

运用媒体呈现，形成社会判断

澳大利亚的媒体文化依赖进口，这一事实可以很好地说明"表象影响我们对正常事物的感知"这一论点。因此，澳大利亚主流的电视、电影、游戏和互联网内容都来自美国，而我们消费的媒体内容中来自英国的比例较小但仍然很重要。无论这对当地生产工业或澳大利亚文化认同的发展可能产生何种影响，认识到这为我们对美国或英国的看法所创造的框架也很重要。当媒体用来自其他国家或文化的人来表达自己对这些国家或文化的直接体验时，我们只能用其他国家或文化的表达来检验自己的表达。美国是像《犯罪现场调查》还是《侠盗猎车手》？伦敦就是我们在《警务风云》中所看到的吗？难道美国警察天生就比英国警察迷人吗？还是这两种电视系统呈现不同的警务工作方式？同样，通过测试其与我们所看到的同一历史事件的其他表现的可信度进行对比。我们有义务接受或拒绝过去的表现。在缺乏个人经验的情况下，我们变得高度依赖媒体呈现来形成我们对过去事件、人物和地点的意义感。

正如我们对世界其他地方正在发生的事情或过去发生的事情的感觉受到媒体表述的强烈影响一样，澳大利亚社会的许多不同部门也主要通过图像来了解彼此，而且往往是在大众媒体上。因此，我们可能会根据这些图像的性质，做出非常重大的政治、社会和伦理决策。想想失业人员、私立学校的学生、警察、富有的逃税者、使用非法毒品的人、郊区家庭、农民或吸烟者这些大众形象对你思维的影响。现在，假设你正准备在选举中投票，而在选举中，与这些社会群体有关的问题都表现出来了。如果媒体的陈述让你对其中一个群体产生了一定的印象，而你并非其中的一员，那么你对于关注该群体的政治活动的反应很有可能会受到媒体描述该群体的方式的影响。

这一问题不仅仅是经验与表征分离造成的。表征有其自身的优先事项，这些优先事项往往与所呈现的现实情况关系不大。回忆一下Morley对表征的讨论，这些表征似乎推进了一个统治阶级的利益——年轻的、白人的、中产阶级的、健康的、身体健全的、有吸引力的、快乐的男人和女人，他们主宰着杂志封面、肥皂剧和广告牌。这是人口统计学的观点：在任何特定群体中，种族、性别和年龄多样性、健康状况、性和外表吸引力等许多变量的真实分布，都不会与群体中的这些特征分布相匹配。同样，一位新闻记者也表达了她对主流电视中出现的澳大利亚非白种人形象的失望：

> 在阿德兰，有一套普遍的法律。乳制品、洗发水和早餐谷物的广告必须像Leni Riefenstahl的宣传片一样拍摄——许多雅利安人在阳光下跑来跑去，周围一个北欧人都看不到。
>
> （Verghis 2000，第12页）

虽然这种情况正在逐渐发生变化，但街头上的澳大利亚人比银幕上的要多，而且不同类型的澳洲人也更多，同时特定族裔社区成员之间的社会差异也比通常所允许的典型情况更加突出。主流电视台虚构的澳大利亚扭曲的人口统计数据不是为了捕捉现实，而是为了满足其他宣传目的。一部电视剧里充斥着思想丰富、口齿清晰、相貌英俊的人，因为这些电视剧演员可以在相关媒体上得以宣传。媒体叙事通常呈现一种比你的生活方式更具动感的生活方式（更多车祸、更多绑架、更多浪漫和更多损失），因为媒体格式较短，而且实时观看日常生活的吸引力相当有限。

总结来说：媒体呈现形象吸引了批判派和改革派的关注，因为它是一种价值驱动的实践，在传统和限制的指导下，这些传统和限制往往会扩大而不是缩小形象与其所呈现事物之间的差距。在学术分析和流行思想中，这导致了一种"逆向工程"——试图找出我们所看到的表象背后的设计，以便对它们进行改造，希望这将带来现实中的好处。为了理解是什么使媒体呈现以这种方式系统化，我们需要超越对某一种特定描述如何运作的随意认识，去理解支配所有媒体呈现的生产和分配的更广泛的意义制定规则。

理论：系统地思考媒体呈现

这使我们转变为不再能够理解在任何特定实例的媒体呈现中所发生的事情，而是通过使用理论来帮助我们归纳不同的例子。但首先，我们有必要停下来反思一下我们所说的"理论"是什么意思。理论尽可能简单地试图理解支配任何系统的潜在逻辑。如果我们能够检测到一个模式，我们就可以开始思考它发生的时间和原因。这就要求我们既要分析模式中的单个元素，也要分析它们的组合工作方式。就文化趋势而言，这种模式很可能随着时间的推移而显现，因此我们需要进一步从历史发展的角度来理解这种趋势的每一个实例。例如，澳大利亚媒体文化中普遍存在的女性形象是什么？它们在过去十年中发生了怎样的变化？与20世纪30年代相比，我们如何以不同的方式展示孩子？为什么？闲暇时间、消费主义、有偿工作或家庭生活的主要特征是什么？这些特征是如何促成这些关键领域真正的社会变革？

当我们试图回答这些问题时，文化理论本身并不能提供证据——

尽管有关某些事物理论的发展可能会借助实证研究。理论涉及一定程度的猜测和推测；它是一种推理的实践，是一种构建或重建我们对观察到的事物进行思考和讨论方式的实践。尽管批判和文化理论可能因此看起来复杂得令人沮丧，并与我们常识性的生活经验相抵触，但如果我们记住，即使是最没有说服力的理论立场，也可能来自理论家最初的个人经验，即困惑、迷茫或政治关切——观察某些东西并试图使其有意义，或对其有所改变。

媒体呈现、物化和性别化

比如，我们从20世纪70年代初女权主义浪潮中产生的理论开始，关注流行电影对女性的刻画。Laura Mulvey（1975）的《视觉乐趣与叙事电影》是这种想法的核心，它最初是在1973年写的且经常被引用的评论文章。像许多20世纪70年代的女权主义者一样，Mulvey对自己成长的电影中女性的表现方式感到沮丧。作为一名电影制作人，她对摄影作品非常感兴趣，尤其是当镜头以特定的方式观察女性的身体时，镜头能让观众分享观点。Mulvey认为，大众化的好莱坞电影应该被认真对待，因为观众从中获得了乐趣，而且这种乐趣与男女身份的心理性征形成有关。心理分析为女权主义提供了一个看似连贯的解释，并提供了一个现成的词汇来说明电影利用人类在看待事物时深藏（甚至可能是无意识的）的快感。

这种复杂的理论立场——"媒体呈现的女性预示着阉割，导致出现偷窥或恋物癖机制来规避她的威胁"——已经失去了很多具体的可

第一部分 方 法

信度。但它留下了"呈现"与"物化"概念之间的联系作为持久的遗产。从字面上看，这意味着抽象或无形的事物掌握了物理对象的属性，降低了它的复杂性和完整性。在一定程度上，所有媒体呈现都有这种倾向，但物化却与所呈现的女性主张密切相关，以至于将物化与"贬低性呈现"与"冒犯性呈现"混为一谈的现象已经司空见惯。这与以下建议有关，即我们呈现的人们的方式会以以下三种方式之一产生实际影响：

- 通过伤害所呈现的个人
- 通过伤害所呈现的整个阶层
- 通过伤害观看图像或阅读描述的人

换言之，展示在公交车后面的内衣广告中的女性形象可能会对拍照模特造成伤害；可以看出，以一种特殊方式呈现女性似乎都会对女性造成伤害；而且还可能会对图像的观看者造成伤害。因此，我们可以看到，大多数法律或非正式的调节呈现方式的手段背后，是历史上特定理论立场对女性心理性行为的残余映射。

在澳大利亚，有相当数量的组织和个人参与，为那些可以被描绘出来的东西制定、实施政策标准，或者代表社区利益相关者进行游说，要求这些标准可以改变或者保持现状。在这些持续不断的政策谈判背后，隐藏着复杂的信念，关于表达行为中涉及的性别层面，以及关注表达行为的相关做法。这导致政策辩论中出现了"性别主义"一词，通常是"物化"的直接替代。这里举一个实际例子：澳大利亚参议院环境、通信和艺术委员会2007—2008年对当代媒体环境中儿童性化问题进行的调查。这项调查收到了许多社区和专家提出的关于儿童是否因其呈现方式或所呈现内容而受到伤害的问题（澳大利亚政府，参议院常设委员会 2007）。

媒体呈现和刻板印象

在关于媒体呈现的讨论的背后，我们能察觉到第二个广义理论思潮起源于社会学：刻板印象理论。假设你被要求在一个玩具目录中找到一个典型的澳大利亚小孩。这个人物既重要又被边缘化，但需要在典型性领域内塑造。这个孩子到底是年轻还是年长，男性还是女性，是土著人还是亚洲人？为了以增强产品对一般儿童的广泛吸引力的方式呈现一个典型的儿童，必须排除一个儿童选项外的所有儿童选项的具体特征，然后剩余的图像必须假装是所有儿童的典型。然而，如果呈现这种文化作品已被冠之以"典型"，那么为了让大多数受众感到新奇，就无法承受随机选择对象带来的结果。因此，做出选择的人需要在合理范围内充分了解目标受众所接受的典型特征，并且在某种程度上，他（或者她）必须考虑到之前所呈现的典型特征。由于我们在本章前面已经描述过的原因，这种混合的结果会导致某些刻板印象（白人、健全人）。

但问题是，典型的澳大利亚孩子无法被现实地表达出来，因为现实中不会出现这种独特的事情。因此，我们需要关注刻板印象，不是因为它们向我们展示了事物的本质，而是因为它们向我们展示了通过将世界分类为有意义的单元来尝试交流的背后的各种信仰。不同于声称起源于普遍的人类特征的心理性别衍生符号，社会刻板印象是特定于文化的，并且会因年龄、性别、种族和民族而异。对澳大利亚玩具目录的历史内容分析表明，典型的孩子随着时间的推移已经发生了巨大变化。因此,与心理分析的性别呈现理论相比,刻板印象理论有一个显著的优势,那就是它考虑(甚至取决于)文化和政治特征以及社会变化的前景。

媒体呈现与意识形态

社会变革问题将刻板印象理论与第三种方法联系起来,我们可以称之为意识形态呈现模型。这一观点认为,媒体呈现是文化生产者将其偏爱的立场(其意识形态)强加给更多被动阅读和观看公众的最明显手段之一。这鼓励人们关注代表形象如何以持续的方式促进某些关于工作、生活方式和社会秩序的理想,而不是批评市场驱动的消费主义文化的利益。在这种情况下,媒体呈现培育的是一个社会群体,它屈服于资本主义的不平等,并不断被某些媒体呈现规范所说服,渴望事物或多或少保持原样。在这些情况下,我们可能会看到媒体呈现居者有其屋、正常的小家庭、工作满意度与自尊之间存在紧密联系等整齐一致的积极内容,因为这些都支撑着广泛的社会结构,这种社会结构或多或少促进了全球金融体系的运转。

澳大利亚有一个有用的例子,那就是媒体呈现的社交饮酒场景在逐渐转变。传统的澳大利亚啤酒广告,包括长期运行的 VB 系列,媒体呈现的喝啤酒场景是大众文化(男性)关系的一部分。在这种文化中,努力工作的人在一天的工作结束后去酒吧喝啤酒,这证明了努力工作与啤酒之间相关联。随着人们对工作和男子气概观念的转变,啤酒广告也紧跟步伐,用多元化和反讽两种手段来保持对啤酒产品品质的宣传。宣传活动继续将男子气概、工作和男女关系结合在一起,但现在越来越多的展示女性与男性一起喝啤酒，嘲笑喝啤酒的男性，如今，这些人也在嘲笑自己或相互嘲笑。这些改变让观众分享关于喝酒的男人只和他们的朋友出去玩的笑话，而忽略了喝酒在更广泛的社交圈子里更多的乐趣。但是，随着健康政策对社交饮酒影响的关注日益增加，特别是在对年轻男性和女性造成伤害的风险方面，设置再次被调整，导致出现了平行的电视广告类型，在男女混合群体中宣传社交饮酒会导致伤害和损失。尽管这两种呈现趋势之间存在鲜明对比，但我们可以清楚地看到，每一种趋势都是使用图像来说服人们以某些方式行事的愿望所驱使的。

"呈现"与文化在特定时期的意识形态有关的观点虽然有用，但它有一个关键的缺点：就像精神分析描述性别或社会学描述刻板印象一样，它受一种信念的驱使，即"呈现"是生产者强加给消费者的。这种情况很难持续。尽管制作人付出了很多努力，但表达意义的实践不仅仅是一幅图像或一个想法的简单传递。我们现在承认，意义不是一种存在于文本中的品质，就像坟墓里的骨头等着被人挖出来。这就是为什么完全关注制作者呈现节目的动机是无益的——如果没有骨头，那么就没有人把它放在那里。

其中有一个不同：关于符号学的一个词

这并不意味着文本中没有什么可研究的——文本可以表达你喜欢的任何东西——我们需要通过思考构成任何表征的过程，并使其具有潜在的意义，来研究文章。到目前为止，我们讨论的表达（媒体图像和产品）涉及将意义编纂到通信的系统单元中。在这一点上，我们有

第一部分 方　法

必要注意到，我们对这类系统的主要经验来自我们对语言本身的习得和使用。换句话说，语言是一个呈现体系，但因为它是一个如此简单的体系，它具有非常重要的"呈现"属性：它以与真实事物建立的任意关系而存在。符号学理论认为，语言是指示单位（"符号"）的集合。这些符号与它们所代表的事物有一种任意的联系，彼此之间也有一种高度且有组织的关系。因此，理解语言作为表征性实践的最重要的事情是，它是一个系统，在这个系统中，每个独立部分的意义只能通过了解整个系统的工作方式来确定。

从最初来看，语言在与真实语言的关系中是随心所欲的。然而，这正是语言能够适应不同文化和历史环境的原因。同时，这正是语言适应不同文化和历史环境的原因，以这种特定的方式来重建实体的真实。而并非展示其在物质世界本身的本质特征。例如，Stuart Hall（1997，第21页）指出，"树"一词的字母排列中没有任何与树的物理特性有关的信息，并通过提醒我们"树"的法语词与"arbre"完全不同来证明这一点。由于这两个词迥然不同，且两者都不与树木的性质或形状有关，因此每一个词的演变都必须随心所欲，就像一个特定的语言群体同意用这个词来谈论树木一样。

这种语言结构理论的核心在于，我们传达意义的方式更多地与同一系统中的符号之间的差异有关，而不是与单个符号本身的内在属性有关。所以在英语中，我们用同一个词"树"来形容许多看似迥异的事物，但我们却用一个单独的词来表示"丛林"，因为我们认为两者之间的区别值得关注。这两个词之间的差异传达了一个信息，那就是它们所呈现的两个事物，我们也都认为它们是不同的。事实上，词语之间的差异构成了事物之间的差异；在学习语言时，我们了解哪些差异在我们的文化和语言群体中很重要，哪些不重要。例如，我们没有不同的词来形容仍在生长的树木和已经倒下的树木。在日常语言中，我们也习惯于将所有这些都视为树木。

正如霍尔和其他许多人争论的那样，这种将语言视为呈现实践的理论帮助我们理解文化塑造意义的方式，以及描述是如何基于特定文化的分化体系的。这使我们能够利用通常归因于意大利学者安东尼奥·葛兰西的转变，即从将意识形态作为强者施加于弱者身上的东西来思考——特别是通过呈现方式——转向将表象作为一个共同的意识形态项目的更复杂意义。这可以被认为是一种强大的文化共识，有时也被称为"霸权主义"，是关于事物的含义以及它们为何如此重要的原因。我们都持续且协同致力于维护这一共识，使这一共识随着时间的推移而改变。这暂时不是回避政治实权问题，而是鼓励人们更广泛地了解权力在社区成员中的运作方式。

在澳大利亚的背景下，这是一个更复杂的模型，可以用来思考性别、年龄、种族等社会复杂性——这也许是评判和日常刻板印象中身份差异最有力的标志。正如语言将差异构建为最小的日常物品（这是一块岩石，那只是一块小石头）的意义的一部分一样，它的更大影响可以在社会差异的构建和强化中看到，反过来，创造一种思考（和重新政治化）这些差异所支持的权力关系的方式。所以我们现在可以更清楚地看到，我们使用的术语可以区分用户的身份和特定沟通行为中的直接优先地位。在什么情况下我们会称某人为"盎格鲁人""爱尔兰人"或"黑人？谁会选择说"男同性恋"或"同性恋"呢？这些术语会根据使用者的不同而发生怎样的变化？"怪胎"有哪些不同的含义？我们怎么知道哪个是哪个？

分析典型性：需要注意什么

通过基于符号学衍生的分化理论我们看到，通过与周围和之前的其他图像比较的过程，总会有许多不同的、特定于环境且同等有效的方式来对任何典型性特征进行解释。你对呈现的内容的解读取决于你以前是否见过类似的东西，以及它与你能识别的其他事物的联系和对比。只有在这些表现形式之间关系的不断变化中，你才能开始看到诸如"本土的"或"年轻的"这样的标签定义对你而言的真正意味，以及为什么它们对你而言又很重要。

这显然给媒体分析的性质和权威性提出了问题。我们怎样才能用比"这件事在我看来"更宽泛的来源来谈论特定媒体文本的内容、意义或影响，或者整个文本组的趋势，甚至是独特解释呢？一旦我们承认我们的目标不是对文本的形式或内容进行单一、完整或正确的解读，那么文本分析的实践走向又是怎样的？它又有怎样的说服力？有许多研究策略是为了分析媒体呈现而制定的，它们起源于不同的学科，而这些学科在整理文本的内容方面有着不同的重点。例如，同关注主题内容一样，文学和电影学者通常也关注美学、形式和体裁相关的分析。语言学者提倡对叙事性和论述性进行分析，认为其所呈现的事物必须根据其所处的文化故事线来理解。关注媒体呈现对社会行为影响的学者已经开发了对内容进行分类和计数的精细方法：这种内容分析是衡量媒体呈现问题（诸如，呈现吸烟或少女怀孕等健康问题）社会影响的常用手段。媒体制作人对此类研究非常敏感：你可能已经注意到，面向青少年的澳大利亚电视节目中的角色现在很少吸烟，如果他们喝酒，则表明他们的个人问题迫在眉睫。内容分析的问题很简单，不能用这种方法来确认受众模仿他们看到的内容，风险在于它会将在实现社会变革所作出的努力转移到大众媒体的改革中。

显然，我们需要一种不再过于简化的文本分析方式，即一种兼顾内容、欣赏形式、审美和叙事的方法，这是特定文本呈现给读者的方式的一部分。但我们需要超越单个文本的特征，研究这些特征如何跨文本延伸，从而借鉴围绕文本的主流文化话语。首先，这意味着我们需要确定哪些文本与我们感兴趣的文本有共同之处。我们是否会对一集电视剧与另一集电视剧进行比较，或者对都有女性主角的电视剧和游戏进行比较，又或者因为两者都提到了环保主义而将广告牌和流行小说放在一起考量？我们还需要哪些数据来解释像"环境主义"这样的概念？第二，我们需要找出那些我们感兴趣的文本是由谁创作，何时创作的，以便对其来源有一个基本把握。将澳大利亚的战争电影和日本的专业旅游纪录片、家庭电影作比较，也许会有些用。但我们也要警惕那些文本分析过度夸大制作过程中带有文化连贯性的内容，或者夸大某一个文本的呈现。例如，我们是否在澳大利亚媒体表现事物的方式上寻求一致性，并以此为依据提出关于澳大利亚性的论点？是什么让这一点变得可信？这样做为什么会有用？

最后，我们需要接受这样一个事实，即我们对表征重要性的论证不能由文本证据本身在无可争议的基础上进行证明。文本就像地图，它们是富有启示性、趣味性的文件，鼓励我们树立好奇心。它们帮助我们追踪哪些是我们进行某些部门文化运作的优先事项。回到上面的例子，这意味着如果我们发现澳大利亚媒体在表达事物方面——例如儿童——的主题存在一致性，那么我们几乎不能从中推断这种（或任何其他）文化中儿童行为自然发生的可能性。但这会扩展我们对这种文化为孩子的想法所做投资的理解。媒体的呈现既可以增强也可以挑战嵌入法律和日常生活中的假设——这就是为什么在澳大利亚，我们通常不把孩子描绘成工人、士兵和汽车司机，而不管他们做这些事情的身体条件是怎样的。

但是，我们能够发现矛盾的表现形式，以及大量的文化背景变化的证据，我们需要处理好这个问题。究竟需要分析多少文本才能达到某种客观确定的研究严谨性标准，这并不存在理想的定量。我们只需要根据自己所做的选择，接受自身能力的局限——毕竟文本分析本身就是一种表达方式。它像我们讨论过的所有其他方法一样运作。换句话说，文本分析是一种帮助我们获得关于澳大利亚文化背景重要线索的方法，在这个程度上，对于我们探究媒体与传播行业意义的开始可能会非常有用。然而，它本不应该作为终点。

结　论

这一章认为媒体分析人士感兴趣的是媒体呈现形象，因为它给我们提供了一个机会，来调查我们在追求有效传播过程中所做的一系列深思熟虑的选择。因为人们认为表象在社会中具有重要的实际影响，所以研究人员提出了许多考虑其影响的理论，其中一些（但不是全部）被纳入考量范围。然而，这一章指出，最有价值的观点来自沟通的符号学理论。这些解释说明，意义与现实之间存在着一种随意而系统的关系：它是由个人处理事物之间差异的方式所构成的。

进一步解读

　　Stuart Hall（1997b）主编的《媒体呈现》全面分析了媒体呈现实践的结构和政治影响，其中包括 Stuart Hall 的重要文章《媒体呈现工作》（Hall 1997a）。和霍尔一样，电影学者 Richard Dyer 也密切关注种族的传统和表现技巧，专注于用白色来表现白色（1997）。在澳大利亚背景下，对"媒体呈现"的研究包括 Catharine Lumby 的《坏女孩》（Bad Girls）（1997），这是对传统媒体分析女性和性令人反感的形象的重大反思，以及 Fiona Nicoll 的《从矿工到变装皇后》（From Diggers to Drag Queens）（2001），一项关于男性形象构成澳大利亚国家认同构建过程中一部分方式的研究。

　　在 Nick Couldry 的文章《将媒体理论化为实践》（Theorising Media as Practice）中，有一个很有用的结论可以解释为什么我们可能不再关注媒体文本作为主要分析对象（2004）。尽管如此，文本仍然具有实用性和政治性，我们要记住为什么文本仍然是监管工作的重点。最近，澳大利亚的 Anna Munster 发表文章《汉森照片与网络条件》（2009）认为，争议性文本用来支撑公众对思想和价值观讨论的过程。Munster 也提醒人们注意互联网在改变数字图像在用户之间的分配方式中所起的作用。其中，对澳大利亚电影和电视行业的书的研究都包括了一些关于澳大利亚制作的电影和电视节目如何呈现（并促成）公众讨论澳大利亚民族主义的讨论，包括 Felicity Collins 和 Therese Davis 的研究《Mabo 以后的澳大利亚电影》（2005）。优秀的文本分析学习入门书籍包括 John Hartley 的《目的论：电视研究》（Tele-ology: studyin Television）（1992）和 Alan McKee 的《文本分析：初学者指南》

（2003）。

在 Nick Couldry 的文章《将媒体理论化为实践》（Theorising Media as Practice）中，有一个很有用的结论可以解释为什么我们可能不再关注媒体文本作为主要分析对象（2004）。尽管如此，文本仍然具有实用性和政治性，我们要记住为什么文本仍然是监管工作的重点。最近，澳大利亚的 Anna Munster 发表文章《汉森照片与网络条件》（2009）认为，争议性文本用来支撑公众对思想和价值观讨论的过程。Munster 也提请人们注意互联网在改变数字化图像在用户之间的分配方式中所起的作用，这对规范用户获取数字图像的传统手段产生了重大影响。

第四章
想象受众

苏·特恩布尔（SUE TURNBULL）

2006年，美国记者 Jay Rosen 代表"以前被称为观众的人们"发表了一份面向世界各地媒体制片人的声明。其中，"原"听众/观众被描述为曾经的受众：

> 借助一个单向运行的媒体系统接收端，以广播的形式，采用高额的入场费，吸引一些公司争相发言，而其他人只是彼此孤立地听着——而现在的年轻人所处的环境根本不是这种情况。

（Rosen，2006）

Rosen 还表示，如今的人们正通过现有技术相互联系起来，玩转自媒体，包括博客和播客。尽管 Rosen 所谓的"终结者"观众的概念有点夸张，但他对人们与媒体"新"关系的重新描绘标志着互联网和相关媒体技术如何让人们以前所未有的新方式参与到媒体中。

因此，媒体受众的概念变得越来越边界不清，因为现在大多数人每天都在使用各种形式的媒体技术和许多不同的媒体平台，不仅"接收"，而且还会创建和"发布"各种媒体内容，在此过程中，曾经清晰可见的休闲和工作空间之间的区别变得越来越模糊。

例如，公共交通配备了无线网络，学生在去课堂的路上可能会用笔记本电脑写博客，同时还会打开 Facebook 与当晚会面的朋友商量见面的地点。与此同时，他们还会在智能手机上收听自己的音乐"库"，通过 Tumblr 或推特更新他们的新鲜事,并重新发送给自己的"关注者"。当他们在火车站发现一些不寻常的事物时,用手机拍下照片,并将其发送给他们正在实习的当地报纸。在这种情况下,学生不是媒体受众群体,而是为了许多不同目的而同时参与着各种各样的媒体活动。

尽管"媒体受众"的概念可能已经过时,但了解媒体受众在过去是被如何构想和构建的仍然很重要。这段历史揭示了大多数媒体受众从未存在过——至少没有像网球比赛或摇滚音乐会的高度可见(和可听)的观众那样,在特定的时间和地点存在。即使我们假设很多人阅读相同的杂志,收听相同的广播电台,访问相同的网站,他们也不大可能在同一地点或同一时间这样做。

以极受欢迎的美剧《权力的游戏》的观众为例。根据文件共享网站 Torrentfreak 的数据,由大卫·贝尼奥夫(David Benioff)和 D·B·威斯(D.B. Weiss)为美国商业有线电视台家庭影院(HBO)制作和编剧的《权力的游戏》(Game of Thrones)是 2012 年盗版最为盛行的电视剧(Ernesto,2012)。考虑到这部剧只在美国和其他地方的官方订阅电视服务上播出,又鉴于这部剧在媒体上获得的话题性和口口相传的制作口碑,盗版率如此之高并不令人意外。令人惊讶的是,第一部和第二部的 DVD 版发行量打破了 HBO 的 DVD 销售纪录(Hibberd,2013 年),但似乎对 DVD 销售未产生什么影响。这里需要指出的关键点是,全世界的人们都在寻找通过各种平台和方式观看这个电视节目的方法。不管他们通过电视台的播出安排,还是以自己方便的方式观看,毫无疑问,看过《权力的游戏》的人也都知道,他们属于全球观众。

人们会知道他们被纳入了《权力的游戏》的观众范围,原因有很多。

首先，关于收视率、非法下载量和 DVD 销量的报告提供了有利且相关的证据，证明其他人正在观看同样的节目（关于收视率的问题稍后提及）。观众也会知道他们并不孤单，因为其他电视节目或其他媒体（如报纸和杂志）也都在谈论该剧。他们可能知道自己是《权力的游戏》的一部分观众，因为他们已经在网上"谷歌"了该节目，并在官方节目网站或者非官方粉丝网站上邀请人们发布他们对角色和故事情节的看法。他们甚至认为应该写一写、发一发他们自己创造的《权力的游戏》故事情节（这种作品被称为粉丝小说），或者创造他们自己的《权力的游戏》图像和媒体内容。所有这些可能性都表明，观看《权力的游戏》的人不需要站在别人面前，就能知道他们是这部剧的全球媒体观众的一部分，因为他们有着共同的媒体偏好，他们与这部剧有着联系。

这个解释还表明，《权力的游戏》的观众不仅可以是媒体文本的消费者，还可以是关于该文本的他们自身媒体形式的制作者。在将这两种观点结合起来的过程中，Axel Bruns 创造了"产消者"这一术语来识别媒体受众在这种新配置中的角色：从媒体受众对特定媒体的接受和消费的角度来思考媒体受众，到根据媒体的表现来关注特定媒体受众，这种转变绝不是最近出现的。人们可以以自身目的来利用媒体的想法在 20 世纪 40 年代就已流行起来，并且以媒体提供的"用途和满足"来进行描述（Ruddock 2001，第 68 页）。然而，自从互联网和与网络 2.0 相关联的社交软件出现后，媒体的用途已经转向了许多新的方向。互联网作为一种融合的交流媒介，已经让人们很容易制作和发布他们自己的媒体产品，无论是上传到 Facebook 主页还是剪辑视频上传到 YouTube。

（作为制片人）

content → produser → content

（作为用户）

图 4.1　产消者

资料来源：*Bruns*（2008，第 21 页）。

美国学者 Henry Jenkins 热情地撰写了一篇文章，描述了由互联网促成的新的"融合文化"，认为它预示着一个社会和公民参与的新时代（Jenkins，2006b）。作为这种情况可能发生的证据，2009 年初奥巴马总统（Barack Obama）领导下的美国政府，曾在总统竞选期间熟练使用互联网，重新设计了白宫主页，增加了博客、照片流和名为"总统每周讲话"的视频上传平台。主页上设有一个写着"参与"的方框。用户点击该框便可来到公共联络办公室。该办公室被称为"前门"，人们可以通过"前门"直接与政府接触（Salomon，2009）。

要能够通过通常被称为"公共领域"的方式参与一种文化的社会和政治生活中来，就需要借助各种媒体来实现这一目标。令人遗憾的是，在 21 世纪初，在国家内部和国家之间仍然存在贫富技术鸿沟。这意味着世界上一些地区的一些人将比其他人更有能力参与相关的公共领域。

公共领域的概念、是什么以及谁参与其中，是多年来争论激烈的话题。在被描述为"现代主义"的公共领域（通常与 Jurgen Habermas 的作品联系在一起）中，大众媒体的作用——尤其是新闻——被认为是至关重要的，因为它提供的信息使公民能够就如何在民主社会中行动做出决策（Dahlgren and Sparks 1991，第1页）。这个版本的公共领域因过于狭窄、男性化和精英化而受到挑战。对"严肃"新闻的关注排除了更受欢迎的媒体形式或小报形式——尤其是那些受到年轻人和女性青睐的媒体，以及没有政治权力的媒体。事实上，很多人认为不是只有一个公共领域，而是有多个公共领域（Hartley，1996；McKee，2005）。正如Catharine Lumby（1999）所言，正是在围绕着小报或电视脱口秀等流行媒体的"后现代"公共领域的混乱扩散中，大多数人形成了他们对如何做人和如何参与社会的道德判断。

自媒体首次出现以来，媒体受众就已经能够通过媒体参与社交活动，正如Bridget Griffen-Foley在她的文章《从皮毛到老大哥》中所说的那样。观众参与媒体的世纪。这篇文章探讨了19世纪80年代期刊和20世纪20年代大众市场杂志的读者通过印刷媒介参与讨论他们关心的问题的方式（Griffen-Foley，2004）。正如Bridget Griffen-Foley同时指出的那样，自从20世纪60年代发明"传声电话"以来，广播听众经常被邀请打电话到电台提出请求或评论（Griffen-Foley，2004），并且对于电视的《民众之声》节目和演播室观众也是如此。然而，每一个例子都表明，在过去，媒体本身在很大程度上控制了观众社会参与的条件。虽然这在很大程度上仍然是事实，但自从互联网的出现以及移动电话和平板电脑技术的相关发展以来，受众不仅对他们的消费有了更多的控制权，而且有能力与媒体产品的生产者直接互动，从而对互动可能采取的方向产生更大的影响。

专栏 4.1：《老大哥》与远程参与

以在全球多家媒体播出的广受欢迎的电视节目《老大哥》作为远程参与的一个例子，它于 2001 年 8 月在澳大利亚 10 频道播出，并且随后于 2012 年在 9 频道恢复播出（Ross 2008）。《老大哥》被描述为媒体受众研究的"分水岭"，因为它让受众参与了跨多个不同媒体平台的一系列不同实践[《罗斯和夜莺》（Ross and Nightingale）2003，第 1 页]。该节目不仅是每周晚上向观众播放半小时的剧目，还会提供《老大哥之家》主要事件的每日摘要，另有《老大哥未剪辑版》之类的深夜版本，其中包括被认为是过于露骨的场景，不宜在晚上 9：30 之前播放，避免年龄较小的观众收看。在节目的某些季也有特别活动，包括周日夜场驱逐事件和周一现场提名，数千人在家观看这一节目，但也有数千名粉丝在"老大哥"位于昆士兰黄金海岸的梦幻世界主题公园的梦幻屋参加。第 10 频道还鼓励粉丝访问该节目的官方网站，在那里他们可以通过数字流媒体订阅并最终获得 24 小时视频访问，以及参加日记部分和论坛。粉丝们建立了自己的网站（比如《地下老大哥》），在那里他们可以互相交流关于这部剧的看法。电话参与，尤其是手机，也被纳入观看体验，因为观众发送短信投票支持或反对室友，从而参与决定节目将采取的方向。《老大哥》及其室友也经常出现在广播和印刷媒体上。当节目没有播出时，Dreamworld 的参观者被邀请参观这所房子，以便"走入幕后"。

《老大哥》的案例（以及其他此类"真人秀"节目如《厨艺大师》《街区》和《美国之声》）说明了追踪媒体观众可能参与此类节目的多种方式有多么困难，尤其是因为它涉及了如此多的媒体平台和技术。

但我们为什么还要费力研究呢?谁感兴趣?为什么?

有谁想了解媒体受众?

以上面讨论的电视节目《老大哥》为例,很多人想了解这个节目的观众。那些特别感兴趣的人包括媒体制片人、公众、政府和广泛学科的学者,学科涉及教育学、社会学、心理学和媒体与传播。

媒体受众行业兴趣

作为一家电视网络,第10频道最初花了一大笔钱从荷兰制作公司恩德莫(Endemol)购买《老大哥》的节目版权,它想了解该节目的观众情况,因为它希望从投入中获利。根据该节目的收视率及其受众在电视观众中所占的比例,第10频道可能会收取更多的广告或赞助费。

专栏4.2:收视率

本文中的术语收视率/收听率,指的是从称为样本的相对较少数量的媒体用户中收集的统计信息,其选择依据是:该样本反映了整体用户群体情况。由此产生的收视率数据是否具有价值的论据是,从相对较少的案例中可以推断出更多的消费模式。因此,收视率对媒体制片人来说非常重要,因为它们构成了商业公司广告收费的基础。因此,它们是电视网络交易的一种货币。要从行业角度了解澳大利亚电视收视率如何达成,请访问OzTAM网站(<www.oztam.com.au>)。

尽管《老大哥》最初几季的收视率很高，但随后几季却开始下降，这促使第 10 频道创造了越来越奇特的噱头，包括在最后一季引进了诸如 Pamela Anderson 和 Carson Kressley 这样的美国名人——前者执导了一场以室友为主角的魅力影片，后者根据他在第 10 频道另一个引进节目《酷男的异想世界》中作为风格大师的角色建议改造衣柜。尽管制片人尽了最大努力，在 2008 年的这一季中，有了新主持人（Kyle Sandilands 和 Jackie O，他们取代了 Gretel Killeen）和一位非同寻常的室友（包括一位 50 多岁的老大妈，她在第一个晚上被驱逐出去，但后来赢得了胜利），但第 10 频道还是宣布不再制作该节目。这就是受到观众——或者更确切地说，就是收视率的影响——前文已经提到。

对于商业媒体来说，收视率以及观众都意味着收入。对于某些媒体来说，这是在销售点获得的。报纸、杂志和其他印刷媒体可以通过这种方式追踪它们的发行量，尽管也可能包括对购买产品后可能被假定为阅读该产品人数的估计（在医生的候诊室，同一本杂志可能会被大量人阅读）。然而，大多数商业媒体——包括印刷、广播、电视和互联网——的收入更多来自广告。正如人们经常有些刻薄地指出，商业媒体的功能是将观众传递给广告商（Ang 1991，第 9 页）。这说明商业媒体对了解自己的受众以及吸引和保持人们注意力的确切因素非常感兴趣。有了这些信息，他们就可以将受众出售给愿意付费以覆盖其目标消费者的广告商。在交易中，出售的是观众——尽管简单地将观众视为商品，是误解了观众参与交易的本质。大多数人访问商业媒体的主要目的是不向广告商开放。因此，媒体行业必须知道什么能吸引和保持观众的注意力，使广告商能够接触到他们。

然而，媒体行业研究关注的不仅仅是使用统计这样的量化指标来衡量受众，更重要的是尽可能多的了解受众与产品的关系、他们对产品的看法以及这对他们意味着什么。最后的关注可能涉及更多的定性方法，如焦点小组和访谈，不容易被简化为一种统计方法。这样一来，媒体制作者可能寻求的关于媒体受众的知识可能类似于为政府工作的社会科学家或独立文化评论家可能发现的有价值的知识，尽管这些知识不太可能被公布。媒体行业并不总是想让竞争对手知道他们对观众的了解。

公众和政府对媒体受众感兴趣

至于《老大哥》，该剧在首播时受到媒体关注，引起了公众的极大兴趣。媒体常常以批判或过誉的方式来吸引人们的注意力。报纸、杂志、广播和其他电视网络，包括美国广播公司（ABC），都定期询问《老大哥》制作人及其观众的动机，而第10频道则抓住一切机会交叉宣传该节目。2001年7月，美国广播公司（ABC）专门针对"真人秀"现象制作了一个"四角"节目，揭示了《老大哥》不仅在澳大利亚引起关注，而且在每个制作该节目的地区都是公开辩论的问题。（<www.abc.net.au/stories/s335957.htm>）。其他国家版本包括英国、美国和法国，示威者与警察发生冲突，抗议活动的动机是"telly poubelle"（垃圾电视）对参赛者的剥削和对人权的侵犯。似乎每个人都想谈论老大哥，以及观看节目可能意味着什么。经常有人担心这个节目对年轻人的"影响"。

在两名男性室友"据称"性侵犯一名女性室友之后，这种担忧在

2006年这一季达到了高潮。警方没有提出指控。尽管该事件没有在电视上播出，而是通过互联网为愿意支付24小时访问费用的观众播放，但正如媒体所记录的那样，公众抗议是强烈的。此时，时任英国首相的约翰·霍华德表示，这是一个极好的机会，让第10频道"稍微自律，让这个愚蠢的节目停播"。

媒体关注、公众利益和政府关注之间的关系是再熟悉不过的。当媒体受众被认为因接触媒体而受到某种危害时，政府通常会要求该受众采取相应行动。尽管当时的联合政府并未对老大哥事件采取行动，但陆克文（Kevin Rudd）领导下的工党政府对相关公众表达的关注做出了回应，即媒体对特定受众群体的影响。

2006年，独立研究机构澳大利亚研究所（the Australian Institute）发表了两份关于儿童性别化的讨论文件。第一种说法是企业恋童癖（Rush和La Nauze，2006），他们在媒体上谴责所谓的儿童"性化"。这份报告引起了媒体的广泛关注，尤其是因为这家大卫·琼斯（David Jones）连锁百货公司因其针对儿童或针对儿童的广告而反对在新闻发布会中被列为澳大利亚"企业恋童癖"的公司。报纸、杂志、广播和电视都重提了这个话题，各种游说团体向政府施压，要求政府采取行动。2008年3月，澳大利亚参议院将此事提交参议院环境、通信和艺术常设委员会，该委员会受委托在2008年6月提交了一份报告。在澳大利亚，如同在世界其他地方一样，公众关注以及政府由此引起的关注在性质上趋于相似，涉及特定的受众群体（尤其是儿童、青年和在某种程度上被认为是弱势群体）。具体内容（暴力和性行为的呈现是常年存在的问题）和特定的媒体形式（每一种新媒体形式或平台都面临着深深的怀疑和/或庆幸的矛盾混合）。然而，尽管媒体对受众影响的关注持续不断，而且存在大量政府支持和独立开展的研究，但对受众和媒体的明确答案的寻求似乎是一个难以实现的目标。这并不奇怪，因为媒体在技术、交付和内容方面不断发展，同时他们所经历的社会和文化世界也在不断地变化。使问题变得更加复杂的是，媒体本身就是社会变革产生的主要力量。

专栏4.3：当代媒体中儿童的性别化

本次调查的参考范围之一是，它应该"审查关于查看或购买性化和物化儿童的图像和产品的短期和长期影响的证据"，以确定"它们对认知功能、身心健康、性取向、态度和信念的影响"。调查收到超过167份建议，并在悉尼和墨尔本举行了两次公开听证会。鉴于调查时间较短，该调查无法进行涉及儿童的原始实证研究。然而，许多向参议院调查提交意见的人引用了美国心理学会（2007）发表的一份关于女孩泛性化的报告。这份报告是基于对大学年龄及以上的女性进行研究，引发了一场关于这份美国报告在非常不同的文化和社会背景下与儿童可能有多大相关性的辩论。委员会因此得出结论，在审查现有研究结果时，"缺乏有关媒体和过早性表达影响的明确证据"。在一长串的建议清单中，调查要求进一步的研究，包括对儿童过早和不恰当性化行为的影响进行一次大的纵向研究。这个案子远未结束。（参议院常设委员会2007）

参议院常设委员会建议在澳大利亚进行进一步研究，这指出了政府可以参与委托受众进行调查的方式。

尽管存在变化和不确定因素，但是近一个世纪的关于受众的学术研究已经为受众与媒体的联系提供了一些启发性的见解。

对媒体受众的学术兴趣

尽管由于学术工作的独立性，它可能与所有或任何这些团体存在分歧，但认为受众的学术研究脱离了媒体行业、公众或政府的利益是错误的。在日常生活中，学者本身就是媒体受众的一员，并参与到文化的大众生活中。通过这种方式，受众的学术研究通常能回应公众对媒体的关注。此外，通常是学者和/或接受过大学教育的人（受雇于政府及其机构）代表他们进行观众调查的任务。例如，澳大利亚通信和媒体管理局（ACMA），作为目前负责管制广播、因特网、无线电通信和电信业的政府机构，定期委托学者进行观众研究。2007年，ACMA发布了一份名为《澳大利亚家庭的媒体与传播》的重要报告，该报告是在许多学者的参与下撰写的，并明确了解了与媒体和观众相关的学术研究历史和理论的信息。

以《老大哥》为例，许多国家对该节目进行了学术研究。在英国，Annette Hill的研究不仅得到政府的资助，还得到独立电视委员会和第4频道（Hill，2005）的资助。在澳大利亚，作为一项由ARC资助的关于年轻女性如何与媒体的关系的主要研究的一部分，Catharine Lumby和Elspeth Probyn对200多名12至18岁的少女关于节目和参赛者进行了焦点小组访谈，询问她们对媒体的看法。他们深思熟虑的回答让Lumby得出这样的结论，《老大哥》是一部"让年轻女性能够在一个自我意识很强的世界中，在生活的道德困境中反思的文本"（Lumby 2003，第18页）。

第一部分 方 法

媒体受众研究中的理论与方法

　　大多数情况下，在学术环境中工作的学者在媒体受众研究的理论和方法上作出了最大贡献。然而，对于媒体产品或文本的受众群体，已有许多不同的思维方式（或理论），也有许多不同的方式（使用不同的研究方法）试图发现这些受众群体可能是什么。正如 Andy Ruddock（2001）在对该领域的出色综述中所表明的那样，对任何研究来说，观众的想象方式和研究者的视角都是至关重要的。

　　从广义上讲，在所谓的"传统效应"范围内，观众通常被认为是被动的，而衡量媒体负面影响的尝试通常采用科学的方法，包括定量测量。这方面经常被引用的是 Albert Bandura 和他的波波娃娃研究（Bobo doll studies）的作品，该作品涉及一个大型充气娃娃，一个木槌和成年人在小孩面前表现非常奇怪，以证明暴露在暴力图像中会教会孩子表现得好斗（Ruddock 2001，第61页）。最近，George Gerbner——一个与"培养理论"有关的学者，试图证明媒体上长时间接触暴力和冲突形象会如何"培养"观众对待世界的态度，即世界是一个暴力和卑鄙的地方（Shanahan and Morgan，1999）。

　　从另一个理论视角来看，观众被认为是"活跃的"，对其采用的研究方法更倾向于是定性的，包括访谈和焦点小组。尤其是 John Fiske 的工作与这种方法联系在一起，激励了许多观众研究人员——尤其是在粉丝研究领域——研究媒体受众如何使媒体适合他们自己的颠覆性目的。也许会注意到，Fiske 本人很少与受众进行实证研究（Fiske，1989）。Henry Jenkins（1992）对电视剧《星际迷航》观众的研究是这方面"关键"（引用最多）的文本，尤其是因为作为《星际迷航》的粉丝，詹金斯能够以内部人员的身份描述粉丝文化。通过这一努力，Jenkins 称自己为"学粉"，随后建立了一个极具影响力和受欢迎的网络博客，主题是在融合媒体环境中媒体受众研究（http://henryjenkins.org）。

然而，在追求获得更好和更完整的数据时，通常将定量方法和定性方法结合起来，这就是所谓的多途径解决方法。例如，调查问卷可以提出可以量化的问题，也可以提出需要人们用更长时间的评论做出回答的问题，这些问题必须使用语言或话语分析的定性方法进行分析。

图 4.2 显示了理论上如何构建受众和用示意图方式研究它们之类的研究类型，尽管应该注意到一直都有例外。

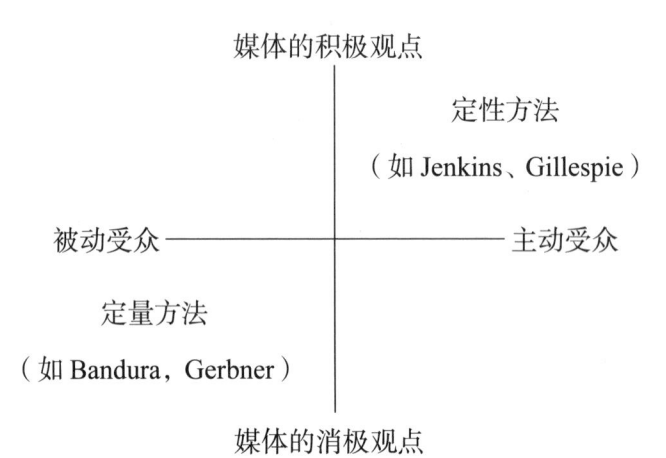

```
                    媒体的积极观点
                         │
                         │       定性方法
                         │     （如 Jenkins、Gillespie）
                         │
  被动受众 ───────────────┼─────────────── 主动受众
                         │
          定量方法        │
       （如 Bandura，Gerbner）
                         │
                    媒体的消极观点
```

图 4.2　研究方法与受众的关系

虽然可以乐观地认为，从观众被认为是消极的媒体受众的黑暗过去，到他们被认为是积极的媒体受众的开明现代，对媒体受众的看法一直在稳步推进，但事实显然并非如此。2008 参议院对儿童的性化问题进行调查时，大多数人认为儿童是商业媒体的被动消费者，尤其容易受到某些媒体形象的负面影响（见第三章）。一些观众被认为比其他人更加被动。媒体效应这种特殊的因果概念，被不同地描述为"虚伪针"或"子弹理论"，至今仍流行。旧理论很难消亡。然而，澳大利亚参议院调查的最终报告中包含了以下评论，建议作者们了解其他可能性和观点：

许多年轻人以非常不同和多样化的方式理解媒体。许多年轻人接触现有媒体的方式可能有助于形成健康的性认同，包括关于性和关系的真实信息。（参议院常设委员会 2007）

这种将儿童视为媒体积极使用者的概念，是他们为了产生自己的性身份而呼应了前面提到的媒体功能的"使用和满足"理论。

从 20 世纪 40 年代开始，人们为了特定的目的接触媒体，从媒体中获取他们所需要的东西，这种观点一直流传至今（Blumler and Katz，1974）。1941 年，Herta Herzog 采用了定量和定性相结合的方法，通过对 100 位女性进行调查和个人访谈，研究了广播连续剧对美国日间听众的影响。Herzog 认为，女性从这些电视剧中获得了"三种主要的满足感"："情感释放""幻想改变她们沉闷的家庭生活"和"适应日常生活的良方"（Herzog 1941，第 69 页）。

通过指出女性根据自己的经历解读日间连续剧的方式，Herzog 的结论预示着媒体受众研究在解读问题上会出现重大进展。1973 年，英国社会学家 Stuart Hall 发表了一篇题为《电视话语的编码和解码》的文章后，这一方法得到了相当大的推动。它认为，在任何媒体信息可能产生效果、满足需求或投入使用之前，必须首先由消息的接收者进行解释，他们的个人"知识框架"将决定如何理解该信息。在提出这种"分解"文本的方法时，霍尔在他的思想中受到美国结构语言学家查尔斯·皮尔斯（Charles Peirce）的基础著作以及法国思想家罗兰·巴特（Roland Barthes）的影响，后者关于符号学的书或符号学，对媒体解读问题的反思也产生了影响（巴特，1968）。

霍尔的理论随后在大卫·莫利（David Morley）的一项里程碑式的研究中被测试出来，题为《全国观众》（the Nationwide Audience，1980）。本研究项目试图通过探索不同群体的不同读者群体对相同电视新闻的理解能力和意识形态说服力，来验证"编码/解码"模式。对这项研究的主要批评之一——Morley（1992）自己也很清楚——是在创建许多"人工"观看群体时，莫利并没有真正发现人们如何在自己日常生活的背景下从媒体中获得意义，而是为自己的研究目的构建了一系列受众群体。

这种对媒体日常经验和普通经验关注的缺乏，是转向媒体受众研究的"人种学"方法的原因（Moores，1993）。然而，"人种学"一词应该谨慎对待，因为它被用来描述那些仅使用人种学常用方法的项目，例如，采访和观察（Nightingale，1993）。考虑到这一点，Marie Gillespie 在伦敦绍索尔生活了五年，对媒体在年轻的旁遮普人生活中所扮演的角色的研究，就是一个媒体受众研究的例子，可以更恰当地描述为"民族史"。因为 Gillespie 是社区生活的积极参与者，所以她也在学习（Gillespie，1995）。

Gillespie 的研究之所以特别令人感兴趣，不仅因为她指出了媒体在年轻人生活中的重要作用，而且她探讨了在全球化媒体环境中特定媒体在散居社区中的作用。例如，研究发现澳大利亚电视连续剧《邻居》对那些居住在伦敦的印度年轻人的生活特别有价值，他们认同通过不断的"谈话"维持建立亲密社区的经验。Gillespie 致力于理解如何以及为什么应该如此,这说明了媒体受众研究的希望和挑战。

结论:为何受众研究仍很重要

尽管有些个人或团体接触不到媒体,对大多数人而言,他们的自我意识、所处的社会环境和文化背景可能是取决于他们接触和使用各种媒体技术。事实上,充分参与日益调解的公共领域,很大程度上是以接触媒体为条件的。随着媒体技术和媒体行业的不断发展,人们对媒体受众的兴趣和关注也不会减少。然而,媒体受众的想象方式以及收集和解释信息的方式必然会发生进化。因此,了解过去是如何做到这一点的,并意识到所采用的各种理论和方法及其优缺点,对于研究如何最好地理解媒体目前在人们生活中发挥作用的许多不同方式是至关重要的。

进一步解读

Andy Ruddock(2001)的《理解受众》为媒体受众研究提供了一个有用的最新概述,而 Ruddock 的《调查受众》(2007)讨论了方法问题,并引用了特定的案例。Nightingale 和 Ross(2003)收集了关于媒体和读者的评论读物,其中包括本章中提到的许多理论家论文,包括 Blunder, Hall, Gillespie 和 Jenkins。题为"数字民族志"的学术期刊《澳大利亚媒体国际》(第 145 号)的一个主题是"数字民族志",其中包括一些有趣的例子,这些最近关于新媒体在不同文化背景下的使用的研究。关于融合文化和观众参与新形式这一话题,见 Henry Jenkins（2006b）的《融合文化》和 Axel Bruns（2006）的《博客，维基百科和第二人生》。有关澳大利亚收视率的概览，请参看 Mark Balnaves and Tom O'《Regan》，（2002）的"转型中的收视率"。有关公共领域的更多概念，请参阅 Alan McKee（2005）的《公共领域：导论》。关于媒体暴力这一话题，见 Martin Barker 和 Julian Petley（2001），第三版《效应》，关于在这方面所进行的受众研究的全面概述，见 Glenn Sparks（2002），《媒体效应研究》。作者 Sharon Ross 在《框外》（2008）上，提供了一个关于"远程参与"的极好的描述，基于作者在《美国偶像》中与观众进行的实证研究。

第五章
政策和法规

斯图亚特·坎宁安（STUART CUNNINGHAM）

政策方法在媒体和传播研究中处于什么位置？

政策问题是研究媒体与传播问题的核心，可能涉及政治经济学、公共管理、政治和政府等问题的讨论。为了着手解决这些问题，你可能会发现自己在学习所有东西，从技术政策手册（如 Althaus，Bridgman 和 Davis，2012）到对无节制交易的批判，媒体大亨的力量和严重的腐败——例如 2011—2012 年 News International 电话窃听丑闻（<http://en.wikipedia.org/wiki/>）。

政策问题的讨论也常常基于媒体应该如何表现的规范性假设。这种假设通常包括媒体渠道的独立性、社区使用媒体的广泛渠道、媒体内容的多样性、媒体内容的客观性（尤其是在新闻领域）、推进社会团结和凝聚力、文化多元化和促进优质媒体（见 McQuail，2010）。这种担忧通常是基于政治经济学的方式，即大多数情况下对这些问题进行了探讨，以表明政府和监管机构与媒体占主导地位的经济利益是合谋的。

在澳大利亚，这种政策研究方法被"媒体伙伴"所采用，重点关注人类代理和政策过程中的突发事件。它强调了如何颠覆媒体政策的规范性目标,澳大利亚强大的媒体所有者(最著名的是帕克家族和默多克家族)与自由党和工党领袖人物(如 Chadwick,1989;2003·Griffen-Foley,2009;Masters,2006)。要理解"媒体伙伴"的深层逻辑,必须时刻牢记,政府政策最有效、最强大的影响力(以及许多政策本身的创造者)往往是那些商业利益受到此类政策最直接影响的人。Owen and Wildman(1992,第24—25页)直言不讳地描述了另一个国家:

> 与其他民主社会一样,美国政府制定和实施政策的过程可能会受到个体企业或组织机构的影响。过去,企业和行业有效地战略性地利用他们的潜力来塑造政府政策。那些没有成功影响政策的人成为受害者。

一些人会争辩说,"媒体伴侣"时代结束了,2005 年 Kerry Packer 去世,他的儿子 James Packer 迅疾离开了主要的媒体资产,转而经营赌场和赌博。但这一点,让默多克旗下的新闻有限公司(News Limited)的影响力更加引人注目。2011 年 12 月,矿业大亨、澳大利亚最富有的人 Gina Rinehart 收购了十家网络公司的大量股份,并一度收购了费尔法克斯媒体(Fairfax Media),许多人认为这是试图施加影响力。

文化政策研究代表着中左翼的改革派立场,试图将政治经济学与可实现的变革联系起来。文化政策研究认为,在自由资本主义社会中,真正的政治和社会变革是可能的,而支持者能够更有效地实现这些目标的一个条件是能够学习决策主体的"语言"并参与政策形成。

重要的是,我们必须认识到,改革主义的灵感并不是完全源于具体的理论。公共利益倡导团体、消费者协会(类似 CHOICE)、青年媒体团体（例如澳大利亚儿童电视基金会）和部门工会［例如媒体娱乐和艺术联盟（MEAA）］在维护公众对媒体政策的参与方面发挥着重要作用，将致力于公共利益目标与关注与立法、官僚体系和结构的细节（Beattie 和 Beal，2007）。这是一个官僚政治改革，它更多地借鉴了美国精英理论。

澳大利亚媒体行业会程序化地限制政府的角色（只允许进行最少的社会管制），极大地威胁到其在竞争激烈的全球经济中的可行性。根据这些方法，从预算角度看，公共部门对文化和产业发展的承诺被视为扭曲市场、低效和不可持续的。这种主张也常表明自己为大众所关心的问题发声，反对所谓的"文化精英"。

当代政策和法规的制定曾试图去除这些争论中的一些意识形态的热度。它们强调监管必然的合作性质（被监管机构必须与监管机构一起参与监管结果），以及监管设计的概念（国家干预必须符合目的，并在构建过程中仔细考虑影响）。通常，我们可以遵循限制监管的原则，淘汰过时的监管，以监管来保护和促进竞争。自 20 世纪 80 年代中期以来，这些一直是澳大利亚公共政策反复出现的主题，并载入 2006 年通过的《国家改革议程》的目标和原则中。这种有利于竞争的议程，特别是在高度商业化的领域，如电信领域，在各个政治派别中都有相当程度的一致意见（例如 2008 年 Ergas）。2011—2012 年趋同审查（澳大利亚政府宽带、通信和数字经济 2011）提供了一个很好的案例研究，说明了当代处理政策和法规的方法。

澳大利亚的媒体与传播政策

本章的下一部分将简要概述澳大利亚媒体与传播的公共政策制定原则和实际情况。这种政策的组成部分包括法律（围绕竞争、所有权和控制、诽谤、版权、蔑视、以审判、诽谤、淫秽、亵渎、煽动宗教活动）、法规（例如针对澳大利亚商业广播内容的规定）和政策（政党或政府的规定，可制定为法律、法规）。

媒体与传播政策是省级联邦部长的相关政策，由相关官方机构支持。澳大利亚宪法 51（v）条款赋予联邦政府在"邮政、电报、电话和其他类似服务"上的权力，这被解释为赋予联邦政府在广播媒体和互联网上的责任。相关部门目前是宽带、传播和数字经济部（DBCDE），但它过去一直被称为很多事物（你可能会在阅读中看到）：Postmaster-General（to 1972）；媒体（1972—1975）；传播（1976—1986）；运输和传播（1987—1993）；传播与艺术（1994—1996）；传播、信息技术与艺术（1996—2007）。这一投资组合领域引领国家政策的制定，并通过法律法规实施（但应与其他投资组合领域进行有效互动）。DBCDE 的名称变化已经变得越来越重要，特别是随着国家宽带网络（NBN）的推出以及政府明确了在卫生、教育、就业和政府服务等领域的数字经济目标。

在采取政策途径处理媒体和沟通问题时，你也将看到政府采取的不同类型的行动。有"萝卜"（鼓励某些行为的激励措施，例如制作儿童剧或其他澳大利亚戏剧和纪录片）和"大棒"（禁止某些行为，例如种族污蔑）。有直接监管（澳大利亚内容的最低限度规则）和自我监管（以行业法规的形式，包括印刷媒体、商业电视和广播、付费电视、广告和社区广播）。我们已经遇到过共同监管（监管机构与被监管机构的合作）的概念。放松管制指的是试图从"专业化"监管转向"能动"监管，以减少监管数量和监管成本。

我们要遵循的主要原则是区分政府行为是针对"投入"（生产补贴）还是针对"产出"（鼓励和管理产品分配和展示的规定）的活动。产出监管的水平是基于特定媒介的感知性质。传统上，这些"艺术"本身被认为是手工或非工业的，并且吸引了政府的补贴或投入。这种"媒体"被视为是工业性质的，并引起监管或产出方法。后者从严格管制的广播行业到虚拟的开放市场（以社区标准为基础，受诽谤、淫秽、种族污蔑等一般法律的约束），在印刷、视频和电影的发行和放映中各有不同。

印　刷

印刷媒体（在没有独立监管机构的情况下）受有关贸易惯例、竞争和垄断的一般法律的约束，以及诽谤和蔑视的法律。《贸易实践法案》的一般条款禁止导致一家公司处于"主导市场"地位的合并。《贸易惯例法案》是一般法律，在媒体领域并不精确相关。正如我们将在下一节看到的那样，澳大利亚的印刷媒体所有权是高度集中的，但需要指出的是，澳大利亚市场小，由于基础设施成本的影响，进入壁垒高，有原则竞争政策的运作受到很大的抑制。由于读者数量下降和分类广告收入的损失，行业利润迅速下降。

唯一一种媒介特殊形式的监管是通过1976年成立的一个自律机构澳大利亚新闻理事会。该委员会由新闻业主出资，自愿加入包括主要出版商和公众代表。尽管自由记者是理事会的成员，但行业工会媒体、娱乐和艺术联盟（MEAA）却没有代表。《新闻理事会》（The Press Council）针对媒体行为的抱怨做出的裁决历来是提供监管示例，而这种监管一直宽松，甚至连皮毛都难触及。2012年，一份独立媒体调查报告公布后，由于对新闻表现的担忧日益加剧，行业有望成为法定监管者，新闻委员会的资源基础和成员数量大幅增加（见专栏5.1）

广　播

广播则大不相同。传统上，有两个原则为这一领域奠定了更高级别的规则基础。首先，广播公司利用无线电波（电磁波或无线电频谱）向观众传送信息。频谱是一种公共资源，其承载广播信号的能力不是无限的，因此其所有权、租赁和许可证发放都受到管制。其次，有人认为，声音和形象这两个媒体在当代社会的普遍存在，使他们有更大的影响力来影响他们的观众，因为他们比"选择"的媒体（如平面媒体，电影和视频媒体）更受欢迎。电视和广播已被视为通用技术。与依赖于每一种服务的付费的媒体相比，它们的消费不是通过直接选择具体的、可分离的物品来实现的。当然，这就是为什么如此多的广告会加入到电视和广播节目的"潮流"中。加强多样性的结构性监管（商业、社区、国家或公共广播三个类别）也被认为是一个可取的政策结果。

广播系统是根据《广播法1942》建立的，它界定了服务区域，确定了服务区域内的被许可者的适当数量，并就谁能持有广播许可证以及被许可者的行为制定了标准。这些规定适用于商业部门和社区部门，但不适用于公共服务（或国家）广播公司、ABC和SBS。它们的立法是《澳大利亚广播公司法1983》和《特殊广播服务法1991》。

《广播服务法案1992》是当前管理这一领域媒体的立法,标志着广播政策在哲学和监管方面发生了重大变化,并取代了旧的立法——被当时的首席监管者Peter Westaway描述为"一个贫穷可怜的动物。""设计的原因越来越不相关,而这些原因也因多年的修正而变得荒唐可笑。"随着有线电视和其他新技术和服务的发展,该机构旨在从媒体稀缺过渡到媒体丰富,其目的是实施轻触式监管,以促进新竞争者的进入和技术发展。这也标志着政府部门从过度监管转向更加严格的自律和合作。

但那是一代人以前的事了。广播管理即将进行另一次大调整,其可能的形式已经通过范围广泛的融合审查勾勒出来了,我们将在本章最后进行考虑。

电影和视频

电影、视频制作、发行、会展等行业基本遵循新闻监管模式。在20世纪70年代初,曾有各种尝试以澳大利亚的本土资源占比配额的形式来规范该行业的分销和展示部门,甚至是反垄断风格的撤资建议。然而,这个市场仍然是一个结构不受监管的市场,其特征是寡头垄断和大量外资所有权。政府对电影的干预与其说是监管,不如说是按照艺术赞助的路线来支持和补贴。政府政策的主要途径是补贴电影的制作,而不是对澳大利亚的电影发行或放映进行结构性监管(尽管也对其他的发行和放映提供补贴,包括对新形式的放映提供一些支持,例如数字电影)。比起电影,视频产业更不是监管干预或是政府补贴。

尽管适用一般竞争规则，但分类和对不良材料的审查问题构成了监管的主要形式。随着越来越多的电影和视频在网络上消费，该领域正陷入技术融合的问题。

艺　术

对传统艺术的治理是最纯粹的投入干预形式。这种管理历史相对较长，因此它也表现出一种高度协调的方法，由一个主要的联邦机构，澳大利亚理事会，与国家艺术机构互动（通过文化部长理事会机制），为广泛领域的艺术活动提供补贴，从歌剧、芭蕾舞、戏剧领域的精英"旗舰"国家公司，到遍布全国各地的社区艺术。政府也通过提供税收优惠政策进行干预（人们可能会争论税收优惠政策的程度和效果）来鼓励企业支持，还成立了澳大利亚商业艺术基金会（ABAF），该机构现在并入澳大利亚理事会。

互联网和电信

相比之下，互联网作为一个高度分散的全球网络，并没有适应这种以国家为基础的政策。例如，吉拉德工党政府（Gillard Labor government）试图对不良网络内容引入强制性过滤器，这引起了行业和社区的极大关注，因为它们可能会捕获比预期更多的内容，从而降低宽带速度。最终，拟议的过滤器被证明是站不住脚的，这个想法在2012年被抛弃了。

电信已经经历了政策和监管安排的巨大转变。自20世纪90年代初以来，电信政策已经从基于高度管制的公共垄断和普遍提供基本服务的体制转向基于多个运营商之间更加公开竞争的体制，一般由澳大利亚竞争和消费者委员会（ACCC）监管。话虽如此，市场仍由主要的在位公司澳洲电信（Telstra）占据。大多数其他电信供应商必须从澳洲电信购买基本的网络基础设施。自1997以来，新的服务提供商已经没有数量限制，尤其在移动电话领域增长强劲。运营商之间存在竞争性招标，用于提供需要补贴的服务，因为它们可能永远不会盈利，例如，连接到农村和地区，付费电话服务以及为低收入或残疾人提供的服务。

这样的举措成为国际社会放宽电信市场准入、将原垄断电信运营商私有化以及实施国家竞争政策的趋势的一部分。不断变化的电信政策的基础是从行为监管向结构监管的转变，在行为监管中，对市场进入的限制是确保现有供应商达到社会政策目标的一个条件，而结构监管则是促进更有竞争力的环境，作为创造一个对消费者和其他最终用户更敏感的更有效和创新的行业的条件。放松监管是不正确的，因为竞争需要行业监管机构ACCC发挥更积极的作用——尤其是确保为新服务提供商提供竞争保障，以访问现有提供商（如澳洲电信）的基础设施。

但最戏剧性的转变发生在2009年，随着澳大利亚历史上最大的基础设施项目——NBN的宣布成立。这项由国有独资企业——NBN公司，使用了大约360亿美元的公共资金在全国范围内提供快速宽带基础设施，这意味着澳洲电信（Telstra）在私有化之后又重新被大规模引入国内。该政策已计划并实现了部分实施项目，为期8年以上，其更广泛的意义在于NBN公司基础设施将成为耗资巨大的数字经济目标的门户（www.nbn.gov.au/the——vision/digital-economy-goals）。可以理解的是，这是一项极具争议的政策，随着政府换届，该政策可能会发生很大变化。

专栏5.1：媒体政策参与者

政府

· 澳大利亚传播和媒体管理局（ACMA）（www.acma.gov.au）：ACMA在媒体和传播环境中负有多项责任。其内容是：

——促进传播行业的自律和竞争，同时保护消费者和其他用户

——营造一种环境，在这种环境中，电子媒体应尊重社区标准，并对听众和用户的需要作出反应

——管理对无线电频谱的访问，以及

——代表澳大利亚在国际上的通信权益。

ACMA还负责监控在线内容，包括互联网和手机内容，并执行澳大利亚的反垃圾邮件法律。还负责向社区通报互联网安全问题，特别是与儿童有关的问题。

· 澳大利亚竞争和消费者委员会（ACCC）（www.acc.gov.au）：ACCC是一个独立的法定机构，1995年设立的，目的是监督1974年《贸易惯例法》（更名为2010年竞争和2011年1月1日消费法）和其他法律。ACCC将其主要角色定义为：

——促进市场竞争和公平贸易，使消费者、企业和社会受益

——规范国家基础设施产业

——确保个人和企业遵守英联邦的竞争、公平贸易和消费者保护法

——补充管理其管辖区的镜像立法的州和地区消费者事务机构以

及联邦财政部竞争和消费者政策司。

该委员会是处理一般竞争事务的唯一国家机构，也是唯一负责执行《贸易惯例法》和州/地区应用立法的机构。ACCC 所处理的问题包括接入和定价，以及调查通信行业的反竞争行为。

· 电信业监察员（TIO）（<www.tio.com.au>）：TIO 为在澳大利亚对其电话或互联网服务投诉未解决的小型企业和住宅消费者提供免费和独立的替代争议解决方案。TIO 1993 年成立，并根据《联邦议会法案》作出规定，由电信行业监察员有限公司负责运营，独立于行业、政府和消费者组织之外。TIO 由理事会和董事会管理，由理事会推荐任命的独立监察员管理。

· "澳洲荧屏"（www.screenaustralia.gov.au）： Screen Australia 是澳大利亚屏幕制作行业主要的联邦政府直接资助机构。其职能是支持和促进高度创新、商业可持续发展的澳大利亚屏幕生产行业。Screen Australia 支持开发、生产、推广和分销澳大利亚屏幕内容：

——支持一系列内容的制作

——支持屏幕业务发展

——支持营销和荧屏文化计划

——编写高质量的剧本和提案

——促进创新和吸引观众的在线内容，以及

——支持本土人才和独特故事。

Screen Australia 负责管理政府的生产者补偿和国际联合制作计划，以提高澳大利亚生产的商业可持续性。

行业自律

· 澳大利亚新闻理事会（APC）（<www.presscouncil.org.au>）：

ACP 是澳大利亚印刷媒体的一个自律机构。除了提高媒体业务标准，让社区获取公共利益信息，保护新闻自由之外，澳大利亚还负责裁定对澳大利亚报纸、杂志和相关数字媒体的投诉。在 2012 年之前，APC 拥有最低限度的监管权，经济上依赖于志愿组织的补贴，并保留随时退出理事会的权利。

当《独立媒体调查》在 2012 年发布后，澳大利亚新闻理事会的变化实质上解决了针对其独立性和有效性提出的主要问题。非加太国家面临撤资的风险已大大减少，亚太联盟成员同意未来三年具体的筹资承诺。安理会还加强了成员资格条件。成员提供资金和遵守理事会程序的义务现在将具有法律约束力。要求成员在退出理事会的前四年发出通知，并且在整个期间仍然是理事会的一员；成员也将受理事会管辖，可以对关于其出版物的投诉作出裁决。出版商遵守委员会投诉程序的义务将具有法律约束力，其中包括必须优先发布裁决的要求。

· 传播联盟（www.commsalliance.com.au）：传播联盟的成立是为了给澳大利亚通信产业提供统一的发声渠道，并为该产业提供一个论坛，使其能够对政策制定和辩论作出连贯和建设性的贡献。它代表了行业及其成员——尤其是在竞争、创新和行业发展领域——的角色统一。该中心的主要任务是通过行业自治，培养高标准的商业道德和行为，促进澳大利亚通信行业的发展和保护消费者利益。

· 广告标准局（ASB）（www.adstandards.com.au）：广告标准局通过广告标准委员会和广告声明委员会，实施全国广告自律体系。自我监管系统承认广告商在提高消费者对一般广告标准的信心和尊重方面有着共同的利益。委员会提供投诉解决免费公共服务，包括：

——语言的使用

——对人的歧视性描写

——对儿童的关注

——对暴力、性、性生活和裸体的描写

——健康和安全,以及

——向儿童销售食品和饮料。

行业协会

• 互联网行业协会(IIA)(<www.iia.net.au>):IIA 是澳大利亚全国性的互联网行业组织。成员包括电信运营商、内容创造者和出版商、网络开发者、电子商务交易商和解决方案提供商、硬件供应商、系统集成商和互联网服务提供商。IIA 为政府提供政策建议,并就澳大利亚互联网法律和倡议相关的一系列商业和管理问题提出倡议。

• Free TV Australia(www.freetv.com.au):澳大利亚自由电视台于 1960 年诞生,当时名为商业电视台联合会(或 FACTS)。现在,它代表了澳大利亚所有的商业免费电视许可证持有者,是澳大利亚为数不多的代表其行业内所有组织的行业机构之一。澳大利亚免费电视电视台(Free TV Australia)就政策和管理问题、工程和技术问题制定建议。

免费商业电视的内容受 2010《商业电视行业守则》监管,该守则由澳大利亚免费电视公司制定并在澳大利亚通信和媒体管理局(ACMA)注册。《商业电视业务守则》涵盖了《广播服务法》第 123 条规定的事项以及社会关注的与节目内容有关的其他事项,包括节目分类、新闻和时事的准确性、公平性和对隐私的尊重、电视广告时间、广告和节目促销的放置以及投诉处理。

・澳大利亚订阅电视和广播协会（ASTRA）（www.astra.org.au）：ASTRA 是在法规和政策事项上代表澳大利亚订阅电视行业的最高机构。ASTRA 负责与 ACMA 协商制定订阅电视行业的业务守则。

・澳大利亚社区广播协会（CBAA）（www.cbaa.org.au）：社区广播协会是全国社区广播电台的最高机构。CBAA 的成员包括获得充分许可的电台以及渴望拥有永久广播许可证的团体。目前，CBAA 拥有 270 多个成员电台，在全国范围内积极播出。社区广播协会旨在促进社区广播部门的价值观，通过政策领导、宣传和公众运动促进社区广播部门的利益，提高对社区广播部门的认识和了解。

・澳大利亚移动电信协会（AMTA）（www.amta.org.au）：AMTA 是代表澳大利亚移动电信行业的主要行业机构。AMTA 成员包括移动车厢服务提供商（CSPs）、手机制造商、零售店、网络设备供应商和其他行业供应商。AMTA 旨在促进澳大利亚的移动电信产业及其对澳大利亚社区的贡献。

其他媒体政策参与者

・澳大利亚国家广告商协会（AANA）（<www.aana.com.au>）

・澳大利亚广告联合会（AFA）（<www.afa.org.au>）

・澳大利亚商业电台（<www.commercialradio.com.au>）

・澳大利亚公共关系学院（PRIA）（<www.pria.com.au>）

・媒体娱乐与艺术联盟（MEAA）（<www.alliance.org.au>）

・澳大利亚儿童电视基金会（ACTF）（<www.actf.com.au>）

・消费者电信网（CTN）（<www.ctn.org.au>）

精选政策议题

几乎打开任何的报纸或新闻杂志，或者访问任何主要的在线信息服务机构，你都会发现，媒体与传播政策向我们扑面而来。政策问题通常占据着商业新闻的版面，有时甚至占据新闻和观点头条。举例来说，我们会考虑产权和管制政策这一持续的公共性和争议性问题，以及近期具有前瞻性的、范围广泛的趋同问题审查，这些审查可能会在未来继续产生反响。

所有权和控制权

所有权和控制权一直是媒体领域的多年顽疾。当澳大利亚拥有世界上最具垄断性的媒体行业时，这是无法避免的。专栏 5.2 详细介绍了 2007 年澳大利亚对所有既定媒体的所有权和控制权在法律上重大放宽政策的影响。

放松对媒体所有权管制的利害关系是什么？支持放宽规定的理由包括：在像澳大利亚这样的小市场，需要在这个迅速发展的媒体与传播领域增加私营部门的投资。外国投资者会发现澳大利亚是一个更容易、更有吸引力的拟议投资地域，如果这些公司通过合并变得更大、更加有利可图，那么该国庞大的"机构"投资者（保险和养老金基金经理）将希望增加投资。这些大公司经常争辩说，如果他们想在全球化的世界中更具竞争力，他们需要变得更加强大。

那些反对改革，或支持更严格的所有权和控制规则的人坚持认为，澳大利亚已经拥有最集中的媒体部门之一，而进一步集中意味着在新闻、时事和舆论等敏感领域的观点就更少了。他们指出，由于媒体公司在履行公共服务义务的前提下向股东传递价值，渠道的多样性正在减少。他们认为只有在宽松的规则下，这种价值和多样性才会增加。

多样性原则是在所有权和控制权争论中激烈争论的问题之一。传统上，人们认为所有权的多样性会导致内容和观点的多样性。大家都同意内容和观点的多样性是可取的，但认为只有通过所有权的多样性才能得到保障的想法正在受到抨击。这种说法认为，网络媒体内容的激增使得观点不受控制的断言变得过时，变得多余。这无疑是对互联网可以作为可靠替代来源的夸大其词。一个更为精妙的经济理论论证说，相比于几个实力较小、追求观众最大化的小公司，一个大公司可能更容易通过把内容和社论分散到不同的市场来解决多个读者或读者问题。

媒体所有权的运营规则最近一次修订是在 2007 年。专栏 5.2 总结了自 2007 年以来发生的变化，以及截至 2012 年年底的情况。请注意进一步的变化，特别是根据 2011—2012 年趋同审查的建议。

专栏 5.2：媒体所有权和控制权 2007—

《2006 年广播服务修正案（媒体所有权）法案》在 2007 年引入了新媒体所有权法。新法律取消了针对澳大利亚媒体行业外国投资的广播类特定限制。根据外国投资政策，媒体仍然是一个"敏感行业"，这意味着直接的媒体投资必须得到财政部长的批准。此前的法律限制了外国机构持有广播执照，例如，禁止外资控制一家公司的权益超过 15%，或禁止在一家商业电视许可公司的董事中，外资占股的比例超过 20%。

新的跨媒体所有权限制适用于商业电视、无线电广播和主流报纸（统称为"受监管平台"）。对将会导致一人掌控许可地区三分之二以上受监管平台或造成"不可接受的媒体多样性状况"的交易予以禁止。通过在许可地区运营的独立受监管平台和媒体集团的数量来计算分数，从而判断"不可接受的媒体多样性状况"。该法律禁止导致大都会执照区域分数低于5分或区域执照分数低于4分的交易。

取消外资所有权限制所带来的影响是戏剧性的，并且很大程度上会造成出乎意料的结果：私募股权公司对免费电视进行大规模再融资，有效地将海外网络所有权转化为私人机构所有权。同时，跨媒体规则现已放开，允许现有参与者进行合并；印刷媒体、广播和电视的所有权已经集中到少数人手中。

尽管发放了新的许可证，但商业电台的管制员数量从2007年的34名缩减至2010年的32名，商业电视的管制员数量从2007年的8名缩减至2010年的7名。

电视

两家商业免费电视网络第7频道和第9频道将其50%的媒体资产出售给私募股权运作（第一家第9频道与CVC亚太区合作，第二家第7频道与Kravis Kohlberg Roberts合作），利用出售所得现金为自己定位，以扩展到其他媒体和非媒体资产。CVC亚太公司拥有第9频道（Nine Entertainment Co）的大部分股权。Nine的电视资产包括Nine Network（悉尼、墨尔本、布里斯班和达尔文）、GO!、GEM、eXtra、NBN（向新南威尔士州中部海岸和昆士兰州黄金海岸广播）。第9频道还通过Sky News（与第7频道和英国Sky Broadcasting合资）持有付费电视资产，并与微软共同拥有在线企业ninemsn（占

50%）。

由Kerry Stokes控制的七西传媒（Seven West Media）的资产包括第7频道（悉尼、墨尔本、阿德莱德、布里斯班、珀斯和昆士兰州）、7Two、7mate和TV4ME。七西传媒（Seven）还通过其持有付费电视（Foxtel）和福克斯体育（Fox Sports）25%股份的综合媒体控股公司和澳大利亚天空新闻（Sky News Australia）（33%的股份）持有付费电视资产。七西媒体（Seven West Media）的兴趣延申到了广播（红波媒体（Redwave Media））；报纸[《西澳大利亚》（West Australian）——唯一一家不被新闻有限公司（News Limited）或费尔法克斯公司（Fairfax）所拥有的都市日报]；各种西澳大利亚的区域报纸；杂志[《太平洋杂志》（Pacific Magazines），其发行了《美丽的家》（Home Beautiful）、《谁》（Who）和《新思想》（New Idea）]；并持有Yahoo!7的50%的股份。

澳大利亚的另一个商业电视网络——10频道网络——是一个合并实体，由各种跨国银行、金融和投资服务公司所有。备受瞩目的董事会成员包括主席Lachlan Murdoch和董事Gina Rinehart；2010年收购了该公司10%的股份后，这位澳大利亚矿业巨头被任命为董事会成员。10频道的电视资产归Ten Network、ONE、ELEVENCo（与美国广播公司CBC共同拥有66.6/33.3%）、TVSN和WIN Corporation。

报纸

现金充裕的第7频道最初购买了西澳大利亚报纸（WAN）14.9%的股份。此后，这一比例上升到22%左右，远远超过2007年以前法律规定的15%的控制红线。目前，西澳大利亚收视率最高的免费电视网络间接控制着发行量最高的日报和第二受欢迎的在线新闻网站

（<www.thewest.com.au>）。

当股价依然上涨时，Fairfax采取了先发制人的防御措施，与农村新闻集团合并，从而使九家报业集团和七张商业广播执照落入费尔法克斯传媒（Fairfax Media）的控制之下。这创造了澳大利亚市值最高的媒体集团。这笔交易的价值约为90亿美元（包括23亿美元的债务）。合并时，集团在美国持有240多份区域、农村和社区出版物、9个广播电台和新西兰主要互联网网站TradeMe，以及20本农业出版物。从那时起，Fairfax不得不抛售大量资产以控制其高债务水平。

截至2012年，Fairfax Media通过《悉尼先驱晨报》《时代报》《澳大利亚金融评论报》《堪培拉时报》以及纽卡斯尔和伍伦贡等重要城市的地区性报纸，控制着都市每日新闻市场21%的份额。费尔法克斯（Fairfax）还持有其他印刷媒体权益，包括《商业评论周刊》和《个人投资者》杂志。除了印刷业务，Fairfax还参与了广播业务，通过接管南十字星广播公司（Southern Cross radio），获得了大都会和地区电台的各种执照。Fairfax的线上收益包括Fairfax Digital（《布里斯班时报》《今日华盛顿》）。Fairfax报纸也在新西兰占据主导地位，公司在新西兰的利益也扩展到杂志、数字报纸门户网站（www.stuff.co.nz）和在线拍卖网站（www.TradeMe.co.nz）。

新闻澳大利亚控股的母公司（由默多克家族控制的新闻集团），加上它在大都市的统治地位，通过收购联邦出版公司的杂志和社区报纸权益（13家社区报纸、2家通勤报纸、25家杂志和6家在线资产），区域和社区报纸市场（约占澳大利亚70%的报纸）来巩固自己在城市、地区和社区的报纸市场的统治地位。竞争政策监管机构（ACCC）不顾前所未有的集中化，批准了这一交易。

新闻集团通过报业巨头(《澳大利亚人报》(The Australian)、《每日电讯报》(The Daily Telegraph)、《先驱太阳报》(The Herald Sun)、《信使邮报》(The Courier-Mail)、《广告商报》(The Advertiser)、《水星报》(The Mercury)和《北领地新闻》(The Northern Territory News)控制着都市日常报纸市场的70%,此外还有《凯恩斯邮报》(The Cairns Post)、《黄金海岸公报》(The Gold Coast Bulletin)、《汤斯维尔公报》(The Townsvillie Bulletin)和《吉朗广告商报》(The Geelong Advertiser)等其他的区域报纸。新闻集团还出版了一系列免费的郊区社区周刊(本地新闻,奎斯特,领导人,邮递员,社区报纸)和免费的都市通勤日报(mX)。

电台

南方跨媒体集团(原麦格理传媒集团)是麦格理银行的子公司,该银行专门从事基础设施项目,拥有澳大利亚最大的广播网络。它持有价值1.7亿美元的南十字星广播公司(Southern Cross Broadcasting)(一个网络广播和电视业务)14.9%的战略性股份。

Fairfax与Rural Press合并后不久,一项涉及费尔法克斯传媒、麦格理传媒和南十字星广播公司(Southern Cross Broadcasting)的三方交易就启动了。此次并购是新规则下首笔大型跨媒体交易。费尔法克斯(Fairfax)、麦格理传媒集团(Macquarie Media Group)、南十字星街(Southern Cross)的交易很复杂,需要得到澳大利亚广播和电信协会的批准。根据协议,麦格理传媒集团(Macquarie Media Group)将向费尔法克斯传媒(Fairfax Media)出售大都会广播电台。

南十字星街奥巴内(Southern Cross Austereo)是在2011年7月由南十字星街传媒集团(Southern Cross Media Group)和奥巴内集团

（Austereo Group）合并后成立的。其资产包括（主要是）澳大利亚地区的 68 个商业广播电台，包括今日 FM 网（Today FM network）和三 M 网（Triple M network）。

资料来源：*Dwyer*（2008）；*Harding*（2010）。

2012 年 10 月，新闻集团（News Corp）收购综合媒体（Consolidated Media），这是竞争监管机构 ACCC 采取行动的一个例证。收购前，七频道集团控股公司（Seven Group Holdings）持有统一媒体（Consolidated Media）25% 以上的股份，并且，其以积极考虑向统一媒体发出收购要约为由寻求监管机构的许可。竞标被拒绝，因为这将导致七频道集团（Seven Group）拥有澳大利亚一家大型免费网络，造就澳大利亚最大的订阅电视公司的实质性利益。澳大利亚竞争和消费委员会（ACCC）还对七频道集团（Seven Group）持有福克斯体育（Fox Sports）50% 的股份表示担忧，这可能会让它比其他商业网络在竞标体育转播权方面具有不公平的优势。根据这一决定，七频道集团（Seven）投票支持新闻集团（News Corp）收购综合集团（Consolidated）。此交易将新闻集团（News Corp）在福克斯电视台（Foxtel）的份额增加到 50%，并拥有体育频道福克斯体育（Fox Sports）的全部所有权。澳洲电信继续持有福克斯电视台另外 50% 的股份。

趋同的政策挑战

正如导言中提出的那样，趋同也是媒体政策领域中经久不衰的话题。2011 年，由于高速宽带网络接入的增加、媒体产品和服务的数字化、媒体平台和服务的融合、用户创造内容（UCC）的兴起和媒体平台的全球化，一项针对融合的独立调查受到委托。在过去的几十年里，内容和服务极大地改变了媒体格局。

在政策和法规方面，趋同带来的关键问题是如何打破媒体内容与传播平台之间的联系。趋同指的是从垂直整合的行业"竖井"（印刷、广播、电话等）和相关部门特定法规的需求向一系列基础设施、接入设备、应用/内容服务和内容本身的水平层次的转变。

澳大利亚广播和电信协会（ACMA，2011年）在为趋同审查所进行的澳大利亚广播和电信法规概述中，确定了现行立法中55个"不完整概念"，包括广播领域的"影响"概念，广播中"节目"的概念，以及与互联网有关的"内容服务提供者"和"服务提供者"的区别。融合审查的结论是，我们不仅需要新媒体政策，而且还需要对整个媒体政策实施新的做法。

《趋同审查》以广泛的放松管制为主旨，确定了三个需要对媒体与传播进行持久监管的领域：媒体所有权；所有平台的媒体内容标准；以及澳大利亚和当地内容的制作和发布（《趋同审查》2012：第8页）。在确定"谁"或"什么"应该在融合媒体环境中受到监管时，该审查提出了基于规模和范围的监管框架，而不是围绕特定的交付平台进行监管。重要的媒体企业——被定义为"内容服务企业"（CSE）——控制"专业内容"（电视和广播类服务、报纸内容等），一旦达到一定的门槛，就会受到监管。这种方法将取代澳大利亚目前的商业广播必须满足的内容配额制度。

截至2013年，现工党政府在《趋同审查》建议中只取得了很小范围的成功，另外一个政府是否能够有效应对现在已经得到充分确认的趋同挑战还有待观察。不过有一点是肯定的：引发政策反应预期的行业、技术和社会变革将继续增加。

结　论

本章已经表明，政策方法是媒体与传播研究中不可或缺的一部分。它将你的学术研究与公众利益以及社会对媒体的关切直接联系起来，无论媒体是"进步性的"还是"保守性的"，并为你打开一扇窗口，让你了解媒体和传播研究的许多实际应用。但就其本质而言，该领域处于不断变化之中——几年前在监管或政策方面可能奏效的方法，在如今或不久的将来可能都行不通。因此，掌握媒体与传播政策需要时刻警惕这种变化，同时随时准备查阅政策文件，甚至是法规和立法文件。但是，如果你没有真正尝试去理解政策在关于权力、变革、代表和身份的辩论中的位置，所有这些信息都将失去意义，而这些辩论将是我们学科的基础。然而，也许最有趣的是，这可能会对你的观点造成挑战，即澳大利亚的媒体与传播如何才能变得更好，以及你如何为这些变化作出可能的贡献。

致　谢

感谢 Adam Swift 和 Christina Spurgeon 提供的有益建议。

进一步解读

对澳大利亚政策研究方法的另一种观点存在于皮尔斯（2000）的"澳大利亚广播政策的观点"中。Errington 和 Mira-gliotta（2012），《媒体与政治：导言》概述了澳大利亚自由民主传统对媒体运作和结构以及政治方面的影响。Freedman（2008），《媒体政策政治》是一种处理美国和英国媒体政策的方法，围绕着从"多元化"到"新自由主义"的历史转变构建其论点；Lunt and Livingstone（2012），《媒体监管：治理与公民和消费者的利益》，对全球媒体监管如何影响政府、媒体与传播市场、公民社会、公民和消费者之间的关系进行了研究。

澳大利亚媒体与传播的扩展政策方法包括 Barr（2000），newmedia.com.au，Given（2003），《关闭电视：广播的不确定未来》和 Kenyon（2007），《电视期货：澳大利亚的数字电视政策》。Cunningham（1992）的《框架文化》涵盖了文化和媒体理论政策方法面临的挑战。Sandra Braman 在《美国的传播研究人员和政策制定》（2003）和《国家变革》（2006）中就公共利益传播政策倡导所做的大量工作提供了美国与澳大利亚的出色比较。政策参与者的网站总是值得查看最新信息和有价值的观点，领先期刊《澳大利亚国际媒体》（www.uq.edu.au/mia）也是如此。

第二部分
行　业

第六章
媒 体

罗德尼·蒂芬（RODNEY TIFFEN）

2012年6月18日，费尔法克斯公司（Fairfax）首席执行官Greg Hywood宣布关闭两家印刷厂，2013年开始该公司最负盛名的出版物由大版印刷厂转为小报印刷厂，并在接下来的三年里裁员1900人。在这一史无前例的裁员声明发布后的几天内，该公司三位最资深的报纸编辑相继辞职，表明该公司的内部层级正从报纸转向数字产品。

几天后，有人预测澳大利亚新闻有限公司首席执行官Kim Williams也会相应宣布裁员。但事实恰恰相反，他宣布了两个扩张计划：一个是收购一家互联网商业新闻网站——商业旁观者，另一个是竞购James Packer所拥的有Foxtel四分之一的股份和Fox Sports一半的股份。他还就重组报纸部门发表了一些看似无关痛痒的声明，但只是含糊不清地提到可能会失业。尽管如此，新闻业很快就开始在其报纸发行上减少开支。这些声明"清楚地表明，澳大利亚的新闻媒体组织规模未来会更加缩小，盈利能力相应变差——记者雇佣数量减少"（Simons 2012，第9页）。

这种不利的发展趋势并不仅仅发生在澳大利亚的报纸行业。事实上，在其他一些发达国家，报纸数量的减少更为明显。事实上，仅从的2007—2009年的有限期间来看，澳大利亚报纸在经合组织国家（2010）中表现最好，其收益仅下降2%，而下降最严重的是英国（下降21%）和美国（下降30%）。对美国报纸的预测结果已经变得越来越糟糕。著名新闻学者 Philip Meyer 首次对它们的消亡做出了有影响力的预测。他在2004年（第16页）半开玩笑式地发表预言，印刷报纸的最后一位读者将在2043年第一季度消失。微软（Microsoft）首席执行官 Steve Ballmer 在2008年对《华盛顿邮报》（Washington Post）编辑委员会表示，到2020年，"报纸和杂志都不再以纸质形式提供服务"（Fallows, 2010）。南加利福尼亚大学安纳伯格数字未来中心主任 Jeffrey Cole 最近预测，大多数纸质报纸将在五年后消失：

> 印刷报纸的发行量持续呈直线下降趋势，但我们相信，唯一能幸存下来的印刷报纸企业将处于两种极端——要么最大，要么最小……很可能只有以下四家大型日报会继续印刷：《纽约时报》《今日美国》《华盛顿邮报》和《华尔街日报》。另一个极端情况是，当地的周报仍有可能继续存活。（Cole, 2011）

在某些方面已经出现了这种长期下降趋势。以拥有最系统数据的美国为例，人均付费发行量是20世纪60年代的一半，而实际报纸广告收入是1982年的水平（Varian, 2010）。但直到2005年左右，由于全球金融危机（GFC）的影响，收入才开始急剧下降。Alan Mutter（2011）指出，2005年报纸行业取得了创纪录的494亿美元广告收入，但2011年，它的收入不到这一数字的一半，约为240亿美元。"2006至2009年间，日报每年削减编辑支出16亿美元，或超过四分之一"，员工数量也相应减少了近四分之一（Waldman, 2011）。2009年，美国人口超过3亿，当时雇佣的记者总数与其在20世纪70年代初雇佣的记者人数（当时该国人口为2亿）大致相同。现在这一数字约为4万，而1992年则高达6万。这些削减直接影响到独立报道的数量。例如,"全职报道各州首府的报纸记者人数从2003年的524人下降到2009年初的355人"(Downie and Schudson 2009,第17—18页)。在最近对澳大利亚记者进行的一项调查中,50%的人认为新闻报道和新闻工作的质量比五年前更差,只有15%的人认为情况有所改善(O'Donnell, McKnight和Este 2012,第9页)。

然而,尽管危机感只是在近年才凸显出来,但实际上,报纸在媒体中的中心地位在几代人的时间里已经逐渐被侵蚀。20世纪初,报刊是大众媒体中最重要的媒介。在广播和电视出现之前,"报刊享有的社会垄断地位就像汽车和飞机出现之前的铁路一样……它主宰着信息领域,就像火车主宰着运输领域一样。"(Smith 1980,第318页)即使是在20世纪中叶,人们也有理由相信报刊在信息领域的卓越地位。拥有报纸的几大公司都有雄厚的财务实力,他们的产品似乎在公众的日常消费中有着坚不可摧的地位。阅读报纸似乎是人们最习惯的行为之一:人们每天会在同一时段阅读同一份报纸。事实上,20世纪60年代的一项英国小组研究——英国市场一直比澳大利亚市场更具竞争力和活力——发现"除了性别和出生日期之外,报纸阅读是最稳定的变量"(Tunstall 1971,第18页)。20世纪40年代末,当纽约报纸因罢工停止发行时,一项社会学研究发现,许多人对他们日常工作中这个有价值的部分被剥夺体会到强烈的失落感(Berelson, 1949)。

然而,即使在20世纪50年代和60年代,考虑到电影、广播和新兴电视产业所发挥的作用千差万别,说报纸是大众媒体中最重要的,也不再是明智的主张。在21世纪初,在所有具体的测量数据中,报纸的销量相对下降，而且呈现绝对下降态势。

报纸的发行量没有跟上人口增长的步伐，并且现在无疑仍在下降。1980年和2007年，澳大利亚日报销量几乎减半——这比大多数其他发达国家的销量下降得更厉害（Tiffen和Gittins 2009，第180页）。澳大利亚报纸销量下滑的主要原因是报纸数量的减少。特别是，澳大利亚所有的午报都在1988年到1993年的五年中关闭（Tiffen，1994a）。然而，幸存的报纸不仅未能填补关闭报社所失去读者的空白，甚至在某些情况下也未能留住原有的读者。如表6.1所示，除了这两种全国性报纸外，所有全国性报纸的发行量都低于19年前。从人口持续增长的角度来看，报纸发行量相对于人口的下降是巨大的。1947年，都市报纸和全国性报纸每100人售出38.6份。在接下来的30年里，这种趋势缓慢而绝对性地下降，一直降到1977年的28.8份，但最近这些年下降趋势更加明显，从2000年的13.0份降至2011年的9.7份（Finkelstein 2012，第69页）。另一个表明这一变化的证据是，在过去十年左右的时间里，监督报纸销量的商业组织——发行量审计局（Audit Bureau of education）——一直在公布周一至周五以及周六的报纸发行量。两者之间越来越大的差距导致了这种差异：周六是大多数报纸大幅增加发行量的时间，一般受欢迎的高质量报纸的发行量增加最多。但这种差异本身就表明，与上一代人相比，如今在工作日读报在许多人的日常生活中所占的固定地位有所下降。2002年至2012年十年间，表示自己前一日看过报纸的人的比例从41%下降到23%（皮尤研究中心 2012）。

表6.1 城市和国家日报报刊拟发行量，1992—2011

报刊名称	1992	2002	2011
《太阳先驱报》	584	546	488
《每日电讯报》	459	398	350
《悉尼先驱晨报》	269	249	224
《西澳大利亚人》	263	233	216
《信使邮件》	258	238	212
《年龄》	240	212	210
《广告商》	220	216	185
《澳大利亚》	150	157	157
《澳大利亚金融评论》	75	89	75

资料来源：发行量审计局。

对于报纸的商业生存来说，同样重要的是，广告正在迁移到其他媒介。根据世界报纸协会（The Local 2008）的统计，澳大利亚报纸65%的收入来自广告，但在全国广告中所占的份额有所下降。2001的份额为43.4%，但2010年降到了31.1%（Finkelstein 2012，第76页）。

报纸在塑造大众品位方面的作用也在下降。调查结果始终显示，更多的人表示他们依靠广播而并非报纸来获取新闻，他们认为电视可信度更高（ABC是目前可信度最高的电视），电视也是他们最不愿失去的媒体。此外，调查也始终表明了记者普遍持怀疑态度。Roy Morgan 2006年的一项调查发现，四分之三的公众更愿意相信"媒体机构对赚钱更感兴趣，而不是专注于向社会通报"的观点；63%的人不信任报纸记者（Roy Morgan Research，2006）。然而，各类报纸中也存在很大差异。在读者中排名最高的报纸是《时代报》，79%的读者对报纸有很高或有一定程度的信任度，而对于信任度排名最低的《每日电讯报》，只有52%的读者这样认为（Finkelstein 2012，第380页）。

很难明确地指出导致报纸越来越边缘化的生活方式及公众品位的变化，也难确定即使在物质财富增加的情况下，使我们的新闻社会越来越落后的因素。一个非常相关的变化是公共交通使用率的下降。当人们开车旅行时，他们听收音机或CD而不是看报纸。

然而，任何解释的核心肯定是广播和互联网取代了报纸的很多传统功能。直到20世纪50年代，报纸才推出特别版，向公众通报一些最新的重大新闻事件。如今，由于广播和电视的优势，以及互联网的即时性，加之随之而来的即时广播新闻的能力，在重大新闻事件的披露方面纸媒通常会落后很多。近几十年来，随着计算机化程度的提高，报纸生产在效率和质量上已经有了很多改进。色彩的广泛引入是最明显的变化。然而，其发行速度根本没有提高，这种消息时效的缓慢是纸媒在与其他媒体竞争中的致命弱点。

尽管存在这些缺点，可以说报纸已经相对在有利可图且发挥专业效用的前提下，适应了广播带来的挑战；然而，21世纪互联网又为其带来了更大的挑战，这有可能大大削弱报纸的财务生存能力。

所有权和控制权

在澳大利亚，变革的产物又会过来推动这些变革，因此澳大利亚成为发达国家中新闻所有权最集中的国家（Tiffen和Gittins 2009，第180页），在国际媒体集中度研究项目的数据涵盖的26个国家中，澳大利亚的集中度化程度迄今为止最高（Finkelstein 2012，第60页）。两家相关企业占了每日都市报纸发行量的90%以上。现在只有11份都市日报，其中6份归新闻有限公司所有，4份归费尔法克斯和《西澳大利亚报》所有。其中有两家可在全国范围内发行的报纸，但在大城市市场的发行量中只占很小的比例。除了墨尔本和悉尼，其他城市都有本地的垄断企业。

相比之下，1903年澳大利亚拥有21家都市日报，分属17个独立所有者。1923年，报社及其所有者数量达到顶峰，当时有26家首都日报和21家独立报纸。从那时起总体趋势呈现所有权的收缩和所有者的集中。与大多数其他发达国家相比，大萧条在澳大利亚开始得更早（Tiffen and Gittins 2009，第44页），它带来了许多报纸的消亡。与此同时，所有权从单一的所有权权利转变为在全国范围的所有权权利。在两次世界大战之间，最具侵略性的是由Keith Murdoch领导的《先驱》和《每周时报》的所属公司。第二次世界大战以后，所有权集中的趋势继续存在。到1950年，都市日报的数量已经减少到15家，尽管仍然有10家不同的所有者。Keith Murdoch发行的《先驱报》和《周刊时报》占了38%，而第二大集团Fairfax company占了10%，其余由另外几家公司瓜分（Goot 1979，第214页）。

1972年，当鲁珀特·默多克从Frank Packer手中买下《每日电讯报》时，独立所有者的数量已减少到三个（尽管报社数量多达18个）。从广义上讲，《先驱》报纸和《泰晤士报》周刊占大都会每日发行量的一半以上。

该公司在悉尼没有股份，但在其他州的首府都是最大的出版商。反过来，费尔法克斯（Fairfax）报业——包括澳大利亚大部分优质媒体，以及拥有四份报纸(《阿德莱德新闻》《每日镜报》《每日电讯报》和《澳大利亚人报》)的后来者鲁珀特·默多克,几乎平分了其余部分,各占不到四分之一。

在接下来的 15 年里市场基本保持稳定,直到联邦工党政府在 1986 年至 1987 年间对电视所有权政策的改变引起了媒体所有权的巨大动荡。经过长期的内部分裂和犹豫不决后,霍克政府出台了一些规定,允许电视所有权扩大到覆盖 60% 人口的电视台,但同时禁止在任何特定市场拥有跨媒体所有权(Chadwick,1989;Bowman,1988;Tiffen 1994b),这被许多媒体行业从业者视为拥有一家电视台的最后机遇,并引发了疯狂的产权买卖狂潮。

由于所有权的动荡,19 份都市日报中有 12 家在不到一年的时间里换了东家,其中三家换了两次,还有一家直接倒闭。在接下来的几年里,债务和其他金融因素的影响持续撼动着整个行业。1988 年 3 月至 1992 年 4 月,所有全国晚报近乎消失,尽管在墨尔本和悉尼,(最初)被"24 小时报纸"取代。午报的发行量长期呈下降趋势,更重要的是,它们对广告商的吸引力正在减力。

因此,澳大利亚大都会日报的旗下报纸从 1987 年的 19 个减少到五年后的 11 个。总发行量达 122 万份的报纸已经停刊。财政部长 Paul Keating 是引发这场狂热事件的政策制定者,他认为事件最终结果"与我们过去情况相比还是非常不错的"(Bowman 和 Grattan,1989,第 154 页)。相较之下,据澳大利亚记者协会(AJA)计算,1991 年之前的三年中,有 1200 个新闻工作岗位消失了(AJA,1991)。

不仅报纸的数量大幅减少,而且幸存报业所有权的集中程度也在急剧上升。迄今为止,最大的新闻集团是默多克的新闻有限公司,其目前报纸发行量约占澳大利亚都市日报发行量的三分之二。在经过报社停刊和所有权变更的大洗牌之后,Fairfax(费尔法克斯)集团(由于家族分裂和私有化导致债务缠身)开始崭露头角,其新份额几乎始终保持在四分之一左右。此外,还有两个"独立"的新闻报纸:《西澳大利亚》和《堪培拉时报》。

澳大利亚出版社的结构

尽管我们的目光集中在所有权格局所发生的变化:媒体大亨的阴谋和商业权力集中的政治影响,但同样重要的是,我们还应了解这些变化是如何在地理和历史的双重作用下发生的。每个城市报纸的合并——尤其是直接竞争关系报纸数量的缩水——以及各州之间所有权的扩大,都是建立在澳大利亚原有的以城市为基础的报纸结构之上。在相当程度上,人口规模决定了报纸的命运。最重要的报纸在首府城市发行,并在不同程度上渗透到他们的省级和农村腹地。这种模式没有全国范围内广泛传播,但无论如何,读者兴趣和广告市场大多是本地的。

澳大利亚的报业发展结构与美国、加拿大、新西兰和南非相似。它与发生在一个具有主导城市的国家媒体模式形成鲜明对比,即该城市人口让所有其他城市相形见绌,也是金融、政治和文化中心。例如,在英国、法国和日本,虽然有实力雄厚的地区性报纸,但主要报纸门类是那些来自国家首都的报纸。在伦敦,有11家相互竞争的早报,它们都在努力扩大市场份额,都在争先恐后地抢占新闻市场,争得"轰动"效应，还存在相互揭短的现象。无论这些报业公司的是否勤奋、能力如何，他们之间形成的合力都会产生更大的披露真相的影响力。

这也意味着，每个独立的报纸都是一个更大且更复杂的组织机构，拥有更多的潜在读者群。在20世纪80年代的大部分时间里，鲁珀特·默多克旗下的《太阳报》的发行量超过400万，而其主要竞争对手《每日镜报》的发行量则为300万（Seymour-Ure 1991，第29页）。这两份报纸发行量如今都大幅减少，但仍然比澳大利亚任何一家报纸都要多。

就新闻质量而言，相对竞争程度有利有弊。英国报纸的极端情况多于澳大利亚报纸。例如，他们中的大多数都有坚定的党派立场。《每日邮报》会在其社论专栏中对工党进行猛烈攻击，给予保守党专栏作家压倒性的不平衡优势，相对于反对保守党的新闻，他们会拼命挖掘反对工党的新闻，还会寻找最反工党的头条新闻，进行有倾向性的报道，有时甚至到了严重扭曲事实的地步（Toynbee，2005）。

同样，英国的新闻报道风格要广泛得多。《卫报》（The Guardian）和《太阳报》（The Sun）之间的新闻报道风格差异，就像蒙蒂·蟒蛇（Monty Python）和本尼·希尔（Benny Hill）之间的喜剧差异一般巨大。且这这种差异还会越来越大，大多数分析师认为，20世纪70年代是一个关键时期，鲁珀特·默多克（Rupert Murdoch）接手《太阳报》后，他创造了一个具有吸引力的低端市场的《镜报》替代品。最著名的是"对性的不间断使用"，包括三版女郎的介绍（Greenslade 2003，第250页）。它还大篇幅刊登体育、电视和犯罪新闻；进行厚颜无耻、耸人听闻、立场武断的故事介绍；以及一系列能够促进发行量的促销宣传，例如宾果游戏："一直以来，默多克在促销宣传上有多铺张，他在编辑预算上就有多抠门。"（Shawcross 1992，第 154 页）在 1979 年大选前夕，《太阳报》从支持工党的传统立场转变为积极支持保守党的社论立场，并在 Blair1997 年获胜之前一直保持这种社论立场。例如，1992 年的选举日，它的整个头版新闻是："如果金诺克今天获胜了，请最后一位离开英国的人把灯关上"（Shawcross 1992，第 542 页）；之后，它吹嘘自己在工党的败选中发挥的作用——"这是《太阳报》的最终胜利"（Greenslade 2003，第 606 页）。

与英国报纸相比，澳大利亚报纸在新闻和政治上更倾向于中间派。澳大利亚的小报内容不会那么哗众取宠，而英国最"优质"报纸的写作水平和报道深度，是澳大利亚最好的报纸所无法比拟的。然而，二者的市场份额截然不同。《悉尼先驱晨报》和墨尔本的《时代报》在各自城市的发行量均占 40% 左右，而英国五家高端日报的总发行量合计占比只有 20%（Tunstall 1996，第 10 页）。

大多数澳大利亚报纸面临的危险与其说是竞争过度，不如说是垄断带来的自满和傲慢。如果城市只有一种报纸，该种报纸内容的市场逻辑就是为了吸引所有人。如果布里斯班的《信使邮报》像英国《太阳报》一样具有党派色彩，它并不会因此而具有商业意义，因为这可能会疏远一半的潜在读者。另一方面，它的垄断地位也在一定程度上与市场逻辑也不甚相符。对于不满的读者来说，唯一的选择就是完全停止阅读当地的印刷报纸。尽管在缺乏一系列产出的情况下，积极的党派偏见不利于加强民主，但垄断性报纸的更大的危险在于他们在挖掘信息时不那么警惕，而这种新闻被动性带来的危险，就其本质而言，是因为公众被蒙蔽的程度相比党派偏见更为隐蔽。

因此，英国和澳大利亚新闻机构的不同，会反映在新闻报纸中的较大差异上。虽然一个国家的人口和社会经济结构对其媒体形式至关重要，但绝对规模也很重要。美国和澳大利亚的新闻机构有些相似——一个权力下放的国家新闻媒体，几乎没有竞争对手——但一个不同之处是，美国报纸的数量增加造就了发达的新闻机构。在鼎盛时期，美国有2000多份日报，大多数报纸发行量都不大，绝大多数不到10万份，许多不到1万份。为了报道当地以外的世界，他们主要依靠一家新闻社。由于随后出现的强劲的国内市场，美国的两家新闻机构：美联社和合众国际社，也就是成为世界四大新闻社中的两家，它们主导着国际新闻潮流（另两家是路透社和法新社）。

在19世纪，随着电报的普及，新闻机构不断壮大。他们向各类受众传送新闻，并被认为对新闻风格的发展产生了巨大影响。为了实现对受众的最大价值，他们的重点是新闻报道的速度和全面性。为了确保报道能够易于使用和理解消化，他们的报告强调简洁，选用倒金字塔的呈现风格，用强有力的引导句概括最有新闻价值的观点，以立即吸引注意力。为了防止客户发布不准确的报道，他们强调"强有力的"消息来源，即所有重要的消息来源都是具名的，最好是官方认证的，比如政府官员和政治领导人。这些惯例与"客观"报道理念联系在一起（Schudson，1978）。

新闻机构在澳大利亚从未繁荣过。主要报纸更倾向于依赖各自城市的合作新闻分享联盟。在国际新闻方面，他们联合组成了澳大利亚联合通讯社（AAP），并与英国通讯社路透社（Reuters）结盟。因为AAP归主要报纸所有，所以他们利用其会员资格和进入新闻服务的机会来限制竞争。例如，早在1905，悉尼《每日电讯报》公司的总裁就向股东们做出保证，避免了"过度竞争"，反对建立竞争报纸的

"实质性安全"已经实现,因为这些报纸控制通过 AAP 获取国际新闻,对于一家新公司来说,自己推出服务将是一笔巨大的开支(Mayer 1964,第 28 页)。

市场总规模的差异使新闻机构得以在美国新闻业中崛起,成为独立的力量,而数十年来,AAP 一直是一个自身实力较弱的组织,是其自身适应环境的产物。市场规模的差异对支持小众出版物的能力也很重要。像《纽约书评》这样的美国小众出版物可以有大约 10 万的发行量;再加上其专业的广告吸引力,这就足以确立其生存能力。然而,按相对人口比例来比较,在澳大利亚类似的发行量只能达到 7000 左右,不足以维持一个专业组织或达到商业可行性的门槛。

报纸业务

到目前为止,我们已经考察了媒体生存能力的发行方面。同样重要的一个方面还有广告收入同样。1957 年,墨尔本的第三大晨报《阿格斯》关闭,其发行量比《时代》多了 17 万—4 万(Mayer 1964,第 30 页;Goot 1979,第 215 页),但后者有着更牢固的广告基础,尤其是它在分类广告方面占据主导地位。比较受欢迎的报纸倾向于依赖图片广告,而高质量报纸则倾向于依赖分类广告。后者意味着每个广告商不太可能对报纸施加太大影响。相反,在 20 世纪 60 年代,《墨尔本先驱报》是印在 Myer 广告的背面——至少在这种情况下,该报对主要广告商比对读者更加忠诚。Bob Hawke 担任澳大利亚工会理事会(ACTU)主席期间取得的重要胜利之一就是打破了"转售价格维护"(D'Alpuget,1982),这一机制曾使迈尔(Myer)等大型零售商得以扩大利润。Hawke 的运动给消费者带来了巨大的好处，但从未得到《先驱报》的支持。

广告是鼓励报纸中的另一种力量。有时出版物具有市场定位，在这种定位下，广告市场很好地满足了读者的兴趣，但面向一般市场打广告的趋势是市场领先者优先，因此在读者群中落后的报纸通常会遭受不成比例的广告收入损失。

对普通广告商缺乏吸引力，是澳大利亚不太可能发行新日报的众多原因之一。（专业和普通在线读者，如《布里斯班时报》《商业观察家》《哎呀》《重磅》《在线观点》和《新玛蒂尔达》等，要么很难吸引广告，要么甚至没有试图这样做。）在目前的报刊中，《澳大利亚人》是最年轻的报纸（1964 年开始发行）。《堪培拉时报》和《澳大利亚金融评论》均在 20 世纪 60 年代初从周报发展成为日报。除了这些相对较新的报纸——其中两家是在出现了可在全国范围内发行报纸的技术后诞生的，另一家为数不多的幸存都市报之一就是最年轻的《墨尔本太阳报》，它是 1922 年在澳大利亚开办的第一份小报（Mayer 1964，第 30 页）。其他的都成立于 19 世纪。自第二次世界大战以来，也有一些新日报尝试创办（例如，墨尔本的《新闻日报》、布里斯班的《太阳报》和《商业日报》），但都没有幸存下来。

报纸的性质决定其需要大量的启动成本，而消费者的对新报的接纳却往往非常缓慢。这也意味着广告市场仍然向现有广告公司倾斜。新的竞争对手除了需要拥有其不太可能具备的初始资本外，还将面临与在规模经济、消费者习惯、营销能力和定价策略方面充分享受优势的在位者的不平等竞争。

但任何新（印刷）报纸不太可能大规模涌现的最有力商业论据是，

它是一种公众逐渐不再消费的产品。除了我们已经看到的澳大利亚报纸关闭的所有情况之外,即使在幸存的报纸中,与人口相关的趋势也呈下降态势。因此,任何公司都不太可能发行任何新报纸。近期来看也不可能受到政府的支持。首先,新报纸会遭到其他报纸创办人的严厉谴责,其次,从自身的政治利益出发,任何政府都不会让自己面临更多批判性的审视。

而且目前也没有任何政策依据支持他们这样做。——正如我们在第五章中所看到的国家介入广播行业的相关举措,出现了新闻媒体截然不同的传统。在广播行业,国家的参与一直被认为是必要的。在包括澳大利亚在内的大多数国家,都设有公共服务广播公司,许多广播最初由国家垄断。即使是在公共广播服务有限的美国,也始终存在广泛的监管。例如,对电视进行监管不仅是为了确保电视波段的使用安全,也包括对电视内容的监管。相反,大多数西方国家都有着媒体独立于政府的传统。普遍认为,报纸出版许可制度是对新闻自由的侵犯。

国家参与广播事业的核心理由包括:广播频谱是一种公共资源、广播的文化力量(或者说政治力量)强大以及广播频道的稀缺等。争论在于,由于广播公司享有特权利用稀缺的公共资源——特权——那么,某些义务也就随之而来。同样的,因为广播中没有市场力量正常运作的前景,所以会有国家的参与和支持。

具有讽刺意味的是,在任何特定市场,现在电视频道已经远远多于报纸,通常会有十二个免费频道,由五个不同的组织控制,但只有一份本地日报。对于资源稀缺的争论现在更应该针对的是报业,而并非电视。

媒体的寡头垄断结构对其所有者而言并非商业问题,事实恰恰相反。然而对媒体经营者的商业财富有利的，未必对媒体的民主作用有利。除了集中的媒体所有权对民主构成的威胁之外，一种更微妙的、但具有潜在破坏性的报刊新闻中的政治经济学变化，这是由明显的寡头垄断趋势所推动的。内部运营更加强调利润最大化。这种态度的改变是无法量化的，当然也不可能通过任何立法做出任何纠正的尝试。而且记者总是抱怨"精打细算的人"已经控制了一切。然而，现在组织结构已经发生了变化，纳入了广告和编辑的考量，特别是在特别补充和部分的内容，因此在高质量报纸中编辑和商业因素的东西已经消失了。市场调查的作用比以往更强了，至少有传闻证据表明，市场调查构成了编辑决策的一个重要部分。这意味着报纸不太可能投资于像外国记者这样的无利可图的领域，也不太愿意通过投资和出版调查性新闻来危及利润流。最普遍的是，对新闻工作生产力的强调意味着挖掘新闻表象下的内容的时间更少了。Kohler（2008）评论说，澳大利亚媒体未能"以新闻操纵者投资操纵手段的速度投资新闻业"。

报刊、互联网与民主

乐观观点认为，随着印刷报纸的减少，报纸的角色将伴随其失去市场和收入来源而简单地迁移到互联网上——报纸的减少，甚至消失，是生产和交付方式的改变，而不是报纸新闻基本功能的改变。Alan Kohler（2008）的说法非常简明有力："担心报纸的消亡有点像担心黑胶唱片的消亡……报纸只是新闻业传播的工具，而为新闻业支付费用所需的广告，并不是新闻本身。"这也是鲁珀特·默多克提出的观点，他说"互联网不会摧毁报纸"，但随后又说，"太多的报纸高管认为这只关乎于印刷……我们真正的业务并非已经灭亡。它赋予我们的读者伟大的新闻报道和伟大的判断力"（Luft，2008）。默多克的想法得到了新闻有限公司编辑总监 Campbell Reid 的回应，他在一个关于新闻未来的会议上表示，他迫不及待地想看到印刷行业的暴政统治走向结束。那天，"末日的重压从我们肩上滑落，我们将转而去竞争观众想要的任何平台"（Este，2008）。这些报道的共同主题之一是机遇：互联网解决了许多生产和传播的间接成本，并在许多方面承诺给新闻消费者带来更大的即时性和灵活性。

然而，将从印刷到互联网的转变简单地等同于生产效率和消费者方便程度的提高，类似于从黑胶唱片到 CD 或从 VHS 到 DVD 的转变，这从根本上就是误导。这一说法虽未阐明但并非不言而喻，它认为产品是相同的，只是以更好的方式实现交付。

没有证据表明，报业损失意味着会有等额的收入流向互联网。一项美国研究得出结论，虽然印刷报纸的广告收入从 2007 年的 420 亿美元暴跌至 2015 年的 190 亿美元，但互联网报纸的广告收入将从 32 亿美元上涨至 69 亿美元（Simons，2008）——相比于印刷报业损失的 220 亿美元，互联网报业的收益仅为 40 亿美元。在许多方面，互联网的理念是编辑内容的免费获取。虽然存在专门的消费者订阅类型的优质服务，休闲和临时消费仅限于可自由查看的网站。这表明，与目前的纸质报纸相比，所有的互联网报纸都要精干得多。

每一种媒体在推动各种混杂的消息成为公共新闻的过程中都扮演着独特的角色，电视和广播（以及网络博客）也会从媒体提供的信息中汲取营养。尽管存在主动获取和反应之间的相互影响，孤立单一的消息来源也会经常产生误导，但大多数情况下，报纸在制定其他媒体关注的议程上扮演着举足轻重的角色。在新闻组合中，报纸承担着繁重的任务："报纸是新闻周期的鲜活核心"。报纸拥有最大的新闻室和最专业的记者（O'Donnell，McKnight and Este 2012，第4页）。

互联网的发展狂潮，引领了一个多元化时代的来临，但这主要涉及观点的表达和分析。绝大多数情况下，互联网的信息内容是由官方和商业来源提供的，从新闻意义上说，它是现有主要新闻媒体的辅助活动。一些新闻网站已经成为新闻消费的主力军——《纽约时报》网站（《经济学人》2008年版）在奥巴马首次当选当天获得了6160万独立页面浏览量，但其内容仍绝大部分从报纸印刷版转移过来。互联网报纸的另一方面是，由于其获取渠道的普遍性，消费与主导品牌不成比例。现在，世界各地的人们都可以访问《纽约时报》和《卫报》。中等大小、中等质量的网页版报纸似乎不那么受欢迎。

结　论

《曼彻斯特卫报》（The Manchester Guardian）的编辑兼出版商C.P.Scott）曾宣称，言论是自由的，但事实是神圣的。在网络时代，这一理论有所变化，观点可能是免费（且丰富）的，但事实内容的制作成本很高。《赫芬顿邮报》是美国最成功的互联网报纸之一，但与《纽约时报》相比，《纽约时报》的新闻编辑室有1200名员工，《赫芬顿邮报》仅有这一数字的五十分之一。虽然有许多优秀的博客就伊拉克战争发表评论，但只有《纽约时报》以每年300万美元的成本维持着巴格达分社的运营（Alterman，2008）。

最好的情况是，报纸让政府承担公开责任。尽管所有媒体在政治报道中都扮演着不同的角色，但在众多媒体机构中，报纸仍然是最大的新闻挖掘者。博主不能代替记者的身份。质量控制问题是至关重要的，而可能比传播观点更基本的是报纸在信息披露方面的作用。最好的情况是，报纸提供了对权威信息的系统性、批判性的审查；报纸的报道及时、可信地传播到与政治相关的广大受众。显然，这些媒体并不总是表现最好，但没有其他媒体机构有能力发挥其至关重要的作用。

进一步解读

Conley（2002）在《每日奇迹》（第二版）中对澳大利亚广播和报纸日常新闻制作进行了很好的描述。Bennett（2005）的《美国教科书新闻：幻象政治》（第6版）对核心问题进行了简洁的分析。Bob Franklin（2008）主编的《拆解报纸：分析印刷新闻》中有许多有趣的文献；而Michael Schudson（2008）主编的《为什么民主需要一个不可爱的媒体》，则是一个对核心问题的通俗易懂且雄辩的介绍。Penny O'Donnell、David McKnight和Jonathan Este（2012）的《新闻的字节速度》和Margaret simons（2012）的《处在十字路口的新闻》是澳大利亚最近出版的两本关于新闻和报纸所面临危机的出版物。

第七章
电信业

乔克·吉文（JOCK GIVEN）

电信业在澳大利亚的重要性始终不减。服务的可获得性、质量和价格往往是热门的政治议题。大型通信项目诸如1872年的陆路电报线、20世纪20年代和30年代的海外无线电报和电话服务、60年代的同轴电话电缆以及90年代和2000年的光纤链接等大型通信项目都被誉为伟大的国家成就，这些使电信业跨越了整个大陆、不同地区与世界之间的遥远距离。

20世纪末和21世纪初兴起的"信息时代"使传播更加接近经济政策的中心。尽管"信息、媒体和电信业"在澳大利亚经济增加值中所占的份额（2011/2012年度为2.8%）远低于采矿业（9.7%）、金融和保险服务（9.5%）或制造业（7.3%），但近几十年中也在迅速增长。自1975年以来，制造业在国民经济中的份额减少了一半；信息、媒体和电信业的份额增加了2.5倍以上［澳大利亚统计局（ABS）2012b］。

通信业的发展已经成为国际趋势，而且在发展中国家更加引人注目。移动电话第一次为许多人带来了双向电子通信的便利，而固定电话网络几乎从未触及这些人；发展中国家电信公司的固定电话业务和基础设施的占比的下降并不像发达国家同行业那样严重。1993年，全世界85%的移动电话用户主要集中于在经济合作与发展组织（OECD）

所定义的富裕和发达的国家。直到 2005 年，这些国家的移动用户仅占全球用户的 43%。2012 年 3 月，亚洲前五位的移动运营商均拥有超过 1.5 亿用户（Evans，2012）。

除了规模较大之外，通信行业也是其他行业的重要组成部分。新服务和应用程序可以通过改善现有的产品和价格信息，以使其更及时、更容易地被发现来提高生产力。供应链会更加高效。银行、旅游、政府和其他服务部门可以以更低的成本运营和提供服务，或额外功能。工作可以重新安排，使员工和承包商可以在家或在路上就可以开展工作。在整个经济运行中，推动生产力增长的一些创新来自由高质量通信服务连接起来的分散用户，并非集中机构。

从国家垄断到私有制竞争

1901 年，新澳大利亚议会所做的第一件事就是通过立法，创建并资助一家国有邮政和电信垄断企业。行使宪法赋予的权利，就"邮政、电报、电话及其他类似服务"进行立法［第 51（v）条］，六个殖民地的邮政和电报管理机构合并为一个单一的公营企业，其形式和功能几乎没有改变，直到 1975 年邮政和电信被拆分为澳大利亚邮政和澳大利亚电信。

国际电信业在组织方面的处理方式有所不同。既有私营企业和公营企业，也有竞争和垄断时期。结成联邦后不久，澳大利亚、新西兰、加拿大和英国政府成立了一个新企业来建造和运营太平洋电报电缆。太平洋电缆通过加拿大的陆上通信线和跨大西洋海底电缆将澳大利亚和新西兰与英国和欧洲连接起来，向北经印度、新加坡和爪哇到达澳大利亚，向西到达印度洋的私营电缆形成了国家之间的竞争。政府支持的进一步竞争始于 1927 年，当时总部位于悉尼的一家联合无线公司（澳大利亚）（AWA）和英国邮局开设了与英国的直接无线电报服务。1922 年，联邦政府获得了 AWA 一半的股份，对其进行了资本重组，以支持高风险的新基础设施。连接澳大利亚和加拿大的第二条无线电服务于 1928 年开通。

无线网络迅速从有线电视公司手中夺取市场份额，迫使英国政府出手为有线电视公司和马可尼无线电视公司在英国的合并提供支持，以确保国防通信的安全。新成立的有线和无线公司还接管了国有的太平洋电缆公司（Pacific Cable）。直到二战后，澳大利亚才合并了其国际有线和无线服务，当时英联邦政府再次合作，将英国国际通信重组为一个由伦敦中央当局协调的全国性国有公司网络。大东电报局（Cable and Wireless）在英国被国有化；而在澳大利亚，新成立的公共海外电信委员会（OTC）收购了 AWA 的国际无线服务以及大东电报局的本地业务。20 世纪 60 年代，在这些英联邦安排下，铺设了横跨太平洋和穿越东南亚的海底电话电缆。OTC 成为澳大利亚全球卫星系统 INTELSAT 的参与者，该系统于 1965 年发射了第一艘航天器（Harcourt，1987）。

20 世纪 80 年代，撒切尔政府将英国的有线、无线和英国电信私有化，以及法院批准美国电报和电话公司在美国的分拆，是全球自由化和私有化进程的第一步。起初在澳大利亚，20 世纪 80 年代初的自由党政府、国家政府和工党政府都拒绝对澳大利亚的竞争。但不到十年后，澳大利亚卫星系统（AUSSAT，20 世纪 80 年代中期发射的国有国内卫星系统）岌岌可危的财务状况迫使工党采取行动。在基础设施和服务领域引入了竞争。20世纪90年代初,一家新的固定电话运营商(Optus,AUSSAT私有化后的新名称)和两家新的移动运营商Optus和沃达丰(Vodafone)开始运营,并自1997年起转向公开竞争。澳大利亚电信集团(Telecom Australia)于1992年与OTC公司合并,寻求成为一家"世界级的电信公司,具有在竞争激烈的全球环境下在关键行业中激烈竞争的能力和精神"(Beazley,1991)。1995年,这个新的"电信巨头"更名为澳洲电信(Telstra),自1997年起,该公司在十年内实现了私有化。

公共和私人合作伙伴

即使在国有电信运营长足发展的时代,私营制造商在供应和安装供应商使用的电缆、交换机和其他设备以及客户使用的电话、电传和传真机方面也发挥了重要作用。随着竞争对手被允许建立自己的网络并与现有网络互连,同时伴随客户将越来越多的移动电话、台式机和笔记本电脑等设备连接到这些网络,这一角色得到了进一步扩展。网络被用来传播更多种类的内容——静止图像、动态图像、摩尔斯电码和语音——以及处理日益复杂的数据应用,使得电信与媒体和信息技术产业接轨。这种融合,促使在2005年建立单一的监管机构,即澳大利亚通信和媒体管理局(ACMA),合并了1949年以来以各种形式存在的广播监管机构及1989年作为开放市场竞争的第一步创建的电信监管机构。

将竞争引入电信行业需要一种新的监管形式。垄断时代要求对当权者的专有权边界进行监管,而竞争时代则要求保持警惕,以确保所有参与者特别是强势的当权者，不会做出反竞争行为。尤其重要的是，进入者可以借助这一"准入制度"以公平的价格进入网络，而这个由他们自己建立的网络并不实用。实际上，这造成了一个争议很大的空间，服务提供商和其领域内的经济学家争论不休，要确定网络的哪些部分应该受到访问机制的限制，以及提供访问的真正成本。1997年，澳大利亚为全面竞争开放市场，将监管电信竞争的任务交给了一般竞争监管机构——澳大利亚竞争和消费者委员会（ACCC），而并非交给专门的电信业监管机构。

服务提供商

澳大利亚的电信服务由三家主要公司和众多小型或"二线"公司提供。主要的三家公司仍旧排名前三：澳洲电信（Telstra）、澳都斯（Optus）和沃达丰（Vodafone）。年轻的公司越来越小，尽管随着产业的巩固，一些公司已经有了很大的进步，尤其是在2011年和2012年。最大的二线公司iiNet在2011年收购了Internode和Transact、2010年收购了Netspace、2008年收购了Westnet、2005年收购了Ozemail、2004年收购了Froggy、2003年收购了iHug和许多其他小型的运营商。第二大电信运营商TPG于2009年购买了Pipe Networks；M2于2012年购买了Primus以及在2009年购买了People Telecom（CIMB 2012；ACMA 2012，第27—29页）。

合并不仅发生在二线企业。2012，澳洲电信宣布收购Adam Internet（竞争监管机构，ACCC，仍在2013年2月调查该交易提议）；其50%的付费电视业务Foxtel收购了Austar；Optus收购了Vivid

Wireless。尽管总体趋势是合并,但跨塔斯曼对电信利益集中化的所有权已经有所缓和。2012 年澳洲电信(Telstra)将其在新西兰的子公司(TelstraClear)出售给新西兰沃达丰(Vodafone NZ),2010 年新西兰电信(Telecom New Zealand)将 AAPT 的消费者部门出售给了 iiNet。AAPT 是澳大利亚早期竞争时代的先驱之一。

澳洲电信

澳大利亚最大的电信公司也是澳大利亚最大的公司之一。2013 年 3 月初,澳洲电信(Telstra)的市值为 560 亿澳元(即该公司公开上市股票的总价值),按此标准计算,其市值为全球第七大市值——约为 BHP Billiton 和联邦银行(the Commonwealth Bank)市值的一半,但高于 Wesfarmers 和 Woolworths(2013 年全球企业 150 强)。总资产、年收入或利润等不同指标给出的排名也不一样,而股价的变化也会改变按市值计算的排名,有时降幅会很大。2011—2012 年,该公司收入 252 亿美元,约为澳大利亚主要媒体广告市场总规模的两倍,是电视广告市场规模的六倍多(ACMA 2012,第 54 页,引用 CESA 数据)Telstra 目前在澳大利亚电信市场中占据了最大的份额,尽管其在不同细分市场的份额存在差异。该公司在 2011 年至 2012 年间的收入为 252 亿美元,近乎占了行业总收入的 60%;预计占该行业资本支出的 64%;其 34 亿美元的税后利润预计占该行业利润的 72%(Martin,2013)。

在自由化和私有化时代,多元化发展成为澳洲电信转型的重要组成部分。在澳大利亚,它独立发展,同时建立合作伙伴关系,从传统电信扩展到了媒体服务领域。它与新闻集团 50/50 合作，共同拥有付费电视公司 Foxtel，股东通过分红从中获利。此外，该公司还通过建设于 20 世纪 90 年代中期的混合光纤-共轴（HFC）网络向电缆客户提供服务，并通过付费电视与其他折扣服务捆绑销售。澳洲电信还经营在线视频服务"BigPond MOG"，以及订阅流媒体服务"MOG"，并获得了足球直播等内容的版权，提供给移动用户。根据白页和黄页目录建立的森斯目录和广告业务一直举步维艰，自 2009 年以来每年收入都在下降。

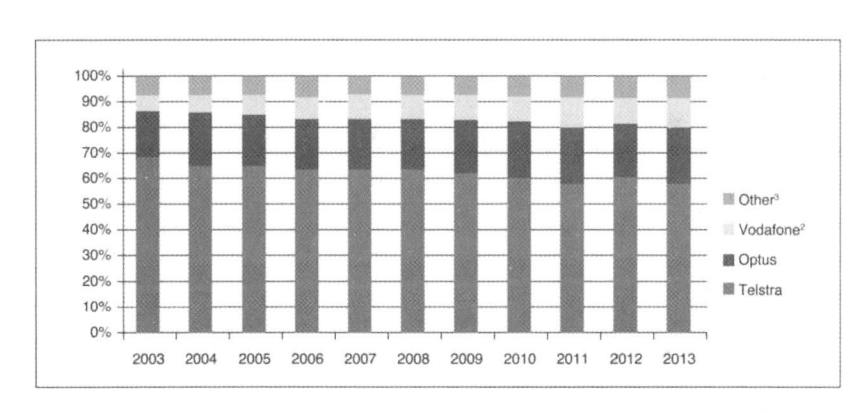

图 7.1　截至 2003 年澳大利亚电信市场份额

1. 一般而言，截至 6 月 30 日的财政年度，但不同供应商的情况有所不同。
2. 沃达丰和记电讯 /3 在 2009 年前合并。
3. Budde.com 预估。

资料来源：*Budde 和 McNamara*（2012 年，第 27—28 页）

专栏 7.1：澳洲电信的份额

澳洲电信公司的私有化是导致 1996 年大选中各党派分裂的主要问题之一。即将上任的 Howard Liberal/ 全国联合政府并未控制参议院，但获得了足够多的独立参议员的支持——包括两名前工党成员——从而勉强通过了出售澳洲电信三分之一股份的立法。在首次公开募股中，公众股东在1997年和1998年分两期支付，每股总共3.30美元。1999年，该公司又有六分之一的股份被出售。CIMB证券高级电信股票分析师Ian Martin表示，在电信业和"网络"的繁荣时期（Fransman，2002；Askew，2011），股价飙升，当时"所有人都认为电信股是成长型股票"（Martin，2013）。

21世纪初，政府在进一步私有化方面面临着相当大的阻力，这种阻力甚至来自其内部——特别是国家成员，他们担心完全私有化的澳大利亚电信（Telstra）会减少对边远地区的服务，降低服务质量的同时提高价格。最终，该公司的大部分剩余股份在2006年11月上市。剩余的英联邦股权在2007年初（即霍华德政府下台的那一年）转移到未来基金，并逐步出售。

Martin表示，澳洲电信"一直是一支防御性股票，直到它被赶出2008年NBN Mark I（见下文）的竞标程序"，当时正值全球金融危机高峰时期——Lehman Brothers于2008年9月倒闭。在接下来的两年里，由于政府推出了NBN Mark II，以及澳洲电信在其中的角色仍非常不确定，股价遭受重创。2010年6月，澳大利亚国家广播公司（NBN Co）和澳大利亚政府达成协议，澳洲电信将因使用其部分基础设施、向澳大利亚国家广播公司（NBN）转移固话流量以及新的通用服务安排而获得大笔资金。一旦达成协议，澳洲电信的股价就会稳步上涨。后全球金融危机时代，较为保守的股市投资者追求的是稳定的收益率，而不是引人注目的资本增长。尽管澳大利亚电信（Telstra）的股价仍远低于1999年的峰值，但该公司强劲的常规股息再次让它受到青睐。

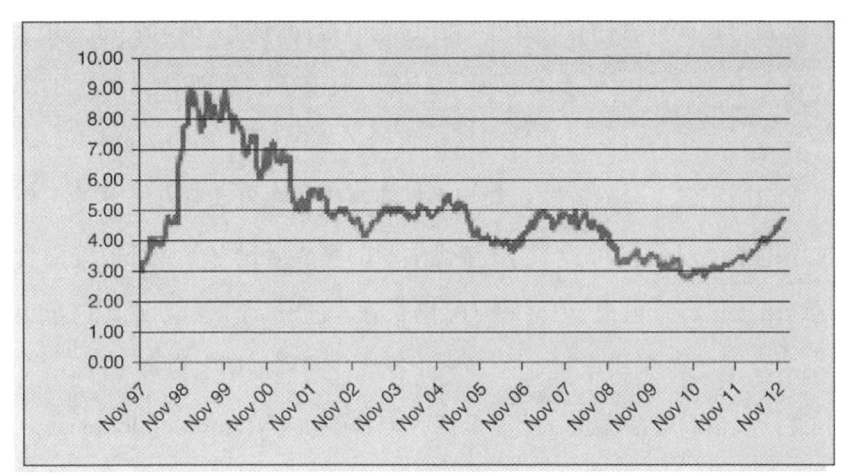

图 7.2　电信股价，1997 至 2013，每周 $ A

资料来源：Iress, CIMB Securities.

澳都斯

澳大利亚另外两家主要电信公司均为外资所有。虽然他们在澳大利亚市场的份额比澳大利亚电信小得多，但他们的国际业务要大得多。澳都斯（Optus）是第二大运营商，由 SingTel 集团所有（一家总部位于新加坡的国有企业）。它还全资拥有当地的主要电信公司 Singtel，并持有亚洲和非洲的六家移动运营商 20% 至 50% 的股份：AIS（泰国）、Globe（菲律宾）、PBTL（孟加拉国）、Telkomsel（印度尼西亚）、Warid（巴基斯坦）和 Bharti Airtel（印度、非洲和南亚）。2012 年 3 月，集团旗下子公司和联营公司拥有 4.45 亿移动客户。

上世纪 90 年代初，澳大利亚引入了竞争机制，澳都斯赢得了第二张固定电话和移动电话牌照。澳都斯最初是通过私有化国有卫星公司 AUSSAT 创建的，由英国和美国电信公司大东电报局、贝尔南方和澳大利亚投资者拥有。几年后，大东电报局收购了美国公司，并于1998年在澳大利亚证券交易所（ASX）上市了澳都斯（Optus）的部分股份。三年后，它将所持股份出售给了新加坡电信（Singtel），后者成功地完成了全面收购：对澳都斯有兴趣的投资者现在需要购买新加坡电信的股份。20世纪90年代中期，澳都斯建立了光纤电缆混合网络来提供有线电视、电话和互联网服务，并投资了澳都斯视野（Optus Vision）自己的付费电视业务，该业务被合并到福斯电视台（Foxtel）并逐渐衰落。它在澳大利亚完全拥有维珍移动（Virgin Mobile）品牌，现在仍然拥有并运营卫星，并且自公司成立以来已经发射了多艘航天器。

表 7.1 部分亚太地区电信公司（Asia-Pacific telcos）
2013 年 2 月 14 日市值

公司	所在国	《彭博新闻》	2013年2月14日的市值（十亿美元）
澳大利亚电信公司（Telstra Corporation）	澳大利亚	TLS AU	59.7
iiNet	澳大利亚	IINAU	0.8
TPG电信	澳大利亚	TPM AU	2.2
M2电信业	澳大利亚	MTU AU	0.7
电信公司（Telecom Corporation）	新西兰	TEL NZ	3.4
Chorus	新西兰	CNUNZ	1.0
新加坡电信（澳都斯的所有者）	新加坡	ST SP	46.3
高级信息服务（AIS）	泰国	ADVANC TB	20.1

（续表）

公司	所在国	《彭博新闻》	2013年2月14日的市值（十亿美元）
亚通集团（Axiata Group）	马来西亚	亚通MK	17.3
Telekomunikasi 印度尼西亚	印度尼西亚	TLKMIJ	20.1
Bharti Airtel	印度	BHARTI IN	23.0
中国移动通信有限公司	中国	941香港	221.5
中国电信	中国	728香港	42.7
中国联通	中国	762香港	35.5

资料来源：*CIMB 证券（2013）*。

沃达丰

沃达丰主要是一家移动电话供应商，在澳大利亚电信市场占有第三大份额。当时，沃达丰和记3G（Vodafone Hutchison Australia）成立了一家各占50%股权的合资公司，沃达丰20世纪90年代初获得第三次营业许可并独立运营至2009年。和记"3"品牌的客户已逐渐转向沃达丰以及沃达丰于2006年收购的Crazy John's。总部位于中国香港的和记黄埔集团（Hutchison Whampoa group）持有和记黄埔的多数股权。和记黄埔在中国香港的港口、房地产、酒店、零售、能源、基础设施电信业务方面享有权益。

沃达丰（Vodafone）比澳洲电信（Telstra）和新加坡电信（Singtel）年轻得多，但其更具全球性，创立于20世纪80年代的英国，起初它还是一家移动通信公司。它通过兼并、收购、合资和合作进行扩张，在 2011 年 12 月已经拥有超过 4 亿客户。在伦敦和纳斯达克证券交易所上市，沃达丰（Vodafone）最赚钱的子公司和多数股权公司位于德国、意大利、西班牙、英国、南非（Vodacom）、印度、荷兰和埃及。它还控制着美国两大移动运营商之一威瑞森无线公司（Verizon Wireless）45% 的股份，并与 40 多个国家的当地运营商签订了合作协议，当地运营商支付沃达丰购买其品牌的使用权（沃达丰集团 2012）。

尽管沃达丰和记澳洲（VHA）合资企业的野心在于建设成为澳大利亚市场中强大的第三力量，但自 2009 年起，网络拥塞引发的主要问题已导致了约 100 万客户的损失。此后，该公司为提高访问速度、可靠性和覆盖范围投入巨资（Bartholomeusz，2013）。在澳大利亚 VHA 合资企业中，沃达丰 50% 的股份贡献了该公司 2011 年全球收入的 3% 和收益（利润）的 1%。在新西兰，沃达丰的全资子公司是领先的移动运营商。2012 年，澳洲电信收购泰克通信公司（TelstraClear），进一步表明沃达丰有意加强其固网业务。

电信服务

澳大利亚人最常用的电信服务因用户的年龄差别而异。在 2012 年 5 月，18 至 24 岁的人群中，手机短信是最受欢迎的电信服务，其次是手机语音通话。只有 3% 的人表示主要用电子邮件，2% 的人表示最常使用家中的固定电话。在 65 岁及 65 岁以上的人群中，情况完全相反。短信最不流行，手机通话次之。近 60% 的人表示家庭电话是他们最喜欢的通信服务，19% 的人则表示是电子邮件。其他服务，如社交网络、即时通信和 VOIP 在 18—24 岁人群中最受欢迎，尽管在这个年龄段，更多的人表示短信和手机通话仍是他们最常用的通信服务（ACMA 2012，第 31 页）。

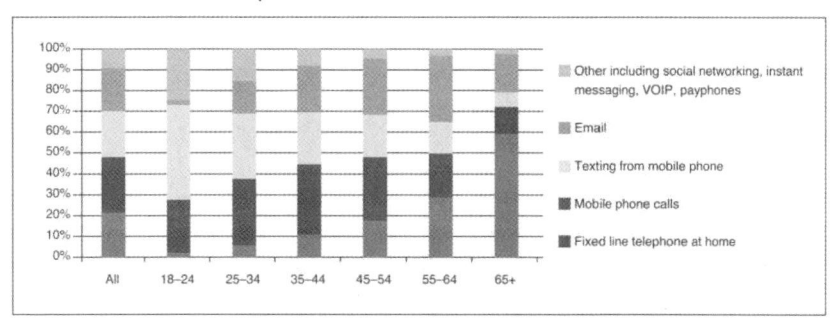

图 7.3　2012 年 5 月，澳大利亚最常用的通信服务

拥有固定电话和 / 或手机的比例

资料来源：*ACMA 通信报告 2011/12*，第 31 页（经修订）。

不同服务的普及突出了"全方位服务"运营商面临的商业挑战，他们需要向不同的市场（消费者、企业、政府）提供和推广不同层次的服务，同时有效管理需求的长期结构性变化。过去十年，固定电话收入呈下降态势；移动电话和数据收入大幅增长，但随后趋于停滞；移动收入从语音转向数据。一项特别的挑战是"超额服务"供应商的崛起，他们提供的服务与电信公司竞争，但采用的商业模式却为网络运营商带来较低的收入，或者以电信公司难以从中获利的新方式吸引用户进行通信和交易（OECD 2011，第 31—33 页）。"过了顶"（over The top）这一词被广泛使用（而且并不一致！）指不同的应用程序，如电话呼叫（Skype）、社会媒体（Facebook 和推特）、搜索

（Google）和在线视频（YouTube，Quickfx，catch-up TV）（Budde 和 McNamara 2012，第 56 页）。网络运营商致力于创建新的应用程序和服务业务——例如建立数据中心、提供云存储服务、部署和管理联网自动贩卖机所需的硬件和软件。

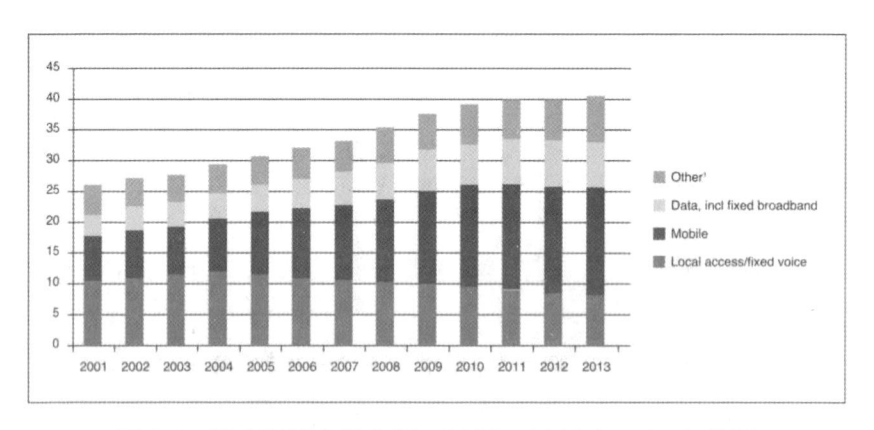

图 7.4　澳大利亚电信市场，2001—2013 年，10 亿美元

1 包括专业数据和知识产权接入、商业服务和应用程序、在线广告和目录、付费电视、海外活动和其他次要项目。

资料来源：*Budde 和 McNamara*（2012，第 39 页），截至 6 月 30 日的财政年度。

移动通信

移动通信在澳大利亚电信市场中占据最大份额。2001 年，移动语音服务的份额超过了固定电话服务的份额（《澳大利亚通信管理局》（Australian Communications Authority）2001，第 78 页）；2006 年—2007 年，移动通信收入（包括 SMS）超过了固定语音收入。2012 年—2013 年，Buddecom 估计，移动通信的份额占整个行业总收入的比例由 2000 年的 29% 升到了 44%（Budde and McNamara 2012，第 39 页）。然而目前增长已经趋于停滞。截至 2012 年 6 月的前一年，"移动手机服务"的客户数量实际上略有下降，降至 2430 万，尽管这仍然代表着澳大利亚平均每人使用一项以上的服务。用户在手机上的通话时间持续增加，2011—2012 年首次超过固定电话通话时长（手机 410 亿分钟，固定电话 310 亿分钟），但就平均每位用户而言收入和价格（ARPU）均有所下降。Buddecom 估计，在经历了 10 年的两位数增长后，2011—2012 年和 2012—2013 年的移动业务收入年度增长率仅为 2%（Budde 和 McNamara 2012，第 39 页；ACCC 2013，第 11—13 页）。

1987 年，澳大利亚电信公司利用其模拟"AMPS"网络提供了第一代移动电话服务。澳洲电信、澳都斯和沃达丰从 1993 年开始使用欧洲全球移动通信系统（GSM）标准建成第二代（2G）网络。在 Telstra 建立了第二个使用 CDMA 技术的数字网络后，AMPS 网络于 2000 年被关闭，该网络比 GSM 网络具有更大的国土覆盖面积。Hutchison 使用的"3"品牌，是 2003 年第一家在澳大利亚提供 3G 服务的运营商，也是世界上最早的运营商之一。澳洲电信、澳都斯和沃达丰在 2005 年末推出了自己的 3G 服务。次年，Telstra 建立并推出了第二个 3G 网络 NextG，声称在 2008 年年中覆盖了澳大利亚人口的 99%。商用 4G/LTE 服务由澳洲电信（2011 年）和澳都斯公司在 2012 年推出，以帮助应对快速访问速度和更大规模数据的需求。

在电话服务以固定线路提供而并由国内垄断者提供的漫长时代里，大部分时间内标准手机会作为服务的一部分提供给用户，这种手机主要由制造其他电信设备的同一家公司制造。移动电话崛起于竞争激烈的时代,而手机是争夺消费者的关键部分。2008 年,最大的制造商是芬兰的诺基亚,占全球销量(12.5 亿)的 40%。韩国制造商三星和 LG 分别占 17% 和 9%;索尼爱立信(瑞典设备制造商和日本消费电子公司的合资企业)占 8%。

手机市场格局就此被"智能手机"(用户可以更轻松地浏览网页,下载更多应用程序)以及新兴公司所改写。苹果公司的触摸屏 iPhone 于 2007 年推出;一年后,搜索和广告巨头谷歌发布了一款基于 Linux 的移动操作系统 Android,被许多手机制造商所采用,其中最著名的是三星。2012 年,全球销售的智能手机中,大约百分之九十来自苹果或三星 / 安卓。鉴于苹果和三星的大受欢迎,使得他们不得不为了销售手机而与手机运营商达成硬性协议。通过苹果 App Store、iTunes 和 Google Play 销售和赠送给用户的这些应用程序及内容,吸引移动运营商通过具有独家功能及内容的门户网站获得收入和用户忠诚度。在 2013 年早些时候,一些全球移动运营商宣布,他们正在支持一种新移动操作系统的研发,旨在撼动苹果和谷歌的主导地位(Thomas 和 McCarthy,2013)。

互联网

2012 年 6 月,澳大利亚的互联网用户达到 1200 万,比上一年增加了 100 多万。其中超过 900 万个是家庭订阅者;不到 300 万个是商业和政府订阅者。还有另外 1620 万的"移动手机用户"——上述 2430 万手机语音用户中,其中一部分可以通过手机访问互联网。

表 7.2 澳大利亚电信用户，2012 年 6 月

产业	2012 年 6 月 30 日的订阅者数量（百万）
移动语音[1]	24.3
互联网	
拨号上网	0.4
DSL	4.6
电缆线	0.9
纤维	0.1 ［52 000］
卫星、固定无线、其他	0.1
移动无线数据卡，软件狗，USB 调制解调器或平板 SIM 卡[1]	5—9
小计	12.0
手机听筒[1]	16.2
固话语音	10.4

1 移动语音和数据服务的总用户数为 3020 万，即"移动语音"和"移动无线服务"的总和。"移动手机互联网服务"——允许用户使用智能手机同时拨打语音电话和访问互联网的服务——是"移动语音服务"的一个组成部分。

资料来源：ABS（2012a）；ACMA（2012b）。

事实上，所有 1200 万互联网用户均装有宽带服务，其接入速度至少为 256 kb/s。只有 439000 人（不到 4%）仍在使用拨号上网。近一半的人使用移动无线宽带连接，如数据卡、软件狗、USB 调制解调器或平板电脑 SIM 卡，这是近年来增长最快的专用互联网接入形式。

只有不到40%的人使用数字用户线路,这是以前最流行的互联网访问方式。访问速度一直在提高:46%的用户的连接达到运营商所宣称的至少8 Mbps的访问速度。

根据(ACCC 2013,第1页)的数据,用户下载的数据量迅速增长,这给电信行业同时带来"机遇与挑战"。截至2011年6月,数据下载量在一年中增加了76%,第二年又增加了51%(澳大利亚统计局2012a)。这种增长源于流媒体和视频下载量的增加,使用更易用的智能手机和平板电脑上网时长的增加以及用户数量的增加。该行业的应对措施是在改进固定网络、移动网络、回程网络和国际网络方面进行投资,根据每种网络所承载的流量确定优先顺序,并在某些方面修改语音和数据上限并提高价格(ACCC 2013,第23—24页)。联邦政府的主要回应是国家宽带网络项目的设立(NBN)——见下文。

二线电信公司在固定互联网接入方面做得很好,主要是DSL。在2010—2012年的三年期间,他们获得了41%—43%的市场份额;在第二层级中,iiNet(14%,2011—2012年)和TPG(11%)通过先前提到的收购增加了股份(ACCC 2013,第24页)。与行业合并的总体趋势一致,2012年6月两年拥有超过1000个用户的互联网服务提供商的数量从97个下降到81个,拥有超过100000个用户的互联网服务提供商的数量从10个下降到8个(ABS,2012a)。

20世纪90年代初引入竞争机制后,一些人认为将房屋和企业与电话交换机连接起来的铜线网络将很快被新进入者使用的更多现代技术所取代。Optus在布里斯班、悉尼和墨尔本建立了光纤和同轴电缆混合网络(HFC),为付费电视、网络和固定电话提供服务。澳洲电信也建立了类似的网络,穿过更多的城市,但其铜线网络仍在继续运营。像世界上其他电信公司一样，该公司通过铜线部署 DSL 以允许对宽带业务的承载。这重振了几乎无处不在的铜线网络的商业潜力。

其他电信公司也试图在澳洲电信（Telstra）的交换机中安装设备，使得他们无需使用澳洲电信的批发服务就可以为用户提供 DSL 宽带和语音电话服务。澳大利亚竞争和消费委员会"声明"了其他电信公司需要的某些服务，以确保这一点可以实现。声明迫使澳洲电信在要求的情况下，以监管机构规定的价格，无差别地提供这些服务。截至 2008 年，竞争者已经在澳洲电信（Telstra）超过 5000 家交易所超过十分之一的地方安装了设备。其中约 5% 的国家——通常覆盖人口最密集的地区——有五个或更多的竞争者这样做了，这引发了激烈的宽带竞争（ACCC 2009）。这在大都市地区推动了更快的接入速度、更大的数据上限和更低的价格，但在区域和农村地区效果较差，在这些地区和农村地区，2012 年 6 月，只有大约八分之一的澳洲电信交易所安装了竞争性的基础设施（ACCC 2013，第 20 页）。

固定电话语音

澳大利亚第一批 500 万根电话线的接通耗费了一个世纪的时间。第二批 500 万的接通量耗时 20 年（标准电话服务评论小组 1997，第 29 页）。自 21 世纪中叶以来，固定电话服务的数量一直在下降：在截至 2012 年 6 月的四年里下降了 50 多万。Roy Morgan 估计，在 2008 年至 2012 年期间，拥有移动手机但没有固定电话的人数增加了两倍，甚至超过 300 万人（ACMA 2012，第 29—30 页）固定电话收入也有所下降，因为客户用移动电话、电子邮件、即时消息、社交网络和其他通信形式取而代之。每月较高的访问费用在一定程度上抵消了较低的通话费用,据估计,2013年固定电话收入仍占行业总收入的近20%——是2000年份额的一半。

澳洲电信主导着这一市场。控制下滑一直是公司整体战略的重要组成部分。在2012年中的1040万个固定电话语音服务中,66%是澳洲电信的零售或商业客户,另外11%是批发服务,由澳洲电信的竞争对手提供,但使用澳洲电信的设施。剩下的23%由自己安装部分设备的竞争者提供(澳洲通信及媒体局2012,第29—30页)。导致固网语音服务和收入下降的一个因素是Skype等"互联网协议语音"(VOIP)服务的崛起,使用互联网连接的电脑和平板电脑,以及在较小程度上的互联网或移动电话。2012年6月,澳大利亚拥有430万个网络语音电话业务(VOIP)用户,全年增长21%(ACCC 2013,第14页)。

国际互联互通

澳大利亚的一线及二线电信公司都与全球有线和卫星电信服务提供商签约,为客户提供国际数据和语音服务。其中一些国家完全拥有或拥有部分海底电缆。自19世纪以来,大多数新的海底电缆都由光纤制成,最初用于在20世纪50年代传送电报,然后是20世纪60年代和20世纪80年代末的电话。它们现在承载着大量通过互联网和其他网络交换的数据。新加坡电信公司(占40%)和新西兰电信公司(占50%)拥有南克罗斯电缆,这些电缆将悉尼通过新西兰、斐济和夏威夷连接到美国西海岸。澳洲电信(Telstra)拥有悉尼和夏威夷之间的奋进电缆（Endeavor cable），TPG公司接管了悉尼和关岛之间的太平洋电缆（PPC-1），两者都连接至其他跨太平洋系统。澳洲电信（Telstra）也持有澳大利亚-日本电缆系统的股份。沃达丰于2012年收购了大东网络的全球网络业务。

政　策

专栏7.2：频谱：一种"数字红利"

对于无线运营商来说，一个至关重要的问题是如何获得他们传输业务所需的频谱。无线电频谱是用于通信的电磁辐射范围的一部分。使用该频谱的服务包括移动电话、宽带、电视和广播、空中交通管制、紧急情况和国防服务。在澳大利亚，澳洲通信及媒体局（ACMA）规范无线电频谱的使用。法律规定，除非获得澳洲通信及媒体局（ACMA）许可证授权，否则操作无线电通信设备通常是非法的。

移动通信业务的飞速发展，使得频谱中最适合传输它们的部分变得非常有价值。20世纪90年代和21世纪初，无线电信服务的大量频谱以拍卖的方式进行分配，每15年分配一次。2012年，宽带、通信和数字经济部长决定将这些许可证重新发放给现有的澳洲电信、澳都斯、沃达丰公司和vividwireless（后来被澳都斯收购），并设定收费标准，重新颁发这些许可证符合公众利益。确保在2013年至2017年（Conroy 2012）许可证到期时，继续使用该频谱提供移动语音和数据服务。

通过在2013年底前关闭模拟电视服务，无线服务将获得更多的频谱。世界各地都在进行这一复杂的过渡。在澳大利亚，这种过渡始于2001年，当时免费电视服务开始在模拟传输的同时进行数字广播（见

第十章）。电视信号的数字传输允许使用以前保持空置频率的附加频率，以防止对模拟传输造成不可接受干扰。一旦出现"模拟关闭"或"数字切换"，通过重新组织数字电视传输使用的频率，正在实现实质性的"数字红利"。这一频谱可能会被包括澳洲电信和澳都斯在内的移动网络运营商拍卖，以满足日益增长的移动宽带需求。

国家宽带网络与"结构性分离"

澳大利亚工党的国家宽带网络计划回应了人们对该国已走入"宽带死胡同"的看法。2002年6月，澳大利亚每100名居民仅有1.3名宽带用户——约为经合组织国家平均水平的三分之一，远远落后于市场领先的韩国（20.3）和加拿大（10.3）。DSL竞争的加剧使得固定宽带的应用更加广泛，但平均速度仍然缓慢，价格相对较高。2008年6月，澳大利亚每100名居民中有23.5名宽带用户，在30个经合组织国家中排名第十六，远远落后于领先的丹麦，为36.7。在下载速度方面，澳大利亚排名第九，但仅为法国和韩国平均速度的四分之一。中等速度结合数据限制使得澳大利亚的宽带成本大约是日本的7倍，这是按广告的兆比特/秒每月平均价格来衡量的(经合组织宽带门户)。

当时的工党的竞选对手在2007选举中承诺的计划包括承诺向光纤到节点或光纤到路边（FTTN/FTTC）或光纤到家庭/场所（FTTH/FTTP）网络提供47亿美元的债务或股权，在五年内向98%的人口提供12兆比特/秒的速度。运营商必须允许以统一的全国价格开放接入网络（ALP 2007）。这一计划在很大程度上借鉴了澳洲电信于2005年向前任政府提交的一项提案。通过某种形式的公私伙伴关系，让工党承认了自己一贯反对的澳大利亚电信私有化的现实，同时，在网络的关键部分，政府也有了一定程度的参与。

选举结束后，新的陆克文工党政府要求提议建立网络。澳洲电信因不遵守其中一项招标标准而遭到拒绝。2009年4月，政府宣布了一项新的、更具雄心的国家宽带网络（NBN）计划，在8年内为澳大利亚90%的家庭和工作场所（后来提高到93%）提供100M/S的下行带宽提速。该FTTP网络将部署光纤，以完全复制并可能取代将澳大利亚约5000家交易所连接到1100万户家庭和商业场所的铜芯电缆。剩下7%的家庭还将通过固定的无线或卫星网络获得更快的宽带。NBN将由英联邦作为大股东的公司建造和运营，并以开放获取的批发业务运营，没有零售客户（Conroy，2009）。

NBN报告强调了澳大利亚电信政策争论中的尖锐分歧。经过20年的自由化和私有化之后，许多人同意现行的结构和监管正在失败，但他们对原因产生了强烈分歧。Paul Fletcher是前Optus高管，现任布拉德菲尔德联邦（Bradfield）自由党议员，他认为这是因为澳洲电信"过于庞大且占据主导地位"。它在零售和网络/批发业务上的垂直整合，以及对大多数固定线路客户接入和回程网络的控制，造成了"可怕的固定线路电信业的不平衡结构"。监管安排"太薄弱，无法控制电信"。宽带使用缓慢可以简单地解释："澳洲电信将价格维持在极高的水平"。Fletcher认为，宽带政策的关键是解决澳洲电信问题和调整电信市场结构。他支持"结构性分离"，即新的国家固定线路网络由提供批发服务的公司所有和运营，与提供零售服务的公司分开（Fletcher 2009，第209—233页）。

澳洲电信及其支持者争辩说，问题的核心是澳大利亚竞争和消费委员会（ACCC）管理的访问机制。由于对澳大利亚电信的网络监管过多，且将第三方接入价格设定得过低，这"严重扭曲"了价格信号，阻碍了投资。这使得澳大利亚电信（Telstra）不愿意承担"新一轮电信业投资浪潮，以完成1986年开始通过重组和更新客户接入网络来完成的任务"。经济学家、澳洲电信（Telstra）的定期顾问Henry Ergas表示，其竞争对手宁愿低价使用澳洲电信的网络，也不愿升级，更不愿进一步部署他们自己的网络。他认为，需要一种全新的方式——一种对监管可能达到的效果更为温和的方式，为投资者提供一个更为可靠的环境，以使二者更加协调一致，然后让市场力量来承担繁重的工作。他认为结构性分离"可能会带来巨大的成本"，尤其是通过在规划、建设客户和迁移到新网络时2008的低效率（Ergas 2008，第viii页，2—3页，8页，28页，164—170页，192页）。

随着NBN概念的不断完善，重要元素也被修改。私人投资者并不认为这个适度的投资回报率具有吸引力，因此该公司在2011年成立了专有网络，即NBN Co，这家公司一直是一家国有独资企业。服务提供商——尤其是澳洲电信（Telstra）——可能继续使用自己的铜缆和HFC网络与NBN进行激烈竞争，这对新网络的经济性至关重要：与澳洲电信（Telstra）和新电信澳都斯股份有限公司（Optus）达成协议，并获得ACCC批准。其核心思想仍然是：建立一个新的固定线路网络，将光纤一直延伸到大多数场所，构建一个大规模的、开放接入的网络运营环境，旨在最大限度地提高使用该网络提供服务的竞争力。新西兰采取了类似的政策，尽管新西兰政府正与私营运营商一同投资于一系列区域光纤合作伙伴关系，并且现有的新西兰电信公司正式在结构上"分离"，创建了一个新的上市网络企业——Chorus，区别于服务提供商电信公司。

NBN 是说服国家独立人士在 2010 年选举后支持工党的关键因素，使其得以组建少数派政府（鉴于 2010 年）。自由党与国家党反对派多次批评推广的成本和速度，并于 2013 年 4 月发布了自己的"快速宽带和负担得起的 NBN 计划"。该计划提出的下载数据速率改善幅度不如工党的 NBN，但承诺将以更快的速度和更低的成本提供这些数据（自由党 – 国家联盟 2013 年）。

消费者监管和支持

竞争是确保消费者以尽可能好的价格获得他们想要的电信服务的主要力量。然而，在某些领域，政府认为不受约束的市场可能不会造就令人满意的结果，应该存在很多监管措施。这些措施包括服务的可用性和质量、价格、广告和合同。ACMA 和 ACCC 负责管理本条例的不同部分。电信业资助了一个专业机构名为"电信行业特派员"（TIO），负责解决小企业或居民消费者与服务提供商之间关于电话和互联网服务的纠纷。澳大利亚通信消费者行动网络（ACCAN）是一个主要机构，由联邦政府提供资金支持，代表住宅消费者和小型企业，包括非营利组织。

基本服务水平的保障是基于普遍服务义务。这包括对残疾人服务和手机功能的要求。所有电话服务都必须提供紧急服务（"000"）、开发者模式和目录服务。如果服务提供商不能在规定的时间内接通或提供维修服务，那么客户服务担保会对客户进行财务补偿。澳洲电信仍受部分服务价格限制，所有标准语音电话服务提供商都必须为本地通话收取未设定时间的费用。近年来，国际"移动漫游"的定价问题是一个极具争议的问题。2013年，澳大利亚和新西兰监管机构发布了一份报告，建议赋予新的权力，来降低跨塔斯曼漫游费用（新西兰政府2013）。

专栏7.3：误导性广告：它是什么？

是谁干的？谁负责？

作为国家消费者保护监管机构，澳大利亚竞争和消费委员会（ACCC）反对在竞争激烈的电信业发布误导性广告。它批评手机和宽带计划、电话卡和移动高级服务提供商在用户签署协议之前未能正确披露真实费用和合同条款。"免费"的内容、"无限制"的优惠报价、关于宽带速度和数据上限影响的声明是他们最喜欢的目标。

2011年至2012年，澳大利亚竞争和消费委员会（ACCC）根据《澳大利亚消费法》在电信部门进行了19次重大调查（ACCC 2013，第33至34页）。其中包括向联邦法院起诉：

· TPG互联网，声称消费者被广告误导，说他们可以以每月29.99美元的价格购买无限制的ADSL2＋宽带服务，而实际上这些服务只有在与TPG的家庭电话线路租赁一起购买时才可用，法院命令TPG支付200万美元的罚款。

· 苹果被指控"同时支持WiFi＋4G网络的新iPad"属于误导性宣传。澳大利亚竞争和消费委员会（ACCC）认为，苹果公司已经表明新iPad可以连接到在澳大利亚被宣传为"4G"网络的网络，但事实并不能。iPad可以在当时世界其他地区用于4G的频段下运行，但在澳大利亚却无法使用。法院命令苹果公司支付225万美元的罚款和

300000美元的费用。

2008年,澳大利亚竞争和消费委员会(ACCC)在一场针对澳洲电信(Telstra)的法庭诉讼中胜诉,它成功地辩称,最初用于其下一代移动网络的口号——"覆盖任何你需要的地方",夸大了实际覆盖范围。标语被改成了"澳洲电信(Telstr)下一代移动网络将在更多地方更有效"(ACCC,2008)。

2013年,ACCC在高等法院对谷歌的诉讼中败诉,指控互联网用户被误导,因为广告商将其竞争对手的名字作为关键词,通过谷歌的AdWords吸引访问者进入"赞助链接"。法院认为消费者可能会被误导,但不同意误导性陈述是由谷歌做出的。它接受了谷歌的论点,即广告商创建了赞助链接,因此任何声明都是由他们做出的,而并非谷歌(谷歌公司诉澳大利亚竞争和消费者委员会,2013)。

结 论

在20世纪90年代和21世纪初,澳大利亚电信业从一个由少数国有垄断企业主导的行业,转变为一个有许多私营服务提供商的竞争市场。有一段时间,在20世纪90年代末电信和互联网繁荣时期,金融市场开始将这个新开放的行业视为一个增长行业,而不是一个世纪以来一直被视为公共事业的行业。投资者准备在澳洲电信股票上市仅两年后支付其近三倍公开发行价。在电信市场崩盘之后,人们认为,电信业和澳洲电信(Telstra)的结构限制了21世纪固定线路宽带服务的发展,这引发了一场政策反思。

澳大利亚电信市场的自由化是两党政策,但澳洲电信(Telstra)

私有化及建立和运营全国宽带网络则并非两党政策。工党成立了一家新的国有企业，并承诺投入数十亿美元，为大多数家庭和企业建立全光纤网络，并将其作为开放获取和批发业务运营。自由党和全国反对党抱怨这项计划成本太高，需要花费太长时间来解决最紧迫的问题，并再次让政府在选择电信技术和投资策略上发挥作用，而政府却没有发挥足够的作用。但该组织强调，他们同意政府提出的更快，更便宜的宽带目标，并最终似乎接受了澳大利亚电信（Telstra）在结构上的分离。

澳大利亚电信（Telstra）在移动市场的成功，归功于在网络质量方面进行的大量投资，沃达丰的移动网络危机显示了通过网络和服务进行垂直整合的持续商业吸引力——这种电信商业模式实际上在NBN下不再适用于固定线路服务。这一移动市场经验在评估未来几年的行业表现方面的影响，可能与澳洲电信/澳都斯混合网络的推出对评估20世纪90年代行业和监管结构的优势和劣势的影响一样大。但是，当政客们在辩论NBN的未来，以及电信公司和其他公司在重新考虑传统网络/服务集成的优点时，其他应用程序、服务和设备提供商将致力于维护和创造"智能"商业模式，独留"电信行业"去维护"愚蠢"的基础设施以及销路不断下滑的产品线。

进一步解读

关于澳大利亚和海外电信的文章和采访的一个良好的定期来源是《澳大利亚电信季刊》。每月电信政策和双月刊信息:《政策杂志》《电信、信息和媒体的监管和战略》分析了其他国家的产业和政策发展。

关于澳大利亚电信监管和宽带的激烈政策辩论成为 Ergas（2008），《错误的数字：解决澳大利亚的电信僵局》，以及 Fletcher（2009）的《有线褐色土地》的主题。宽带之战。Fransman（2002），《互联网时代中的电信行业：从繁荣到萧条……？》涵盖了世纪之交电信业的兴衰，而 Barry（2003）的《富家子弟：Murdochs 和 Packers 如何在 One.Tel 中损失 9.5 亿美元》则描绘了他们在澳大利亚的企业 One.Tel 的损失。Grant 和 Howarth（2011），《澳大利亚电信法规》（第 4 版）是对最近澳大利亚电信法律、法规、政策和历史的最详细的介绍，包括关于美国、英国、欧盟和新西兰的章节。Moyal（1984），《跨越澳大利亚：电信与哈考特（Harcourt）的历史》（1987），《驯服暴君：澳大利亚国际通信服务的头一百年》是澳大利亚国内和国际通信史中最全面的一部。

第八章
电　台

布里奇特·格里芬·弗利（BRIDGET GRIFFEN-FOLEY）

即时、方便、便宜的广播是澳大利亚最常见的媒体。澳大利亚人平均每周花16个小时听广播。在澳大利亚，有3700万台收音机，包括卧室、浴室、厨房、办公室、商店、健身房和汽车中的各式收音机。广播有助于调整和调节我们的生活，促进和塑造音乐消费，并帮助制定政治议程。

然而，直到最近，广播——尽管它无处不在——在关于澳大利亚媒体与传播的学术（特别是历史）文献中，可以说是最被忽视的媒介。过去的几年中，在主要的公共广播机构——澳大利亚广播公司（ABC）的优秀研究由于在特别广播服务（SBS）、社区广播、商业广播和对讲方面的工作而得到加强。

本章首先概述了澳大利亚广播从20世纪20年代到21世纪初的历史发展。第二部分考察当代产业的组成部分——商业、公共和社区。本章最后谈到了用于广播传输的新的数字平台。

历 史

双系统（1923—1936）

1905 年的《无线电报法》授予了新生的联邦政府对发展中的无线电通信领域的控制权。对无线电报的双向点对点的可能性感兴趣的业余实验者和专业工程师与零售、制造业和其他商业利益竞争，并逐渐被击败，后者认为在点对多点的基础上提供定期内容具有更大的商业可能性。尽管澳大利亚广播 1923 年正式开始运营，但在寻求一个健全的监管制度和一个真正的国家系统的基础上，各种计划、会议和皇家委员会都将得到通过，用《无线周刊》（Wireless Weekly）的话说，将渗透到这片"壮丽的土地"（Griffen-Foley 2009，第 2—7 页）。

1924 年的一次会议通过了一种一分为二的系统，"A"级电台将由听众的许可费和一些广告收入来维持，"B"级电台继续播送广播音乐会（Coanihan 1982，第 122—123 页）。1928 年，政府宣布打算将"A"电台国有化；1932 年，这 12 个电台成为澳大利亚广播委员会（ABC）的基础。它模仿 BBC，是帝国的产物，被设计成独立公司，由委员会管理，完全由执照费提供资金（Inglis 1983，第 19 页）。"B"（或者"商业"，因为他们更喜欢被这样称呼）电台——其中许多已经落入报纸、宗教和政治利益的手中——得到允许继续经营并向其发行新的许可证。1930 年，他们成立了澳大利亚广播电台联合会（FARB），该联合会在其整个历史上一直希望避开政府监管。截至 1935 年，澳大利亚有 60 多个商业电视台。

美国广播公司（ABC）并没有试图定义"公共利益"，也没有站在国家的立场上选择新闻，而是将重点放在提升社区各阶层文化的上。商业电台主要依赖于进口包含音乐和戏剧的美国转录光盘。这些电台有时会安排一些"有威望的"广播节目，比如"合成"板球测试、悉尼海港大桥的开通和议会会议，直接挑战 ABC 自称为国家广播公司的说法。

第二次世界大战和本地内容（1937—1955）

到 1937 年为止，每三个澳大利亚家庭中就有两个拥有收音机。一年后，最经久不衰的商业网络麦格理（Macquarie）成立了，吸引了希望覆盖全国的广告商。第二次世界大战使澳大利亚的广播事业进入了更加繁荣的时期，并导致该行业的监管、内容和基础设施都发生了深刻的变化。

1939 年 12 月，新的信息部开始为 ABC 的短波服务提供材料，该服务最初是为澳大利亚内陆地区的听众设计的。然后，该服务开始抵制德国针对亚洲的广播，到战争中期，大多数广播使用的是亚洲语言，而不是欧洲语言。澳大利亚广播电台（Radio Australia）以其兼收并蓄的演讲、英语课、板球、音乐和听众邮袋而闻名，1950 年回归 ABC 控制（Inglis 1983，第 78—79 页；Lucas 1964）。

战争期间，ABC 减少了对 BBC 新闻的依赖，增加了澳大利亚新闻服务。1942 年单一《法案》通过，规范商业部门，并保证 ABC 的独立性。《广播法案》规定，广播时间的至少 2.5% 将用于澳大利亚作曲家的作品；这是一个奇怪的条款，因为没有持续的份额鼓动（Counihan 1992，第 12 页）。短期内，战时经济对保护主义的影响最大：

新闻纸的定量配给和美国转录本的进口限制提高了广播电台对广告商的吸引力，并鼓励了当地的制作行业。推动 20 世纪 40 年代商业广播繁荣发展的是两家主要的广告公司：创建了超级公司澳大利亚分公司的 J. Walter Thompson 和创立了 Colgate Palmolive 广播公司的 George Patterson（Potts，1989）。

1949，澳大利亚广播管制委员会（ABCB）成立，作为监管该行业的法定机构。然而，邮政署署长保留了授予和吊销执照以及委任董事的权力。ABCB 通过尽力不去冒犯政府或强大的利益集团得以幸存，并以可用频率短缺为由，拒绝了数千个新的商业许可证申请（Armstrong 1982，第 39 页）。

电视、访谈与摇滚（1956—1971）

1956 年通过的《广播电视法》，规定了与广播一样的双重电视制度，并将当地音乐配额增加了一倍。电视的出现意味着广播失去了在家庭电子娱乐媒体中独一无二的地位，在广告收入方面也多了一个竞争者。一些商业广播电台通过购买这种新媒体来规避赌注。广播行业也得到了一些安慰。允许电视在通常指定用于调频电台的 VHF 波段部分传送的决定，有效地使调幅电台免受新的重大威胁（Marcato 2004，第 14—15 页）。ABCB 的节目职责被淡化，1958 年的节目标准以自律为前提。

1956 至 1957 年间，广播行业的利润下降，但第二年又开始大幅上升：到 1960 至 1961 年，110 家商业电台中只有三家出现亏损。随着作家、制片人和观众转向电视节目，广播剧是最大的受害者。

在 1956 年一份题为《电视反制措施》的备忘录中，麦格理（Macquarie）的一位高管写道，需要加强当地的广告宣传，积极关注社区事务，提升麦克风的"个性"并鼓励销售汽车和晶体管收音机（Griffen-Foley 2009，第 55 页。到 1962 年，收音机从家庭变成了高度个性化的媒体，16 岁以上的人每人一台收音机。广播公司开始瞄准不同的受众，比如青少年，而不是整个家庭。1958 年，第一个澳大利亚"40 强"音乐节目由 Bob Rogers 引入 2UE，许多其他电台紧随其后（Griffen-Foley 2009，第 264—265 页）。

天气状况和交通播报都有所改善，记者们使用电话播送现场新闻和采访。在美国成功举办的《对话》节目，向澳大利亚广播电台管理层表明，电话还有其他用途，1967 年，《广播节目标准》得到修订，允许对电话通话进行录制和转播。像 Norman Banks 和 Ormsby Wilkins 这样知名的电台主持人加入了 talkback，还有年轻的主持人，比如 John Law（Gould，2012）。

扩张（1972—1986）

在 1947 年到 1971 年间，澳大利亚的人口几乎翻了一番，但只有 13 家新的商业电视台获得了许可——主要是在该区域内。惠特拉姆政府在 1972—1975 年期间领导了重要的媒体改革，尽管有时存在争议和混乱：批准 FM 和新的 AM 电台的执照；绕过《广播电视法》，根据《无线电报法》授予非营利性社区接入点的实验许可证，听众的许可费也被废除。

优秀的音乐爱好者、教育机构和种族群体抓住了这个机会进入社区广播。在经历了一段不完整的战后历史之后,1975年,一些商业电台的外语节目(Griffen-Foley 2009,第80页),悉尼2EA和墨尔本3EA获得了外语广播实验许可证。三年后,他们加入了新的公共资助特别广播服务(SBS)。

到20世纪70年代,西澳大利亚和北领地的少数商业电台开始播放原住民语言。澳大利亚中部土著媒体协会(CAAMA)成立于1980年,在ABC、商业和社区电台以几种土著语言进行广播,并获得了社区电台的许可证。于1987年宣布的《偏远土著社区广播计划》(BRACS)通过卫星传送ABC和商业电台的内容,并向偏远社区提供制作自己节目的基本设备(Meadows 1992,第5—6页,35—37页)。

ABC在这一时期更加关注全国。1975年,它开设了一家名为2JJ的青年AM电台,以鼓励新的澳大利亚摇滚乐;它在1980年成为调频波段的Triple J。1976年,ABC还在阿德莱德推出了一个古典音乐调频网络。从20世纪60年代开始,美国广播公司(ABC)的时事节目占比越来越大。日常时事节目AM和PM成立于1968—1969年,20世纪80年代中期曾经最有影响力的新闻部门,分为广播和电视业务,但在时事播报是整体进行的(Petersen 1999,第13页,19页,41页,60页)。"澳大利亚各地"(Australia All Over)以不同的名字开始了它的生活,最初是为乡村听众举办的一场演奏会,现开始在城市里演出。到1991年,Ian McNamara《小心不文明之人》的声音被120万人听到了(Inglis 2006,第93、205页)。

尽管Fraser政府干预了澳大利亚广播公司(ABC)事务,削减了预算并促成了《ABC之友》(Inglis 1983,第373—374页,390页)的成立,但它也对澳大利亚广播业务的规模的重大变化负有责任。

1976年，它开始了对整个行业的逾期调查，并用澳大利亚广播法庭（ABT）取代了澳大利亚广播控制委员会（ABCB）。澳大利亚广播法庭（ABT）编写了一份关于自我监管的报告，并不认为这份报告等同于"无监管"。令FARB懊恼的是，当地含量要求——最近提高到了10%——得到了维持。

1978年，社区广播许可证成为一个法人实体。由于商业调频许可证的发放出现延误，社区部门得到巩固和扩大，澳大利亚广播联合会（FARB）的游说对此负有部分责任。商业调频终于在1980年首次亮相时，播放列表比Top 40格式更加多样，轮播率很低，广告数量也受到限制（Turner 1993a，第151页）。

凭借卓越的音质和对年轻观众的吸引力，FM广播开始与音乐和喜剧相结合，而AM广播则与新闻和谈访谈相结合。AM电台越来越多地通过签约固执己见的访谈主持来争取成功。1985年，四面楚歌的2GB以"Newstalk"为口号，吸引了2UE的John Laws主持早间节目，谣传年薪超过100万美元。

正如Mark Armstrong在1986年指出的那样（第49页），不断变化的社区价值观和放松管制的趋势使1958年的节目标准从34页缩减到4页，并取消了竞争市场中的广告时间限制（每小时18分钟）。但他也受到向更多电台开放频谱的鼓舞；到1986年，澳大利亚有139家商业电台和58家社区电台。Armstrong观察到"几乎所有的广播电台都是分开和独立的"，他预测大型媒体或娱乐集团不太可能拥有像电视网络那样的全国观众份额。

发展（1986—1992 年）

1986—1987 年的立法改革限制了跨媒体的所有权，并限制了商业无线电网络的有限增长。这项立法在 1992 年得以增强，将主要新闻和电视帝国扩展到广播行业。然而，其他因素也在起作用，这些因素将极大地改变和巩固澳大利亚广播电台的所有权模式。

到 1988 年，现在众所周知的澳大利亚广播公司正在使用卫星向全国各地的演播室提供新闻，三个商业网络也已使用卫星。麦格理网络电台（Macquarie Network）成立了 MACSAT，将节目内容——新闻简报、音乐、从午夜到黎明的节目和 John Laws 的各种组合——传输到 32 个电台。时间通话、当地天气和广告都是通过分别向电台发送脉冲来营造一种"身临其境"的感觉（《你需要卫星广播节目吗？》，1988 年）。

1988 年，Hawke 政府宣布了面向大都市服务的全国广播计划。它涉及在每个大陆首都城市将两个 AM 站转换为 FM，并在这些城市交错引入新的商业 FM 站。新的许可证将以招标的方式颁发，许可证将交给出价最高的人，而不是基于商业可行性。放弃调幅服务的两个频道将会被用来为每个城市提供一个残疾人广播电台，并建立了一个单独的 ABC 网络来广播议会（ABC 自 1946 年以来一直被要求广播）（Clark，1988）。

这些监管机构的发展，再加上 1987 年的股市崩盘和媒体领域的狂热兴趣，见证了澳大利亚一半以上的大都会商业电台 1986 年和 1989 年易手。支付的价格达到了创纪录的水平，这意味着在 1990—1991 年，广播行业首次集体负债（Brown 1990, Preface；Miller

1995，第 90 页）。麦格理网络（Macquarie Network）虽然被拍卖一空，但一些新的播放器迅速扩张：1989 年的许可证拍卖让 Austereo 成为第一个全国性的 FM 播放器。

不同的期望和压力影响了 Triple J（Turner 1993a，第 149 页）。1989 年，出口销售的前景鼓励政府扩大 Triple J 的广播区域，以覆盖所有大城市（Miller 1995，第 91 页）。但 Triple J 的反文化、经常引起争议的喜剧和纪录片广播让 ABC 管理层感到不安。1990 年，从 Triple M 招聘了一位新的总经理，高管被解雇，电台开始面向 15—24 岁的青年受众（Turner 1993a，第 153 页；Austin 2005）。

专栏 8.1：电台服务的类型

澳大利亚的广播服务主要由 1992 年《广播服务法》（BSA）监管。该法案规定了六类无线电广播服务：

· 国家公共广播服务：澳大利亚广播公司和特别广播服务：

——美国广播公司拥有四个全国性广播网（议会和新闻网上的全国广播电台、Triple J、ABC Classic FM 和 ABC NewsRadio）；一种通过短波和数字卫星对亚洲及太平洋进行广播的国际无线电服务。

——在所有首都城市和一些区域中心都可以收听的 SBS 电台以 68 种语言广播。

· 社区广播服务：为社区目的提供非盈利、免费的广播服务。截至 2012 年，已经发放了 362 个社区无线电执照。

· 商业广播服务：以盈利为目的经营并由广告收入提供资金的免费广播服务。截至 2012 年，共有 273 个商业电台执照在发行。

· 订阅广播服务：对公众具有普遍吸引力并由客户订阅供资的服务。

· 订阅有限播送服务：对公众吸引力有限的服务并由客户订阅供资的服务。

· 开放有限播送服务：提供针对特殊兴趣群体（例如外语和赛马）或由于内容或位置而吸引力有限的节目的服务，且不通过订阅供资。

2003年，澳大利亚广播管理局（Australian Broadcasting Authority）委托进行的一项全国调查发现，70%的受访者定期收听商业广播，51%的受访者收听ABC或SBS，18%的受访者收听社区广播。

资料来源：Butler和Rodrick（2007，第490—496页）；ABA（2003）；ABC（2012）；ACMA（2012）。

放松管制（1992— ）

1992年《广播服务法案》放宽了资本准入的规定，反映了广播领域有意转向市场导向的方式（Butler and Rodrick 2007，第579页）。取消了对公司可能拥有的站点数量的限制和对外国所有权的限制。澳大利亚广播电台的所有权迅速整合，并在20世纪90年代末有了相当大的海外投资：爱尔兰的澳大利亚省级报纸和美国广播电台巨商国际透明频道收购了澳大利亚广播网络（ARN），英国的每日邮报集团成立了DMG。

该法案还引入了一个新的行业自律制度，"以现金换取评论"充分证明了该制度的局限性（见Box 8.2）。一个新的监管机构，澳大利亚广播管理局（ABA）邀请商业、社区和订阅广播行业团体与它合作，在考虑到普遍社区标准的情况下制定和登记涉及内容关键领域的行为准则（Halsbury's Law of Australia 2004）。

澳大利亚商业电台和社区电台将保留对当代摇滚和流行音乐等格式的高达 25% 的份额，但对于"怀旧"等利基节目，可能将配额降至 5%。这些配额并没有促使商业电台为新澳大利亚艺术家提供机会，也没有扩大主流音乐基础（Whiteoak 和 Scott-Maxwell 2003，第 560 页）。前 40 名、温和好听和易于收听的格式在 AM 乐队的大都市音乐电台中占据主导地位，乡村音乐在地区电台中具有一定的呈现。商业 FM 由以专辑为导向的摇滚音乐主导。Callout audience research 特权音乐已经为人所知。《青少年广播》（Teen Radio）因其观众年龄增长而被废弃。那些年龄在 25 到 39 岁之间的人被认为是最安全的广告收入来源，管理层通过直播名人而不是基于音乐内容来争夺这一观众群（Jonker 1992，第 29 页；Turner 1993a）。

临时社区许可证有效期长达 12 个月，以此鼓励人们试用他们的服务，允许 ABA[或自 2005 年起由澳大利亚媒体和通信局（ACMA）]监控媒体与传播许可者的表现，并充分利用广播服务乐队。至少有一个这样的电视台展示了利基节目的商业潜力，并吓坏了老牌电视台。1993 年，HITZ-FM 在墨尔本进行了为期 90 天的测试广播，提出了一种主流 FM 格式的替代方案。它的流行舞蹈理念在青少年和年轻人中非常成功，激起了墨尔本电台和法布（Counihan，1996）的反对。

专栏 8.2："评论换现金"

1999 年，ABC TV 的《媒体观察》透露：2UE 的 John Laws 与澳大利亚银行家协会达成了一项有利可图的协议，停止对广播中的银行的批评，并提供名为"整个故事"的片段。美国律师协会（ABA）发起了一项调查，调查商业协议或他当时的伴侣 Alan Jones 是否影响了他们节目的内容，以及 2UE 是否没有遵守英国广播公司（BSA）或澳大利亚商业广播电台（CRA，FARB 的继任者）的业务准则。职权范围随后被扩展，包括了涉及墨尔本、阿德莱德和珀斯电台的指控（ABA 2000，第 51—54 页）。美国律师协会（ABA）被打动了，并想询问，在一个民主国家里，公司寻求秘密购买而非公开传播其观点是否合适。调查发现，由于 Laws' 和 Jones' 未能披露他们的商业协议，导致大量守则被违反，而 2UE 未能遵守守则及其许可条件；其他电台也被发现有违规行为。2UE 许可证的新条件要求披露利益，并将广告与节目材料区分开来。在确保自律行为守则有效运作方面，这一事件揭示的系统性失败导致澳大利亚律师协会（ABA）对商业无线电许可证实施了三种标准（ABA 2001，第 30—31 页，41—43 页）。

法律把他自豪的赞助广告变成了充满牛铃音效的广告。2002 年，他还被指控没有透露与 NRMA 保险公司的协议。美国律师协会发现 2UE 多次违反其执照条件，将此事提交联邦公共检察长（DPP）。DPP 决定不采取行动，因为很难证明电视台的行为具有故意的犯罪动机。到了 2002 年，曾在 1999 年对支付对谈主持人支持费感到紧张的澳大利亚电信（Telstra），也准备支付 120 万美元赞助 Jones 在 2GB 的节目。美国律师协会（ABA）的调查发现，Jones 或 2GB 网站并没有泄露信息，因为澳洲电信（Telstra）是与麦格理网络（Macquarie Network）达成协议，而不是与 Jones 达成协议（ABA 2004，第 x-xii 页）。这些事件暴露了美国律师协会在监管框架方面存在的重大缺陷，并且由于其不愿暂停或取消商业无线电执照，迫切需要扩大对其适用的大陆法律制裁范围。关于其他协议透明度的问题继续出现在《媒体观察》上。

结 构

自 20 世纪 70 年代以来，澳大利亚的双重（ABC 和商业）无线电系统已大大扩展。但是，尽管澳大利亚体系容易被视为由独立的部门组成，但值得注意的是，各组成部门之间存在明显的重叠：ABC 由私营部门利益组成；ABC 在 1975 年至 1977 年间提供了一个"社区访问"站 3ZZ；在 SBS 成立之前，澳大利亚也有一些"民族电台"。1999 年，数十个社区广播电台开始通过卫星剧院播出澳大利亚广播电视前期"黄金时代"的经典歌曲；2006 年，该节目被国家电影与声音档案馆制作的《来自档案馆》取代。

商业电台

截至 2004 年，CRA 只能将 10% 的商业广播电台归为独立广播。直到最近，还有三个主要的大都市所有者：Austereo、ARN 和 DMG。Austereo 在每个首都有两个 FM 电台；其 Triple M 网络专注于 25—54 岁人群的音乐，而 2Day 则面向 18—44 岁人群。ARN 有 12 个电台；Mix FM 网络是一种面向 25—44 岁人群的现代形式，而"经典热门"品牌则面向 35—54 岁人群。同样关注 FM 的是 DMG，该公司在 2012 年完全控制了 Lachlan Murdoch 的伊利里亚有限公司（Illyria Pty Ltd）；DMG 针对 40 岁以下的人经营 Nova 网络和 Smooth FM 简易收听网络。该地区市场由麦格理银行（Macquarie Bank）所有、与麦格理网络无关的南方跨媒体集团（Southern Cross Media Group）主导，拥有 68 家电视台。强大的区域网络可以为打入大都市市场提供跳板。

2004年，DMG选择将其57个地区电台——在阿尔伯里（ALbury）、汤斯维尔（Townsville）和邦伯里（Bunbury）三个节目"中心"——出售给南十字星媒体（Southern Cross Media），以专注于获得新的都市FM牌照。2011年，南十字星媒体（Southern Cross Media）收购了Austereo的大部分股份。

为了回应音乐行业的要求，美国律师协会在1999年与CRA合作制定了一份修订后的业务准则，为"新的"（在过去12个月内发行）澳大利亚音乐制定了最低比例（Whiteoak and Scott——Maxwell 2003，第560页）。尽管普遍达到了配额，但直到2000年Triple M一周只播放四到六首新歌，很明显这位年轻的摇滚爱好者正在远离更大的FM电台。具有讽刺意味的是，Kasey Chambers的突破性成功是在2002年伴随着《Not Pretty Enough》出现的，这首歌讲述了商业电台不愿意播放她的音乐；作为2004年的老牌表演者，她看到自己的新单曲成为电台播放列表中添加最多的曲目。

商业电台也联合音乐节目和形式。自1984年以来，广播制作公司MCM Entertainment从2Day开始制作Take 40，这是该国最受欢迎的歌曲。2004年，巴里·比塞尔（Barry Bissell）退休并担任当年的主持人后，约有90个电台听到了他的讲话。新闻和谈话市场的联合组织进程也没有放缓。Collingwood（1997，第26页）估计在1986年至1996年期间，商业电台雇用的记者人数下降了三分之一。Turner（1996a）对布里斯班（Brisbane）广播新闻的研究表明，美国广播公司的4QR是本地制作新闻和时事的唯一提供商，并且比六家商业同行提供了更全面的服务。到2003年，南十字星娱乐公司已将其都市新闻简报发送给177家商业电台（Javes 2003，第5页）。

事实上，这种新闻和时事信息的规定已被放弃，现在访谈节目更受青睐。到 2000 年，一半的大都市电台和 38% 的大型区域电台都有访谈节目。移动电话增加了这一流派的受欢迎程度。2001 年南十字星传媒收购 2UE 时，一家报纸观察到该电视台的价值很大程度上来自它的两位明星：John Laws 和 Alan Jones（Ward 2002，第 22 页）。2002 年，尚未受到"现金换评论"丑闻影响的 Jones 通过一笔数百万美元的交易，从 2UE"叛逃"到 2GB。当时，他在澳大利亚商业电台获得了可观的股权，这预示着该电台的新发展（Masters 2006，第 419 页）。

政治家们看到了一种媒体的优势，这种媒体可以让他们直接与选民对话。John Howard 总理凭直觉上的理解，认为对讲电台已成为一种"新的"新闻媒体，其逻辑与新闻价值观驱动的"旧的"新闻媒体截然不同（Ward 2002，第 23 页，27 页）。在 2007 年大选之前，他的工党对手 Kevin Rudd 为了和年轻选民建立联系，经常在调频演播室里幽默地讲话。

2002 年，ABC 在大陆首都的新闻/谈话站平均每周首次超过 200 万听众。一些行业观察人士推测，FM 演讲——"时髦、紧凑、讽刺、有点忧郁"——是否会成为澳大利亚商业电台的下一篇大新闻（第 2002 天，第 5 页）。网络（如 Triple M）已转向以谈话为导向的节目，带来更多新闻、体育、娱乐和八卦，以及围绕着 Kyle 和 Jackie O、Merrick 和 Rosso、Hamish 和 Andy 等乐团的个性化节目。尽管如此，2008 年 Nova 和 2Day 回应了研究，研究显示听众对互联网上发布的大量新音乐不堪重负，他们希望广播能够通过引入以新专辑和艺人为特色的深夜节目来发挥过滤作用（Javes 2008，第 5 页）。

2009，2Day FM 节目《清晨》（the morning）的主持人 Kyle Sandilands 在一次直播采访中被澳大利亚广播公司停职，该采访涉及一名被指控强奸的少女受害者。还有其他一些争议，涉及主持人，因为他的自我意识和如何打破可接受的播间行为界限。由于调查了他对一名电视记者 2011 年的辱骂性评论，ACMA 对 2Day 的许可证设置了额外条件，五年内禁止播出任何"违反公认的地位标准"的内容（ACMA 2011，第 12 页）。

2011 年，广播协会还审查了确定遵循"以现金换取评论"的三个商业广播节目标准。ACMA 决定继续通过更有效地推动社区标准来规范商业电台的广告，直到业界制定处理广告的适当业务守则；继续通过基于披露模式的节目标准来规范商业电台的商业影响；并引入两个关于广告和时事披露的新标准。

Alan Jones 卷入的下一个争议，导致了新旧媒体之间精彩的冲突。2012 年 9 月，一家报纸透露，Jones 在年轻的自由主义者晚宴上发表讲话时说，工党首相朱莉娅·吉拉德的父亲最近"因耻辱而死"。包括变革、组织和破坏联合组织在内的游说团体发起了一场大规模的社交媒体活动，呼吁广告商抵制 Jones 的节目。为了遏制反弹，2GB 暂停该节目的广告一周，而 Jones 声称自己是"网络欺凌"的受害者。虽然 ACMA 在这一事件中没有发挥任何作用，因为广播公司的评论是在广播之外发表的，但大约在同一时间，它发现 Jones 违反了业务守则，播出了关于气候变化的不准确材料，并达成了一项协议，即 2GB 将确保 Jones 的节目进行事实核查，他将接受培训，并且该电台将作出更大努力，确保它在有争议的问题上提出一系列的观点。

除了诸如此类的重大争议外，广播及其"名人"现在往往在报纸的社会版面上进行报道。近年来,新闻界在很大程度上已经让出了严肃电台评论的舞台,而《时代绿色指南》(Age's Green Guide)和《澳大利亚人报》(the Australian)的媒体部分是显著例外。行业新闻和评论在很大程度上已经转移到网络上,最早的网站之一电台信息网(radioinfo)是由 Steve Ahern 于 1996 年建立的。

澳大利亚广播公司

根据其章程,澳大利亚广播公司(ABC)将提供创新和多样化的服务,以增强国家认同感,为澳大利亚人民提供信息、娱乐、教育和丰富文化,并鼓励海外对澳大利亚文化的认识(《澳大利亚霍尔斯伯里法》2004 年,第 275—310 页)。现在它有四个国家网络。国家广播电台("Radio to think by")提供国家和国际问题的深入信息和分析,以及音乐和年度博耶讲座(Boyer Lectures)。自 1994 年起,在议会尚未开会时,ABC 新闻广播(ABC NewsRadio)一直是澳大利亚唯一的全天候新闻和时事广播服务商。其覆盖范围正扩大到 70 个区域中心并覆盖 10000 及以上人口规模的地区,使新闻广播面向 95% 的澳大利亚人开放。ABC Classic FM 致力于古典音乐、爵士乐和原声艺术。Triple J,全国青年网络,1995 年扩展到区域领域(Jonker 1992,第 30 页;Turner 1993a,第 153 页)。

还有 ABC Local Radio,有九大本土电台(首都城市和纽卡斯尔)和 51 个地方性电台。它们的设计是为了迎合当地社区的需要,具有广泛的大众吸引力,并且经常获得澳大利亚重大体育赛事的独家非商业广播权,如奥林匹克运动会。ABC 的最后一部分是其国际服务,澳大利亚广播电台。

ABC一直容易受到政府审查的影响，20世纪70年代以来新闻政策的重大转变一直受到各派政治力量的质疑（Petersen 1999，第59页）。在整个上世纪90年代，ABC因缺乏平衡而遭受了持续的攻击，以及对其董事会越来越多的政治任命。1996年，联盟执政后宣布立即削减预算并设立《曼斯菲尔德评论》（Mansfield Review）。评论重申了ABC的非商业性质，国家广播电台（Radio National）和ABC新闻和时事的解散最终并未实现。然而，大量削减预算，数百个岗位流失。随着曼斯菲尔德（Mansfield）宣布ABC的"核心业务"是国内免费广播，澳大利亚政府关闭了电台的短波发射器。在东帝汶公投危机期间，澳大利亚广播电台在亚洲大部分地区保持沉默的愚蠢现象显而易见，而且2000年已经恢复了一些资金，用于向亚洲的短波和卫星传输（Dempster 2000，第251页）。

在2000—2001年担任常务董事期间，Jonathan Shier表现跌宕起伏，但他至少设法获得了额外的政府资金，其中一些资金被分配给了三家新的地区广播电台。这一举措，连同其他几个以地区为重点的倡议，表明了联合政府的民族党也参与其中。1997年，政府设立了ABC科学发展项目，为ABC科学周提供了便利。一年后，ABC与地区服务部合作推出了Heywire网站，旨在制作和播出地区青年的故事。在1999年12月31日，国家广播电台呈现了广受好评的马拉松广播历史。2001年，ABC成立广播区域制作基金，作为一项国家利益倡议，委托原创内容。政府在2001—2002年获得的额外资助使美国广播公司（ABC）能够招募和培训额外的50个广播员，这些广播员被分配到全国各地的32个地区电台。然而，DMG在悉尼和墨尔本的新星电台以一种与 Triple J 有点相似的形式吸引了听众，并加剧了关于 Triple J 应该如何独特发音的传统冲突（Inglis 2006，第 538 页）。

Mark Scott 是 John Fairfax 的前编辑总监，在 2006 年被任命为 ABC 董事总经理，开启了一段更稳定的时期。在 2008 年，由于 702 ABC Sydney 和 891 ABC Adelaide 的精彩表现，ABC 广播创下观众人数最多的纪录。然而，至少有一次改革行动没有得到有效解决。国家广播电台的专业节目编排特别容易受到精英主义的指责，并随之出现节目时长的缩短和资金削减。2008 年，Stephen Crittenden 宣布，他的《宗教报告》节目将被取消，其他六个专业节目也将被取消，这些节目大多在早上 8:30 的旗舰节目中播出。Crittenden 因情绪失控而被停职，而且美国广播公司电台（ABC Radio）的负责人 Sue Howard 在 2009 年被免职（Bodey 2008； Meade 2008）。最终，在 2012 年，宗教报道和媒体报道得以恢复。

但很快又起了争议，国家广播电台宣布计划从 2013 年的日程中削减一些节目，以控制预算。表演节目《空中剧场》将被削减，同时《读书》也将被削减，原因是观众人数下降。其他几个艺术节目也面临着被砍掉的风险，不过国家广播电台宣布计划创建一个新的创意音频单元（2012 年的《国家广播电台计划削减开支》）。如果 Airplay 被砍掉，那么澳大利亚广播电台的广播剧频道就所剩无几了，仅剩播放《卡斯尔雷线》的 2CH 频道和政治喜剧《我的仙人掌有多绿》的社区电台。

SBS

SBS 的成立是为了给澳大利亚提供多文化广播电视服务，它始终是根据语言来安排节目的，而不是根据社区来安排。现在成为一个全国性的广播网络，SBS Radio 的主要听众是 310 万在家不讲英语的澳大利亚人。自 1991 年以来，SBS 的公共资金一直由广告收入来补充。

在 2003 年，SBS 广播在近 10 年里首次推出了新的节目时间表。根据全国范围的咨询和普查数据，SBS 停止了盖尔语、威尔士语和白俄罗斯语广播，以便腾出空间播放马来语、索马里语、阿姆哈拉语和尼泊尔语的新节目。这 68 种语言节目中的每一个都以澳大利亚新闻、国际新闻和国内新闻开始。新闻简报部分来自 SBS 国家广播电台新闻工作室和国际新闻机构。这些节目包含时事、社会福利问题、访谈、体育、社区信息和音乐。他们密切关注当地社区，报道影响其听众的各种问题，报道健康问题，支持文化节和救灾呼吁，并经常在台外广播和访谈（Ang，Hawkins and Dabboussy 2008，Ch. 3）。

SBS 广播网络已经从主要的国土新闻服务转变为"澳大利亚信息网络——提供平衡和公正的澳大利亚和国际新闻和信息"。2011 年 12 月，SBS 电台模拟时间表又出现了一次审查。一个多平台的本土内容部门也在广播中制作《活黑》。

社区广播

2012 年，全国共有 362 个社区广播牌照。尽管大都会站的历史最为悠久，但现在约有 70% 都设在该地区。到 2002 年，澳大利亚有 37 个地区只有社区广播提供服务。例如，在澳大利亚南部的 Bordertown，5TCB 服务了大约 4000 名人口，并在传播当地新闻、时事和文化活动信息方面发挥了关键作用（Forde，Meadows 和 Foxwell

2002，第 36 页）。社区广播全国听众调查（2008）显示，15 岁以上的人平均每月收听社区广播的频率为 57%。

社区电台可能有特定的或广泛的支持者。FBi 属于后一类，它于 2003 年在悉尼成立，是一家另类音乐电台；50% 的音乐是澳大利亚的，还有一部分是由未签约的乐队演奏的。但 Forde、Meadows 和 Foxwell（2002 年，第 1、14、63 页）的研究表明，尽管社区广播参与者认为自己为主流媒体提供了替代方案，但在电台内部创建的社区同样重要。社区电台鼓励他们的听众参与电台运营和节目内容，该部门拥有超过 2 万名志愿者。

澳大利亚社区广播协会（CBAA）为行业提供了衔接点，并且还有其他集权的例子，部分原因是资源紧张。1991 年，传统上支持澳大利亚作曲家和新古典音乐实况录音的优质音乐电台，出于营销和后勤目的，成立了澳大利亚优质音乐网络（Forde、Meadows 和 Foxwell 2002，第 11 页，41 页）。直到 2008 年，94 岁的 Smoky 去世前不久，由 Smoky 和 Dot Dawson 在 Sydney's SHore 的 2NSB 举办的澳大利亚乡村音乐展演还能在伯兹维尔、闪电岭和袋鼠岛的社区电台听到。

虽然 80% 的社区广播电台播放某种形式的新闻服务，但到 2002 年，其中三分之二的社区广播电台使用联合服务来播放全国或国家新闻。该部门制作的《国家广播新闻》，被一半播放联合新闻的电台有偿使用。许多其他社区电台采用商业新闻服务（Forde，Meadows 和 Foxwell 2002，第 84 页）。

土著和少数民族的声音是澳大利亚社区广播的突出特点。由于土著人民几乎没有机会控制自己在商业媒体中的形象呈现，1996 年在布里斯班成立了国家土著广播服务（NIRS）。NIRS 以土著音乐为核心，旨在连接所有土著广播服务。围绕这一点，它会规划自己的国家新闻服务；处理健康、教育和其他相关问题的国家节目；体育赛事和节日的报道；当代澳大利亚音乐；以及本地节目。2002年，国家民族和多元文化广播公司委员会表示澳大利亚100多个社区电台使用英语以外的语言进行广播（Forde，Meadows和Foxwell 2002，第11页，50—51页）。

随着社区电台数量的增加，联邦政府的资金下降到只占该部门收入的10%。其余部分由当地企业的筹资和赞助提供，但电台必须确保其筹资努力不会对其商业对手产生不利影响。社区电台可以通过额外的政府和艺术机构申请拨款，但这可能是一个耗时且漫长的过程（Forde，Meadows和Foxwell 2002，第98、105页）。生产力委员会（The Productivity Commission）在2000年对广播进行的调查中认为，社区部门的社会和文化效益仅次于从经济角度证明广播的合理性。报告总结道，该部门可免费使用稀缺频谱。政府资金的减少和增加观众人数以吸引赞助者的压力有可能损害社区部门建立的目标（Forde、Meadows和Foxwell 2002，第15、117页）。

新型数字平台

订阅广播、开放和订阅窄播服务是1992年广播服务《法案》引入的广播类别，1997年，它们由澳大利亚订阅电视和广播协会（ASTRA）代理。到2011年，253份开放窄播传输许可证——主要是FM——已经由ACMA发放。在澳大利亚，低功率窄口铸造服务也越来越多。由联合基督教广播公司（UCB）运营的Vision Radio

Network 以估计仅 300000 美元的成本获得了大约 300 个发射机许可证，以便在全国范围内提供基督教广播（MacLean，2005）。

在网络环境中，广播不仅是一种点对点的，也是广播媒体。自 1999 年以来，澳大利亚已经建立了多个互联网电台——有可能覆盖全球的受众。由于这些电台不需要许可证，所以最大的成本就是带宽，主要的挑战是找到足够的广告支持（Macleay，2000）。

随着 MP3 播放器等便携式音频设备越来越受欢迎，澳大利亚广播电台面临着保持对观众和广告商的吸引力的挑战。澳大利亚广播公司（ABC）的财富迅速适应了网络环境，主持论坛、节目音频流、播客节目和印刷媒体。Triple J Unearthed 于 1995 年推出，旨在发现和分享独立和未签约的艺术家；紧随其后的是 2011 年专门播放澳大利亚新音乐的数字广播电台。2002 年，在澳大利亚广播公司（ABC）成立 70 周年之际，推出了面向 30 至 50 岁人群的在线音乐电台 DiG；DiG Jazz 和 DiG Country 紧随其后（Inglis 2006，第 539、558 页）。2008，国家广播电台（Radio National）建立了 Pool，它是一个新的在线社交网络和媒体分享网站，邀请观众进行协作和分享，并提供澳大利亚广播公司（ABC）档案材料以供混搭。同时，"ABC 广播电视台当地附属电台"通过澳大利亚广播公司（ABC）本地广播和澳大利亚广播公司（ABC）在线为 54 个地区提供本地报道。

2008 年，澳大利亚音乐广播 Airplay 项目（Amrap）成立，向社区广播电台传播和推广澳大利亚新音乐。2012 年，商业电台与蘑菇集团（Mushroom Group）合作，为尚未进入澳大利亚全国 100 强航空节目排行榜的未签约艺术家推出了"第一次突破"（First Break）。

许多商业电台、网络和主持人现在也在直播他们的节目，并使用他们的网站提供节目和个性信息，进行宣传，与听众互动。澳大利亚广播公司（Austereo）等网络公司正在寻求扩展其品牌，并将自己定位为"内容"提供商，而不仅仅是"广播"提供商。网络的存在使得音乐广播开始在年轻人的生活中重新扮演它的角色，更多的是通过尖端技术而不是提供新的音乐；通过销售音乐下载来创造新的收入来源的能力受到版权的限制。2010 年，SBS 推出了 Chill，世界音乐数字广播频道，以及 PopAsia，为年轻的澳大利亚华人提供主流亚洲流行音乐；紧随其后的是 2012 年的 PopDesi 和 PopAraby。

在地面广播中无线电信号的数字传输有可能通过卫星向偏远地区和区域地区提供服务，显著改善接收效果，并提供额外服务和内容，例如信息、图片、利基节目和时移。但是，虽然英国从 1995 年起就有了数字广播，但澳大利亚引进数字广播却旷日持久，人们对最合适的技术、必要的基础设施和接收器的成本，以及现有的商业执照持有者的作用，都有关注和争论（Given 2003b，第 100—101 页，第 111—114 页）。美国广播协会宣布五年内暂停发放新的商业数字许可，以保护现有持有人，并表示数字广播可能永远也不会完全取代模拟服务（DCITA 2004，第 2 页）。2006 年，政府公布了分阶段推出数字 ABC、SBS 和商业服务的计划，于 2009 年在主要首都启动；次年在堪培拉和达尔文开始了试验。在这些都会区，"指定"社区广播机构（商业无线电服务拥有相同牌照区域的机构）也有资格开始数字广播，其中一些服务已于 2011 年开始。继续开展向澳大利亚地区推广数字化的规划和成本计算。由于需要特殊的 DAB+ 接收器来收听各种设置，其中包括车辆，数字支持者面临着来自互联网广播的重大挑战，它可以在多种电子设备上收听，使澳大利亚人能够收听海外和国内广播。

结 论

得益于不断的适应和调整,澳大利亚无线电行业承受住了挑战和威胁。政府还在保护参与者免受新技术发展的影响方面发挥了作用,这样做限制了澳大利亚听众的选择。在过去25年左右的时间里,商业广播一直受到一系列放松管制、标准和道德实践缺乏任何有效执行以及所有权限制的削弱的影响。ABC、SBS和社区广播部门可能是宝贵的文化资源,但事实证明,它们在政府审查和财政压力下却很脆弱,比如人们期望它们用创新的方式去传播内容。SBS广播电台,一些社区广播电台和窄播电台也屈从于网络化,削弱了广播作为"地方"媒体的主张。那些在早期认为广播可以消除澳大利亚遥远距离的广播的拥护者们,不可能想象到广播主持人会在珀斯播出他在悉尼的早间节目,也不会容忍WS-FM电台在2001年圣诞节没有中断它的经典名曲播放列表而播放有关威胁悉尼的丛林大火的信息。

进一步解读

美国广播公司(ABC)通过多本书籍吸引了历史学家,其中包括:《英格利斯》(1983),《这是美国广播公司(ABC)》(2006),《谁的美国广播公司(ABC)? 彼得森》(1993),《新闻不是观点》(1999),Thornley的《谁的新闻?》(1995),《揭穿"惠特拉姆"神话》(1999),《澳大利亚广播政策》揭示了社区广播的发展,Forde,Meadows和Foxwell(2002)的《文化,承诺,社区》提供了这一领域的最新概述。自20世纪90年代以来,商业电台一直吸引着严肃的学术兴趣,在 Griffen-Foley（2009）的《变换电台》中达到了顶峰。《澳大利亚国际媒体》电台特刊（第 91 期，1999 年 5 月）之后是《对话》（第 122 期，2007 年 2 月）。Gived's（2003b）的《关闭电视》解决的是数字广播的问题。澳大利亚通信与媒介管理局（ACMA）、美国广播公司（ABC）、首尔广播公司（SBS）、柯林斯广播协会（CRA）澳大利亚社区广播协会（CBAA）的网站提供有关行业的最新信息。

第九章
电影、视频、DVD 和在线交付

德布·范霍文（DEB VERHOEVEN）

澳大利亚当代电影的创作之路充满了由行业传统、批判性传统、训练和先入之见等形成的深刻而空洞的印记。以这一章的标题为例。它描述了一个老生常谈但现在却被基本忽略的电影发行路线，那就是从大型公共影院到小型国内影院，通过一系列连续的发行"窗口"。然而，从制作到观众的路径已经不太行得通了。毫无疑问，现在"电影"已经是一个过时的术语，它可能已经完全丧失了它曾经作为行业实践的实质性描述所拥有的价值。因此，曾经被认为是全球电影企业和基础设施中坚力量的柯达（Kodak）等公司，如今在生产和展览中使用的电影胶片很少，而这些公司现在已经破产或没落了。同样，"视频"和"DVD"也不再是向观众提供内容的唯一方式，甚至不再是主要方式。所以我们就只剩下"在线交付"了，这是一种对商业交换形式的内容分散式的描述，并没有将电影与任何其他类型的业务区分开来。

对澳大利亚电影产业进行批判性评估的历史倾向于关注"澳大利亚电影"中的"澳大利亚人"如何能够或者应该被区分出来，既包括如何将其与其他国家电影院区分开，也包括它如何有助于保持对澳大利亚优秀和"善良"的论述。鉴于广泛的技术颠覆，我们现在可能需要研究"电影"本身作为一个行业和社会体验是如何区分的。在这种情况下，撰写当代澳大利亚电影的最大挑战或许是将其理解为一个嵌入（而不是独特的）的，参与其他国家电影行业、其他行业实践和其他商业交流的行业。

20世纪70年代至21世纪初的政府与电影

许多关于澳大利亚影片制作行业的争论，都是建立在对澳大利亚电影院被外国，尤其是美国产品主导的看法的反应之上的。因此，当电影产业的文化政策最终实现时，他们小心翼翼地强调了本土电影制作业在促进国家文化愿景方面所扮演的角色。由政府资助的电影将被要求展示"显著的澳大利亚内容"，在摄制组的组成、主题和背景方面都很明显。

至关重要的是，会议还决定，电影资金应由政府作为一个特殊的政策领域来管理。这项决定是澳大利亚艺术委员会临时电影委员会1968年报告的产物。报告建议在三个关键领域建立政府支持：建立电影发展资助机构；设立实验电影基金；并组建国家电影学校。

作为这些建议的直接结果，电影官僚主义的现代时代开始于繁忙的建立一系列广泛的机构（以及同样令人眼花缭乱的首字母缩写词的扩散）来协调工业和政府之间的关系。1970年，澳大利亚电影发展公司（AFDC——后来在1975年重组为澳大利亚电影委员会）成为第一个"公司"，成立时拥有100万美元的资金。为响应澳洲议会的建议，政府于同年成立了实验电影电视基金（EFTF）。1973年，随着澳大利亚电影和电视学校的出现，委员会建议的最后一个分支——国家电影学校得以实现（现在，它的课程中增加了广播节目制作，被称为 AFTRS）。

20 世纪 80 年代，政府扶持电影生产的观念被普遍认为电影工业本身就是电影生产的意思。由政府资助的电影似乎已经形成了一种"家庭风格"——例如，Dermody 和 Jacka（1987）称之为"AFC 类型"。然而，政府决定通过增加对愿意支持电影制作活动的投资者的税收补贴来试验其支持的水平。这一举措被称为"10BA"，源于税法中概述投资收益范围的部分。结果立竿见影，而且规模非凡。

在截至 1988 年的八年中，共拍摄了 400 多部故事片和纪录片（默片时期的相对繁荣期，即 1906 至 1928 年，共拍摄了 150 部影片）。其中许多影片从未打算让观众观看，只是为了会计人员的利益而制作。由于电影制作公司与财政年度紧密挂钩，争夺演员和工作人员，因此行业的工资迅速上涨。好的一面是，许多可能难以找到资金支持的电影得到了投资者的支持，而且他们对结果并不关心。令人惊讶的是，在此期间上映的这些电影为澳大利亚电影取得了成功的票房数据，此后却再没有出现过。

政府认识到很难管制根据 10BA 税项宽减所资助的电影的产出，因此建议设立另一个资助机构：电影金融公司（FFC），该公司将投资于有保证发行的商业电影（预售），然后收回利润，供后来支付给新项目。从 1988 年成立到 2008 年 20 年后倒闭，FFC 投资超过 25.8 亿美元拍摄了 1000 多部电影。然而，FFC 在支持盈利电影方面的成功与否令人质疑，只有少数投资电影回报了大量资金，尽管 FFC 的做法是确保自己的"特权回报"地位，即自己的投资比其他资助者的投资更早得到回报，但只有少数投资电影获得大量回报。FFC 的表现明显令人失望，导致政府在 2008 年对该行业的支持进行全面改革。经过重新审议，澳大利亚电影委员会、电影金融公司和纪录片制作实体 Film Australia 合并成立了一个新的政府实体，即澳大利亚影视（Screen Australia）。与之前的电影行业一样，澳大利亚电影公司也期望实现对澳大利亚电影产业的两个期望——平衡对更好的商业表现和对高质量和文化重要性内容的期望。

表9.1 主要行业数据 2008—2012

	2008	2009	2010	2011	2012
电影招生	8460万	9070万	9200万	8500万	8590万
电影屏幕	1980	1989	1996	1991	1995
平均票价	11.17美元	11.99美元	12.26美元	12.87美元	13.10美元
总票房	9.454亿美元	1.087亿美元	11.328亿美元	10.938亿美元	11.255亿美元
国内票房	3.8%（3550万美元）	5%（5480万美元）	4.5%（5060万美元）	3.9%（4290万美元）	4.3%（4790万美元）
电影上映总量（新片）	301	347	326（美国发布50%，27年来首次）	342（美国仍处于50%之中）	421（42%来自美国）
澳大利亚电影上映成功	32（11%）	44	29	36（11%）	43（7.8%）
澳大利亚电影票房冠军	《澳大利亚》（2690万美元）	《最后的舞者》（1490万美元）	《明日，战争爆发时》（1340万美元）	《红犬历险记》（2130万美元）	蓝宝石（1440万美元）

资料来源：*MPDAA*。

第二部分 行　业

政府与电影，2000年代—2010年代

20世纪70年代初，正是外国企业主导了澳大利亚视听产业的观念，促使人们呼吁政府更多地参与当地的电影生产活动。20世纪90年代末，公平地说，国际资本在澳大利亚电影业中仍然具有影响力，但普遍认为国际参与并不总是完全消极，也不与政府的支持背道而驰。21世纪10年代初，澳大利亚政府制定的政策就基于这样的观念，即澳大利亚主流电影的成功很大程度上依赖于国际社会对电影产业的参与。外国生产（一个由非澳大利亚人发起、开发和控制的项目）和国际合作生产（在这种情况下，创造性的控制权由澳大利亚和外国合作伙伴分享）正在澳大利亚越来越多地发生，并对导致人员的大量就业和后期制作行业的急剧扩张。

表9.2　故事片行业概述

	2007—2008	2008—2009	2009—2010	2010—2011	2011—2012
制作澳大利亚故事片	39	38	42	21	28
澳大利亚电影在澳大利亚的预算支出	1.72亿美元	3.68亿美元	2.73亿美元	8900万美元	2.96亿美元
联合制作	3	2	5	4	4
澳大利亚联合制作预算	3700万美元	2500万美元	5300万美元	6700万美元	4400万美元
澳大利亚制造的外国特色	22	13	11	14	20
外国电影在澳大利亚的预算	1.18亿美元	2100万美元	1.8亿美元	3100万美元	4100万美元
编号偏移特征	19	24	30	15	28

来源：澳大利亚荧屏。

迄今为止，国内产业国际化的压力是贸易协定、联邦和州政策举措的直接结果，这些举措为生产商提供了巨大的激励，以及澳元的相对价值。例如，2004年签署的《澳大利亚－美国自由贸易协定》（AUSFTA）包括一系列限制澳大利亚监管当地视听内容能力的条款。在更为地方的层面，新南威尔士、昆士兰和维多利亚州的州电影机构已开始疯狂追逐外国或"失控"的电影制作，并热情资助专门为吸引大预算外国电影和电视项目而设计的制片厂设施，如《我》、《科学怪人》（维多利亚，2013年）、《了不起的盖茨比》（新南威尔士，2013年）和《圣殿》（昆士兰，2011年）。昆士兰（Queensland）、新南威尔士洲（New South Wales）和南澳大利亚洲（South Australia）也提供豁免薪资税，而维多利亚洲（Victoria）和西澳大利亚洲（west Australia）也向外国生产商提供赠款和项目资助。他们的努力得到了联邦监管的可退还税款抵消支持，专门用于吸引外国（离岸）产品到澳大利亚。实现这一结果的主要政策机制是位置补偿。为了符合条件，在澳大利亚的生产费用必须至少达到1500万美元，才能获得16.5%的退税。2013年宣布进一步延长位置抵消，以适应澳元的持续高价值，并对《金刚狼》进行一次性付款，将该电影的折扣提高到30%。同样令人感兴趣的是后期制作数字和视频（PDV）抵消，它吸引了外国电影，如《泰德》（2012）、《饥饿游戏》（2012）和《复仇者联盟》（2012）使用澳大利亚公司进行后期制作工作。

除了澳大利亚制作的价值之外，几位著名的澳大利亚制片人和导演通过将他们的电影设在这里为澳大利亚带来了国际资金，包括George Miller（《欢乐大脚2》，2011年，华纳兄弟）、Baz Luhrmann（《了不起的盖茨比》，2013年，华纳兄弟）和Hugh Jackman（《金刚狼》，2013 年，福克斯）。从 21 世纪中期开始，一批在国际上大获成功的"大牌演员"也开始与澳大利亚的电影项目签约，希望以此来增加国内外票房。这一趋势的最近例子包括 Robert Pattinson（《沙海漂流人》，2013 年）、Ethan Hawke（《嗜血破晓》，2010 年）、Willem Dafoe（《破晓者和猎人》，2011 年）、Chris O'Dowd（《蓝宝石》，2012 年）、Charlotte Rampling（《风暴之眼》，2011 年）以及 Robert de Niro 和 Clive Owen（《杀手精英》，2011 年）。国际公认的澳大利亚主要明星继续回国工作：妮可·基德曼（《铁路劳工》，2013 年）、盖·皮尔斯（《漫游者》）、瑞思·柯万腾（2012，不适合儿童）托尼·科莱特（《疯狂保姆》，2012；2013，《反叛》）和米娅·华希科沃斯卡（《沙漠陀影》，2013 年）。从结构层面而非简单的叙事性或主题选择层面来看，这幅画展示的一个流动性的行业融入全球电影经济的情景。

专栏 9.1：2010 年代初期的结构性问题

· 在 2011—2012 年间，制片人补偿资格降低了门槛，这意味着该年所有故事片都成为补偿片。

· 过去五年故事片预算均衡增加，票房超过超过 600 万美元

· 各级政府加大对电影制片人的优惠和激励力度

· 随着全球金融危机影响减轻，对私人金融的信心增强

· 近年来行业平均收入略有下降，但预计还会增长

· 多频道数字免费电视和付费电视的影响正在提高对当地产品的需求

· 澳大利亚行业仍然是好莱坞削减成本的主要受益者。在 21 世纪初，澳大利亚获得的收入估计占好莱坞海外电影制作支出总额的

5%—6%。目前，约 33% 的好莱坞电影制作于海外。

- 电影银幕已经从市中心（73，"历史性低位"）转移到郊区（1111，占电影银幕的 56%），贡献了 62% 的票房收入。

21 世纪 10 年代的国际转移综述

- 美国电影制片厂的收入一落千丈。大型媒体集团旗下五家电影制片厂（迪士尼、环球、派拉蒙、二十世纪福克斯和华纳兄弟）的税前利润在 2007 年和 2011 年之间下降了约 40%。

- 许多计划在国际上广泛发行的电影追加了额外的预算，增加了灾难性失败的风险。2009 年有五部电影预算超过 2 亿美元。2010 年只有 6 部，2012 年 8 部。

- DVD 销量迅速下降（自 2004 年销量达到顶峰以来下降了 36%），但网络视频的销量弥补了这一减少。

- 出名的电视越来越受欢迎，有的剧集每小时耗资 500 万—600 万

- 产量下降。2006 至 2012 年间，六大制片厂将他们制作的电影数量减少了 14% 至 54%。

- 新数字服务对电影产品的需求加剧，如奈飞（Netflix）和亚马逊（Amazon）的付费会员（流媒体电影租赁服务）。奈飞（Netflix）现在占美国所有互联网流量的三分之一。

- 消费设备的激增。美国人拥有大约 5.6 亿台互联网设备，如游戏机、平板电脑、智能手机和笔记本电脑（人均约 2.7 台）。

- 发展基于云计算的版权管理（例如"UltraViolet"），而不是将所有权作为一种零售模式经营。

- 中国超过日本，成为继美国之后的第二大电影市场。在截至 2012 年的五年中，中国的银幕数量翻了一番。

政府在推动民族电影制作过程中扮演了多种角色。最重要也是最容易追踪的方法是直接的制作补贴和税收激励。在这方面最重要的组织是联邦机构澳大利亚荧屏（Screen Australia），该机构通常与各州电影放映厅合作。自从2007年制片人补偿政策实施以来，与联邦和州政府资助的电影资金比例平均为13%，在此期间8%来自私人投资者（例如，《红犬历险记》的资金主要来自采矿业）。28%来自制片人补偿本身，9%来自电影和电视行业（例如发行人），42%来自外国投资者。

当然，在2007年7月，补偿激励措施的出台直接刺激了澳大利亚电影的私人投资水平，同时也吸引了海外项目。有"显著的澳大利亚内容"的项目或官方联合制作的制片人可以获得制片人补偿。该计划取代10BA的税收优惠，在获得初步成功以及电影行业说客对其扩张施加巨大压力后，该计划于2011年进行了调整。2012年，所有符合条件的澳大利亚故事片都依赖制片人补偿来构建财务结构。一旦一部电影完成，退税可以通过制作公司的纳税申报单获得，并且退税金额占澳大利亚电影支出的40%。故事片的交付时间长意味着我们的确才开始看到补偿对澳大利亚电影业绩的影响（例如，从票房的角度看）。

政府干预的第二种主要形式是内容管理，在澳大利亚，内容管理适用于电视广播，无论是广播时间（免费直播电视）还是最低支出（订阅电视或付费电视）。澳大利亚自贸协定限制了政府在未来调整金额或改变付费电视监管模式方面的灵活性。随着我们快速走向技术趋同和全球化的内容传播，传统文化手段，如内容标准的管制将变得越来越难以控制。此外，自贸协定使新媒体完全不受当地内容规定的限制。在这一点上，由政府资助的电视网络ABC和SBS将在国内产业的命运中扮演更具有影响力的角色。尤其是考虑到政府对电影公司的直接资助在一段时间内停滞不前,无法跟上产业成本上涨的步伐。相反,政府越来越多地寻求策略来促进民间对该产业的投资。

非政府生产:众筹

小型私人融资平台的出现,如 Kickstarter(成立于 2009 年)、IndieGoGo(2008 年)和澳大利亚的 Pozible(2010 年),对于不符合制片人补偿最低预算门槛的独立和低成本制片人来说,是一个重大发展。这些网站为公众提供了资助创意项目的机会。目标是在自主设定的时间期限内提高融资目标。这是一个极端的机会(如果目标没有在时间框架内实现,那么承诺的资金就不会释放给制片人)。除了提供前所未有的融资机会,这些网站还提供了在开发和制作过程中为未实现的作品找到观众的有用途径,并为电影推广提供了一个新的平台(更深层次的"开始"营销形式)。

总部位于澳大利亚的众筹网站 Pozible.com 自 2010 年运营以来,对屏荧幕项目资助产生了重大影响。在头 18 个月中,已认捐约 247 万美元用于筛选项目,330 个项目共收到 221 万美元。超过 21000 名个人捐赠者通过该网站支持了银幕项目。Poziby 上的银幕内容主要以短片和基于网络的视频形式出现,这些形式代表了 poziby 领先于音乐的最大融资类别。但作为众筹的竞争者,更大的项目开始出现。澳大利亚最出名的众筹电影可能是《铁的天空》(Iron Sky)(2012),该影片是与一家澳大利亚公司联合制作。David Barker 的新电影《二次降临》(The Second Coming)在六周内筹集了 76585 美元,并利用签名电影海报、完成电影的数字下载、DVD 和书籍制作、对字幕的认可以及特别重要的捐赠（15000 美元）刺激措施，联合生产商信贷。

众筹机会对制作人来说至关重要，因为它们有助于填补预算空缺，虽然很少覆盖整个制作成本。

依靠众筹实现高于 10 万美元目标的项目很少。2012 年，政府机构 Screen West 与 Pozible 进行了一项 250000 美元的匹配资助计划，该机构承诺以 3:1 的比例提供资金（政府每筹集 1 美元将提供 3 美元，上限为 5 万美元）。在短短几天内，Screen West 将其全部预算用在了前六个项目上，以实现这一目标。资助的项目包括一部数字纪录片（《Punjab》到《Perth》）、虚构短片（《探戈内裤》）、定格动画（《爱迪生：权力的冒险》）和一款 iPad 应用。

澳大利亚电影话语

澳大利亚早期电影的繁荣与萧条

总体而言，无论是澳大利亚政策制定者还是电影历史学家，都将电影制作背景作为全国性电影的主要特征，依赖于一种偏好可量化保证的叙事。因此，澳大利亚电影史通常以电影制作的数值标准划分为——繁荣时期和萧条时期。尽管生动地捕捉到了无常和脆弱的感觉，澳大利亚电影史上的故事却引发了许多问题。首先，从国际角度来看，传统版本的《繁荣与萧条的年代》错误地解释了澳大利亚电影在全球具有重要意义的类型，也许没有什么是值得的。因此，尽管按照澳大利亚的标准，有大量的电影是在电影院初期或 20 世纪 80 年代初制作的，但这些电影的影响力——尤其是在澳大利亚以外的地区——是微不足道的。另一方面，二战后——通常被描述为繁荣或萧条时期——是国际社会对澳大利亚电影高度关注的时期（Molloy，1990）。English Ealing Studios 在 20 世纪 40 年代末和 20 世纪 50 年代初都非常活跃，13 年间在澳大利亚制作了约五部故事片，其中包括广受欢迎的史诗《Overlanders》（Harry Watt，1946）。美国华纳兄弟公司（Warner Bros）和二十世纪福克斯（Twentieth Century Fox）分别制作了《日落》（Fred Zinneman，1960）和《袋鼠》（Lewis Milestone，1952），好莱坞明星（Robert Mitchum，Deborah Kerr 和 Maureen O'Hara）。

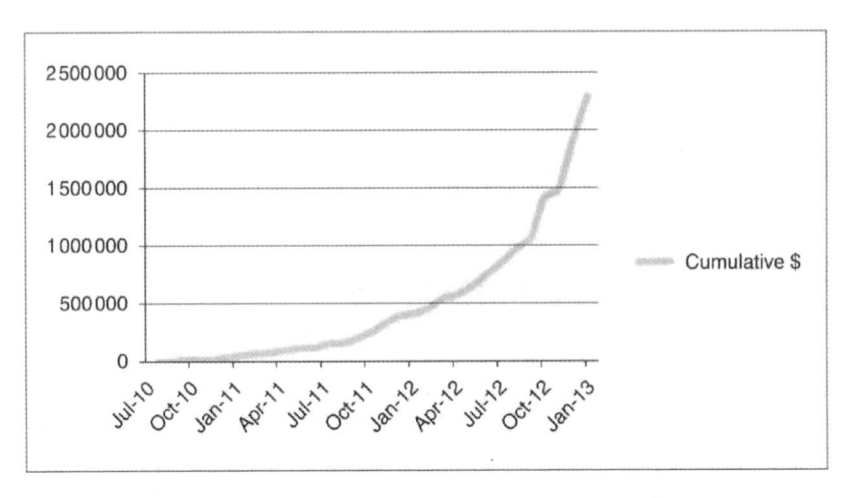

图 9.1　对 POZIBLE.COM 的屏幕项目承诺

来源：*Pozible.com*。

对于那些喜欢看电影的人来说，这也是一个活跃的时期。战后不久，电影协会和电影节运动蓬勃发展，引进非好莱坞电影，并围绕其上映发表评论和辩论。到了 1958 年，银幕文化运动已经扩展到包括了一个新的国家机构，即澳大利亚电影学院（AFI）。该组织负责举办澳大利亚年度电影产业奖，并成功参与了政府加大对电影制作支持力度的运动。

两个行业，1975—1990

Dermody 和 Jacka（1987）认为在 20 世纪 70 年代中期至 80 年代中期，澳大利亚电影制作历史的特点是艺术和商业的双重角色之间的紧张关系，以及这两种对本地电影的对立愿望之间不断变化的互动方式对所资助电影的性质的影响。对于 Dermody 和 Jacka 来说，这些对产业应该或可以是什么的相互竞争理解被形象地描述为《行业1》和《行业2》，它们分别提到了"民族主义话语"和"商业主义话语"（Dermody and Jacka 1987，第 197 页）。表 9.3 列出了这两种话语的主要特征。在《德摩迪与杰克》（Dermody and Jacka）的图式中，《工业 1》（Industry 1）收录了《我辉煌的事业》（My Brilliant Career）和《破坏者莫南》（Breaker Morant）等电影，以及更具颠覆性或实验性的电影，如《棕榈滩》（Palm Beach）或《纯狗屎》（Pure Shit）。尽管 AFC 长期以来作为澳大利亚电影的制作力量已经被取代，但可以发现最新的工业典范——如《风暴之眼》（the Eye of the Storm）（2011）和《沙漠驼影》（Tracks）（2013）。电影主要关注当地的主题，并传递给澳大利亚艺术博物馆的观众。

表格 9.3 澳大利亚电影行业的两种论述

行业 1	行业 2
社会关注	社会关注的不是电影产业；而是娱乐

（续表）

寻找一个澳大利亚认同	澳大利亚是国际舞台的一部分；民族身份等同于仇外心理
莱蒂什工党	没有尖锐的政治派别，但可能是自由选民
为当地观众提供预算适中的电影	面向国际观众的大制作电影
有教育意义，有社会目的的电影	反信息电影；它们是"观众扫兴者"或"社会工程"
对其他艺术，文学，中产阶级感兴趣	反势利、反艺术、中庸
懂电影的人或电影爱好者	反艺术电影
反垄断价值观；独立的捍卫者	支持好莱坞："他们做得更大、更好，我们可以向他们学习"
支持政府对产业的监管	对于"自由市场"
反对文化帝国主义	"文化帝国主义？没听说过！"
电影的文化和政治利益不一定是可量化的	最重要的是"招揽观众"和票房收入

与此形成鲜明对比的是，Dermody 和 Jacka 的《工业 2》描述的是那些想要以好莱坞为榜样建立一个有利可图的本地产业的电影制作人——换句话说，电影制片人选择了一个更易于扩展、更工业化、更精简的电影制作方法。Dermody 和 Jacka 在该组中确定的模范制片人是 Anthony Ginnane，他制作了诸如《帕特里克》（1977）等惊悚片和《时间守卫者》（1986）等科幻电影（Dermody 和 Jacka 1988b，第 30—36 页）。这些电影制片人被视为明确地在澳大利亚以外的地理范围内寻找观众。我们可能会越来越多地在澳大利亚找到许多当代国际和商业导向的类型制作的实例。同样地，澳大利亚一些大型公司在与澳大

利亚国家议程没有明显联系的情况下越来越倾向完全海外生产融资。乡村路演图片的国际输出（例如，《强盗小队》（Gangster Squad）或（威尔史密斯的电影《我是传奇》（The Will Smith vehicle I am Legend）和风靡全球的电视节目《超越制作》（Beyond Productions）（Mythbusters）都是引人注目的例子，正如 Omnilab 的国际投资活动一样。这是一家总部位于悉尼的大型后期制作公司，同时也制作电影，并在澳大利亚和海外共同投资制作电影，其中包括《杀手精英》（Killer Elite，2013）。

行业 3

到20世纪90年代末，除了 Dermody 和 Jacka 的两种行业模式之外，还有可能出现第三种模式。Jacka（1997年，第88页）实际上暗示了"行业3"，它包括愉快地嵌入本地和全球的电影和制片人，其中利基并不仅仅意味着国内或艺术片，而全球并不仅仅意味着海外或商业片。"行业3"通常包括由澳大利亚人发起的电影，这些电影希望与大量预算、国际资源、知名演员、当地内容或人员合作，在澳大利亚或海外拍摄，或将两者结合起来。这些作品的好例子是 Jane Campion 的节日放映/高级电视剧《湖畔谜案》（2013）（澳大利亚/英国联合制作），Baz Luhrmann《了不起的盖茨比》（华纳兄弟，2013），Alex Proyas 的《先知》和 George Miller 的《欢乐大脚》系列（华纳兄弟）。它们可能还包括"较小"的电影，例如 Cate Shortland 的《Lore》（由欧洲和澳大利亚投资者投资）或 Pauline Chan 开创性的澳中合作制作的《33张明信片》。从《疯狂的麦克斯：狂怒之路》（Mad Max：

Fury Road, 2013）中可以看出这些"澳大利亚国际化"电影的影响，这是一部几乎完全在非洲拍摄的澳大利亚剧。

简·皮坎恩和巴兹·鲁赫曼是这个国际——澳大利亚——跨国电影工作者的典范。他们可以在任何地方工作，在全球寻找资金，但不愿意牺牲自己的艺术独立性和追求反主流视角的兴趣。在这些"交叉"电影的发展中，简·皮坎恩是一个特别重要的人物。她成功的电影《钢琴课》也许是第一个"艺术克星"（艺术大片）。利用好莱坞大牌明星扩大观众（为了逃避缺乏真实性的指责，巧妙地将其中一个变成沉默寡言），简·皮坎恩重新接受了传统艺术电影制作、发行和放映的做法。

政府新出台的一系列补偿措施进一步巩固了澳大利亚第三产业的存在。这些激励措施专门为增加该部门的私营和国际资金和提高预算水平而设计，再加上官方合作制作条约的增加，指出当代电影业的组织结构发生了变化，不再将政府支持的国家电影和面向国际的商业电影制作区分开来。

行业 4

当我们进入重大产业动荡时期，似乎正在形成第四产业模式。行业 4 的特点是采用新方法制作和分发由屏幕行业数字化提供的内容。如果我们认为电影制作方在制作作品的定位是在战略策略和战术策略之间，那么"行业 4"（Industry 4）将更加符合战术策略。这一区别改编自 Michel de Certeau 的《日常生活的实践》。De Certeau 将"战略"与制定规范和惯例的强大机构（他称之为"生产者"）相结合，并与个人（"消费者"）"策略"相结合，他们创造性地在这些战略定义的环境中寻找机会，在传统做法的缺口和失误中寻找机会。发展de Certeau 对当代融合媒体生态的思考，现在有可能认为"生产者"也可以在战术上发挥作用（相反，消费者可以"定义"环境）。荧屏内容制作的传统战略方法通常包括在固定地点和有限的时区内工作，支付当地管理费用，并依赖现有的资金结构，如政府拨款。一种战术方法应该使用数据挖掘来识别受众，依赖外包劳动力，采用 24 小时工作周期并使用机会主义方法进行融资。《隧道》（2011）是澳大利亚电影制作中战术方法的一个典型例子。这部电影同时在澳大利亚少数影院发行，在澳大利亚和新西兰通过付费电视和 DVD 发行，并通过〈www.bittorrent.com〉（一个受欢迎的对等交换网站）合法在线发行。在四天内，这部电影已被超过 40000 名用户下载，到第一周结束时，有近 100000 名用户下载了这部电影。相比之下，另一部同一时间在影院上映的较为传统的澳大利亚恐怖片《The Reef》在首映周末时，只有 3800 名观众观看。Tunnel 的资金是零碎的。首先，制片人以一美元的价格将电影中的单个帧出售给公众。在此基础上，他们筹集了约 40000 美元。后来，比特流（bit-torrent）网站的访客进行了少量捐赠（大部分在 12—15 美元之间）。原始版本以来，电影也出现在美国广播公司（ABC）iView（一个追赶电视网站），也可以作为价值 1.99 美元的 iTunes "应用"，给购买者一个完整版的电影 + 额外彩蛋，例如"在幕后"视频、照片画廊等。

专栏 9.2：行业 3 和行业 4 的特点

行业 3

- 在国际和国内都取得了成功
- 跨国演员和工作人员
- 电影：一体化视听产业的通俗认知和玩乐数字制作技术
- 受众：全球的小众受众
- 电影制作人：利用国内和国际地点；使用政府和非政府资金

行业 4

- 内容：
- — 通过支持"利益共同体"（"开始"营销和众包）实现，而不是将受众定义为开发过程的外部对象。
- — 通过"策略"（低调）而非"战略"方法来实现。
- — 敏感并因此可扩展至观众兴趣。
- — 继续通过同时采用长尾营销策略实现资金注入，通过多样化途径吸引观众，而不是连续一系列独家发行的"窗口"。
- 观众：
- — 参与并随着项目的发展而投资。
- — 基于利益而非地缘政治。
- 电影制作人
- — "内嵌创意"其中的内容制作技能可以转移到其他行业。
- — 对于"澳大利亚公民"或任何国籍作为荧屏内容或制作方法的定义特征，没有特别的兴趣或关注。

发行和展览

在澳大利亚，每年约有一千部电影被提交分类。其中，每年有超过 300 部电影（在 2012 年超过 400 个）为首次发行。这些出现在近 2000 块银幕上，这些银幕由四大连锁影展主导，占全国票房的 70% 以上，控制了一半以上的影院银幕：Greater Union（479 块银幕）（包括昆士兰的 Birch、Carroll 和 Coyle）；霍伊茨（369 个屏幕）；Village（506 个屏幕）和美国公司 Reading（160 个屏幕）。中型院线占影院屏幕的 18% 左右，独立影院占 30% 以上。大部分电影（95% 左右）是由少数几家主要国际发行商和当地公司有关联（比如，猎户座、二十世纪福克斯、哥伦比亚三星和华纳兄弟与《乡村路演》有关联）。有许多小得多的澳大利亚发行商（超过 40 家）逐一竞争电影（Palace、Dendy 和 Icon，仅举几例）。其中，皇宫电影公司也有约 85 块银幕。一些主要参与者还经营海外场馆（结果喜忧参半）。例如，Amalgamated Holdings 在德国和新西兰经营电影院，Village Roadshow 在新加坡设有电影院。

现在，电影大部分都以数字格式发行和放映，这为发行人在印刷、运输和储存成本方面提供了极大的节约。从电影形式到数字形式的转变已经影响了整个电影行业的价值链。库存供应商和电影加工实体都面临着黯淡的未来，主流 35 毫米胶片预计到 2014 年底将在美国和其他主要市场完全停止，不久之后可能会在全球范围内停产。在高峰期，全球电影发行每年使用大约 40 亿米的胶片。这一数字在 2010 年开始急剧下降，现在接近 12 亿米。

对于电影制片厂来说，数字发行不仅能方便地进入国际市场，而且不受地理距离的限制。只需按一个按钮，只需花费一小部分成本（没有放映员，最少的设备维护），就可以将原始的好莱坞电影直接搬上你身边的屏幕，这一行为，对电影院没有实质好处，但是对电影制造业有利。当然，这种电视荧屏的提升体验基本上是正确的，但是对于字幕，它的放映并不是完全未知的，因为提供给电影院的数字文件无法在预定时段之前立即被解锁，并且无法像放映电影那样被测试。

电影院也在通过裁员降低成本来应对数字化（大多数连锁影院现在雇佣的流动放映员数量非常少，以前每个影院可能有几个）。随着触屏售票机和在线订票系统的引入，成本也有所下降。网络信息系统的使用减少了当地报纸上广告的数量。除了削减成本，数字发行还为多个预告片、更多直接营销、为听力障碍者制作字幕和量身定制以及电影内容定制（如多种结局）的可能性提供了机会。电影发行更易于扩展，因此"突破"的热门电影可以快速、轻松地延伸到其他屏幕。不利的一面是，由于目前还没有任何一种数字格式能够与电影作为保存媒介的有效性相匹配，这对于内容的存档有着巨大的影响。

尽管全球前景仍基于卫星传输的可能性，但澳大利亚国家宽带网络（NBN）的前景提高了业界对高速地面网络内容传输的期望。2013年3月，总部位于美国的数字电影发行联盟（由AMC Theatres、Regal Entertainment Group、Cinemark Theatres组成），环球影业（Universal Pictures）和华纳兄弟（Warner Bros）与大多数主流电影公司达成协议，建立跨行业的分销服务，将基于卫星技术在北美为每个连锁公司直接提供数字发行服务。

但并不是所有影响澳大利亚电影放映和发行的因素都可以归因于数字化的影响。澳大利亚的年度国内票房数字很大程度上受到一部大片的影响（《蓝宝石》《欢乐大脚》《澳大利亚》等——任何票房超过 1000 万美元的电影）。如果没有来自澳大利亚的收入，2007—2008 年 3.8% 的本地票房份额将降至不到 1%。在 2003 年和 2005 年之间，甚至没有一部热门电影——痛苦地指出了本土票房的脆弱性。事实上，只有回到 1996 年，人们才会想起澳大利亚电影回归时的宁静时光。

在 1996 之后的 16 年左右的时间里，电影发行发生了一系列重大变化，这些变化仍在持续。在 1996 年之前的 16 年里，澳大利亚电影 9 次占据了澳大利亚总票房的 8% 以上。自 1996 年以来，这种情况从未发生过（Jericho，2013）。这些数据告诉我们澳大利亚电影市场变化的重要性。因此，2001 年，当本地故事片（《红磨坊》《马兰塔纳》《控告上帝的人》和《洛杉矶鳄鱼邓迪》）创下 6340 万美元的纪录时，这一收入仅占澳大利亚票房的 7.8%。导致这些现象的一个原因是屏幕数量和观众的座位数量。1986 年，当第一部《鳄鱼邓迪》在澳大利亚公众面前上映时（仅占据当地票房的 21% 以上），共有 626 块银幕（共 295000 个席位）。当《鳄鱼邓迪》在洛杉矶上映时，屏幕数量几乎是这个澳大利亚屏幕数的 1855 倍（463000 个座位）。到 2012 年，这个数字又上升到了 1995 块银幕。如果《鳄鱼邓迪》获得同样多的票房收入（即使根据 2012 年的票价进行调整），它的总票房也只会占澳大利亚票房的 9% 左右（Jericho，2013）。因此，与以前的高收益公司相比，今天的成功案例面临着更多的障碍。这是因为，尽管澳大利亚的总票房一直在增长，但自 21 世纪初以来，实际售出的门票数量（入场人数）一直持平。此外，尽管上映的电影数量大幅增加（1996 年 280 部，2011 年 342 部），但每名观影者的平均观影次数也有所下降（1996年11.3次，2011年6.8次）。2011年至2012年间，获得发行的电影数量增加了23%（548部电影报告了票房，其中421部是首次在澳大利亚影院上映），这一速度与整体票房增长明显不成比例。然而，2012年首次上映的国产影片数量从2011年的36部下滑至27部，为五年来的最低水平。这一切造就了一个前所未有的"拥挤的市场"，包括澳大利亚电影在内的所有电影都在争夺关注度。

表9.4　澳大利亚的数字屏幕

2006	2007	2008	2009	2010	2011	2012
27	30	54	311	452	704	1436（72%）

来源：*Screen Australia; MPDAA*。

DVD

大多数电影很少单纯依靠上映获利。在当前环境下，一部电影要花2.5年的时间充分挖掘各种可能的发行渠道；然而，随着这一章的开篇，发行窗口正在崩溃，发行平台正在汇聚，观看电影的设备正在多样化。总体而言，大约20%的工业收入来自电影票房总收入。在过去，DVD（以及之前的视频）在通过电影片名来吸引观众方面的作用不可低估，即使它们依赖于一个成功的上映季来创造"瀑布般的"回报。DVD产业是电影在澳大利亚制作、销售和观看的重要组成部分。2003年，澳大利亚的DVD和视频销售额首次超过电影票房。2008年，DVD零售额超过14亿美元，轻松超过当年的电影票房（9.46亿美元）。另一方面，把这个成功放在大背景下，电子游戏（硬件和软件）的销售收入远远超过了这些数字（2008年为19.6亿美元）。然而，

DVD 租赁和销售在澳大利亚从 2008 年开始下降（尽管引入了相对较新的更高清晰度蓝光格式），然后从 2009 年开始直线下降。这种急剧下降的原因并不是价格下降，购物中心出现了自助租赁亭，电影和 DVD 发行之间的窗口缩小。

表 9.5　DVD 批发销售量

	2007	2008	2009	2010	2011
DVD 批发收入	13.34 亿	13.85 亿	12.95 亿	11.76 亿	10.29 亿
蓝光批发收入	924 万	3840 万	8170 万	1.115 亿	1.835 亿
DVD/ 蓝光及其他零售收入	11.35 亿	11.66 亿	11.89 亿	11.42 亿	10.94 亿

资料来源：澳大利亚家庭娱乐分销商协会。

目前，租赁亭（例如 Hoyts Kiosks，原名 Oovie）被视为非常小的市场参与者。报摊基于"随处租，随处还"的理念，目前在四个州的购物中心拥有约 300 台机器，约有 50 万名顾客。这家资历越深的初创公司 Quickflix 仅获得 0.9% 的市场份额，2013 年初约有 12 万用户同时使用其邮政和流媒体服务。尽管 Quickflix 报告称，在 2012 年 12 月的六个月里，在线流媒体（按次付费）和捆绑用户（无限制订阅访问）的数量增长了 68%，但该公司仍难以实现盈利并于 2012 年裁员三分之一，缩减了广告规模，关闭了其 6 个 DVD 运营中心中的 5 个。快飞（Quickflix）在 2012 年底首次推出新上映电影，但面临着来自霍伊特（Hoyts）等主要发行商和福斯电视台（Foxtel）等回看式电视服务的激烈竞争，后者已宣布有意提供电影流媒体（对返回电影院的客户进行奖励），福斯电视台（Foxtel）与 HBO 签订了独家合同，有权在其新剧在美国播出几小时后在澳大利亚播放。其他竞争激烈的在线服务包括索尼娱乐网络（Sony Entertainment Network）、FetchTV 和 Big-Pond Video 等。在内容方面，Quickflix 和索尼娱乐网络（Sony Entertainment Network）特别受欢迎，因为它们可以兼容众多媒体设备，例如新索尼电视和蓝光播放器，以及 PlayStation 3、电脑浏览器和一些安卓设备。

表9.6 DVD租赁统计

	2007	2008	2009	2010	2011
租赁批发	211.3 m	230.3 m	187.8 m	146.0 m	119.1 m
租赁批发单位	13.1 m	11.8 m	11.1 m	7.5 m	6.4 m

资料来源：澳大利亚家庭娱乐发行商协会。

尽管网络速度和访问条件都不尽如人意，但澳大利亚人还是在线内容的狂热消费者，2012年澳大利亚的视频和音乐流媒体市场的估值略低于2亿美元。据澳大利亚通信和媒体管理局（ACMA）称，在截至2011年6月的12个月里，澳大利亚互联网用户估计平均观看了86小时的回放电视或132小时的YouTube视频。在2011年6月，在线澳大利亚人浏览了192亿页网页，而2010年6月为185亿页。许多国际公司（如苹果iTunes和流行的在线电影网站Hulu）试图在澳大利亚市场限制相同内容的访问和/或收取更高的价格。许多澳大利亚消费者已经熟练地使用安全的虚拟私人网络（VPNs）来访问国际在线内容提供商的服务。

表9.7 澳大利亚在线内容设备和使用情况的比较

	2010年6月	2011年6月
手机家庭消费者	14.9m	15.8m

续表

	2010年6月	2011年6月
移动无线宽带用户	3.45m	4.79m
手机互联网用户	6.78m	9.68m
付费电视用户（家庭）	2.38m	2.41m
家里有宽带的澳大利亚人	11.8 m	12.7m
澳大利亚在线电视流媒体	0.6m	1.1m
澳大利亚下载电视节目	0.8m	1.0m

资料来源：ACMA。

结 论

在20世纪60年代末和20世纪70年代初，澳大利亚电影历史的繁荣或萧条被用来作为政府支持澳大利亚电影制作产业振兴的基础。电影制作行业曾一度繁荣，但随后就销声匿迹了，这种想法愈演愈烈。人们认为，澳大利亚电影史是一部被强大的商业利益——尤其是美国的利益和政府的不感兴趣所击败的地方能动性之一。这些争论遗留下来的问题是，澳大利亚电影业仍然存在着一种持续的威胁感——似乎政府对本地电影制作的支持，以及整个澳大利亚电影可能会在毫无征兆的情况下消失。在强调的制片部门以牺牲其他方面接近全国电影院（例如通过放映和发布部门，澳大利亚电影占据通常远低于10%的年度票房），政策制定者和学者以维护的态度一再定义澳大利亚电影，这是一种对好莱坞主导的"外来电影"的文化抵制。这在很大程度上造成了我们在谈论澳大利亚电影时过分强调文化自主性。由于我们无法理解澳大利亚电影行业是如何积极与国际行业互动与交流的，我们削弱了我们与美国电影关系的历史与经济重要性，也限制了我们看到自身与许多其他国家电影相似之处的能力，而美国电影在这些国家的电影中也发挥着重要作用。

然而，最近对政府参与该行业的期望发生了变化，再加上联邦政府和各州的资助在电影融资中所占的比例不断下降，表明一个全国性的产业最终正在接受其全球和商业可能性。考虑到这一点，我们可以重新解决自 20 世纪 70 年代中期政府资助电影产业出现以来困扰澳大利亚决策者的基本问题。电影行业的政策制定者曾经投资建立民族电影的想法，只是为了我们可以"讲述自己的故事"，但澳大利亚观众一再表明他们不愿意"听到"这些故事，尽管他们明显热衷于电影消费。然而，Screen Australia 对当代澳大利亚观众行为的最新研究强烈表明，澳大利亚电影在无数小银幕上获得了广泛的成功，现在观众可以观看这些屏幕内容。在不断升级的行业混乱中，我们需要解决非中介化做法（从"中间人"中削减出来）的真正影响。对电影进行新的格式和新设备的补救措施（内容现在以各种快速增长的格式流向消费者的方式，以及在此背景下保存传统媒体的挑战）以及我们如何描述澳大利亚电影。特别是，这些发展使人们注意到发行作为一种行业实践的历史影响和新形式，在把生产作为国家努力的唯一衡量标准时，这种做法经常被忽视。

进一步解读

澳大利亚电影业的有用历史可从 Shirley and Adams（1987）找

到,《澳大利亚电影:第一个八十年》,或 Pike 和 Cooper(1998)的《澳大利亚电影 1900—1977》中找到。Scott Murray(1995)的《澳大利亚电影 1978—1994》续上了 Pike 和 Cooper 的结尾。Bertrand,McFarlane 和 Mayer(1999)的《澳大利亚电影牛津伙伴》对主题讨论和一般信息也很有用。澳大利亚电影委员会在其年度出版物《了解情形》中提供了详细和最新的行业统计数据,该出版物定期在线更新(www.afc.gov.au/gtp)。Tom O'Regan(1996)对电影最深刻的思考之一可以在其雄心勃勃的《澳大利亚国家电影》中体现出来。这本书采用了多种视角来体现当地电影产业在文化、经济和理论方面的细微差别。

第十章
电　视

斯蒂芬·哈灵顿（STEPHEN HARRINGTON）

尽管有人预测电视终将会走向消亡，但在一段时间内，电视仍将持续成为澳大利亚最受欢迎的媒体形式。即使越来越多的人使用网络作为交流手段，但对于整个社区来说，看电视所花费的时间仍然非常长（Screen Australia，2012）。正如 Sonia Livingstone（2004，第 76 页）所指出的那样，它"已经具有了全面的吸引力，达到了前所未有、即便在未来也无法企及的高度"。

电视的力量及影响力可以通过许多指标进行评估。看电视占据人们生活的大量时间表明了它的重要性，因为它已经成为世界上大多数人获取主要新闻、信息和娱乐的来源。然而，Robert Putnam（2000）等社会批评家担心，电视的普及导致了社会资本的下降，推动了闲暇时间的私有化，并减少了人们投入公共文化机构的时间。相比之下，媒体理论家 Catharine Lumby（1999）和 John Hartley（1999）等提出，电视实际上与公共生活的民主化联系在一起，因为"当代媒体领域构成了一个高度多元化和包容性的论坛"，"其中有许多曾经被认为是无政治意义的、琐碎的且私人的重要问题，现在正（通过电视）被广为传播"（Lumby 1999，第 12 章）。

电视研究是一个新兴的多维研究领域（参见 Grey 和 Lotz，2012；Bignell，2008；miller，2010），关于澳大利亚电视的学术文献越来越多。因此，出现了一个问题，如何研究澳大利亚电视节目？McKee（2001）的作品引起了人们的关注，澳大利亚电视上的许多学术作品对节目的关注程度不及对产业、政策和监管机制的关注。Bonner(2003)同样指出，电视研究需要关注定期播出的、看起来很"普通"的节目——尤其是非虚构类节目。Bonner认为，对这类节目的分析——在澳大利亚的背景下，从园艺、家居翻新节目到白天的聊天节目——将注意力引到"电视内容如何利用平凡的日常琐事，作为风格、外表和行为的指南"上（2003，第32页）。

本章主要介绍澳大利亚电视行业从20世纪50年代至今的历史发展。为此，它将Cunningham（2000年，第14—15页）对澳大利亚电视史的划分方法改编为四个阶段，将其中前两个（创新/传播和建立）结合起来，同时增加第五个阶段，就像西方世界的许多电视系统一样，澳大利亚现在发现了当下的"多通道"时代。它连接了电视发展的四个要素：产业和技术趋势；政策发展；在此期间播出的节目；观众人数和收视趋势的变化。该计划旨在对商业免费电视、公共广播（ABC和SBS）和付费电视的发展给予适当的权重。本章最后概述了澳大利亚电视业在技术、财务和观众方面所面临的一些挑战，并研究了其为解决这些表现做出的尝试。

PRE—1975：建立

澳大利亚的第一家电视广播公司是悉尼的TCN 9，于1956年9月16日创立，六个月内悉尼有两家商业电台（TCN 9和ATN 7）、墨尔本有两家商业电台（GTV 9和HSV 7）成立。美国广播公司（ABC）

于 1956 年 11 月开始在悉尼和墨尔本广播，它对 1956 年墨尔本奥运会的报道极大地刺激了大众对电视的需求。在布里斯班、阿德莱德和珀斯，广播于 1959 年开始发展。商业广播许可证的所有权由印刷媒体集团主导，到 1960 年，Packer 家族的统一新闻集团（Consolidated Press）控制了 9 家电视台，John Fairfax 报业集团控制了悉尼的 ATN 7 电视台，《先驱报》和《时代周刊》报业集团控制了 HSV 7 电视台。商业广播公司和自由国家党联合政府之间的高层政治忠诚模式在澳大利亚电视史上早就出现（Curthoys, 1986）。这一现场的结果是，主要的广播监管机构澳大利亚广播控制委员会（ABCB）处于非常弱势的地位，不确定其控制广播公司行为的能力，表现出强烈的监管障碍，或对其监管行业的过度认同。

在 20 世纪 50 年代和 20 世纪 60 年代初，来自美国（较多）和英国（较少）的节目在澳大利亚电视上占主导地位。参议院鼓励澳大利亚电视制作特别委员会（也称为文森特委员会）发现，在 1956 年至 1963 年间，澳大利亚电视上放映的戏剧有 97% 为进口内容。进口节目的主导地位违背了《广播电视法》（1953）第 114（1）节的规定，即"被许可方应尽可能利用澳大利亚的服务制作和呈现广播电视节目"。从 20 世纪 60 年代中期开始，对商业电视许可证持有人的本地内容监管要求将成为制片利益集团和文化民族主义者的口号，从而导致澳大利亚商业电视内容配额的逐步发展（Flew, 1995；Papandrea, 1997）。

在早期的澳大利亚电视中，当地内容的主要形式是低成本的综艺节目和智力竞赛节目。许多因素导致 20 世纪 60 年代中期本地制作显著增加，包括在 1963 年至 1965 年期间建立了第三首都城市网络（0-10 网络）；引进录像带和其他发展成为小型制作公司在财务方面更加可行的方式；从1960年起，要求在澳大利亚电视上播放的广告必须在澳大利亚制作；20世纪60年代，美国节目的收视率下降；美国广播公司（ABC）对电视剧制作的承诺大幅增加（Moran，1985）。克劳福德制片公司（Crawford Productions）制作的澳大利亚警匪剧《杀人》（murder）从1964年开始在七频道播出，它在收视率上的成功对当地电视剧的制作起到了很大的刺激作用。《凶杀案》的成功带动了克劳福德在20世纪60年代和70年代的其他警察/犯罪类型作品的涌现。对于本地制作行业和文化民族主义者来说，当澳大利亚电视观众看到在文化方面熟知的地点和行为模式时，本地节目的成功印证了吉尔·阿普尔顿（1988年）所说的"自我认知的冲击"。

在这段时期，澳大利亚广播委员会（ABC）凭借《十字路口》和《今日今夜》，以及电视节目《钟鸣鸟》《极速风流》和《某种女人》确立了自己在新闻和时事节目的领导者地位，并凭借《游戏校园》和《玩具仓鼠》成为当地制作儿童电视节目的主要机构（Inglis，1983）。Jacka（1990）将1968年到1975年这段时期称为ABC电视剧的"黄金时代"，Turner（2005）认为《今日今夜》在1967年到1973年之间确立了澳大利亚时事电视的"黄金标准"。

1975—1986：成熟的媒介

彩色电视于1975年引入澳大利亚。这种媒体表现形式立刻吸引了观众，并且对广告商更具吸引力（Herd 2012，第153页）。有助于广播在20世纪70年代和20世纪80年代初持续的财政成功，商业广播公司在这期间的大部分时间里，利润率稳定在15%至20%之间。

第二部分 行 业

与此同时，澳大利亚电视台也获得了 Tom O'Regan（1994）所描述的成熟广播产业的本土化动力，带动了当地节目制作的繁荣。澳大利亚节目收视率不断提高，政策和监管活动要求商业网络播出更高水平的澳大利亚本地内容，以及澳大利亚电影业的增长带来的衍生产品，这些因素的结合导致了澳大利亚电视台播放的本地内容（特别是本地戏剧）数量得以显著增加。

电视剧制作的繁荣见证了当地各具特色的制作公司的出现。克劳福德制作公司（Crawford Productions）继《凶杀案》和其他警察/犯罪类剧集收视率《苏利文一家》（The Sullivans）之后，又以二战时期为背景的家庭剧《苏利文》（the Sullivans）取得成功，连续登上1976年至1982年第9频道（Channel 9th）的最高收视率。《格兰迪组织》（The Grundy Organisation）也从其在智力竞赛剧中成功脱颖而出，成为连续电视剧（或"肥皂剧"）的领先制片人，其成功作品包括《74/75班》《年轻医生》《不安的岁月和囚徒》。自1963至1965年成立以来，《十台》电视网首次获得收视成功，成人肥皂剧第96期节目，打破了涉及色情和同性恋的电视节目禁忌。事实上，正如McKee（2001）所观察到的那样，诸如第96期节目、《Prisoner》和《The Box》——都是在20世纪70年代在10台播出——对于在澳大利亚公共文化中构建关于性和个人关系的辩论至关重要。

20世纪70年代和20世纪80年代对于澳大利亚广播公司（ABC）来说是动荡的年代，直到1983年它还是澳大利亚广播委员会。当时，惠特拉姆工党政府1973年决定取消用于为ABC提供资金的电视和广播许可费（基于BBC模式，该模式一直持续运作至今），这一举措受到选民的欢迎，但它让澳大利亚广播公司受制于联邦政府的年度预算程序，也可能挑战其独立性。20世纪70年代中期，随着经济形势变得愈加困难，最初的嘀咕声后来变成了来自政治保守派的咆哮，澳洲广播公司（ABC）开始削减资金，同时，作为一个组织，澳洲广播公司（ABC）内部的左翼偏见是与生俱来的。弗雷泽自由党政府委托对澳洲广播公司（ABC）进行的《迪克斯报告》发现，澳洲广播公司（ABC）在20世纪70年代的过程中，在实现其目标方面步履蹒跚，变得"行动缓慢、过度增长、自满，对自己的方向不确定"（引用于Inglis 1983，第430页）。20世纪80年代末，ABC在David Hill担任执行董事的情况下，通过连续剧（如GP）、喜剧（如《母子》（Mother and Son））和现场直播节目（如《淋漓生活》（Live and Sweaty）、《大型演出》（The Big Gig）和Andrew Denton的《金钱与枪支》（The Money or the Gun））对播出内容进行了大量调整并大幅增加了播出的澳大利亚内容。

20世纪70年代及20世纪80年代，广播条例重新聚焦于覆盖范围很广的商业广播及其在诸如地方内容和儿童节目等社会和文化政策领域中的作用。澳大利亚广播法庭（ABT）成立于1977年，旨在通过每年一次的续执照听证会（Hawke，1995；Fly，2001），直接向商业广播追究公共责任。虽然延续许可证的过程在法律主义中陷入了困境，并在20世纪80年代中被悄悄地抛弃了，但20世纪80年代ABT围绕澳大利亚内容法规实施了一项更成功的政策，这导致了澳大利亚对商业广播公司的内容实行配额限制；如今，要求在早上6点至午夜之间播放的材料中至少有55%必须以澳大利亚制造或新西兰制造为主，并带有澳大利亚创意。当地也有额外的分配额，以促进戏剧、儿童节目和纪录片领域的发展。

在这一时期，澳大利亚电视业最具创新性的发展也许是澳大利亚特别广播（SBS）的成立，它于 1980 年开始电视广播。SBS 产生于政府的多元文化政策，它针对的是澳大利亚媒体机构对日益多元的文化社会缺乏回应能力这一问题。重要的是，对于新加坡广播公司的构想并不仅仅是一个民族广播服务。该剧的第一任总经理 Brace Gyngell 是澳大利亚电视领域资深人士之一，他将 SBS 理解为一种具有多元文化内涵的电视服务，而不是一个主要为澳大利亚少数族裔群体的自我表达而设计的媒体。虽然澳大利亚特别广播（SBS）被指责为其高层管理具有英澳的优势（例如 Jakubowicz et al. 1994 年）。澳大利亚特别广播（SBS）的广播方法由从早期一直有强调反映文化多样性的重要性，回到整个澳大利亚的人民，当时被认为在第一位的口号是："把世界带回家"。承诺为所有非英语语言节目提供字幕，这是确保所有澳大利亚人都能观看通过 SBS 电视提供的文化多样性的一种方式。

1987 年—2005 年：专业化

20 世纪 80 年代末和 20 世纪 90 年代初，澳大利亚商业电视产业陷入了自广播出现以来的最大低谷。1986 年至 1987 年的媒体产权法变更（这有效地为全国性网络的正规化铺平了道路，这一点与半自主运作的电台不同）让新一代企业家们疯狂抢购电台，这些企业家们期望他们的投资在长期看来将成为"现金牛"。Christopher Skase, Alan Bond 和 Frank Lowy 分别以过高的价格买下了第 7、第 9 和第 10 套广播电视网。然而，由于新主人对这个行业的经验相对缺乏，加上 1987 年股市崩盘后的经济衰退，这意味着到十年结束时，第 7 和第 10 套广播电视网已进入破产清算；但之后 Kerry Packer 仅以原价五分一的价格就从破产的 Alan Bond 手里买回了第 9 套广播电视网（1987 年，Alan Bond 为此支付了 105 万美元）。随着这一戏剧性的洗牌和接下来相关企业的重组，澳大利亚电视台进入了一个长期稳定和经济繁荣的时期。Herd（2012，第 207 页）认为，这表明"企业家"的本能可能是正确的。

20 世纪 90 年代，澳大利亚的节目继续受到当地观众的欢迎，但受欢迎的节目类型发生了一些重大变化，观众群体也出现了明显差异。最戏剧性的变化发生在 Ten Network，该公司在 20 世纪 90 年代早期通过反编程策略摆脱了濒临破产的境地，该策略不太强调整体观众份额的最大化，而是瞄准了利润丰厚的 16—39 岁的市场（绿色 2001）。该电视台最初主要关注引进项目，如《辛普森一家》《宋飞传》《保姆》《比佛利山庄 90210》《飞跃情海》和《X-档案》。20 世纪 90 年代末，这些节目又得到了一些本土节目的补充，比如《好消息周刊》（直接从美国广播公司购买）和《专家小组》。

20 世纪 90 年代，最能定义澳大利亚电视的节目形式是生活节目。第一个成功的生活节目是《Burke 的后院》，该节目在 1987 年第 9 频道播出。美国广播公司（ABC）是生活节目的主要创新者，包括《假日》《家庭秀》和《每人（1987—1994）》，而生活节目和商业网络联系最紧密，尤其是因为它允许节目、节目赞助商、相关杂志和广播公司的网站之间的密切合作。领先的是第 9 电视网，部分原因是生活方式类节目非常适合重点关注主流郊区观众和基于个性的节目，但它也被第 7 电视网和第 10 电视网占据，随着新的本土戏剧制作预算越来越紧张，它提供了一种低成本的方式来满足当本的内容需求。澳大利亚流行的生活节目包括《我们的房子》《后院闪电战》《度假》《良药》《更衣》《金钱》和《翻新救援（九）》；《户外活动》《哈利的做法》《更好的房子和花园》《热火产业和地面部队（七）》；《健康、富裕、明智（十）》。

随着生活节目的发展，商业电视网在20世纪90年代后期重新承诺要制作系列剧和连续剧。9频道（Nine Network）成功地开发了《水鼠王》（Water Rats）和《毒刺》（Stingers）这样成功的电视剧，以及《哈利法克斯·F·P》（Halifax F.P.）这样的高收视率电视剧，而曾经是这一领域传统领头羊的7频道（Seven Network），与《蓝色高跟鞋》（Blue Heelers）和《万圣》（All Saints）合作，开发了非常受欢迎的本地节目，每周播放。2001年3月，10频道（Ten）的《我们的秘密生活》（The Secret Life of Us）取得了短暂的成功，这是Sue masters辞去美国广播公司（ABC）戏剧负责人一职，来到10频道后的项目。该剧对男女同性恋关系的公开刻画和多元文化的演员阵容——包括土著女演员黛博拉·梅尔曼（Deborah Mailman）担任主角——让人想起20世纪70年代第10频道（特别是《第96号》）凭借脱离主流的地方戏剧获得的早期成功。

如果说生活类节目定义了20世纪90年代，那么21世纪头十年无疑是澳大利亚商业广播公司电视真人秀蓬勃发展的十年，世界上许多地方都是如此。早在1992年，澳大利亚第一部真正的此类电影就以《西尔瓦尼亚·沃特斯》（Sylvania Waters）的形式出现了，"墙上苍蝇"式地观察一对暴发户夫妇诺琳（Noelene）和劳里·多纳赫尔（Laurie Donaher）的日常生活，他们居住在悉尼南部有名无实的海滨郊区。纵观20世纪90年代，以"普通人"为主题的节目——如

《婚礼（九）》——和比赛/才艺节目——如《流行歌星（七）》——变得越来越普遍。但分水岭出现在2001年10频道首播《老大哥》时，可以说是一档决定性的现代节目。凭借其多形式发行和观众参与的能力（通过"老大哥"网站、通过电话投票选出参赛者或参加在黄金海岸梦幻世界举行的驱逐之夜），与节目相关的许多产品搭售机会和由于其"必看"性质，10频道和Endemol-Southern Star（该节目的制作人）的商业回报是立竿见影且可观的。尽管《老大哥》的制作成本很高（Roscoe 2001），但对10频道来说，这个剧目的吸引力在于它在目标人群中的受欢迎程度高，以及从最初的投资中可以汲取（本地制作的）内容的数量很大。曾有一段时间，10频道每周播放的《老大哥》素材超过15小时（该节目的不同版本都有播放），这远远超过了当地高端剧目制作的时长。

《老大哥》的成功不可避免地导致了整个行业的激增，到2004年，本土或引进真人秀节目占据了黄金时段总时长的近40%（戴尔 2004）。除了《老大哥》，特别成功的两档节目是《街区》（第9档）和《澳大利亚偶像》（第10档）。Block是一种当地开发的混合形式公寓，四对夫妇将翻新一栋海滨公寓，获胜者将是在系列节目结束公开拍卖中公寓实现最高价格的夫妇。Block结合了生活方式和真人秀的节目特色，例如家居装修、参赛者之间的竞争、公开拍卖、观众投票、参与者之间的戏剧性紧张局势以及令人叹为观止的植入式广告。《澳大利亚偶像》也为10频道赢得了巨大的收视率成功，《最终裁决》节目成为2003年收视率第二高的节目和2004年收视率最高的节目（Screen Australia，2009）。《老大哥》在2008年底因一系列备受瞩目的丑闻和收视率下滑被取消（尽管它于2012年在9频道复播），可以说《偶像》和紧随其后的一系列其他节目（《厨艺大师》《舞林争霸》《澳大利亚达人秀》等）反映了节目风格的重大转变，即从肤浅的追求名声和名望转向更实质性的职业抱负和基于成绩的奖励。

专栏 10.1：澳大利亚的付费电视

20世纪90年代中期，当付费电视（或订阅电视）在澳大利亚出现时，它在世界上许多地方（Westfield，2000）已经相当成熟。现存的澳大利亚免费广播公司与历届政府之间关系密切，但其曾见证1980年代初期引入订阅电视服务的努力被政府扼杀。直到20世纪90年代初电信业放松管制，这股动力才足以挣脱政府的手掌。因此，澳大利亚的付费电视一直与电信行业紧密相连，主要供应商 Telstra 和 Optus 利用付费电视服务来吸引顾客使用利润更高的电话服务。

首批订阅电视服务，Australis/Galaxy, Foxtel——隶属于Telstra（占50%）、联合媒体控股公司（最初隶属于PBL，占25%）和新闻有限公司（占25%）以及新加坡电信旗下的 Optus Vision（现为 Optus Television）——1995年开始运营；地区和农村供应商 Austar 1996年紧随其后。这些服务结合了有线、卫星（DBS）和微波（MDS）技术。澳大利亚航空公司因负债累累于1998年停止运营，同时两家大都会航空公司 Foxtel 和 Optus 发动了破坏性的减员战，拒绝共享节目、频道和基础设施，结果，澳大利亚消费者的订购率几乎是国际平均水平的五倍。（Shand，2002）付费电视在最初需求强劲后，21世纪00年代初的增长相对缓慢，2002年，由于固定的用户数量和高昂的节目成本，付费电视行业面临40亿美元的债务和不确定的未来。

然而，2002年澳大利亚付费电视行业的戏剧性重组让该行业采用了利润更高的商业模式。所谓的"Point Piper 协议"（Shand，2002）——正式名称为"内容共享协议"（CSA）——由澳都斯和澳洲电信签署，并于 2002 年 11 月获得 ACCC 批准，见证了两家供应商之间现有的内容竞争的显著回归。根据新协议，Foxtel 将成为澳大利亚所有订阅服务的主要内容提供商，而 Optus Television 实质上是 Foxtel 服务的转售商。2012 年，Foxtel 与 Austar 合并，从而实际上成为该国唯一的付费电视服务提供商。

虽然付费电视的收视率在 2001 年至 2003 年期间严重停滞，但在 CSA 生效后，付费电视的用户数量稳定增长。截至 2011 年年中，澳大利亚有 240 万付费电视服务用户，约占所有家庭的 29%（《澳大利亚影视》2011）。尽管如此，由于付费电视观众分散在许多频道，而且更加面向小众细分市场，它对广告商的吸引力仍然不如商业性免费电视。

澳大利亚付费电视运营商面临的一个重大障碍是反垄断立法问题，这是旨在保护免费频道的多项政策之一（McCutcheon，2006），因此影响了付费电视推动订阅的能力。澳洲通信及媒体局（ACMA）的反垄断播出节目名单旨在保护重大公共活动不只出现在收费电视上，从而在被认为具有"国家重要性"或"文化意义"的重大体育赛事清单上为免费广播网络提供第一投标选择（不一定是播出要求）。虽然这反垄断播出节目立法是世界上最严格的，它已经被权利分享阻挠部分交易之间的免费和付费电视（与美国国家橄榄球联盟，澳式足球联盟和联盟协议），并创建一个电视台的新闻也只支付体育赛事，比如超级橄榄球比赛和板球大狂欢联盟。

20 世纪 90 年代以后的 ABC

澳大利亚广播公司（Australian Broadcasting Corporation）在 20 世纪 90 年代和 21 世纪经历了 Craig（2000）所描述的"永久性危机"。这一时期的危机有两个表面上的原因。第一个是霍华德联合政府在 1996 年当选时决定在 1996—1998 年期间削减 10% 的 ABC 和 SBS 预算。特别是对于 ABC 来说，这对其委托本地制作的能力产生了严重的影响，而将节目制作外包给独立制片人的做法也在一定程度上缓解了这种影响，这也是这一时期的主要变化。

Bob Mansfield 对 ABC 进行的审查（The Mansfield review）于 1997 年完成，向世界各地提出了一个关于公共服务广播公司的问题，即它们是否应该旨在为所有潜在观众提供各种形式的节目——做一个综合性的广播公司——还是专注于提供节目、迎合被商业媒体忽视的观众——也就是说，做一个互补性的广播公司？《曼斯菲尔德评论》和它收到的 10615 份公众意见书中的绝大部分都认为，美国广播公司（ABC）可以也应该做到这两件事，无论是通过更多的公共资金（这是大多数公众意见书所支持的），还是通过将节目制作外包给独立制片人，出售剩余房地产，退出国际卫星电视广播等非核心业务（《曼斯菲尔德评论》所青睐的）。

另一个反复出现的问题是自由党——国家党联盟认为美国广播公司表现出左翼政治偏见，并认为有必要对其组织文化进行彻底改革。Graham Morris 是时任英国首相 John Howard 的高级顾问，他认为美国广播公司是"与朋友说话的敌人"（引用自 Inglis 2006，第 372 页），大量保守派评论员长期以来一直抱怨美国广播公司存在偏见。在此期间，政治偏见的不断涌现，尤其是在 Brian Johns（1996—2000）和 Jonathan Shier（2000—2003）担任董事总经理期间。这些问题在《英格利斯》（2006）和其他地方得到了充分的描写，这里不再详细赘述，除了要注意到在 20 世纪 90 年代末到 2007 年的这段时间里，是否有关于新闻和时事节目存在偏见的证据，比如《早 7 点半报道》《晚间热线》《四个角落》《媒体观察》《内部人士》，以及像《霍华德时代》（关于霍华德政府）这样的纪录片。

在 2000 年，当时的电视导演 Gail Jarvis 对澳大利亚广播公司（ABC）黄金时段的节目单表示担心，因为它看起来像是"中年男性为中年男性设计的节目"（引用自《英格利斯》2006，第 476 页）。这与 Jacka（2006）的观点相呼应，ABC 的电视观众明显偏向 55 岁以上的中高收入专业人士。她认为，ABC"把老龄化的 AB 型人口的影响"，并怀疑"质量"的标题是否……实际上是为中产阶级文化价值观特权的而写的前文"（Jacka 2006，第 350—351 页）。在 20 世纪 90 年代和 21 世纪初，ABC 许多显著成功的节目都是那些打破了"有价值的"、中产阶级的和公共领域电视模式的节目。在《沧海桑田》（Sea Change）中，Sigrid Thornton 饰演一位 40 多岁的离婚律师，她带着孩子搬到一个海滨小镇。该片在 1998 年至 2000 年期间获得了极高的收视率。激发了富裕的专业人士从首都迁往被认为更具社区意识的沿海小镇的愿望（Burnley 和 Murphy，2004）。讽刺喜剧继续成为美国广播公司（ABC）的中坚力量，推出了一些节目，如运动会（根据 2000 年悉尼奥运会的策划）、《巴克伯纳》（Backberner）和《玻璃屋》（the Glass House），而美国广播公司（ABC）在 1994 年运营的的《喜剧前线》（Fronline）则讽刺了日益荒谬的商业时事电视惯例。

21世纪初，澳大利亚广播公司（ABC）的几部杰出节目打破了对讽刺作品及其对中产阶级观众吸引力的规范预期，取得了重大收视率成功。《凯斯和金》2002年首播，随即吸引了不同人群的100万多名观众。《凯斯和金》以新开发的外墨尔本郊区喷泉湖（Fountain Lakes）为背景，展现外墨尔本居民的雄心壮志、奢华消费和可疑的品味。2007年运营的萨夏高地（Summer Heights High）给澳大利亚郊区带来了更黑暗的环境。它也吸引了超过100万的观众，并且像Kath和Kim一样，在DVD市场上被证明是非常成功的。然而，ABC在2000年之后最大的成功之一是《追逐者对一切的战争》（2006—2007，2009），它严重讽刺了现代政治和媒体的各种弱点。在年轻受众中普遍受欢迎——ABC传统上一直与之抗争——在2007年年底，该剧的几名演员和工作人员因在2007年于悉尼举行的亚太经合组织（APEC）会议上表演涉及"假"车队的特技而被捕（并登上国际新闻）后，收视率达到了顶峰。这一集备受期待的剧集有224万人观看，使其成为自1991年引入现行电视收视率体系以来，公共广播公司收视率第三高的节目。

近年来，澳大利亚广播公司（ABC）结构上最重大的变化之一就是其电视服务的扩张和品牌重塑。按照BBC模式，ABC成为ABC1，反映其现有数字姐妹频道ABC2的名称。同时，ABC3也加入了这一项目，该频道专门针对儿童和年轻人。最终，滚动高清新闻服务ABC News 24于2010年的引入引起了一些争议，因为一些知名评论员批评该广播公司（及其雄心勃勃的董事总经理Mark Scott）超越了他们认为纯粹的互补，因为它开始与天空新闻澳大利亚公司正面竞争，天空新闻澳大利亚公司是由 Nine、Seven 公司和英国天空广播公司共同拥有的现有商业实体。当 ABC 在线开始发表评论文章（在他们的"Unleashed"和"The Drum"横幅下）时，同样的问题也被提出，为这被认为是与基于电子邮件的订阅新闻服务 Crikey 进行直接竞争！尽管有这些批评，美国广播公司仍然是新闻和时事领域几乎无可争议的领导者，2011 年"四角"（Four Corners）对印尼活牛出口的曝光，是媒体持久政治和社会力量的一个特别好的例子。

20 世纪 90 年代以后的 SBS

1991 年特殊广播服务法案的通过，确保 SBS 将独立于 ABC——一个 20 世纪 80 年代上反复出现的争议——证明了 SBS 的主要功能是"提供多语言和多文化的广播和电视服务，告知、教育和娱乐所有澳大利亚人，并且在此过程中，反映澳大利亚社会多元文化。在 SBS 的历史中，Ang、Hawkins 和 Dabboussy（2008）认为，作为一个拥有多元文化职权的公共广播公司，SBS "将特定的社区利益，无论种族或其他因素置于更广泛的公共媒体机构框架内"以多样性为出发点……[并且]促进跨文化交流。这使 SBS 成为"一种融合而非分离的力量，将不同的观点和经验汇集在一个公共领域"（Ang、Hawkins 和 Dabboussy 2008，第 6—7 页）。Ang、Hawkins 和 Dabboussy 认为 SBS 电视台的节目是围绕着三种多元文化主义的话语发展起来的，这三种话语在该组织内部同时存在：

·民族——多元文化主义，关注移民和少数民族社区的特殊需要和利益

·国际化的多元文化，鼓励所有澳大利亚人接受全球文化多样性

·流行的多元文化，把文化多样性看作澳大利亚日常生活中的一部分。

有人认为，20世纪90年代使得SBS电视台对多元文化的认识变得更加国际化，这在一定程度上是因为1990年SBS可以进行有限的广告和节目赞助，从而成为一种混合服务，而不是单纯由政府提供资金（Lawe Davies，1998）。这在当时被批评为对少数民族社区承诺的倒退（Jakubowicz和Newell，1995）。自1993年开始，SBS的主题是"The World is an Amazing Place"。正如Hawkins（1996）所指出的，文化多样性是所有澳大利亚人作为国际化的准全球公民可以愉快地消费的东西。纪录片和电影是其中的两个核心节目领域。SBS放映的纪录片比任何其他澳大利亚电视频道都多。虽然其中大部分与澳大利亚多元文化无关，但它们"对于将SBS电视台定位为一个对世界及其复杂性有着开阔视野的频道至关重要（Ang, Hawkins and Dabboussy 2008，第112页）。电影也是SBS排期的核心，20世纪90年代见证了解决SBS内部历史上分歧的共同努力，一方面是对特定语言群体或种族群体有吸引力但对其他人没有吸引力的电影，另一方面是David Stratton挑选和介绍的那种"艺术之家"电影。

20世纪90年代末，SBS在新闻、纪录片、电影和特定体育项目（尤其是足球）等领域都有自己的特色和优势，很明显，PBS已经成为ABC的一个替代物，尽管如此，ABS仍然可以被称作一个高质量的广播公司来与之竞争。这种定位的危险——除了SBS电视台是否继续为少数族裔提供足够服务的问题——还在于SBS和ABC主要为老年、受过高等教育和中产阶级澳大利亚人提供服务，但澳大利亚社会

大多数人的没有受到他的服务。

　　SBS"种族和知识分子"形象的突破来自一个相当出人意料的契机，那就是1998年开始播出的美国动画喜剧《南方公园》（South Park），当时这部电影还鲜为人知。《南方公园》为SBS带来了40岁以下的观众，特别是18—24岁的男性观众，这正是它们一直以来所需要的观众群体。像Mythbusters和Pizza这样的节目也吸引了SBS的这些年轻观众，但值得注意的是，South Park、Mythbusters或Top Gear（从SBS 2006年开始）的所有节目都不能声称它们具有多元文化或满足SBS的章程义务（Ang, Hawkins and Dabboussy，2008）。这些节目为新加坡广播公司（SBS）在大部分观看商业广告或付费电视的人口群体中占据了观众份额，而新加坡广播公司的挑战是如何吸引他们观看更接近其宪章授权的其他节目。最近电影《Go Back to Where your From Where》的成功（一部关于难民危机的纪录片）表明，难民问题正在朝着这个方向发展。

2006年至今：多渠道时代

　　自2006年以来，澳大利亚电视业经历了一段很长的持续平静阶段，在此期间现状未发生改变，现在其之后又经历了一系列重大的剧变。其中最重要的是逐渐向数字广播的转变，DVB-T（指地面数字视频广播）于2001年首次被用于传输澳大利亚的电视播出信号（最初与模拟信号同时播放），但在最初的5年里，这项技术的普及非常缓慢。这可以解释为数字电视没有提供新的服务（即使是2005年开始运营的ABC2，也主要提供当时还只被称为ABC主频道的已经播放的内容的时移版本），而且大多数消费者没有电视设备来充分利用，以提高的画质和更宽的纵横比。事实上，首都城市的模拟电视信号关闭日期不得不推迟到2013年底，因为直到2006年为止，这项新技术尚未普及。然而，从那时起，随着平板电视（等离子电视、液晶电视）的成本大幅下降（在本世纪初下降到2万美元的典型标价的十分之一左右），数字电视开始成为一项有价值的投资，并最终开始被更多的人接受。后来，免费电视在2008年重新命名为"自由电视"（freeview），并取消了多通道的限制——这一举措曾经引起了许多行业的恐慌，随后网络开始充分利用它们在那时所拥有的数字频谱，而在此之前他们对这些频谱的使用相当低效。

随着颇具影响力的媒体大亨Kerry Packer在2005节礼日上的逝世，一个"黄金时代"就此告终——或许只是象征性的结束。他的儿子James完全控制了PBL，但很快就将公司的业务重心从媒体控股转移转向了对澳大利亚、澳门和拉斯维加斯赌场的投资。该公司随后将其媒体和博彩业务分开，并在2006年将一半的合并媒体控股（第9频道）出售给私募股权基金CVC亚太。新法案放宽了先前对外资和跨媒体所有权的限制，使得出售成为可能。Howard政府很容易通过这项法案，Howard政府当时控制着议会两院。2006年和2007年，埃迪·麦圭尔（Eddie McGuire）在短暂但多事的管理下，实行了一项严厉的成本削减计划，结果导致了一系列引人注目的公关灾难、员工流失以及9频道旗舰新闻服务的受损。

与此同时，在2004总收视率中排名第三至十的《7频道》开始明智地投资一系列收视率热门节目，比如本地版的《与星共舞》和《迷失》《绝望主妇》等外国引进电影。早餐电视也成为新的战场，7频道《日出》的收视率开始超过 9 频道的《今日》，尽管后者的收视率多年来一直不错。不足为奇的是，在 2007 年，7 频道取代了 9 频道在收视率排行榜上的位置，从而迫使 9 频道毫无征兆地放弃了它二十多年来一直自豪地使用的"仅此一家"的口号。

尽管在撰写本文时，7 频道仍是澳大利亚最受欢迎的频道，但 9 频道近年来在许多节目制作上也取得了成功。最引人注目的是 2008 年的大热影片《Underbelly》，这是一部真实的黑帮题材影片，大致取材于上世纪 90 年代末和 21 世纪初参与墨尔本"黑帮战争"的黑帮人物 Carl Williams 等人的事迹。此后新剧集逐年推出，基于现实事件制作的犯罪剧集也引起各界人士的极大兴趣（例如，十号电视网（Ten）的迷你剧《摩托车战争：战友记》）。事实上，在经历了 2005 年前后的平静期后，当地戏剧在 21 世纪 00 年代末又出现了一次小规模复兴，少数当地制作的节目成为收视率最高的节目，例如《人山人海》（Packed to the Rafters），《赢家和输家》（Winners and Losers）（七），《家庭煮夫》（House Husbands）（九），《后代》（Offspring）（十）；《巴掌与浪子》（The Slap and Rake）（ABC1），还有《Howzat》这样的迷你剧！《克里·帕克的战争》（9 频道），《纸业巨人》（ABC 网）和《地下：朱利安·阿桑奇的故事》（10 频道）。此前，高质量剧本剧在全球复苏，《火线》《唐顿庄园》《国土安全》和《广告狂人》等剧目在评论界和商业上的成功证明了这一点。

虽然近年来第 7 频道的发展非常繁荣，但当前时代对第 10 频道来说是一个特别灾难性的时代。造成这种衰退的主要原因是，在新的多渠道环境下，反向节目编排基本上已经失效。例如，第 9 频道新推出的数字频道之一"Go!"，依靠廉价进口节目（如《勇敢向前冲》

《好汉两个半》和《生活大爆炸》的重播），基本是在模仿第 10 频道在 20 世纪 90 年代用过的方法，所有这些节目都对 Y 世代观众具有一定的吸引力。Ten 的财富在很大程度上依赖于一些大额投资。大获成功的热门歌曲 MasterChef（2009—）本身是老大哥的替代品，对电视网来说是好运，但一连串的失败，比如 6∶30 的 George Negus（填补了《邻居》被搬上新的 11 频道后留下的空缺）、《早餐》和《革新者》，以及未能获得在电视台"在家"播出的节目（尤其是《好声音》）的版权，都让其陷入了困境。结果，2012 年，该网络在首席程序员 David Mott 在当年早些时候辞职后解雇了大量员工。澳大利亚十号电视网是第一个在 2009 年推出第二个频道 One 的商业电视网。最初将其定位为一个全体育项目，这种昂贵且表现不佳的策略是不可持续的（特别是考虑到其最引人注目的体育项目是一级方程式和印度超级联赛板球），并在 2011 年转向更普遍的以男性为主的赛程。抛开《厨艺大师》和《后代》不谈，澳大利亚十号电视网近年来唯一真正成功的节目之一是《The Project》，这是一种相对非正式的、通常以幽默形式表现的新闻和讨论形式，它在很大程度上继承了《好消息周刊》和电影《玻璃屋》的风格。从 2009 年的《晚上 7 点计划》开始，它成功地维持了稳定的日常观众，同时也吸引了政治家和记者的赞赏。

澳大利亚十号电视台的财务困境（2007—2012 年期间股价下跌近 90%，突显了这一点）表明，一些电视网络和其他媒体公司（如 Fairfax）现在处于岌岌可危的境地。2012 年，9 频道能够轻松地避免潜在的破产，但这个十年前被认为几乎不可撼动的网络面临这样的前景，突显出该行业在 2010 年代初的动荡本质。在当前的经济和技术环境下，免费播放电视网络的长期生存能力也存在问题。

结论：电视的未来

鉴于自世纪之交以来，宽带互联网的深入渗透，同时伴随互联网移动设备、"智能"电视的出现，以及社交媒体的迅速普及，我们很容易得出电视的辉煌时代已经过去的结论，互联网最终会在我们的文化中心占据一席之地。然而，数字媒体和电视之间不断演变的关系要比其复杂得多。

互联网经常被从竞争或对抗角度提及的一个原因是端对端网络盗版问题。很难估算这一问题对电视行业的真正影响，因为该行业充斥的许多说法往往倾向于依赖非常粗略的估计（如果并非完全捏造），且依赖于其存在固有缺陷的前提，即观看任何盗版材料都会取代观看实际播出的内容。广播电视网络（尤其是电视台）就能避开这一问题，明显地缩短了海外节目和澳大利亚本土节目之间的巨大差距。他们制作了很多备受欢迎的剧集——例如，《迷失》（Lost）、《巅峰拍档》（Top Gear）以及最近的《国土安全》（Homeland）系列，吸引了年轻人和更精通技术的人口。澳大利亚广播公司（ABC）在英国播出几小时后就开始放映《神秘博士》的剧集。

专栏 10.2："直播"的力量：体育与社会媒体

虽然观众可能是碎片化分布的，但大众观众仍然存在于那些在空间和时间上把我们联系在一起的事件里。开发这种即时性的持续影响是商业电视的未来。（《羊群2012》，第313页）

考虑到新媒体技术将现有观众分割出去的趋势，近年来电视行业的很多注意力都集中在电视节目上，它们有能力将观众团结在一起，围绕一个单一的文化事件，以两种不同的方式引导注意力。

首先，广播公司迅速开始意识到社会媒体（尤其是推特，或者其他移动应用程序，如 Fango，Zeebox 或 Cricket LIVE Australia）为电视直播提供的增值潜力，将其视为"第二块屏幕"，而不是直接替代现有媒体方式。推特已经成为实时讨论内容的非正式反向渠道，现在大多数网络媒体都通过设置推特账户、通过屏幕提示宣传正式的话题标签来积极推动观众加入社会媒体对话。在某些情况下，比如 Q&A （ABC1）或 Can of Worms （Ten），观众的推文实际上成为节目本身的重要组成部分。并且，考虑到这一社会层面的全部优势只会对观看直播节目的用户有效，那么这项技术可能会降低人们下载后观看或下载节目的可能性，从而使网络的调度能力再次得到重视（见 Harrington、Highfield 和 Bruns，2012）。国际上也有一些举措开始通过社会媒体更正式地"衡量"参与度，例如 2012 年首次公布的"尼尔森推特电视评级"（Nielsen Twitter TV Rating）。

当然，另一种类型的节目仍然非常受欢迎，那就是体育。凭借其对即时性的强调（也就是说，观众很难从结果中"隐藏"起来）以及粉丝们永不退却的热情，体育已经成为澳大利亚电视产业投资的重点。这个国家的四个主要足球联赛中的三个（AFL、NRL 和 A 联赛）最近都谈判通过了极具可观利润的新电视转播权交易，AFL 和 NRL 达成的交易价值在五年内超过了 10 亿美元。

这两种趋势都说明了"现场直播"对行业未来的重要性日益增加，伴随着现场体育活动（例如 AFL 和 NRL 总决赛的进行，"起源州系列赛"（the State of Origin）和"墨尔本杯"（Melbourne Cup）以及现场直播（或接近现场）真人秀大结局如今在澳大利亚年度最受欢迎的电视节目排行榜上占据主导地位。这一趋势在海外也有所体现。例如，在美国，一年一度的 NFL 超级碗越来越受欢迎，现在其国内电视观众已超过 1 亿人。

与此同时，所有主要的免费频道都推出了"追剧模式"的电视回看服务——与美国 Hulu 或 BBC iPlayer 开创的先例相去不远——这些内容仍然可供当地用户在首次播出后的一段时间（通常是两周）内通过回看观看。在澳大利亚，以 2008 年首次推出的 iView 服务为形式，澳大利亚广播公司（ABC）实际上已经走在了这一潮流的前沿。在某种程度上，这类服务与比特流（BitTorrent）或 YouTube 相比，更能准确地反映电视的未来，因为它们是由一家主要媒体机构提供的数字平台。尽管这样的平台允许存在某些自由和新的访问点，但它们仍然依赖相同的内容，在很大程度上依赖相同的流派和格式，并且仍然受一些相同的旧形式自上而下的控制。

无论哪种方式，新的电视观看平台（通过数据而非广播信号）将电视变成了一种越来越异步、多站点的活动，并进一步使对电视本身的传统理解以及 Kompare（2006，第 336 页）确定为其"既定的理论范式"。如今，普通消费者可以通过多种不同的方式访问电视内容，当电视内容存在于历史上定义的媒体之外时，就变得更加难以明确地对其进习性定义（Green，2008）。事实上，观众现在可以通过多种方式访问内容，这给正在进行的电视学术研究带来了一些问题，因为该学科的许多最重要的作品都是以一种特殊的历史电视形式为前提的，而这种电视形式可能不再适用于新媒体环境。这就是为什么越来越多的学者将这一时代称之为"后广播"时代(例如 Turner 和 Tay,2009)。

尽管不可否认电视本身由于数字媒体的作用而被迫进行一些重大变革,但未来几年该行业的迫切问题将是这些变革如何最好地提升现有的电视体验,以及这些技术是否能带来足够的收入。公平地说,这些技术将继续推动这个行业在未来 50 多年内逐步发展并适应巨大变化的进一步创新。

第十一章
杂　志

弗朗西斯·博纳（FRANCES BONNER）

就像电视一样，分析当下杂志消费数据，大家很容易就会描绘出一幅衰落、悲观的画面。电视收视率显示，个体类节目的观众与20年前相比较大幅度减少，杂志的发行量也呈明显下降趋势。目前最畅销的杂志是《澳大利亚妇女周刊》（AWW），它发行量也不到1991年顶峰时的一半。美国流通审计局（Audit Bureau of Circulation, ABC）每年发布两次的数据显示，一些类别的杂志时而有所上涨或保持稳定，但总体呈现的是下降趋势。尽管如此，在当代高度多元化的大众传媒世界中，媒体绝不是无足轻重的。

在2009—2010年的数据中，显示在14岁以上人群中，80%的人会在每年至少读一本杂志。如果你认为这个数据依然缺乏说服力，2012年审计杂志销售的数据显示：杂志每年的销售量约为1.72亿册，这意味着在澳大利亚每秒就会卖出5.5册杂志［本数据以及本章节大部分数据的信息均来自澳大利亚杂志出版商（MPA）网站］。MPA始终继续宣称，我们是世界上杂志消费量最大的国家之一。美国广播公司的数据肯定低估了我们购买的杂志数量，因为它们和发行量数字涵盖的是经过审定的杂志，而非占据大多数的刊物。近年来，接受审定的杂志数量大幅减少——2012年仅有129家。一方面审定的成本非常昂贵，另一方面，在美国，认为审定有价值的刊物数量也在下降。

因此，这对学者来说是一种误导，原因有几个。首先，有许多未经审定的杂志，虽然它们的发行量相对较小，但它们在大多数报刊商中却占据主导地位。其次，读者数据显示，有些杂志只通过订阅才能获得，因此不需要进行审定，因为它们的所有者已经知道有多少杂志被消费了，因此它们实际的排名非常高。其中包括国家汽车协会的杂志，以及一家专门刊登 Foxtel 节目表的杂志。最终，ABC 审计只适用于澳大利亚的杂志，而其中的许多杂志都是进口的。

杂志经过审定之后，广告商就可以相信杂志销售数量的数据是站得住脚的，从而愿意掏腰包购买版面。而大家只要阅读 MPA 网站，就会明白许多杂志的目的就是为了刊登广告而盈利，其中的故事并不具有什么的刊物特色，甚至与封面的内容都毫无关系——他们都在绞尽脑汁地说服广告客户将杂志纳入他们的购买的媒体组合中。

直到最近，杂志仍被视为大型媒体公司的必要组成部分。九号娱乐公司（ACP 杂志）、七号媒体集团（太平洋杂志）和新闻集团（NewsLifeMedia）都在其澳大利亚媒体的帝国中拥有自己杂志。然而，2012 年 9 月，有新闻报道，发行量最大的杂志（包括《AW》和《电视周刊》）的 ACP 杂志以 5 亿美元的价格被德国媒体公司，鲍尔传媒集团（Bauer media Group）收购，作为 NEC 重组的一部分，NEC 需要承担其债务负担。新公司宣布它将保留 ACP 的名字，取而代之的是 Bauer 这一名称，这只是为了便于高层的管理，所以我在这里遵循了这个做法。这当然不是澳大利亚杂志第一次被外国公司收购：英国公司 EMAP 之前拥有一系列的刊物，但它自己也在 2008 年被鲍尔集团收购（杰克逊，2012 年）。

发行量和读者群

所有传统杂志的单个发行量——无论类型或目标读者群体，都呈现下降趋势（特别是按人均计算）。以 AWW 为例，其 1945 年发行量为 60 万份（Bonney and Wilson 1983，第 222 页），当时澳大利亚人口约为 750 万。1991 年的发行量显示，《AWW》售出 1167567 份，《New Idea》售出 1048356 份（Cunningham and Turner 1993，第 368 页）。表 11.1 显示了 21 年来非常显著的下降——AWW 下降了 60%，New Idea 下降了 70% 以上。下降幅度非常大，而且还在继续；与 2007 年相比，2012 年经审定的杂志销量也减少了 5100 万册。

表 11.1 2012 年 1 月 1 日至 2012 年 6 月 30 日刊物发行量

发行量排名	期刊名称	发行量	发行公司
1	《澳大利亚妇女周刊 Australian Women's Weekly》	465 477	ACP
2	《美家生活 Better Homesand Gardens》	362 085	太平洋出版公司
3	《妇女日 Woman's Day》	360 409	ACP
4	《新创意 New Idea》	303 264	太平洋出版公司
5	《那才是生活 That's Life》	233 118	太平洋出版公司
6	《读者文摘 Reader's Digest》	205 400	读者文摘出版公司
7	《美食烹饪 Super Food Ideas》	197 794	新生活传媒出版公司
8	《Takes》	191 848	ACP
9	《电视周刊 TV Week》	163 085	ACP

（续表）

发行量排名	期刊名称	发行量	发行公司
10	《谁 Who》	131 853	太平洋出版公司
11	《时尚 Cosmopolitan》	119 108	ACP
12	《菜谱 +Recipes+》	117 482	ACP
13	《澳大利亚花园别墅 Australian House and Garden》	116 094	ACP
14	《经典美食 Delicious》	110 084	太平洋出版公司
15	《NW》	102 251	ACP
16	《澳大利亚美食集锦 Australian Good Taste》	10 1175	新生活传媒出版公司
17	《嘉人 Marie Claire》	97 702	太平洋出版公司
18	《OK! 杂志》	97 411	ACP
19	《唐娜·海 Donna Hay》	94 691	新生活传媒出版公司
20	《名汇 Famous》	93 534	太平洋出版公司

来源：Media week.com

从上表中大家可以看到，彼此竞争的出版物通常都是同一家公司旗下的，然而，新刊物往往也会在刊物市场中占据一席之地——特别那些是发行量低于3万份，内容比较小众化的刊物。新杂志层出不穷，大部分却只是昙花一现，因此根本无从得知到底有多少杂志存在。进口类杂志使这一情况更加复杂——特别是同时有空运和廉价旧杂志的存在。那些成功的刊物可能会获得澳大利亚版本的发行授权：费尔法克斯在1973年开始发行《时尚 Cosmopolitan》杂志的澳大利亚版（ACP

立即推出了《Cleo》作为本地刊物与之竞争，但目前拥有这两种版本）；《时代》澳大利亚版始于 1986 年；1995 年的《嘉人 Marie Claire》；1997 年的《FHM》（2012 年停止出版）；2004 年《OK!》；2006 年的《动物园周刊》；以及 2008 年的《红秀 Grazia》。澳大利亚版《Elle》也于 2013 年推出。

读者数量或许是比杂志销量更重要的指标，但它们经常被忽略或与其他数据混淆。经过审定的发行量是根据销售量来计算的，因此比读者群更明确，而读者群必须通过基于样本的调查，利用相关人员的专业知识和真实性才能确定。然而，读者人数可以更准确地反映刊物的实际消费情况，因为大多数杂志都拥有多个读者。发行量只是一个最小的数字，而且与刊物产量挂钩，而读者量的数字则考虑了刊物所带来的乐趣，考虑了在家庭范围内分享杂志的乐趣，考虑了通过杂志所连接的亲情和友谊。

罗伊·摩根（Roy Morgan）定期进行读者调查，尽管发行量下降，但读者人数却在上升。无论是由于统计读者数据的方法发生了变化，还是消费者行为发生了变化（可能与全球金融危机后的巨大经济焦虑有关），大多数杂志的单本读者数量显著增加（见表 11.2）。以前杂志的平均读者数是 2 到 3 人，现在则增加到 5 人。在截至 2012 年 9 月的一年里，（相对售价较高的）"女性时尚"类别的读者人数比前一年增加了 6.7%（罗伊·摩根网站）。

表 11.2　杂志读者数量，2012 年 6 月

读者量排名	期刊名称	读者数量	发行公司
1	《澳大利亚妇女周刊 Australian Women's Weekly》	2 411 000	ACP

（续表）

读者量排名	期刊名称	读者数量	发行公司
2	《美家生活 Better Homesand Gardens》	1 863 000	太平洋出版公司
3	《妇女日 Woman's Day》	1 762 000	ACP
4	《新创意 New Idea》	1 193 000	太平洋出版公司
5	《国家地理 National Geographic》	915 000	国家地理出版公司
6	《公路 Open Road》	912 000	NTMA 出版公司
7	《那才是生活 That's Life》	910 000	太平洋出版公司
8	《美食烹饪 Super Food Ideas》	886 000	新生活传媒出版公司
9	《澳大利亚花园别墅 Australian House and Garden》	755 000	ACP
10	《Takes》	711 000	ACP
11	《皇家汽车 Royal Auto》	669 000	RACV
12	《电视周刊 TV Week》	659 000	ACP
13	《读者文摘 Reader's Digest》	648 000	读者文摘出版公司
14	《澳大利亚美食集锦 Australian Good Taste》	604 000	新生活传媒出版公司
15	《未来之路 Road Ahead》	577 000	RACQ
16	《时尚 Cosmopolitan》	530 000	ACP
17	《Foxtel 杂志》	527 000	ACP
18	《澳大利亚地理 Australian Geographic》	513 000	ACP

（续表）

读者量排名	期刊名称	读者数量	发行公司
19	《谁 Who》	503 000	太平洋出版公司
20	《厨艺大师 MasterChef Magazine》	480 000	新生活传媒出版公司

来源：Media week.com

经济学

纸媒有两项收入来源：广告和版面费收入。每本杂志的广告和版面费之间的关系以及它们对成本和利润的贡献比例都不一样。版面价格高，并不一定就意味着广告少。以《Shop til You Drop》为例，它每月版面价格为7.8美元，有35%的篇幅在打广告，但由于其几乎所有的"可编辑"内容都是直接介绍产品的可用性和成本构成，所以很容易被认为带有98%的广告。可以发现，在过去的三年里，那些通过高额版面价格而非广告贡献产值的杂志已经退出历史舞台。而最便宜的大众发行周刊《生活》（That's Life），目前定价为3美元，广告内容约占23%，与12年前相比，这个广告比例有了很大的提高。如果把那些在杂志中占很大比例并提供专有奖品的比赛也算进去，那么广告占比高达38%，但这并不是正式的付费版面。《生活》的成功主要在于其发行量庞大（超过23万份），并且其抛弃了昂贵的光面纸，也因此控制住了杂志行业当中的一大主要成本。《电视周刊》很少刊登广告，也不需要广告来盈利，它主要刊登详细的电视节目信息，这也就意味着它几乎不需要为内容付费。

这应该表明,吸引读者比取悦广告商更重要。然而,澳大利亚杂志历史上轰动一时的事件让人们有了其他看法。澳大利亚发行量最大的杂志 AWW,从 1932 年创刊以来一直坚持每周出版;1982 年,当时同样发行量傲人的 AWW 改为每月出版。结果发行量并没有下降,而是创下了当时的最高发行量(每期销量远远超过 80 万份,甚至一度突破 100 万份大关)。之所以转为月刊,是因为版面样式更加光鲜,广告费上涨。广告商不愿意支付比竞争对手——《Woman's Day》和《New Idea》——更高的费用,因此广告刊登量下降(Windschuttle 1988,第 46—47 页)。因此,将频率改为月刊完全是为了迎合广告商,而不是读者的意愿。

尽管澳大利亚的杂志消费水平很高,但 2010 年的广告支出总额中只有 5.2% 投放在杂志上。广告商更倾向于电视,其中免费电视和付费电视占了 32.77%。最近一个不容小觑的变化是,澳大利亚有 26.3%(这一数据是撰写本文时的最新数据,数据来源于 Sinclair)的广告投放到了网络上。

杂志与其他媒体的联系

然而,杂志、电视和网络世界彼此之间有着错综复杂的联系——尤其是那些主要媒体公司出版的杂志,是其他公司产品的主要宣传阵地。名人专题报道——在几乎所有高发行量的杂志中都处于显眼位置——对电视和电影明星的当前产品的宣传,远远多于对皇室人物八卦的宣传。名人报道并不是女性杂志的专利:男性杂志经常通过体育明星的故事，来宣传电视的体育节目。青少年和少年杂志则经常有电视名人的报道。还有一些杂志——比如《电视周刊》和《电视肥皂剧》（TV Soap）——则是完全是关于电视的。

传统电视制作公司和杂志公司之间的联合制作一直蓬勃发展。发行量第二高的杂志《美好家园》（Better Homes and Gardens）的成立时间早于高收视率的第 7 频道电视节目，但两者的结合非常紧密。《金钱杂志》（Money Magazine）和《伯克的后院》（Burke's Backyard）都是在各自的电视节目取得成功后成立的。前者在 2004 年至 2012 年间没有相应的电视节目；后者在 2002 年电视节目停播后仍继续存在。澳大利亚广播公司的大多数杂志都是由 News Life Media 制作的：《澳大利亚园艺》（Gardening Australia）直接脱胎于一档电视节目，而《美味》（Delicious）的范围更广，与澳大利亚广播公司的各种美食节目都有关联。英国广播公司的 Top Gear 节目在澳大利亚的特别报道台大获成功，随后，特别报道台及第 9 频道推出了该节目的澳洲版，澳大利亚联合出版社与英国广播公司杂志则组成了一家合资企业，发行了《Top Gear》澳洲版杂志。虽然电视节目停播，但杂志及其 MPA 获奖网站继续存在。《Grand Designs》澳洲版杂志表明，付费电视节目也有杂志衍生产品。不过，该杂志的制作方是环球杂志公司，其总部位于悉尼，管理着 50 种（未经审核的）杂志和 13 个网站。

几乎所有主要报纸的周末版都以报纸插页杂志（NIM）为特色，这也是媒体特性的另一种模糊化。新闻有限公司（News Limited）的《澳大利亚杂志》和 Fairfax（费尔法克斯）传媒公司的《美好周末》（Good Weekend）类似于综合类杂志，深受高端市场广告商的青睐。两家公司的主要刊物都有用高光纸印刷的额外的月度插页广告。而《澳大利亚金融评论》（Australian Financial Review）的两本月刊则更加面向高端市场。报纸插页杂志与报纸或杂志是分开审核的。2012年1月至6月，它们都损失了发行量，Fairfax（费尔法克斯）传媒公司刊物的损失比新闻有限公司的损失要大得多。

分销与超市销售

本行业的另一个重要部分是分销商，即出版商和销售点之间的中间商。现有两家主要的发行公司，各自都与一家更大的媒体公司有联系：长期的市场领导者Gordon and Gotch（七媒体集团）和网络服务公司（澳大利亚联合出版社）。分销商在澳大利亚尤为重要，因为相对来说，订阅量在澳大利亚并不重要。大多数杂志约有90%是通过报刊亭或超市出售的。

超市把发行量最高的杂志——主要是女性（包括八卦）杂志和家庭杂志——放在收银台附近。其他杂志在超市里的货架位置则相对有限。杂志销售中有多大比例转移到了超市，其细节尚不清楚。但据估计，有些杂志的这一销售比例高达30%。影响这些杂志销量的主要因素是能否吸引"流动"购买者。尤其是女性周刊，为了争夺随意购买的买家，展开了激烈的竞争。因此，耸人听闻的封面故事也日益增加。《谁》（Who）和《NW》等八卦杂志就是为超市收银台设计的，其封面"极具诱惑性"的词句，是为了吸引正在等待收银的顾客。

划分杂志市场

杂志市场是一个高度细分的市场，可以根据人口统计学和兴趣的不同进行划分。性别是最大的划分依据，在所有售出的独立审查杂志中，大多数是女性周刊和月刊。在发行量最大的前20种杂志中，有11种是女性杂志，其余的是不分性别的。这11种杂志的吸引力各不相同。五本食品类杂志和两本住宅和园艺类杂志主要面向女性，但也有男性购买者和读者。另外两本杂志是《读者文摘》和《电视周刊》，但后者被澳大利亚广播公司归为"大众女性刊物"。《海洋俱乐部》（Club Marine），（85 598）和《时尚健康》（男士）（73 111）则是最畅销的面向男性而不是女性的杂志。

"男性杂志"一词是有问题的。它可以用来指那些主要吸引男性购买者的杂志——不仅包括体育和汽车杂志，还包括《商业周刊》和《新科学家》，而这两本杂志都有约30%的女性读者，——或者它可以用来指性杂志，其核心内容是裸体和近乎裸体的女性照片。这种基于展示女性外生殖器的特征很明显，但近年来，已经形成了一个复杂的因素。在过去十二年左右，杂志的成功故事之一是"少年杂志"——像《男人帮》和《动物园周刊》这样的男性生活方式杂志，虽然（只是）给海报美女穿上了衣服，但在更普遍的男性导向文章中还是载有基于性的故事。虽然这些杂志在澳大利亚经历了大约十年的合理销售，但过去几年的发行量却出现了崩塌。2012年初，《男人帮》停刊；《动物园周刊》的2012年发行量创下历史第二大跌幅——超过22%，跌至63276份。2010年，它曾是发行量最高的男性杂志。事实上，男性生活方式类杂志曾包括澳大利亚广播公司统计的10种或更多种杂志，现在却只有《动物园周刊》、《时尚健康》（男士）和《澳大利亚男士健身》。就经审核的杂志而言，男性已经回归他们的各种专属兴趣——尤其是汽车类。

澳大利亚广播公司将129本经审核的杂志分为16类。其中，"大众兴趣"类结合了真正意义上的大众兴趣（《读者文摘》）和一些专业杂志如《澳洲舞蹈》（Dance Australia）。汽车类杂志数量最多（24种），其次是家庭和花园（14种），妇女生活方式和时尚（13种），一般兴趣（12种），食品和娱乐（11种），大众妇女（10种），体育（9种），计算机、游戏和信息技术，购买和销售，以及健康和家庭（各6种）、商业、金融和儿童（各4种），还有男性生活方式，女性青年和音乐，以及电影（各3种）。剩下的一个类别，手工制作，则包含了剩下的两种杂志。根据报刊亭杂志架显示，未经审核的杂志数量和范围要大得多。实际上，大量的杂志涵盖了那些看似非常边缘化的兴趣：在我当地的报刊亭，至少有16种不同的航空和国防类杂志出售。

一般来说，在特定性别的杂志领域，女性的兴趣被认为比男性的兴趣更加单一。《AWW》是澳大利亚发行量最大的杂志，也是历史最为悠久的杂志之一。它从一开始就关注女性利益。从1946年起，苏珊·谢里丹（Susan Sheridan）等人（2002）对该杂志的研究中的章节标题如下：作为消费者的家庭主妇；性、浪漫和婚姻；母性；女性的工作；房屋和花园；食物和烹饪；健康；时尚与美容（2002，第iii页）。研究虽然低估了整个研究时期内名人的作用，但仍然从整个领域的角度描述了女性杂志的内容。因为"女性的工作"描述的是家庭工作而非有偿工作（部分的名人故事除外），所以这些研究关注的都是自我和私人、个人的世界。

美国杂志《Cosmopolitan》的澳大利亚版和澳大利亚本土杂志《Cleo》于1972年3月创立。他们将当时流行的（不太激进的）女权主义者思想的各个方面，即工作场所的平等权利和女性更大的性自由，与美容和时尚栏目相结合，成为非常畅销的产品。《Cleo》别出心裁，将杂志的中间插页设计为男性主题，以回击男性杂志和办公室日历中流行的裸体女性主题。

杂志所显示的男性共同点与女性共同点截然不同。男性共同点为性、运动、机动车辆和公共世界（如果把新闻和商业杂志也算作男性杂志）。这种不同显然易见，例如《新理念》介绍了婴儿针织图案，《Cleo》提出了如何在性方面取悦你的男人的建议，而《AFR 聪明的投资者》（AFR Smart Investor）报道了对联邦财政部长的采访，《动物园周刊》则评论了澳大利亚板球队的精神面貌。不过，如果只是关注不同，则会忽略一些正在变化的迹象。例如，男性时尚专题（报纸插页杂志和《商业周刊》中）变得流行，《时尚健康》（男士）获得成功，《嘉人》报道了反对性暴力的国际运动。

有四种经过审核的儿童杂志，目标群体是学龄前儿童或青少年（6至12岁的儿童）。在这两个组别中，性别化都很明显。而两种面向女孩的杂志最为明显：《完全女孩》（Total Girl）和《小天使》（Little Angel）。以前不分性别的《K-Zone》现在主要针对男孩，《Mania》也是如此。而早期的男孩杂志《Dmag》不再有明确的年龄区分，而是被归类为计算机、游戏和信息技术。青少年的性别化仍在继续，女生到12岁时已经完全转向《女友》（Girlfriend）或《女孩力量》（Girl Power），其次是《多莉》（Dolly）。不过，数据表明这个年龄段也有着庞大的八卦杂志的阅读群体（Jackson，2008）。男生有若干年对杂志不感兴趣，直到转向《双轮》（Two Wheels）和《轨道》（Tracks）。如果他们一直专情于电脑游戏，则会继续阅读此类杂志，这也是《Dmag》转向计算机类别的原因。

虽然地址中的性别特征不适合《读者文摘》《澳大利亚地理》或大多数旅游杂志，但没有其他单一的人口统计学因素能像性别一样强烈地影响杂志。可以将更复杂的划分描述为"性别附加"，附加因素因性别而异。女性杂志在人口统计学上被进一步划分，特别是年龄依据，以及在较小程度上的社会经济因素依据（见下文）。不过，面向男性的杂志的划分依据一般都是兴趣。许多杂志完全是根据兴趣进行定位，不过它们一般侧重某一性别的目标群体：钓鱼、电脑、国际象棋——男性；家庭装饰、艺术——女性。园艺则可能是一个主要的不分性别的兴趣领域。很多杂志很好地满足了这一兴趣。

女性杂志

女性杂志代表了在杂志市场中处于主导地位的划分部分，也是迄今为止被研究最多的。所以现在我想研究一下它们进一步的划分情况。根据性别、年龄和收入这三个特征，可以很好地策划出杂志的女性读者所经历的发展轨迹。不过，到目前为止，没有一家主要公司拥有每个年龄段的杂志。太平洋杂志出版社的理想消费者，先是对澳大利亚联合出版社的《Cosmo》或《Cleo》产生了一时的兴趣，然后从《完全女孩》转向《女友》，然后回归《嘉人》，再到《时尚》澳大利亚版，最终选择了《新理念》。澳大利亚联合出版社的理想读者则开始于太平洋杂志出版社的青少年杂志，转向《Cosmo》和《Cleo》，然后选择了《新周刊》的八卦报道，或者如果更富有的话，喜欢《时尚芭莎》不久后，最终选择了《Woman's Day》和《AWW》。期间，有许多可以作为补充的杂志，例如婚庆杂志。但是，重点在于，女性从孩童到成熟女性的每个阶段，都有合适的杂志提供主要是有关消费方面的建议。《Cosmopolitan》根据具体的细分市场设计了相应的杂志版本，于 2003 年推出了《Cosmo》新娘版，随后推出了《Cosmo》孕妇版。

一项关于全球化的重要研究将《Cosmopolitan》作为主题，研究了它的 44 个不同版本。因此，这本杂志值得我们深入探讨。大卫·马钦（David Machin）和西奥·范·列文（Theo van Leeuwen）（2003、2007）讨论了其中的"全球品牌营销"，以及在多大程度上——尽管国家的差异会影响不同的版本——"《Cosmo》女孩"一词会始终表明她对社交生活（在性或工作方面）也采取类似的鲜明态度。她通过个性化的消费行为，而不是更多的集体或文化归属感，来表达对《Cosmo》"社区"的忠诚。

澳大利亚广播公司将女性杂志分为"大众女性杂志"和"女性生活方式与时尚杂志"。后者有更多的刊物和更理想的读者形象，但它是一个非常统一化的分组，很少关注年龄和出版频率，并为每个类别分配了一些八卦杂志。最理想的读者为 25 岁到 39 岁，评分为 A、B、C——营销界按照从 A（最高）到 E（最低，贸易文件中几乎从未提及的群体）对社会经济群体进行划分——对化妆品、服装和配饰广告商具有吸引力，而他们的赞助是此类杂志的必要生存条件。

在过去 35 年中，新女性杂志的发行引发了关于市场空白和小众市场的讨论。几乎所有讨论的焦点都集中在 39 岁以下的女性身上。大规模发行的《OK！》《NW》《Who Weekly》和《Famous》等八卦杂志正是以此类年轻女性为目标群体。更为性感的《Cosmopolitan》和《Cleo》也是如此。《Madison》等寻求主要以时尚定义的市场的杂志也是如此。2008年创立的《Grazia》则面对年龄稍大的女性，不过也只是44岁以下。该杂志在封面宣称其是"澳大利亚唯一的时尚周刊"，因而显得与众不同。此类宣称针对的是广告商，而不是分析实际购买者后的结果。

2012的MPA年度杂志和年度女性时尚杂志面向的都是39岁以下人群，但看起来与其他杂志非常不同。2012年，《Frankie》发行了第50期（11—12月双月刊），发行量为58631份。该杂志由位于昆士兰的一家小公司莫里森传媒（Morrison Media）出版。它最初是独立制作，并且一直致力于保持其彰显独立性的特征——哑光纸张、自信有趣的致辞，以及一个精准地将"设计、艺术和摄影"放在"时尚"之前的副标题。尽管"时尚"后是"音乐"，之后是"手工"，该杂志所支持的时尚显然受手工艺术影响颇深。而且它很少刊登化妆品或香水广告，更不用说通常的跨国公司广告了。其常驻作者的定期专题报道往往是轶事，当然也（偶尔）涉及名人。据其网站称，近日，该公司发行了《史密斯杂志》（Smith Journal），一本为"城里有眼光的绅士"制作的衍生杂志。

发行量规模排名前三的杂志，创办时间均早于1950年，人们认为这些杂志仍能充分迎合那批与其同龄的年长女性，而她们出于满意或习惯对这些杂志仍然保持忠诚。类似的情况还有面向女性的读者自己的故事杂志《Take 5》和《That's Life》，分别于1994年和1998年创刊，并迅速跻身发行量前十的位置。这两本杂志的确是面向年龄较大的群体——事实上，它们没有规定年龄上限——但是行业并没有对它们的出现有什么积极反应。较低的标价，对比赛和谜题的注重，较差的纸张质量和稀少的广告均表明，这些刊物的目标受众是工人阶级，或者用媒体的话来说，是低端市场。在澳大利亚联合出版社网站上，关于《Take 5》的读者的委婉语提到"澳大利亚中产阶级的中心"。引人注意的是，这些杂志忽略了名人。它们的专题报道来自读者的投稿，而读者的投稿是由杂志工作人员每一期征集、付费和修改的。这些专题报道是出版物的主要内容，并配有常见的服务性栏目：烹饪、时尚、美容和建议专栏。

围绕马钦（Machin）和西奥·列文（Van Leeuwen）所分析的不同版本《Cosmopolitan》杂志以及其他高档杂志，有一个"社区"的说法。与该说法不同的是，读者自己的故事杂志旨在产生一个参与式的读者社区。他们在此交流生活故事，炫耀自己的孩子，试着赢取奖品。他们在他人生活中的替代性参与更接近于邻居，而不是远观明星八卦，或年轻白领的理想化世界。在某种程度上，这是一个女性化版本的对话广播式的参与性世界，但这次不是围绕公众世界，而是围绕共同的家庭类事件组织起来的。尽管青少年杂志很少使用读者自己的故事，但它们也试图通过主张共同的活动和态度来形成一个读者和作者的社区。这点尤其吸引青少年，因为他们正处于不断努力合群的年龄段。

女性在青少年时期有了一些选择，在青年时期和壮年时期拥有各种刊物，从中年时期开始又回到了更加有限的选择中。在这个场景中，先是一些稚气未脱的可能性，然后是一群光鲜时尚的竞争对手，最后是一些有限而乏味的选择。这似乎是对传统女性生活选择的一种讽刺。虽然女权主义和医学的公共话语向女性保证，生命不会随着更年期而结束，女性杂志的社论内容也支持这一点。但女性杂志的主要话语——

是由广告商支持的一系列刊物所传达的——总是认为45岁以上的女性没有明显的吸引力。每隔一段时间，人们试图克服广告商厌恶年长女性市场这一短视行为，让杂志可以为年长女性提供服务。《伊塔》（Ita）、《电梯》（Elevator）、《生活》（Life）等杂志都曾尝试过。《伊塔》有经验丰富，大名鼎鼎的编辑伊塔·布特罗斯（Ita Buttrose），《生活》则有澳大利亚广播公司的支持，与电视和国家广播电台有合作。但是这些杂志最终还是倒闭了。

专栏 11.1：新时尚女性杂志的出现

1969年起，妇女解放运动/第二波女权运动在澳大利亚兴起，妇女的利益被家庭问题所限制的描述受到质疑。随着公众开始接受许多新理念（男女同工同酬、儿童保育和安全堕胎），一些现有的杂志可以稍微提及这些想法。不过，关于更多性自由的理念为大型媒体机构提供了一个充分利用和留住年轻读者的机会。1972年，费尔法克斯传媒公司（当时是《Woman's Day》的所有者）买下了在美国大获成功的《Cosmopolitan》杂志的澳大利亚版的出版权。该版本杂志的新任编辑为《性与单身女孩》的作者、前女权主义者海伦·格利·布朗（Helen Gurley Brown）。澳大利亚联合出版社需要对当前形势做出回应。其有影响力的编辑 Ita Buttrose 已经在鼓励出版社老板的儿子 Kerry Packer 迎合吸引 18—24 岁女性的（不太激进的）新理念。Buttrose 成功了，澳大利亚本土的《Cleo》杂志成功首发。《Cleo》和《Cosmopolitan》一样，将性信息和建议相结合，旨在让女性读者对自己在白领工作中的角色更有信心。但是《Cleo》杂志的中间插页巧妙设计为男性主题，是对男性杂志和办公室日历中流行的裸体女性主题的大胆反击。2011

年，电视剧《Paper Giants》将 Buttrose 对《Cleo》运作宣传搬上电视荧屏，获得了极高的收视率。《Cosmopolitan》和《Cleo》在杂志市场上的最初独特性已经被削弱了。如今，它们都归澳大利亚联合出版社/Bauer 公司所有。

杂志内容的变化

以前，一些杂志针对的兴趣似乎太边缘化（如古董拖拉机），以致这些小众杂志无法维持下去。但是借助桌面出版，这些杂志得以大量涌现。大量独立杂志也得以发展。独立杂志有时也称为微杂志（microzines），它们或是专业杂志（如《鞋痴》），或聚焦时尚和娱乐，但都更关注写作和平面设计的质量。Megan le Masurier（2012）分析了这一现象，并指出他们的专业和业余兼顾的制作的重要性、他们的设计意识，以及来自他们的制作者作为数字原住民对印刷品制作的蔑视（2012，第393—395页）。作为一种国际现象，它们可能是短暂的，但是有一个例子：澳大利亚的《怪物儿童》（Monster Children）始于2002年，现在已经发行到了第36期，每年出版五次。

食品杂志是最近出现的一个新类别，在发行量较高的杂志中很明显。在发行量最大的20种的杂志中，有5种是专门针对这一问题的。一直以来，食品都是大众市场杂志服务栏目考虑的领域之一，许多家庭和园艺刊物也保留了食品栏目。但是，在过去的十年里，食物已经成为专门的杂志，而且在不同的社会经济阶层都有明显的表现。就一切情况而论，尽管杂志越高档，男性读者越多，但是这些杂志的读者主要还是女性。在某种程度上，这种情况反映了生活方式对于当代个人和他们所处的社会的重要性，也表明了食物对于生活方式概念的重要性。现在，食物不仅是为了维系生命，并有望能给我们带来快乐，它还代表着我们如何看待自己，以及我们希望别人如何看待我们。

食品也是一个热衷于寻求专家指导的领域。Nikolas Rose（1999）更为概括性地指出："个人根据大众媒体传播的专家［和准专家］提供给他们的语言、价值观和技术，对自己和家庭采取行动。"（1999，第88页）烹饪不再仅仅是女性根据母亲的指导和有限的烹饪书籍进行的追求。现在，烹饪食物涉及不断变化的选择；它涉及时尚和变化。菜肴可能被嘲笑为过时的，或在不幸被忽视后重获掌声（比如大虾冷盘）。新的食材出现后，需要指导消费者如何使用。虽然生活方式受到关注前，已经出现了几种家庭和花园类杂志，但是同样的情况也正好适用于此类杂志。在传播生活方式建议的媒体中，杂志的地位可能仅次于电视。

在专业育儿杂志中，在大量涌现的专门关注健康问题的杂志中，可以看到更多在专家指导下自我调节的例子。正如Rosalind Coward（1989）和Rose本人（2007）所指出的，个人健康的责任已经从医疗行业转移到了相关个人身上。像行业领先的《时尚健康》（女士）和发行量较低的《时尚健康》（男士）等杂志都将医学建议与健身问题结合起来，告诉我们应该如何照顾自己，特别是在促进健康或导致疾病的活动和食品方面。

杂志刊登名人故事并不是什么新鲜事，但是目前，纯名人故事类杂志在澳大利亚可能只存在了15年。在发行量排名前20位的杂志中，有4种杂志是纯名人八卦杂志，其喜爱曝光八卦的程度不同。其中，《Who》和《OK!》比《NW》和《Famous》更加友善。但是这4种杂志和内容更加多元化《新理念》和《Woman's Day》都含有附标题的狗仔队照片，颇具讽刺意味。

对于大多数高发行量杂志来说，名人故事都是必要的内容。不仅因为名人是现在开启众多私人和公共话题讨论的主要方式之一，还因为名人首先就是杂志吸引人们眼球的主要方式。当杂志编辑（金融和科学类杂志编辑除外）谈论"新闻"时，他们总是提及与名人有关的事物。当然，正是根据新闻的这个含义，《红秀》才声称自己关注时尚和新闻。编辑们经常根据名人登上封面后的杂志额外销量来给评价他们。在高发行量的杂志中，只有低端的"读者自己的故事"杂志和超市的食谱杂志的定期出版内容中完全没有名人。

结　语

澳大利亚杂志业仅由三大主要公司主导，它们都有更广泛的媒体兴趣。尽管杂志业并没有获得很大一部分澳大利亚广告收入，但广告绝对是杂志运营的核心。名人在杂志内容和媒体宣传中的核心地位，加上共同的电视和杂志标题，意味着协同效应很容易实现。现在所有发行量较大的杂志都有相应的网站，这对年轻读者尤其重要。虽然女性杂志的发行量高于男性杂志，但是所有的杂志覆盖了两性、不同年龄、不同社会经济群体和几乎所有的兴趣领域的需要——尽管是不平均的。媒体坚持不懈地提供专业知识，指导读者的生活方式和行为举止，这是非同凡响的。

专栏 11.2：应对网络威胁

国际上可观察到的杂志发行量在下降，可用广告比例也普遍下降，对此的讨论认为网络替代品的发展是罪魁祸首。消费者从这一来源可以获得八卦、时尚、健康建议、园艺小贴士，并且显然都是免费的，而这些内容曾经是从杂志上获得的。

这个故事对于其他媒体来说很熟悉，比如电视和报纸。杂志的第一个反应是树立相关的网络形象。Deena Ingham 和 Alexis Weedon（2008）指出，杂志树立网络形象几乎是必须的，这有利于杂志的覆盖面和帮助读者节约时间，但印刷版仍然创造了最多的收入。澳大利亚广播公司开发了一种名为"刊头指标"的新衡量方法，用于将数字版与印刷版发行量一起计算。该方法首次发布的结果显示，《AWW》的印刷版销量为 465477 份，而其数字版销量为 5963 份，总发行量为 471440 份（MPA 网站）。这里不包括更有限的免费访问网站，尽管它们的访问频率可能更高。业界认识到，平板电脑已成为技术游戏规则的改变者。批评人士指出，尽管越来越多二维码的使用旨在解决互动性，但数字版和有限的免费网站都假定读者处于被动状态，未能利用好互动性，而互动性是网络行为的关键。

不过，有些杂志将印刷品和丰富的网络材料结合成综合的、互动的整体，扩大了其影响力。这方面的一个例子是《Mindfood》（副标题为"智能思维"）。2008 年，迈克尔·马修（Michael McHugh）为他的"综合媒体"家族公司创办了这本生活方式月刊。《Mindfood》明确将读者视为社区的一部分，并将月刊与一个更新频率更高的网站相结合。该网站鼓励访问者注册并接收每日电子邮件和下载播客。杂志和网站都推广其应用程序。所有销售点都刊登广告。该杂志从表面上看面向男性和女性，但从内容上看，似乎更倾向于女性。内部证据表明其目标年龄段为30—49岁。

另一个应对措施是将网络世界定位为小众杂志市场。游戏杂志的存在时间也更长，是近期杂志类别中有较强适应力的杂志。除游戏杂志外，现在还有iPad、iPhone和其他界面的指南。其中大多数是进口的（通常是英国的），但也有澳大利亚的，包括《澳大利亚iPhone》（在撰写本文时为第九版）、《澳大利亚安卓杂志》，以及定位不甚明了的《澳大利亚科技生活》。

第十二章
广告与营销

约翰·辛克莱(JOHN SINCLAIR)

广告,虽然本身不是一种传播媒介,但从历史上看,它却是支撑所有商业媒体的力量。广告不仅为媒体所有者提供主要的收入来源,还赋予商业媒体独特的外观和声音,并将媒体为我们提供的一系列娱乐和信息导向广告商想要接触的受众群体。因此,广告是一种文化产业,它利用媒体将消费品和服务的生产者与潜在市场联系起来。从根本上说,广告只是"营销行动中"最"明显的终端"(Caro 1981,第5页),与现代社会的制造–营销–媒体综合体融为一体[辛克莱(Sinclair)2012]。

这种惯例化复合体的运作方式是,消费品制造商以及零售商和银行等服务行业,从广播电视媒体以"广告时段"的方式购买时间,从印刷媒体采购广告版面,或购买互联网上的显示或搜索广告。大型广告商通常是通过广告公司进行购买。选择何种广告媒介和购买的时间或位置将取决于预算的大小以及广告商产品的预期市场规模和市场类型。例如,大众消费产品和服务的高预算广告商将选择昂贵的黄金时段电视广告,而投资产品、进口汽车和国际航空公司等"高端市场"商品和服务的生产商将在知名媒体的小而富的读者群中寻找机会。

因此,这不仅仅是接触到最多的人的问题,也是为广告商选择与匹配受众进行沟通的媒体的问题。根据所承载的信息和娱乐的种类,不同的媒体接触到不同的受众。因此，一些批判性的理论家说，媒体内容的存在只是为了吸引受众，而媒体可以把这些受众"出售"给广告商（斯迈思，1977）。然而，广告商若想要了解受众是如何被出售的，则需要考虑到哪种媒体内容吸引了哪种类型的受众。负责"媒体采购"的广告公司会为他们提供这方面的建议。

从赞助商到广告时段

广告商有时也被称为"赞助商"。这一术语来自广播媒体发展的早期。当时，广告公司不仅要为客户购买时间和准备广告材料，还要为客户制作节目——通常是戏剧和问答节目。广播电台所要做的就是播出这些节目。随着电视和"收视率"系统的出现，这一赞助制度逐渐衰落。但是广告商仍然可以而且确实会付费让他们的名字与某个节目联系在一起，成为该节目的"赞助商"。不过，显然"品牌内容"这一新兴趋势是个例外——例如广告商赞助的电视或植入社交媒体的"信息娱乐"节目（Bainbridge，2005）——广告商和广告公司不再像在旧的赞助制度下那样制作节目。

在澳大利亚的现行制度下，电视台从制片厂购买节目或在内部制作节目，并根据节目的受众规模和类型，在节目播出的间隙向广告商出售商业广告时段。这类受众是通过"收视率"来衡量的。收视率是对将电视机调到该节目的受众比例和该受众的人口统计学特征（年龄、性别、社会经济地位）进行统计学上的估计。报纸和杂志有其相应的独立审计的发行量数据，所以广告商知道他们要买什么，而互联网则计算广告商网页的"点击量"。

乍一看，以收视率为基础的广播电视媒体运营体系似乎"给了人们想要的东西"，因此符合民主社会的公共利益。毫无疑问，目前的制度是对曾经盛行的狭隘的赞助商控制的改进。然而，评论家担心，广告商仍然可以在总体意义上控制节目——也就是说，节目内容和时间表设计是为了吸引那些购买可以用这种方式做广告的产品的人。因此，我们得到了"反映超市人口统计学数据的戏剧艺术"（Barnouw 1979，第73页）。虽然我们所有人都必须在某种程度上使用超市，但有一些可识别的购买力低下的的少数群体可能在节目中被忽视，比如老年人、穷人、不讲英语的人，以及品味和兴趣比较小众的非特定群体。

就新闻界而言，评论家一直担心广告商可能会向编辑施加压力，以压制对其业务不利的新闻。尽管有证据表明，这种情况时有发生。但一些人认为，屈从于这种压力并不符合编辑的利益，因为从长期角度来看报纸会信誉受损。

广告的起源

在澳大利亚，信息和娱乐的主要媒体是由零售业和洗发水、巧克力棒等的制造商资助的，那么澳大利亚是如何采用这种社会传播体系的呢？为了理解这一点，我们需要回顾一下19世纪末，当时所有工业化国家都开始广泛生产有包装和品牌的家庭用品。以前，制造商会批量生产一般性商品，所以你会要求称一磅燕麦，而不是买一包托比叔叔的燕麦片。澳大利亚（例如Rosella和Fosters）和世界（美国的亨氏，英国的吉百利）的一些最知名的品牌可以追溯到这一时期。很快，

"耐用"品牌消费品也加入进来：吉列剃须刀、柯达相机、福特汽车。

在这个时代之前，广告只是作为一种以报纸版面赚取佣金的交易形式存在。虽然已经有了大量的零售广告，但是进行广告宣传的"品牌"通常是专利药品和滋补品（世界上最知名品牌可口可乐的起源）。然而，从那时起，工业资本主义社会的制造商建立了全国性的销售组织，与包装和分销中将广告与其他营销策略相结合。与此同时，广告正在帮助其自身成为企业资本主义新时代不可或缺的一部分。

这一切都离不开这些国家的新闻媒体的配合，而在报纸的商业化中也可以看到相应的过程。在澳大利亚，凯思·默多克（Keith Murdoch）[鲁珀特·默多克的父亲] 主导了报纸的商业化。他以诺思克利夫勋爵（Lord Northcliffe）在英国开发的金融和编辑创新为模式，创立了《墨尔本先驱报》。他销售的是"展示"广告空间，而不是19世纪报纸特有的分类广告专栏。广告收入超过了制作成本，因此报纸标价可以保持在较低水平。通过向广告商"出售"读者来获利，报纸因此成为大众传媒而非精英传媒。

广播出现于20世纪20年代，但直到20世纪30年代，它才开始与报纸一起成为广告的大众媒介。一旦报纸公司参与建立广播网络，这一进程就加快了。这样的发展促使广告商更加关注对受众的测量。随着广告业试图通过社会科学语言和技术的商业应用来巩固自己的地位，收视率和"市场调查"开始出现。

直到二战后，美国公司抓住机会在海外投资工业发展，并充分利用了随之而来的相对财富，我们今天所知的国际上的制造－营销－媒体复合体才真正开始出现。这些公司包括新成立的美国电视网络和麦迪逊大道的广告公司，以及当时从全国性公司发展为跨国公司的消费品制造商。欧洲、澳大利亚和其他前英国领地，以及新独立的发展中国家，都或多或少经历了这些形式的扩张。在澳大利亚，这意味着外国投资可用于工业发展，包括制造以前需要进口的消费品。正是在这种意义上，通用汽车（General Motors）公司声称其从 1948 年开始生产的霍尔顿车是"澳大利亚自己的汽车"。很快，充斥着大量美国节目的商业电视出现了。但由于政府的监管，只能播放澳大利亚制作的广告。随后，在 20 世纪 60 年代，美国广告公司接管了大部分澳大利亚广告业务。它们或成立自己的子公司，或与澳大利亚广告公司签订了各种协议（见本章后面的专栏 12.1）。

广告与全球化

为了解当今澳大利亚广告业的结构、范围和意义，不仅有必要在战后美国化的国际背景下看待它，还需将其视为现在被称为"全球化"的、更近期和更密集进程的一个主要实例。该术语表明地方和国家的经济和社会明显整合为一个全球统一的政治、经济和文化秩序。这个秩序不是"美国式"，也不是欧洲或日本式的，虽然设在这些国家的公司是秩序创建的主要推动者和主要受益者。事实上，全球化的主要特征之一是，相对于跨国公司或全球化公司，单一民族国家在经济决策方面的影响力正在减弱。

在澳大利亚，这一过程在广告商、广告公司和媒体中显而易见。就跨国广告商而言，全球化表现为在全球范围内推销商品和服务的能力提高，即在几个国家市场上，企业协调生产、分销和销售商品或服务。一直以来，这都是"跨国公司"的一个决定性的特征，但现在它采取了更加复杂和分散的形式。即使是这些公司中最大的公司，也不会在各个地方销售同样的产品。例如，可口可乐和麦当劳根据其经营地区、国家和区域的文化差异来生产不同的产品，这种做法被称为"全球本土化"（Robertson，1995）。此外，还有特许经营、国际品牌授权安排以及跨国公司之间的合资企业。在酒类行业，以广告商的一个类别为例，跨国公司在它们之间进行制造、分销和授权安排，例如，在澳大利亚，Foster 集团销售其英国母公司 SAB Miller 生产的 Miller 和 Grolsch 啤酒，而加拿大酿酒商 Molson 在北美生产和分销 Foster's Lager 啤酒。全球化还意味着，全球公司在其经营的各个国家市场上共享寡头垄断优势。也就是说，它们可能利用市场力量排斥或接管较小的竞争对手，而不是相互争斗。最后，尽管全球化的特点是公司所有权的集团化，但经营和管理往往是分散的。在 20 世纪 60 年代和 70 年代，跨国公司在纽约、伦敦或东京设有"总部"。现在，这样的"总部"被同一企业集团中独立管理的各个部门取代。

高额支出者

每年，行业媒体都会发布商业研究报告，根据媒体广告预算对全国广告商进行排名。即他们通过广告公司在媒体时间和空间上支出了多少钱。表 12.1 列出了 2012 年按估计支出排列的前 25 名广告商。表格由全球研究公司尼尔森控股（Nielsen Holdings）公司测算，于 2012 年 9 月 21 日由《AdNews》报道。表中显示，前 25 名广告商中，只有不到一半是跨国公司或其子公司。然而，和往常一样，跨国公司在某些产品类别中占主导地位。其中大多数是快速消费品（FMCG）——

包装食品和饮料、家用和/或"个人护理"产品以及快餐：利洁时、麦当劳、联合利华、雀巢、百胜餐饮以及卡夫食品。虽然比往常要少，但是一些全球汽车制造商——丰田、现代和大众——也榜上有名。在澳大利亚最大的广告商中，主要零售商一如既往地表现突出，这反映了该国零售业所有权的异常集中程度。拥有多家连锁品牌的西农集团（Wesfarmers Ltd）和伍尔沃斯公司（Woolworths Ltd）位居榜首，哈维·诺曼（Harvey Norman）紧随其后。和往常一样，澳大利亚联邦政府的媒体广告总支出在榜单上名列前茅，而人口最多的东部各州的政府也榜上有名。政府是大广告商，媒体公司本身也是大广告商，尤其是新闻集团（News Corporation）、Village 和九号娱乐。

表 12.1 前 25 名广告商

2012年排名	2011年排名	广告商集团/广告商	2012年估计支出 百万美元	关键品牌
1	1	西农集团（Wesfarmers Ltd）	110—115	Coles, Bunnings, Officeworks, Kmart, Target, Liquorland, 1st Choice, Vintage Cellars
2	4	伍尔沃斯公司（Woolworths Ltd）	75—80	Woolworths, Big W, Dick Smith, Masters Home Improvement, Dan Murphy's, BWS Medibank Private, 澳大利亚邮政（Australia Post）, 国家宽带网络公司（NBN Co）
3	2	英联邦成员国政府	70—75	澳大利亚健康管理部，澳大利亚肉类和牲畜部，健康和老龄化部，公共事业部，国防部

（续表）

2012年排名	2011年排名	广告商集团/广告商	2012年估计支出百万美元	关键品牌
4	3	哈维·诺曼（Harvey Norman）控股有限公司	70—75	Harvey Norman，Domayne，Joyce Mayne
5	7	维多利亚州政府	40—45	交通事故委员会，维州公路局（VicRoads），劳动安全署，癌症委员会，TAFE学院，维多利亚州救护服务，司法部，可持续发展和环境署
6	10	利洁时集团（Reckitt Benckiser）	35—40	斯特列普西尔斯（Strepsys），努罗芬（Nurofen），纳皮桑（Napisan），Finish、Airwick，Harpic，Dettol，Pine 0 Cleen，Easy Off Bam，Lemsip
7	15	丰田汽车公司	35—40	丰田，雷克萨斯，日野（Hino）
8	5	新南威尔士州政府	35—40	公路和海事服务公司，悉尼歌剧院信托公司，癌症研究所，目的地新南威尔士州，悉尼水务，卫生和第一产业部
9	11	麦当劳家庭餐厅	35—40	麦当劳家庭餐厅，麦咖啡
10	8	澳洲电信股份有限公司	35—40	澳洲电信，Sensis
11	21	新闻有限公司	30—35	新闻有限公司，新闻数字媒体，20世纪福克斯电影发行和家庭娱乐

（续表）

2012年排名	2011年排名	广告商集团/广告商	2012年估计支出百万美元	关键品牌
12	14	阳光集团	30—35	AAMI，GIO，APIA，Bingle，Suncorp-Metway，Shannons
13	6	澳大利亚联邦银行	30—35	联邦银行，西澳银行，康联首域投资基金管理公司
14	17	新加坡电信集团	30—35	澳都斯华纳，维珍移动
15	27	乡村路演团队	25—30	乡村影院，华纳乡村主题公园，路演电影发行和家庭视频
16	9	联合利华集团	25—30	多芬，力士，凡士林，夏士莲，Rexona，Impulse，Omo，立顿，Streets，Continental，Flora
17	12	雀巢澳大利亚	25—30	雀巢，托比叔叔，詹妮·克雷格，高德马，武藏·图海斯，哈恩，Boags，
18	29	Lion	25—30	喜力（Heineken），奶农（Dairy Farmers），国家食品牛奶和奶制品
19	13	昆士兰市政府	25—30	昆士兰旅游局，昆士兰健康署，Energex，Ergon能源，昆士兰铁路，昆士兰表演艺术局，交通运输和公路部，基础设施和规划局
20	26	现代（Hyundai）	20—25	现代（Hyundai）
21	32	百胜！（Yum!）澳大利亚餐馆	20—25	肯德基（KFC），必胜客（Pizza Hut）

（续表）

2012年排名	2011年排名	广告商集团/广告商	2012年估计支出百万美元	关键品牌
22	23	迈尔有限公司（Myer Limited）	20—25	迈尔百货（Myer Stores）
23	30	九号娱乐	20—25	Nine Network，澳大利亚联合出版社杂志，Carsales
24	24	大众汽车集团	20—25	大众，斯柯达
25	46	卡夫食品澳大利亚	20—25	吉百利(Cadbury)，纳贝斯克(Nabisco)，卡夫（Kraft），、帕斯卡尔（Pascall），自然糖果公司（The naturaltaxiety Co）

来源：《AdNews》，2012年9月21日。

值得注意的是，名单上的几家美国、欧洲和日本跨国公司至少在世界其他主要的广告市场上也有同样突出的表现。例如，英荷快速消费品巨头联合利华（Unilever）是世界上最大的广告商之一，而丰田（Toyota）则在全球汽车类别中占据主导地位。澳大利亚和跨国广告商的高额支出不仅反映了他们预算的绝对规模，也反映了这些预算所使用的媒体。在全球范围内，尽管互联网作为一种广告媒介最近发展迅速，但电视仍然是跨国大众消费品制造商的首选媒介。此外，如果观察一下最大的广告商和广告公司之间的关系，我们会发现相对较少的广告公司占据了大部分的广告营业额。这意味着他们正在与最大的消费客户群体打交道，而这些客户倾向于电视——最昂贵的媒体。

尽管全球金融危机对澳大利亚和世界其他地区的广告支出产生了巨大影响,但这些趋势始终保持不变。无论这些数字看起来多么庞大,与本书上一版中给出的2007—2008年的数字相比,每一个最大广告商的支出水平都明显下降。然而,2011—2112年的统计数据显示,与全球金融危机最严重的2009—2010年相比,支出已经有所恢复。

广告公司

广告公司是广告制作的关键组织,是其"客户"的"代理人"。客户是实际的广告商,即商品制造商或服务提供商。并不是所有的广告商都会聘请广告公司来处理他们的广告,尤其是互联网广告,但我们在媒体上看到的几乎所有全国性品牌的大预算广告都是由广告公司来处理的。广告商向广告公司支付服务费。不过,广告公司传统上从媒体获得大部分的收入,收入以销售佣金的形式支付,以确认广告公司代表其客户购买的媒体时间或空间。广告公司在刚起步的时候,远在参与市场调查或电视广告制作之前,就采取了这种商业惯例。这种商业惯例继续将广告公司塑造为一种澳大利亚的商业形式。

然而,制造-营销-媒体综合体不同部分的利益并不一定一致。正如我们在上文中看到的,全国性的广告商存在于零售业和其他服务业以及制造业,并且其中很大一部分实际上是跨国公司。他们的专业组织是澳大利亚国家广告商协会(AANA),其成员的广告支出约占澳大利亚所有广告支出的一半。1995年,AANA怀疑媒体与广告公司之间的媒体销售佣金交易是以广告商的利益为代价,因此与当时的贸易惯例委员会(TPC,现为澳大利亚竞争和消费者委员会,简称

ACCC）结盟，对佣金制度及其与广告公司认证的联系进行调查。在广告公司、澳大利亚广告联合会（AFA）和当时代表媒体经营者的澳大利亚媒体委员会（MCA）的抗议下，TPC裁定废除该制度。这是一个有效的行业放松管制的过程，此后广告业就不再是以前的样子了。特别值得一提的是，现有的广告公司无法再控制其他人能否加入广告行业，广告公司不必向媒体提供财务担保，公众也没多少机会反对那些他们认为具有攻击性的内容（Bunbury, 1998）。不过，对于最后一点，广告行业已经成立了广告标准委员会。

广告行业的一个特点并没有改变，那就是客户定期会从一个广告公司转到另一个广告公司。尽管有许多长期稳定的客户—广告公司关系，但正是客户的重新分配主导了行业媒体及其八卦，使广告业成为一个竞争激烈的行业。广告公司必须努力吸引和留住客户。出于各种原因，客户可能会选择其他广告公司。例如，想知道另一家广告公司是否能产生更好的结果或表现出更多的创造力和决心；想摆脱一家承接了竞争对手业务的广告公司；或者仅仅是因为需要审查。跨国广告商可能会转向一家跨国广告公司，因为这家公司也负责了广告商其他国家的广告业务。这种做法被称为"全球统一"。客户们互相观察对方的动作，并据此评估自己的选择。因此广告公司的压力，不仅在于要取悦自己的客户，还要给所有观察者留下深刻印象。

广告公司是做什么的

客户究竟希望广告公司为他们做什么？传统的"全方位服务"广告公司的特点仍然是为客户提供更多的服务，不仅仅是购买媒体时间和空间的战略功能，或是制作实际广告的创意功能。事实上，比起在大众媒体投放的广告，许多客户对"线下广告"更感兴趣。例如，体育赞助、商店促销或直接营销。直接营销，传统意义上是通过邮寄"垃圾邮件"或通过电话（"电话营销"）瞄准潜在消费者，现在已经迅速转移到移动互联网。主要的广告公司都有自己的直接营销部门和专门的数字机构来利用这一趋势，并为社交媒体上的病毒式广告和Xbox 上的游戏内广告提供相关策略。然而，用于线下广告的资金仍可直接投向大众媒体。例如，除了 2000 年 2UE 丑闻所揭露的臭名昭著的"以金钱换评论"做法（请参阅第八章）之外，还有"植入式广告"，即广告商付费将其产品植入实际节目中。例如我们在电视剧中看到的演员饮用的饮料品牌，或是《老大哥》中选手使用的商品（Lawson，2002）。

即使是侧重提供广告内容的广告公司，也可能在提供广告的同时提供大量的其他营销服务。广告因此成了"营销传播"。重要的是，要认识到营销的概念和实践（与"销售"不同）在多大程度上已成为广告公司和客户的主导职业意识形态。营销是"试图拥有消费者想要的东西"，而销售是"试图让消费者购买你的东西"（Buzzell 等人，引自 Schudson 1984，第 29、248 页）。尽管广告公司在构成营销的综合服务组合中对特定元素（例如市场调查或"账户规划"）的强调程度各有不同，但提供全方位服务的广告公司会在整个营销环境中提供广告。然而，正如下文所述，在全球集团的时代，不同的营销职能，尤其是媒体采购和创意职能，被"拆分"给不同的专业广告公司的趋势十分明显。全球集团就像一个提供全方位服务的公司，整合了媒体采购、创意和其他专业广告公司。

市场营销和广告虽然是一种商业行为，但却取决于在文字和图像中对想法和联想的想象力的实现，即最终的"创意产业"。这一事实始终存在着某种紧张关系。因此，广告公司制作广告时，需要一些组织来实现商业和艺术的必要融合。广告人认为自己是两种相互依存的类型：一种是管理公司业务并与客户联络的"西装人"，另一种是在客户视野之外的自由环境中产生视觉和语言输出的"创意人"。据说，在过去几十年里，澳大利亚一些最著名的广告来源于悉尼的某些酒吧和餐馆（Coombs，1990）。在实践中，工作角色及其功能组织比这些民间传闻所显示的更复杂、更多样、更平凡。根据其规模和"企业文化"，广告公司可能会在一个持续的团队基础上组织这些角色，从而为特定的客户群体提供服务，或者通过各个部门以更官僚的方式处理客户的流量。

在传统的全方位服务广告公司中，客户经理（也称客户主管）负责业务管理和客户联络，但还有其他几个重要的非创意职位需要填补。媒体部门的策划者和购买者更为重要，他们与媒体协商广告投放的时间和空间，并检查其是否投放广告；然后是研究部门，他们负责进行产品和广告测试，以及广告公司的传统业务：消费者和市场调查。在创意部门，撰稿人设计标语、广告词、标题、标签和"主体文案"，视觉艺术家为印刷媒体制作图像、设计布局，为电视广告（TVC）制作故事板，创意总监和艺术总监等负责领导工作。也可能会有一个制作部门负责渲染完成的艺术作品。

然而，广告制作的主要部分是由广告公司以外的一系列自由职业者，如摄影师和平面设计师，以及最重要的制作公司承担的。广告公司可能会将创意简报的实现工作分包给制作公司，包括负责广播广告、特效和配乐的录音室,以及负责电视广告的电视制作公司。这些公司将组织录音或拍摄会议,通过选拔机构聘请自由音乐家、配音人员和镜头前的"达人";租用服装和道具,如古董车;并聘请食品建模师等专家,他们可以让酒杯看起来结了霜,让垃圾食品看起来美味可口。然后,他们将根据广告公司的要求进行编辑和后期制作(或者再次将其分包给技术专家),以制作出最终的广告。

尽管电视广告的例子最为极端,但我们现在应该清楚的是,广告制作不仅仅是在酒吧吃一顿漫长午餐时想出一个好主意。从客户经理的角度来看,实现不同专业人员的协调是一个管理的问题,不仅是机构内的专业人员,还有外部分包的个人和公司。通过这样的组织过程,最初的创意想法得以实现。所以,广告总是"妥协、争论、讨价还价和紧迫的截止日期"的结果(Myers 1983,第 214 页)。

专栏 12.1:全球化联系

广告公司和其他相关的营销传播公司,本身就处于澳大利亚全球化进程的最前沿。近几十年来,一个至关重要的全球趋势是,几个大型国际广告公司,本身也是跨国企业,形成了行业媒体所称的"超级集团"或"巨型集团"。这些集团并不是作为统一的广告公司,而是作为控股公司运营的,在全球范围内具有管理和财务协调的功能。它们将集团成员公司在营销传播方面的所有活动(例如市场调查和公共关系)与广告公司及其客户在全球范围内的所有活动整合在一起。集团旗下的广告公司包括创意公司和媒体采购公司。

在客户遍布全球的时代,全球集团需要管理"客户冲突",即一家广告公司已经为潜在客户的竞争对手提供了服务,所以只能放弃该潜在客户。当越来越少的广告公司为越来越大的客户群体提供服务时，这就成了一个问题。然而，如果同一集团可以协调旗下一些相对独立的广告公司，在组织结构上将客户的营销机密进行隔离，那么该集团将相互竞争的客户分配给集团内的不同广告公司，从而服务这些客户。在实践中，大客户通常会将他们的品牌交给多个广告公司，并特别注意在某一广告公司内没有相互竞争的品牌。

表12.2是澳大利亚领先的全方位服务和创意广告公司名单，按首字母顺序而不是排名进行排列。该表还注明了每个广告公司的隶属关系。显然，大多数公司要么是全球集团的全资子公司，要么是某种合资企业或其他关联公司。

表12.2 前20大广告公司

机构	隶属关系
BMF	Enero（前身为Photon）是一家总部位于悉尼的上市营销传播集团，在英国和美国设有办事处
BWM	此前也属于Enero，创始人于2012年8月收购了Enero的股份。
Clemenger BBDO	几十年来一直是领先的广告公司，是Clemenger集团的重要组成部分。自2011年起，集团多数股权归总部位于美国的全球集团Omnicom所有。
DDB	该公司和美国DDB全资拥有的各家专业广告公司，隶属于Omnicom
DraftFCB	DraftFCB Worldwide澳大利亚控股公司，隶属于总部位于美国的全球集团Interpublic
Drogas	由澳大利亚人David Droga建立的纽约广告公司的悉尼办事处

（续表）

机构	隶属关系
乔治·帕特森 Y & R（George Patterson Y & R）	知名且有影响力的广告公司，于 2005 年被总部位于英国的全球集团 WPP 收购。与 WPP 的美国广告公司 Y & R 合并
精信（Grey）	精信国际集团的澳大利亚控股公司。自 2005 年起，隶属于总部位于英国的全球集团 WPP
哈瓦斯国际	前身为 Euro RSCG，最近的更名反映了总部位于法国的全球集团哈瓦斯国际的所有权
JWT	隶属于总部位于澳大利亚的 STW 营销传播集团，与大股东总部位于英国的 WPP 的关系密切
Leo Burnett	Leo Burnett Worldwide 的澳大利亚控股公司，隶属于总部位于法国的全球集团阳狮（Publicis）集团
303 Lowe	Lowe Worldwide 的澳大利亚控股公司，隶属于总部位于美国的全球集团埃培智（Interpublic）
M&C Saatchi	该公司 80% 的股权由 M&C Saatchi Worldwide 持有，这是一家总部位于英国的广告公司的"微型网络"
McCann	麦肯国际集团（McCann Worldgroup）的澳大利亚控股公司，隶属于总部位于美国的全球集团埃培智（Interpublic）
奥美（Ogilvy & Mather）	率属于总部位于澳大利亚的 STW 营销传播集团。奥美是与总部位于英国的全球集团 WPP 组建的一家合资企业，WPP 持有奥美 33% 的股份。
阳狮恒威	总部位于法国的全球集团阳狮集团在澳大利亚的控股公司
萨奇广告公司	总部位于法国的全球集团阳狮集团在澳大利亚的另一家控股公司
Sapient Nitro	总部位于美国的数字广告公司 Sapient 在 2009 年收购了澳大利亚创意广告公司 Nitro。

（续表）

机构	隶属关系
The Monkeys	澳大利亚独立创意广告公司
Whybin/TBWA	75%股权由总部位于美国的全球集团奥姆尼康（Omnicom）持有

来源：《澳大利亚顶级广告公司》，《Adbrands》2012年；《广告公司报告卡》，《AdNews》，2012年6月。

在全球集团出现之前，乔治·帕特森（George Patterson）和约翰·克莱门格（John Clemenger）多年来一直是澳大利亚最大的广告公司。如上所述，尽管J. Walter Thompson（现被称为JWT，隶属WPP）早在1930年就进入澳大利亚，但美国的广告公司从20世纪50年代末开始接管澳大利亚的广告业（Sinclair 1987，第133—139页）。

随后在20世纪80年代，总部位于英国和法国的全球集团，特别是WPP和阳狮集团，开始收购一些总部位于美国的老牌国际网络。不过，我们不能因此认为美国资本已经被英国和法国在澳大利亚广告业的投资所取代。事实上，与大多数真正的全球行业一样，原籍国正变得无关紧要。

值得注意的是，创意广告公司Campaign Palace没有出现在2012年的榜单上。这家公司成立于1972年，是一家非常成功的独立创意"热门店"，为澳大利亚的广告业树立了标杆，直到2003年被WPP收购。2012年6月，WPP宣布将Palace并入JWT。

谈到负责媒体采购的广告公司，目前最大的该类公司是Mitchell & Partners，而且已经超过十年。该公司之前由哈罗德·米切尔（Harold Mitchell）及其家族全资拥有。2010年，他们将大多数股份出售给了总部位于英国的全球媒体采购集团 Aegis Media。2012 年 7 月，Aegis 被电通收购。电通是世界上历史最悠久、规模最大的全方位服务广告公司之一，也是日本本土市场的领导者。这为全球所有权格局增添了相当大的日本分量。哈罗德·米切尔（Harold Mitchell）仍是国际董事会成员，而电通现在控制着亚太地区最大的媒体采购集团。纵观尼尔森在线发布的 2011 年 20 大媒体采购广告公司名单，与全球集团相关的公司占据了接下来的 12 个位置。也就是说，澳大利亚的广告公司只能排在第 14 位后［尼尔森在线（Nielsen Online）2012 年 a］。显然，全球集团在澳大利亚的广告中占主导地位 -- 包括创意和媒体采购领域。

当前问题

因为许多广告商寻求与特定的小众市场或"目标"市场，而非大众市场的交流方式，自 20 世纪 80 年代末以来，在世界范围内，在营销传播途径而不是传统大众媒体上的支出有大比例的增加趋势（Mattelart 1991，第 23—24 页）。付费电视的支出份额在增长但仍然占小部分，对澳大利亚广播电视和新闻媒体的传统主导地位没有威胁。但是，广告商及广告公司最感兴趣的重大技术发展当然是相对较新的互联网"媒介"。值得注意的是，互联网不像电视那样是一种"大众"媒体，主要是因为它具有互动性。这意味着，可以根据用户访问的网站直接选择出了潜在客户，甚至可以直接通过互联网购买产品。并且，愈加复杂但又"用户友好"的浏览器软件使得用户数量以前所未有的速度增长。因此，互联网对广告商十分有吸引力。

然而，互联网营销需要一种与传统大众媒体广告截然不同的商业模式，尽管大肆宣传，这种新模式仍在发展之中［辛克莱（Sinclair）2012］。值得注意的是，小型广告商可以直接向谷歌或其他搜索引擎投放关键词搜索广告。这些广告是增长最快的网络广告类型。虽然大型广告商仍然需要广告公司提供更丰富的功能，但小型广告商的这种做法绕过了广告公司一直扮演的中介角色。同样值得关注的是，人们试图将非常流行的社交网络网站商业化，特别是MySpace、Facebook和YouTube，但尚未找到成功的商业模式。

广告业不仅面临客户的挑战，也面临新媒体的挑战。其中一个挑战来自前面提到的媒体采购与创意专业广告公司之间的划分。媒体采购广告公司并不制作广告，而是侧重广告的传统功能——从媒体上购买时间或空间销售给客户以获得佣金；以及"渠道规划"——为客户提供更广泛的营销方式和位置的建议。将媒体采购作为一种专业的趋势，再加上新的广告效果衡量标准，正在让传统的代理佣金制度彻底消失。取而代之的是只为服务付费或按结果付费。此外，一些广告商希望他们的广告公司将广告与其他营销服务"拆分"，这样他们就可以将这些特定服务外包给其他公司。另一些广告商则这些服务"内部化"，即所有工作由他们自己完成。如前所述，互联网的出现使得广告商更容易在没有广告公司的情况下进行自己的广告业务。

除了媒体和广告测量方面的技术变革，以及广告商施加的日益严格的压力之外，广告业的形态还受到各种监管的影响。例如管理广告内容的自律准则和政府法规。一个明显的历史例子是对大众媒体中的烟草广告的限制。最严厉的广告评论家可能认为这是一个矛盾的说法，但是《广告商道德规范》和一些针对特定类型产品的准则是存在的。

这些产品除了烟酒,还包括治疗产品、护发和瘦身产品。如果某些产品的广告过于委婉或模糊,可能是由于相关法规的严格规定造成的。如上所述,为了根据这些准则对投诉进行裁定,广告业资助创立了广告标准委员会。

除了行业守则外,还有一系列联邦和州政府立法,特别是1974年的联邦《贸易惯例法》,直接或间接地对市场营销和广告进行监管。在某些类型的广告中,立法和自律准则都适用。例如,联邦法案得到了与各州共同制定的自律准则的补充,结束了烟草广告。近几十年来,在与美国的自由贸易协定(FTA)的背景下,更具争议的是对电视广告中澳大利亚内容的监管(所有播放的广告中,外国内容不能超过20%)。这是澳大利亚通信和媒体管理局(ACMA)电视节目管理标准的一部分。不过,媒体网络在大多数情况下都能很好地遵守这一限制(Maniaty,2003)。

关于澳大利亚广告业,还有值得一提的最后一个方面。即澳大利亚广播公司以广告业为题材的系列节目《格伦转移》(the Gruen Transfer)广受欢迎。在整整五季中,平均每周有超过一百万的观众享受着它对广告和整个消费领域的讽刺幽默。每周,作为广告业的代表,由拉塞尔·豪克罗夫特(Russell Howcroft)扮演的"西装人",与托德·桑普森(Todd Sampson)扮演的"创意人"都在进行永恒的斗争。

结　语

因为广告一直出现在商业媒体中,并不断塑造着商业媒体。所以广告仍然是现代社会的一个有争议、高度公开的现象。本章通过将广告理解为一种特殊的业务，并将其纳入位于制造－营销－媒体综合体核心的营销意识和实践中，从而展示广告所处的不断变化的结构性环境的运作方式。

延伸阅读

克劳福德（2008）的《等等，还有更多》讲述了澳大利亚从殖民时期到最近的广告历史，这本书可读性很强。有关广告作为一种全球现象的概述，请参阅 Sinclair（2012）的《广告，媒体和全球化》（Advertising, the Media and Globalisation）。Spurgeon（2008）的《广告和新媒体》（Advertising and New Media）很好地描述了互联网广告的兴起。其中大量的学术文献批判性地分析了广告对文化和意识形态的影响。此类研究特别关注广告在呈现性别形象方面的作用，突出代表有戈夫曼（Goffman）（1979）的《性别广告》（Gender Advertisements）和威廉森（Williamson）（1978）的《解码广告》（Decoding Advertisements）。麦克弗尔（McFall）（2004）的《广告：文化经济》（Advertising: A Cultural Economy）对当前广告的"文化经济"方法做了有用的介绍。而阿维德森（Arvidsson）（2006）的《品牌：媒体文化中的意义和价值》（Brands: Meaning and Value in Media Culture）则是对品牌宣传的当代批评代表作。

国际传媒前沿研究报告译丛
黄晓新　刘建华　/主　编

THE MEDIA AND COMMUNICATIONS IN AUSTRALIA（4TH EDITION）

澳大利亚的传媒与传播学（第四版·下）

〔澳〕斯图尔特·坎宁安（Stuart Cunningham）
〔澳〕苏·特恩布尔（Sue Turnbull）　/主编

王　莹　/译

中国书籍出版社
China Book Press

第十三章
流行音乐

沙恩·霍曼（SHANE HOMAN）

我们所说的"流行音乐"是指什么？它当然包括"大多数人最容易接触、最有意义、最喜欢的音乐和音乐创作形式"（Whiteoak 2003，第529页）。这个定义包括二战以来澳大利亚生活中最容易听到的音乐形式（爵士、流行、蓝调、摇滚、乡村），不包括不能被视为当地流行文化一部分的"高级"音乐形式（古典、歌剧）。其他类型的音乐（嘻哈、金属音乐、电子舞曲、民谣、"世界"音乐）虽然保有大量的从业者和听众，却没有被视为国家主流的一部分。

澳大利亚摇滚乐，表面上最"流行"的流派，最近反思了它卑微的开端。2008年4月，墨尔本摇滚乐队 Jet 和美国朋克老手 Iggy Pop 重新录制了 Johnny O'Keefe 的《The Wild One》，以纪念它在1958年7月作为本土歌曲首次登陆澳大利亚热门榜单50周年（Donovan，2008b）。2008年5月，弗里曼特尔艺术中心（Fremantle Arts Centre）举办了"Bon Scott 计划"，以纪念这位前 AC/DC 歌手的一生。此外，2002年和2012年的"通往顶级之路"巡回演唱会展示了"遗产"的表演，以及澳大利亚特别报道台的《伟大的澳洲唱片》电视系列节目，都突显了澳大利亚唱片行业有能力纪念和重新审视当地历史。这段历史中，在澳大利亚国内由充满活力的商业音乐文化主导，而在国际上则鲜有成功。

不过，在更近的一段历史中，澳大利亚音乐在国际上有所表现。Silverchair（后朋克）、The Living End（受朋克和斯卡影响）、Jet（复古摇滚）、Keith Urban（美国主流乡村音乐）、Kasey Chambers（来自澳大利亚"南部"的反思性乡村歌曲）都获得国际上的成功。Wolfmother（重组20世纪70年代的重金属即兴重复和美学）和Gotye（原声流行音乐）证明了这样的说法："寻找'澳大利亚'的元素就是寻找一种拐点，即对已经在国际上建立的音乐风格进行独特的修改"（Turner 1992，第13页）。这在当地其他成功的本土表演中也很明显，它们忽视了英美传统的影响和流派（例如《猫帝国》《邪恶的节拍》和《羊群》）。一些其他的表演有目的地演奏不同类型的音乐，并打破"艺术"音乐和"流行"音乐之间的旧有分界线（比如The Necks，Katie Noonan）。

认识其他音乐形式也很重要，它们的重要性超越了商业成功。Archie Roach、Ruby Hunter、Leah Purcell等人的作品将本土音乐与更大的政治问题持续联系起来。Roach自小被迫与家人分开，他的作品记录了自己作为"被偷走的一代"的生活经历。在2000年悉尼奥运会闭幕式上，午夜石油（Middle Oil）和约瑟·银迪（Yothu Yindi）（表演"床在燃烧"和"条约"）的加入被认为是一个重要时刻。在闭幕式上，午夜石油在舞台上穿的标有"对不起"的衣服。这被认为是关于澳大利亚黑人和白人之间和解的一个有争议的声明。

许多当代原住民音乐可以被看作是，在主要唱片公司、场所和广播公司都不感兴趣的情况下，一系列"干预主义文本，使音乐成为[原住民]的刻意表达"（Dunbar-Hall和Gibson 2004，第56页）。同样的，不受主流关注的托雷斯海峡岛民社区，将宗教与世俗传统结合起来，产生了有趣的、某些情况下无法归类的音乐。塞曼·丹（Seaman Dan）、The Mills Sisters 和克里斯丁·阿努（Christine Anu）是岛民表演者中获得更多观众和好评的著名例子（2008，诺伊恩费尔特）。电影《蓝宝石》（The Sapphires）改编自 1968 年在越南为澳大利亚军队演出的原住民女歌唱团的真实故事，为人们提供了一个新角度，以更好地理解银幕内外的原住民表演者。在 2012 年 8 月上映后两个月内，电影的票房收入超过 1300 万美元。其原声专辑（由 Jessica Mauboy 主唱）在 ARIA 专辑排行榜上夺得榜首（Box Office Mojo，2012）。

或许，比任何其他媒介，流行音乐更能与日常生活中其他媒体融合并产生影响。事实上，"现在，一首歌曲在不同媒体和文化环境中，有多种传播方式，如电影原声带、电视广告、演唱会现场表演、酒吧自动点唱机和手机铃声"（Homan and Mitchell 2008，第 7 页）。本章主要探讨媒体平台和听众的日益融合音乐生产和消费的各个领域的影响。自 19 世纪末唱片问世以来，流行音乐的制作方式，传播到粉丝的方法，以及欣赏音乐的环境正在经历最重要的变化。澳大利亚音乐行业长期以来一直以自由市场自居，但在满足客户需求和保持利润方面却面临着诸多挑战。

本地的和／或普遍的

20 世纪 90 年代，只有五家跨国公司主导着全球唱片业。现在五家变成了三家：Vivendi Universal（由 MCA 和 Polygram 合并）；Sony BMG（2004 年由索尼和贝塔斯曼集团合并）；以及华纳音乐。尽管人们对竞争的下降感到担忧（此前曾反对华纳音乐收购百代唱片），欧盟监管机构还是在 2012 年 9 月批准了环球公司收购百代唱片（以及包括披头士和酷玩在内的音乐版权目录）。

这三家"大公司"仍然处于全球化的前沿，越来越多地通过纵向整合（与非音乐媒体公司联合）和横向整合（购买其他音乐公司和制造商）来寻求规模经济。作为索尼 BMG 的一部分，贝塔斯曼集团是横向整合的一个优秀范例。除了贝塔斯曼音乐集团之外，它还拥有印刷出版业务（兰登书屋、Grune and Jahr 杂志和报纸）、印刷服务、直销集团（图书和 CD 俱乐部）和在线服务（CDnow.com，BMG 音乐服务）（Bishop 2005，第 447 页）。

正如 Breen（1992，第 41 页）所称，本地唱片业"是澳大利亚的，只是因为它存在于这个国家的领土边界内"。澳大利亚是世界第六大音乐市场，占世界唱片销量的 3%（澳大利亚委员会 2012）。虽然唱片进口商在 20 世纪初就已经存在，但唱片产业直到 20 世纪 20 年代才蓬勃发展。当时留声机的销量首次超过了乐谱的销量（Laird 1999，第 49 页）。较小的本地品牌（如 Regal Zono-phone）与国际品牌（如 HMV、百代和哥伦比亚）共存。从一开始，这些公司主要关注的是销售国际明星的进口"严肃"唱片：

> 与最好的英国和外国艺术家相比，这里的乐器演奏家和歌唱家并不占优势，而且当地人的嫉妒心会影响到销量……此外，人们必须考虑澳大利亚的一般政策，即高调宣称必须购买所有澳大利亚的东西。但是在私人生活中，人们却购买进口物品，并在朋友中"炫耀"这些是唯一适合他们的物品……（留声机公司执行官詹姆斯·穆尔（James Muir），1922—1927，信件引自 Laird 1999，第 128 页）。

20世纪90年代,价格监督管理局(PSA)对录音制品价格的调查显示,这一政策一直没有改变。作为一个过程,调查将"澳大利亚音乐行业的整个结构和运作暴露给公众审查……这揭示了版权法这只私人的、无形的手维护主要唱片公司的垄断地位来调节其利益"(Breen 1999,第176页)。

价格监督管理局的结论是,由于缺乏国内价格竞争和《版权法》对进口产品的保护,与其他国家的消费者相比,澳大利亚消费者购买CD的价格过高。报告建议,终止跨国公司当地子公司在澳大利亚境内的CD独家许可协议,以削弱跨国公司在当地市场的主导地位。要实现这一目标,必须允许非盗版CD——即在版权所有者许可下合法生产的CD——在不需要澳大利亚版权所有者同意的情况下被进口(平行进口)。这项建议于1998年7月成为法律。业界与霍华德联合政府变成了两派。业内人士认为,版权不仅是符合艺术家利益的契约机制,也是唱片公司通过利用出版权的领域来积累财富的主要途径。政府则在向消费者承诺大幅降低CD价格时强调了经济利益。对于音乐人来说,有人认为只有三家真正全球性音乐公司会"让唱片公司可以两全其美。他们与弱势的艺人签约获得低成本的音乐内容。然后在其控制的市场上以虚高的零售价格将这些内容出售给音乐购买者"(Bishop 2005,第445页)。

由于跨国投资和发行仍然是"本地"音乐制作的核心,所以本地产业保护能在多大程度上确保国家文化生产让人满意,这个问题变得更加复杂。过去,只有Festival Records(创立于1952年)和Mushroom Records(创立于1972年)拥有足够的规模和影响力,可以与巨头们抗衡。1998年,两家唱片公司合并,成为节日-蘑菇（Festival-Mushroom），加入了全球新闻集团媒体帝国，随后在2005年被华纳音乐收购。各式独立唱片公司百花齐放，包括澳大利亚广播公司音乐、Shock、Creative Vibes、Eleven、Ivy League和Obese（见澳大利亚独立唱片公司协会网站 <www.air.org.au>）。

这些独立唱片公司的利益和组织结构非常多样，以下是两个例子。Hillsong教会的澳大利亚分会经常出现在本地的基督教音乐排行榜上；Hillsong出版社的专辑《救主之王》（Saviour King）在2007年澳大利亚50大专辑中名列第36位（ARIA，2008）。本地的电影院/主题公园/广播巨头Village Roadshow从1994年开始涉足唱片行业，通过Roadshow Music取得了显著的商业成功，例如野人花园（Savage Garden）、杀死海蒂（Killing Heidi）、蝴蝶效应（The Butterfly Effect）、翡翠麦克雷（Jade MacRae）。在这里，非音乐媒体利益集团参与了艺人开发和授权的"核心"业务，同时将发行业务外包给大公司（在Roadshow的案例中，为SonyBMG）。《约翰·巴特勒三重奏》（John Butler Trio）和《Waifs》的不断成功，为艺人提供了替代模式。该模式为他们的唱片提供资金，并在增长的节日活动的基础上构建有利可图的巡演收入，以保持创意控制。

其他行业部门也涉足了唱片公司的专业技能。例如，麦当娜结束了她与华纳音乐的合作，与巡演公司Live Nation签订了一份为期10年的合同，据称价格为1.2亿美元。这份合同"涵盖了麦当娜未来所有的音乐与音乐相关的业务，包括开发麦当娜品牌、新录音室专辑、巡演、衍生品销售、粉丝俱乐部/网站、DVD、与音乐相关的电视和电影项目以及相关的赞助协议"（Waddell，2007）。随着唱片行业利润的持续下降（见下文），这种新型"360度"商业模式通过将不同的生产和消费部门捆绑在一家公司里，代表了对其他收入来源的转变。不过，许多音乐家会直接接触他们的粉丝来创作新素材。众筹并不是一个全新的现象——莫扎特和贝多芬就利用了他们粉丝的财力资源——但艺术家在网上呼吁粉丝资助新唱片，正日益成为行业的重要部分。一些公司（例如，PledgeMusic、Kickstarter、Sellaband）都提供专业服务，为一系列音乐项目进行广告宣传、资助者支付和财务规划。粉丝成为新的风投人士，已经被证明是音乐家与公众之间一种良好的互动渠道。墨尔本艺术家 Amanda Palmer 从 24000 名粉丝那里为最新专辑，一张 Kickstarter 出品的唱片，筹集到 100 万美元（Kickstarter，2012）；随后，她还众筹业余音乐人在她 2012 年的巡演中演出。这一举动却引来指责，称 Palmer 是在剥削她的音乐人粉丝，把他们当作了廉价/免费的劳动力（Geffen，2012）。

专业工具，业余工具

MP3 技术普及的迅速普及，可以说缩短了 CD 作为一种可行的音乐商品的寿命。通过压缩音频数据并舍弃人耳听不到的频谱部分，MP3 文件为数字音乐的发行提供了核心突破。2001 年 11 月，苹果公司推出了 iPod。这是自索尼 Walkman 于 1979 年推出以来，在个人移动音乐收听领域出现的最大变革。截至 2007 年 4 月，苹果公司已售出超过 1 亿台 iPod（苹果公司，2007）。通过 iTunes，苹果拥有一个超过 500 万首歌曲、350 个电视节目和 400 多部电影的在线商店。到 2010 年，iTunes 在全球范围内的歌曲销量已达到 100 亿首。自从 2005 年 10 月在澳大利亚推出 iTunes 商店以来，在一个包括BigPond、Vodafone、Optus和Jamster在内的日益拥挤的市场中，苹果公司显然已经成为本地市场的领导者。人们似乎还来不及担忧移动收听设备将进一步将音乐消费从公共环境转向私人环境的担忧（见Bull 2005），个人用户已经赋予了这些设备情感和象征价值，因为设备提供了"他们生活的原声"（Luckman 2008a，第194页）。音乐流媒体服务正在挑战iTunes的市场主导地位。Spotify是一家瑞典流媒体公司，在全球拥有1000万多用户。该公司2012年5月在澳大利亚设立，拥有1600多万首歌曲。这些服务已经引发了许多关于其对消费者和制作人利益的争论。对于粉丝来说，付款购买歌曲并不意味着拥有歌曲，而只是在"云端"上"租赁"。在这一数字媒体平台下载一首歌只提供0.33美分的版税，所以音乐人考虑更多的是平台的营销价值。

不同行业和产品——音乐类或非音乐类——的融合将继续推动创新。自2007年10月起，由于星巴克公司和苹果公司达成协议，客户可以把在星巴克播放的歌曲下载到iPhone和iPod上（IFPI 2008）。星巴克作为一家真正的音乐公司进入了市场。保罗·麦卡特尼（Paul McCartney）、乔尼·米切尔（Joni Mitchell）、戴夫·马修斯（Dave Matthews）、莱尔·洛维特（Lyle Lovett）、格洛丽亚·埃斯特（Gloria Estefan）和野兽男孩（Beastie Boys）是主要的签约者。这家跨国零售巨头可以提供的强大的分销网络吸引了他们。越来越多的电话公司希望通过自己的音乐流媒体服务来推动智能手机的销售：成立于2011年的谷歌音乐就是最好的例子。

尽管CD仍是主流格式，但数字音乐销量正在增长，许多业内人士认为，CD只是一种推动手机单曲销量的宣传工具。目前，约32%

的全球音乐销售额来自数字资源(IFPI 2012)。然而,数字收入弥补(或超过)实际(CD)收入损失的时间点还很遥远。例如,2010年,全球数字销售收入增长5.3%,但全球实体销售收入下降14.2%(Smirke, 2011)。

专栏13.1：澳大利亚的音乐业务

根据顶级行业组织澳大利亚唱片业协会（ARIA）的数据，2011年录制的音乐产品的价值为3.827亿美元。2011年，数字音乐销量占市场的36.7%，其中单轨音乐的销量较2010年增长39.2%，数字专辑的销量较2010年增长45.8%（澳大利亚唱片业协会2012）。与此同时，实体零售店的数量也在下降，从21世纪初的1100家商店下降到2011年的600家商店（澳大利亚委员会2012）。负责向作曲家和音乐家分配版税的收款协会最近增加了他们的付款。PPCA分发了2570万美元，此款来源于54000多份与使用其成员录音相关的许可证（PPCA 2011）。2010至2011年，作曲家和音乐家从公开和相关录音表演中获得的由收款协会支付的版权费超过了1.6亿美元（APRA）和4500万美元（AMCOS），增长了8.4%。澳大利亚仍然是音乐产品的净进口国：2008至2009年，该国获得了7500万美元的音乐版税，并向海外唱片公司/出版商支付了2.35亿美元（昆士兰科技大学2010年）。像大多数文化产业一样，很少有艺术家挣到丰厚的薪水。最近对艺术家的研究发现，音乐家从"创作收入"（直接从音乐创作中获得的收入）获得的年收入中位数为7200美元（Throsby和Zednik 2010，第45页）。

"混搭曲风"（以剪切、复制和粘贴的方式将歌词、即兴演奏和旋律融合在一起的歌曲）将21世纪的录制音乐变为一种声音、美学和合法性的混乱又迷人的组合。这使得一些人能够强调和强化摇滚和流行的典范。2006年，披头士乐队的制作人乔治·马丁（George Martin）和他的儿子贾尔斯（Giles）参与了《爱》（Love）这张充满敬意的混搭专辑，他们使用Pro Tools软件对大量著名的披头士歌曲进行了同步和排序。其他人则利用混搭产生的荒诞效果："我认为把巴斯塔（Busta）韵律和浩室音乐（House music）曲调混合在一起会让人跳舞……但把布兰妮·斯皮尔斯（Britney Spears）和NWA［Niggas Wit Attitude］混在一起则会让人们笑着跳舞。"（Eclectic Method's Jonny，引用于McLeod 2005，第84页）2005年，在澳大利亚，The Herd将Redgum的《我只有19岁》（I Was Only 19）（1983年最初的民谣摇滚歌曲）用嘻哈风格演绎成了一段广受好评的混曲。他们与原作者约翰·舒曼（John Schumann）合作，将这首歌早期对越战老兵的反思转化为当代关于澳大利亚卷入伊拉克战争的辩论。

艺术家也允许粉丝通过"开放源混音"软件来混音歌曲。Nine Inch Nails和Radiohead都邀请过粉丝提供粉丝版本的专辑曲目：

> 尽管家庭混音明显受到互联网时代的影响，但从某种意义上说，家庭混音意味着回到世纪之交用蜡质圆筒录音之前的音乐文化时代。音乐公众作为混音师，再次扮演了参与者的角色。他们在家诠释乐曲，就像维多利亚时代晚期在客厅音乐厅中演奏乐谱一样。这两个参与领域都有社交因素：混音师发布他们的努力，听取彼此的意见，并对作品进行投票（Hajdu，2008）。

然而，参与是受艺术家限制的。以Radiohead为例，乐队的粉丝作为"合著者"的可能性受到法律规定的限制，即所有混音都属于乐队的知识产权（Hajdu，2008）。2003年，针对5位DJ售卖含混音曲目CD的行为，澳大利亚联邦法院维护了唱片公司的权利。DJ的核心论据是他们认为这些混音有助于塑造原艺术家的形象，但这种论据不成立（Rimmer 2005，第43—44页）。许多艺术家还维护自己的道德权利（反对他们的作品受到贬损的权利）。U2乐队和Island唱片公司于1992年对Negativland提起了诉讼，因为乐队不仅认为他们的歌曲《我仍未找到想找到的》（I Still Haven't Found What I'm Looking For）未经授权就被重新混音，而且在道德上也无法接受别人使用他们的作品（Rimmer 2005，第44—45页）。

版权：为了消费者和收入而战

当乐迷可以说："我有1950年到2010年所有的音乐，你想要一份拷贝吗？"在这样的现实中，什么类型的商业模式才是可行的呢？（Johansson，2008）

一直以来，很难确定音乐在特定媒体环境下的价值。1970年，在澳大利亚，广播电台认为支付给版权管理机构的版税是不合理的，所以拒绝播放大公司的唱片长达九个月。20世纪80年代，唱片公司试图从电视台收取播放音乐视频的费用，而忽视了这些安排对旗下艺人的宣传作用（Stobridge，1988）。自留音时代以来，音乐公司和音乐人就必须应对不断变化的技术平台。正如20世纪80年代那些空白磁带的竞争一样，当代对盗版和贸易主权的担忧再次表明，无法集中控制音乐传播。音乐作品的两种主要形式涉及到版权：机械版权（通常由唱片公司作为录音制品的出版商而拥有）；公共表演权利（电视、电影和广播电台的广播权；"等待接听"电话系统；在夜店和其他商业场所播放的音乐）。关于唱片公司的"刺激"和"创造"论述（Laing 2003，第484页）是基于这样的论点：版权为制作新作品提供了适当的激励（和收入）。

对于金属乐队 Metallica 和美国唱片业协会（RIAA）而言，2002年对数字文件共享公司 Napster 采取的法庭诉讼不仅仅是为了财务，也是意识形态问题："[下载]表明，可能根本不需要音乐商品发行的版权制度"（Frith 2002，第199页）。ARIA 跟随其他国家唱片业机构的步伐，进行了诉讼和立法的双重进程。2003年，它以学生使用大学的计算机大量进行下载为由，对三所大学提起诉讼。2004年，它对设在悉尼的文件共享公司 Kazaa 提起法庭诉讼，该公司在全球估计有6000万用户。2005年，澳大利亚联邦法院命令 Kazaa 更改软件以防止文件共享。

根据美国主导的国际性更改，澳大利亚联邦政府定期加强版权法的规定，以支持本地唱片业。霍华德联合政府的《2000年版权修正案（数字议程）法案》强化了现有的知识产权，并进一步承诺研究复制美国法律事宜，以保护作曲家在各种数字环境中权利。其《2006年版权修正案》也结束了一些愚蠢的禁令，将"格式转换"（将版权内容从一个媒体平台转移到另一个平台）和"时间转换"（将广播或电视节目录制起来以便稍后观看）合法化。该法案还将复制自购 CD 供私人使用这一做法合法化。

唱片业提出将网络文件共享等同于零售商店盗窃的请求，但并未成功，部分原因是"复制 CD 并不让人觉得是侵犯财产"（Greenfield and Osborn 2003，第 66 页）。2011 年一项全球研究指出，大公司在较小的市场（通常是发展中国家）对合法唱片征收的高价是导致音乐盗版的一个重要因素，而且该问题很少在法律辩论中提及（Karaganis，2011）。

在文件共享的道德问题上，业界仍然存在分歧。许多音乐家认为，版权收入投资新艺术家提供了基础。这也是公司大力保护其唱片的原因之一。然而，也有许多其他人概述了对唱片公司行为的正常担忧：不道德的、单方面的合同；不断努力增加公司对版权的所有权；以及他们不愿意向消费者提供友好的媒体代替品（Garofalo，2003）。

正如克劳福德（Crawford，2005，第 31 页）所称，围绕着两种相互对立的说法，版权之争已经变得两极分化："盗贼般的消费者不付费下载音乐，从而剥削了挣扎着的艺术家以及培养他们才华的公司；或者点对点下载服务公司从腐败的信息娱乐行业获利，并返回给缴费过高的消费者"。连续延长录音制品的版权保护期也一直饱受批评，因为这可能使得大公司能够永久收回成本。这代表了将版权作为一种旨在促进符合大众利益的发行和使用的"监管机制"转变为成为主要出版商和版权所有者的"专有机制"（Rushton，2002，第 56 页）。诸如"知识共享"这样的知识产权项目呼吁，音乐家与其他创意产业的作者一起使用版权协议，"以促进分享、公共教育和创意互动的精神"（知识共享 2012）。

传统的版权机制从来不是为互联网设计的，互联网将以前截然不同的媒体——例如曾经独立的广播电台和唱片店——以数字形式结合在一起。在新的千年里，这模糊了使用和发行的功能（Fleischer，2008）。2008 年 9 月，Radiohead 将其新专辑在网上出售，由粉丝决定这张专辑的价格（这张专辑随后也以盒装形式出售，包括 CD 和黑胶唱片）。这一战略作为一种潜在的未来商业模式引起了很多争论，因为对于有足够地位的乐队来说，这种行为可以绕过唱片公司进行发行和营销。

关于音乐版权的辩论表明了福柯迪治理的关键原则之一：监管和管制的失败必然导致更强的监管和管制（Hunt 和 Wickham 1994，第 129 页）。在这种情况下，立法机关和法院未能在资源丰富的时代执行权利，导致基于旧时代的分配和内容的稀缺性，要求更多立法和执法的呼声越来越高。在这个政府周期中，最新的重新定位包括，ARIA 试图说服联邦工党政府采用新西兰在 2011 年制定的针对互联网服务提供商（ISP）的"三击或"分级反应"政策（从警告到断网）。该行业还开始了各种教育计划。例如一场"摇滚学校"的乐队巡演，其中包括对数字时代版权的讨论；为中学教师提供的《免费音乐？》资源包；在就业、教育、培训和青年事务部长理事会内设立澳大利亚版权部门（IFPI 2008）。2008 年，澳大利亚一场关于数字音乐的电视辩论揭示了这个问题的复杂性。辩论将音乐人、文件共享者、唱片公司和互联网服务提供商聚集在一起，强调了版权所有者和乐迷之间的重大分歧，以及非法下载者如何基于一系列道德和经济准则做出选择（澳大利亚特别报道台 2008）。澳大利亚音乐产业也加入了"国际音乐事务运动"（<http://anz.whymusicmatters.org/mmanz/campaign>），旨在提醒粉丝音乐的价值，鼓励合法消费。

专栏 12.2：Roadshow 影业与 iiNet 之争（2009—2011 年）

最近的一起联邦法院的案件提供了一个有用的窗口，让我们得以窥见音乐和相关视听产品产业之间的版权之争。2010年，因为iiNet作为互联网服务提供商（ISP），允许通过BitTorrent非法下载电影、电视和音乐内容，Roadshow影业和其他33家跨国电影和音乐公司对iiNet提起诉讼，在此案之前，澳大利亚反版权盗窃联盟（AFACT）向iiNet提供了侵权证据，要求其采用警告、暂停和终止的制度。法院审议的核心问题是确定iiNet对非法复制的了解是否相当于授权。经过长时间的审判，法官认为iiNet没有纵容非法下载活动，也没有控制BitTorrent系统或阻止下载的能力，因此不承担任何责任。联邦法院随后驳回了大公司对该决定的上诉；2011年，AFACT向高等法院提出的进一步上诉，也没有取得成功。这些案件揭示了法院和视听公司在立场上的细微但重要的区别。对于像Village Roadshow这样的公司来说，其在法律论据中强调了对内容的控制，即谁使用内容，以及内容流向何处。对于法院来说，技术的作用得到了加强，特别是在对网络自由进行更广泛的、有条件的辩护中，提出了公司不应对互联网上其他未经批准的传播形式负责的论点。这场斗争也因联邦工党政府立场的转变而引人注目。2009年，负责宽带、通信及数字经济的部长、参议员斯蒂芬·康罗伊（Stephen Conroy）讥讽了iiNet的辩护；2011年，政府试图与所有互联网服务提供商讨论负责任的行为准则。

音乐广播

澳大利亚音乐电台由公共部门、社区部门和商业部门组成，每个部门都有不同的许可条件和运营目标。公共广播，即政府资助的、由澳大利亚广播公司和特别报道台运营的电台，在不同的立法环境下运营，旨在制作吸引所有地区和年龄段的创新音乐节目。社区广播执照是根据政府确定的具体市场需要发放的，为公共广播和商业音乐广播提供了替代方案。它的"民主的、参与式的言辞"（Miller 和 Turner 2002，第 147 页）对于为喜爱特殊音乐类别（例如，20 世纪 30 年代爵士乐、死亡金属、迷幻舞曲）的观众提供服务的制作人来说，是一个关键的吸引力。对于许多乐队来说，公共广播（澳大利亚广播公司的 Triple J 网络）和社区广播（如 3PBS 和 3RRR 电台）仍然是原创音乐唯一可行的播放来源。Triple J 的"发掘"策略为没有录制过的乐队提供了在商业广播电台中无法获得的广播时间和推广机会。与墨尔本的老牌 3RRR 电台一样，悉尼 FBi 电台也强调了社区电台支持当地音乐场景的潜力。自 2003 年 8 月电台创立以来，该电台一直坚持播放的音乐中澳大利亚音乐占 50%，50% 其中的一半又专门用于播放悉尼艺术家的音乐。广播内容行业的规范得到了修订，以确保商业电台在其"热门歌曲和经典歌曲"的组合中播放当代的乐队和唱片。从 1999 年 10 月开始，在主流摇滚/当代流行音乐电台播放的澳大利亚音乐中，至少 25% 必须是过去一年发行的音乐。

一些大型都市和区域性网络主导了商业电台的联合模式，努力为最多的听众和广告商提供特定的摇滚、流行和舞曲类型的音乐。

专栏 12.3：PPCA 与澳大利亚商业广播之争

2010 年，主要的版税收款协会之一，澳大利亚唱片公司（PPCA）在高等法院要求取消自 1969 年以来一直存在的电台广播的声音录制品版税 1% 的上限。根据惯例，商业电台广播公司需要向艺术家和唱片公司支付不超过电台年度总收入的 1% 的费用。PPCA 认为这个上限是不公平的，因为它并不适用于任何其他广播版税安排；鉴于音乐在商业广播中的重要作用，1%的税率是不够的（见 PPCA 2011）。澳大利亚商业电台 CEO 琼·沃纳（Joan Warner）将关于上限的讨论与澳大利亚音乐的本地内容配额联系了起来：

如果认为1%的上限是不公平的收取，从而要改变它，那么音乐配额，这种强制供应的产品呢？……我们唯一的产品，也就是广播时间，是由特定的音乐公司集团强制购买的，这是不是也是不公平的收取呢？（引自 Sexton, 2010）

2012年3月，高等法院裁定，目前1%的费率在宪法上是有效的（澳大利亚版权委员会 2012）。PPCA 称，它将继续游说联邦政府取消固定的广播费（PPCA 2011）。

商业电台仍然受"个性广播"的驱动，主持人的选择［如哈米什（Hamish）和安迪（Andy）或凯尔（Kyle）和杰基奥（Jackie O）］对收视率的成功至关重要。喜剧演员朱迪思·露西（Judith Lucy）从 2Day FM 中被解雇后，对奥斯特（Austereo）公司的心态提出了有益的见解，特别是音乐台仍然被可疑的听众竞赛和严格的节目格式所束缚的程度：

［在 2DAY FM］想法是这样的。你会得到一个明星，他们举的例子是盖伊·塞巴斯蒂安（Guy Sebastian），你会得到明星盖伊捐献的精子。而赢得比赛的女人，我不知道是什么样的比赛，但赢家会幸运地获得精子，然后怀孕。（Lucy，引自澳大利亚广播公司国家广播 2006）

商业音乐电台传统的"守门人"角色——即对主要音乐类型和艺

术家的严格选择和重复——正受到一系列互联网服务的威胁。这些服务复制了广播电台的某些关键功能。例如，Pandora 和 Last. FM 提供了一个基于听众喜好和偏爱歌曲属性的"个性"互联网电台，其特点是没有广播的"现场"属性（会说话的 DJ、每小时的新闻和天气预报、音频广告）。它是否可以被定义为"音乐广播"有待商榷。但是这些互联网服务能够从大量的数字曲库中微调听众的喜好，提供一个不需要"本地"听众的时移"电台"，因而广受欢迎（Homan，2007）。作曲家们还担心，未来的数字广播平台会放弃本地音乐内容的配额，使得本地电台减少播（或不播放）放澳大利亚艺术家的次数。

与商业电台一样，占主导地位的音乐电视节目也是受名人驱动的。《澳洲偶像》（Australian Idol）和《好声音》（The Voice）等节目借助各种媒体（如商业流行广播、青少年和娱乐杂志、电视谈话节目、网站、手机），尽可能广泛的宣传节目和所打造的流行明星。这些新节目结合了"真人秀"节目和 20 世纪 70 年代的旧选秀节目，有理由受到批评。因为它们强化了对明星身份的主流刻板印象，"中间路线"的音乐类型和对成功职业道路所需的个人素质的不切实际的看法。考虑到只有少数人能够建立持久的职业生涯［比如盖伊·塞巴斯蒂安（Guy Sebastian）和 Shannon Noll］，以及对（评委和参赛者之间）冲突的强调，可以说这些节目侧重的是经典电视主题和话语，而不是在推出新艺术家方面提供行业服务。《好声音》在澳大利亚第 9 频道（Channel Nine）的本土版本取得了成功，部分原因在于它的形式突出了表演者，而不是为其名人音乐评委做宣传。该节目在 47 个国家播出不同的版本，包括印度尼西亚、墨西哥、爱尔兰、俄罗斯、挪威和中国。

音乐电视节目主要可通过第 11 频道（《The Loop》）、澳大利亚广播公司（《Rage》）和付费电视（例如，第 5 频道）播出。虽然 ABC1 台显然缺乏足够的资金来提供新的、有意义的音乐节目，但是澳大利亚广播公司的数字频道 ABC2 台播出了一系列音乐会和音乐纪录片，让我们看到了未来多频道的可能性。近年来，音乐知识问答节目（澳大利亚特别报道台的《Rockwiz》，ABC1 台最近的《Spicks 和 Specks》）一直为各自的播出方创造了高收视率。一个有趣的发展是澳大利亚特别报道台的《Popasia》节目，该节目在广播、流媒体和电视上播放了许多亚洲极受欢迎的艺人。

城市中的音乐

20 世纪 80 年代末以来，联邦、州和地方政府愈加认识到流行音乐在城市和地区经济和社会健康中的作用。英国的布莱尔工党（Blair Labour）政府主张，将更多的政府资源用于"创意产业"（Smith，1998），以此方法将其个人主义和企业的主题与蓬勃发展的设计、时尚、媒体、体育、戏剧、广告和软件产业联系起来（Redhead，2004）。尽管收益参差不齐，但人们探索了旨在复兴城市和地区的新的流行音乐政策。"文化集群"的概念——创意生产和消费的城市枢纽——已成为连接产业、政府和学术界对流行音乐产业思考的时尚概念。

在澳大利亚，各州政府已将注意力转向以各种方式培育流行音乐基础设施。昆士兰政府的"Fortitude 谷音乐和声计划"，是解决当地居住问题的实用方法，该地因现场表演而闻名（布里斯班市议会 2008）。南澳大利亚州的一份报告同样敦促州政府，将当地的音乐场景视为州经济的重要组成部分。随后，州政府引入了财政激励措施来支持现场音乐和培训（现场音乐工作小组 2001）。到 2007 年末，新南威尔士州政府已进行重要立法改革，以增加现场音乐表演的提供，包括简化公共娱乐许可证程序；为音乐和娱乐场所设立与酒店许可证分开的特殊类别的酒水供应许可证；以及关于场地/居民噪音纠纷的"占用顺序"指南（Homan，2008）。前午夜石油（Midnight, Oil）成员、联邦劳工艺术部长彼得·加勒特（Peter Garrett）颁布了一项早期文化部长理事会指令，对全国现场表演法规和基础设施的全国性概述进行调查。现场表演曾经被认为是对录音产品的补充和推广。在录音利润被侵蚀的情况下，现场表演对维持职业生涯仍然至关重要。

2010 年，墨尔本作为澳大利亚现场音乐之都的声誉受到了威胁。当时，维多利亚州的酒类牌照局局长规定，除了在提供录音或扩音音乐的地方安装闭路电视摄像机外，每 100 名顾客中必须有两名"人群控制者"。这使得许多小型场所（酒吧、音乐咖啡馆和音乐酒吧）面临不得不放弃现场娱乐的风险，或者即使是小型演出也要面临大量的安全费用。例如，托特酒店（Tote Hotel）是科林伍德（Collingwood）地区的一家音乐表演场所，自从 1980 年以来就提供音乐演出。它于 2010 年 1 月关闭，并指出安保费用是一个重要原因。公众以各种形式参与——包括议会内部提交的带有 22000 个签名的请愿书，以及拯救澳大利亚现场音乐（SLAM）在议会外举行的 20000 人集会——导致音乐产业和州工党政府之间签署了现场音乐协议（Homan，2010a）。政府中认为现场音乐场所是墨尔本中央商务区酒精暴力事件的主要原因，而 SLAM 的集会有力地反驳这一说法。

当政府和行业部门争论音乐如何为全国性"创意产业"作出最佳

贡献时，它在其他领域也得到了应用。国家级别的"为生活而演奏"（Play for Life）项目成功地提高了中小学音乐教育水平（Play for Life 2012）。事实证明，摇滚乐、流行音乐和说唱音乐，尤其是对地方政府而言。在"风险"青少年项目中是有用的创意形式。流行音乐已被纳入青少年犯罪预防和社会包容政策中，并且更广泛地被纳入与城市/区域复兴相关的"身份形成"战略中。正如 Mitchell（2008）指出的那样，嘻哈的简单特点使得它可以用于一系列的教学环境。例如，DJ Morganics 一直是一个关键人物，利用嘻哈音乐教育弱势青年（包括少年犯、偏远地区的本土年轻人和一些城市社区项目）（2008，第246—247页）。同时，叛逆和抵抗是嘻哈起源的核心思想之一，而在一些追求同质化结果的青年项目中，这种核心思想被淡化（Baker 和 Homan，2007）。这显示了当前的紧张局势。政府认为一些"创意青年"项目正在积极促进"问题青年"的媒体论述。

吉他乐队和创作歌手一直努力获得体面的收入（甚至是业余的音乐事业）。所做的努力并没有减少。随着唱片收入的下降，现场音乐已成为大多数艺术家的重要收入来源（见专栏 12.4）。

专栏 12.4：现场音乐的价值

澳大利亚现场表演协会（Live Performance Australia）（2011，第22页）估计，2010年，所谓的"非经典"现场表演（例如流行、摇滚、爵士、蓝调、乡村等）为澳大利亚的经济贡献了6.591亿美元。音乐节仍然是现场音乐演出的一个重要部分，2010年对经济的贡献为1.009亿美元（澳大利亚现场表演协会2011，第20页）。2010年的一项艺术参与调查发现，"近三分之二（62%）的澳大利亚人在过去一年中参与了音乐活动,超过一半的人(57%)参加了现场活动,15% 的人创造性地参与了音乐活动";超过三分之一(41%)的人每年至少参加一次流行音乐、摇滚乐和乡村音乐等主流类别的演出(澳大利亚委员会 2010,第 24—25 页)。维多利亚艺术协会的一份报告强调了现场音乐作为当地夜间经济的核心部分对表演者的价值。报告发现,以场地为基础的现场音乐行业每年为维多利亚州的的经济贡献约 5 亿美元,创造了相当于 17200 个全职工作(维多利亚艺术协会 2011)。据估计,2009 至 2010 年间,大约有 540 万人次观看了现场表演,比维多利亚州的主要冬季运动,澳大利亚足球联赛(AFL)的比赛的入场人数还多(维多利亚艺术协会 2011,第 ii 页)。报告还指出,特别是在高密度的城市地区,场地噪音问题仍然是人们关注的主要问题。

"自然"的经济状态——有意愿的音乐家供过于求,而唱片公司、现场演出场所、广播电台和观众的供不应求——导致从事音乐活动的人们的生计仍然困难。这些旧的市场经济形式已经转移到舞曲音乐文化中:

> 成为一名 DJ 的成本,也就是,购买所有设备和所有东西的成本都在迅速下降……每个老爸老妈都可以出去给孩子买一套调音设备,每个人都成了 DJ。可是人人都是 DJ 的话,DJ 的身价就下跌了。(DJ,引自 Brennan-Horley 2007,第 134 页)

流行音乐为少数词曲作者和表演者提供了舒适的生计,同时为其余的人提供了苦苦挣扎的兼职工作。音乐到底值多少钱,谁应该付钱,谁真正获利,最近这些问题受到了考验。2006 年,澳大利亚唱片表演公司(Phonographic Performance Company of Australia, PPCA)发起了提高夜总会和舞蹈场所使用录音产品的许可费的运动。PPCA是一个非营利组织，负责发放许可证，授予企业播放或广播受保护的版权唱片的权利。2007年，联邦法院版权法庭裁定PPCA可大幅增加舞蹈场所为录制的音乐支付的费用。其依据是：与海外许可费模式持平；场馆容纳能力的增加；以及音乐对场馆受欢迎程度的核心作用。场地机构——包括澳大利亚酒店协会（Australian Hotels Association，AHA）和澳大利亚俱乐部（Clubs Astralia）——辩称，音乐充其量只是对其业务的次要投入（仅仅作为饮酒和社交的背景功能），但未能成功。（Homan，2010b）。这起案件颇具争议，突显出保护艺术家收入的版权收款机构与流行音乐对夜间经济的重要性之间的持续斗争。

音乐节在不同的年龄段、兴趣爱好和地点当中都是很受欢迎的活动。虽然青年流派的主要音乐节可能会接受大量的媒体宣传（例如，瀑布节、Homebake、Big Day Out），但其他音乐节也有相似的吸引力和传统，包括Wintersun Rock 'n 'Roll and Swing音乐节（以前在Coolangatta，现在在Coffs港举行）和拜伦湾东海岸蓝调和根源音乐节（Byron Bay East Coast Blues and Roots Festival）。音乐为其他文化活动提供了"社会粘合剂"，如葡萄酒、食品和城市遗产庆祝活动。其他音乐节也附带了令人惊讶的并行纪念活动，例如新南威尔士帕克斯的猫王复兴节，这是深受婴儿潮一代欢迎的节日（Gibson 2007，第75页）。民间音乐社区创意性地利用了音乐节，确保该流派与当代其他流派和表演者保持"交流"。（Smith 2007，第159—162页）

音乐节也用于一些政治目的。由各种舞蹈音乐类型（尤其是恍惚和迷幻舞蹈）组成的的丛林舞蹈节现在是农村景观的一个标准特征。

"丛林舞"通常与特定的生态活动事业相联系，并通过口碑和"友谊网络"进行推广（Luckman 2008b，第138—140页）。音乐流派的选择和舞蹈地点（偏远的内陆或腹地）是为了提供一种超越性的体验和与土地的重新联系（St John，2001）。

结语：未来的挑战

咖啡公司与艺术家签约；手机公司进入音乐销售业务领域；粉丝被允许对喜欢的专辑进行混音和融资；社交网站有了A&R（发掘和训练艺人）的功能——这是怎么回事？目前，音乐行业正受到复杂多变的网络技术变革和当代发行模式态度的影响。大量的本地诉讼显示，澳大利亚流行音乐正站在全球法律、文化和产业变革的前沿。音乐内容、媒体形式和消费者媒体产品的融合仍将持续，行业因此可以充分利用不同的市场和专业知识。

近期，唱片业成功地说服了政府以稳定公司利润的名义继续加强知识产权法律。但唱片业对于数字消费的合法性仍存在严重分歧。它未能构建一个全面的、可负担的数字下载系统（后来允许苹果公司的iTunes在合法销售中占主导地位），这充分说明了唱片业无法超越巨头之间的传统竞争，依赖传统的法律和生产方法来维持市场份额，并拒绝承认不断变化的"数字生活方式"的影响。

唱片公司是否能在21世纪发挥作用，将取决于它们能否以全新的方式面对这些问题的能力。对音乐"所有权"的理解——无论是从版权角度，还是粉丝最终能做什么的角度——将成为关键的战场。各国政府、电视和电影业对此十分关注，因为它们也面临着类似贸易和知识产权问题。

然而，我们应该意识到，技术变革的程度和速度有可能掩盖流行音乐作为一种文化和媒体形式的核心品质。现场表演的复兴是感受我们所喜爱的艺术家的一种方式，它提醒我们：生产和消费之间依然存在一些基本联系。在欣赏音乐、跳舞、作曲和演奏的全球产业链中，特别是在澳大利亚的背景下，流行音乐如何构建个人身份和社区品味，进而塑造我们对自己和他人的看法，将一直作为一个核心问题存在。

延伸阅读

克里斯·吉布森（Chris Gibson）和约翰·康奈尔（John Connell）（2012）的《澳大利亚音乐节和地区发展》评估了音乐节巡演对澳大利亚表演者和城市的重要性。查尔斯·费尔柴尔德（Charles Fairchild）（2008）的《流行偶像与海盗：消费机制与全球音乐发行量》深入研究了选秀电视节目品牌的发展。霍曼（Homan）和米切尔（Mitchell）（2007）的《昨日之声，今日之声：澳大利亚流行音乐》是最新的澳大利亚各种音乐流派和艺术家作品选集。Jon Stratton（2007）的《澳大利亚摇滚：流行音乐论文集》调查了当地主要的摇滚表演者及其社会和地理影响。Graeme Smith（2005）的《歌唱澳大利亚：民谣和乡村音乐的历史》对民谣和乡村音乐社区进行了严谨的分析。Whiteoak 和斯科特麦克斯韦（Scott-Maxwell）（2003）的《澳大利亚音乐舞蹈的货币伴侣》全面概述了音乐类型、表演实践和艺术家。关于澳大利亚嘻哈音乐的研究请参阅 Maxwell（2003），《Phat Beats，Dope Rhymes》和 Mitchell（2001），《Global Noise》。

Dunbar-hall 和 Gibson（2004）的《致命声音，致命空间》是对当代原住民音乐的重要调查。约翰逊（Johnson）（2000）《听不见的音乐》深刻评估了澳大利亚爵士乐和当地流行文化。有关对现场音乐场所管理的研究，请参阅 Homan（2003），《市长广场：悉尼的现场音乐和法律与秩序》。有关研究音乐政策的著作，请参阅 Breen（1999）《摇滚藏獒》（Rock Dogs）和 Homan、Cloonan 和 catttermole（2013）《流行音乐工业与国家：政策说明》。澳大利亚音乐委员会的"知识库"（<www.mc.org.au>）是行业统计数据和当前研究的有用来源。

第十四章
互联网、网络与移动通信

杰拉德·戈金（GERARD GOGGIN）

21世纪10年代中期，互联网进入第四个十年，强大的网络技术无处不在。现在在许多情况下，很难区分我们以前所称的"媒体和通信"和互联网的"新"技术。通常，我们这个时代巨大的社会、文化、经济和政治变革——在这个时代，媒体和通信非常重要—都与互联网息息相关。

近20年前，许多人认为互联网将横扫一切，并将该技术比作"龙卷风"或"巨无霸"［美国联邦通信委员会（FCC）1997］。暴风雨的钟声敲得有点早。然而，到21世纪10年代中期，互联网已经成为电视、广播、报纸、出版、电影、游戏和其他媒体产生巨变的核心因素。大多数媒体公司拥有了大量的互联网企业。现在，这些互联网子公司或实验机构很多已经成为主要业务。网络和媒体的重要性互换，网络完全占了上风。对媒体公司而言，互联网是吸引观众的主要途径。事实上，互联网是如何重塑这些受众群体的关键。

例如，这一点在当代电视节目中显而易见。我们可以回顾一下，2008年3月，澳大利亚的互联网使用量首次超过电视。2012年，电视仍然是澳大利亚观众的主要媒体。不同的是，在短短几年内，电视节目在不断变化。人们何时、何地、如何看电视，电视对他们意味着什么，以及他们对电视的看法，都决定性地取决于互联网和他们喜欢的移动设备。通过互联网下载节目、追剧和点播节目,黄金时段的概念已经消退。电视上充斥着用户制作和 Facebook 分享的视频,同时也出现了精心策划和豪华制作的家庭影院(HBO)DVD 机顶盒,使得我们对围绕"流动"的媒体的认识变得复杂。

对于本书的大多数读者来说,尤其是正在就读的大学生,这可能并不令人意外。因为他们是在互联网中"长大"的,或者,更形象地说,他们是在互联网的当代文化中孵化出来的。"虚拟世界"——或者,更奇怪的说法是"网络空间"——与"线下"世界存有鸿沟,或者它是对"离线"世界拙劣的模仿,这种想法已经没有意义了(如果它真的存在过)。

在研究互联网及其相关移动媒体时,我们需要了解互联网技术的历史与发展,了解其相关的社会功能和文化形态。我们从一开始就面临一个悖论:互联网被誉为一种根本性的国际媒体技术,通过它,我们加速实现了马歇尔·麦克卢汉(Marshall McLuhan)(20 世纪 60 年代初表达的)关于"地球村"的愿景(Levinson, 1999)。对很多人来说,互联网是促使"全球化"成为可能的各种媒体中的主要角色。与其他许多国家一样,随着互联网的崛起带来的复杂发展,澳大利亚的媒体和通信已经从根本上发生了改变。许多互联网用户和学者都认为,在互联网面前,"民族"文化和媒体的概念显得无足轻重。面对电子邮件、网络、文件共享技术、视频共享、博客、社交媒体和其他基于互联网的媒体所带来的个人、广播、通信和媒体制作的可能性,国家守门人、公共服务广播公司、媒体公司和业界巨头、政府、审查员和监管者都在努力参与其中,获取利益,并有所控制。

然而,在当代互联网复杂的社会和文化塑造中,国家、他们的媒体和历史学家本尼迪克特－安德森（Benedict Anderson）著名的"想象中的社区"的消失，需要与国家的持续存在以及地方和区域的崛起结合起来。事实上，互联网在不同的地方和文化背景下，可以采取引人注目的不同伪装或化身，来证明我们所说的"全球互联网"的合理性。互联网的多元化意味着我们都需要通过互联网的出现，从全球化的角度理解澳大利亚媒体和传播，同时从本地化的角度理解全球互联网媒体，及其工业特征和使用文化。

支持本章的立场是，不存在单一的"全球互联网"——例如，在库比蒂诺或加利福尼亚州硅谷的其他地方发明的——会成为模板，在世界其他地方或者在澳大利亚，为互联网带来自由和创新。相反，要了解互联网是当代媒体与传播的重要组成部分，我们需要了解澳大利亚互联网的特殊之处，以及它如何与国际互联网的复杂的国际互联网公司、电路和网络独特地联系在一起。后者在韩国、日本、中国、非洲、中东和南美，以及北美和欧洲已经形成。特别注意的是，澳大利亚的互联网，现在在很大程度上已经成为我们所谓的亚太地区的媒体和文化流动的一部分。

本着这种精神，本章认为，需要对互联网进行研究，以了解它是什么，它的特征和结构，以及它如何融入当代通信和媒体。在这里，对互联网和移动文化的运作、消费和生产的详细关注是至关重要的。既是为了了解快速发展的媒体环境，也是为了能够将其置于澳大利亚媒体和通信的大环境中。因此，本章第一部分介绍了互联网的基础知识和历史发展。第二部分介绍了澳大利亚互联网用户的情况。接着概述了澳大利亚互联网行业的商业结构，并论述了我们消费和使用互联网的特点。最后，研究了移动和定位媒体以及无线技术的崛起，并探究移动互联网如何在总体上参与媒体融合。

回到未来：了解互联网历史

互联网于1969年正式启动，在出现的前二十年，主要是一个由研究人员使用，为研究人员服务的网络。20世纪90年代初，互联网的作用发生了根本性的变化。互联网从大学和研究机构的基于文本的网络，成为主流。人们尝试互联网，开拓了新的媒体实践和形式，创造新的媒体消费和使用方式。自2001年以来，互联网再次经历了翻天覆地的变化，出现了新的网络技术和文化，经常在讨论中被贴上"网络2.0"或"网络3.0"的标签，包括端对端（p2p）应用程序、博客、播客、维基、社交软件、社交媒体、用户生成内容、移动和无线互联网以及许多其他的发展事物（例如"物联网"，即电子设备和日常物品之间的无线连接网络，基于无处不在的嵌入式短程收发器）。

互联网一直被称为"网络的网络"。最简单的解释就是一组协议将不同类型的计算机、操作系统和网络连接在一起（简介请参阅Clarke，2004）。尽管互联网具有很强的"扩展性"——即在运行的同时可以大规模扩张——但互联网的基本运作方式中是非常分散的。

英国、法国和其他地方的一群科学家（Gilles和Cailliau，2000）提出了互联网的基本概念，但美国军方资助的研究机构——高级研究项目机构网络（Advanced Research Project Agency Network，ARPANET）组建并发展成了互联网。1969年，高级研究项目机构（ARPA）将美国大学和研究机构的许多计算机网络连接起来，互联网由此发展壮大。更多的大学连接到互联网，更多的国家也连接到互联网。20世纪70年代，澳大利亚的爱好者通过国际电话线拨号连接到互联网。直到20世纪80年代初，澳大利亚计算机科学网络出现后，第一个永久连接才建立起来。1989年5月和6月，墨尔本大学连接到夏威夷大学，因此也连接到了互联网。1990年，澳大利亚学术研究网络（AARNET）成立，墨尔本大学与其他大学的永久性连接也随之建立。

从20世纪60年代到80年代末，美国政府及其机构承担了互联网建立和发展的大部分资金，互联网用户主要负责互联网的技术开发、协调和管理。随着互联网的发展，资金和管理方面的压力也随之而来。政府——特别是美国政府——感到无法继续为互联网提供资金，开始寻求让私营部门承担费用的方法。就其本身而言，互联网多年来是一个非商业区，其"可接受的用途"规则禁止以营利为目的的贸易。1992年，互联网上的商业禁令被解除，商业利益方进入各个领域，从提供接入、电子邮件地址、网站托管和设计到域名注册、色情和电子商务领域。

1989年开始，澳大利亚开始提供一些商业性的互联网服务，比如西澳大利亚的DIALIX和在拜伦湾运营的Pegasus（Clarke，2004；Goggin，2003）。1994年年底，非大学部门使用互联网的流量约占总流量的20%，1990年代中期开始，一个互联网骨干网、批发和零售服务的竞争性市场迅速增长。有趣的是，随着宽带互联网在21世纪00年代早期至中期的发展，因为市场没有提供优质网络，人们认为政府有必要再次在基础设施建设中发挥主导作用。因此，陆克文工党政府提出了国家宽带网络（NBN）计划（在第七章中讨论）。

互联网的早期功能之一就是共享稀缺的计算机资源。通过连接不同地点的大型计算机，可以最大限度地利用这些昂贵的机器。然而，互联网广泛而多样的应用程序和技术逐渐发展起来，促进了新型通信以及文化和社会互动。这些应用程序和技术包括：电子邮件和电子邮件列表；文件传输协议；新闻组；万维网；多用户检测技术（MUD）和面对对象的多用户检测技术（MOOs）；《第二人生》等首批沉浸式社区；互联网中继聊天（IRC）协议和其他聊天程序；即时通信（IM）；索引工具（如 Archie 和 Veronica），雅虎、谷歌等首批搜索引擎；数据库和服务器应用程序；流媒体视频和音频（如 Realplayer）；p2p 应用程序——尤其是音乐；网络日志（"博客"）；网络摄像头；分布式计算；电话和语音通信（尤其是通过互联网语音协议，即 VOIP）；在线电脑游戏；开放的新闻应用程序；照片分享网站；社交软件（Facebook、MySpace）；社交媒体（如社交书签）；视频传播网络（著名的 YouTube）；用户生成的内容；和移动互联网软件应用程序（app）。

连接模式：澳大利亚的互联网用户

2012 年年中，澳大利亚的互联网用户人数超过了 1200 万（澳大利亚统计局 2012a）。这一数字包括固定互联网连接（ADSL、光纤、电缆、卫星、固定无线和一小部分仍使用的拨号连接）以及移动无线（宽带）连接（如加密狗、数据卡和 USB 调制解调器）的用户。另有约 1620 万澳大利亚人通过手机访问互联网（ACMA 2012b，第 36 页）。综合以上数据，我们发现澳大利亚共有 2823 万互联网用户，比 2011 年年中增长了 17%——许多用户拥有多种互联网服务（因此用户数量超过了总人口）（ACMA 2012b，第 36 页）。

澳大利亚绝大多数家庭都有互联网（2011年为86%；Ewing和Thomas 2012，第1页），主要是宽带（96%）。目前，绝大多数澳大利亚人为互联网用户（86.8%），只有不到十分之一的人从未使用过互联网。旧用户（不再使用互联网的人）仅占3.6%（2011年数据，Ewing和Thomas，第i页）。根据现有的衡量标准，互联网是澳大利亚日常生活的一部分。2011年有九成的人认为互联网是生活中"非常重要"或"重要"的一部分（相比之下，2007年有八成的人）（Ewing和Thomas 2012，第v页）。

澳大利亚通信和媒体管理局（ACMA）的类似权威数据显示，到2012年年中，互联网融入生活的程度只会进一步加深，只有7%的受访者从未使用过它（ACMA 2012a，第115页）。主要在线活动是通信［电子邮件、即时通信、Skype和其他VOIP服务（78%）、研究和信息（77%）、银行和金融（67%）、娱乐和消遣（61%）、买卖和购物（54%）、博客和在线社区（38%）、广告（33%）和互动（参加比赛，在网站上注册）（25%）］（Roy Morgan 2012年6月调查，引自ACMA 2012a，第118页）。

由ARC（创意产业与创新卓越中心）进行的纵向调查为这种"数字变革"进行了精辟的总结：

- "澳大利亚人在网上做更多的事情。"
- "互联网是一种社会技术。"
- "互联网改变了人们获取和使用媒体的方式。"
- "（它）帮助人们分享创造性的工作，并鼓励一些人进行创作。"
- "（它）是娱乐的主要来源。"
- "澳大利亚人喜欢网上购物。"

- "互联网改变政治。"（Ewing 和 Thomas 2012，第 v—vi 页）

互联网在澳大利亚日常生活中起到了强烈、普遍的作用，但是至少有两个主要的限制和批判。首先，并不是每个人都能访问互联网，不是每个人都有财力、文化程度或文化资本以与主流人群一样的条件使用互联网。例如，收入超过 120000 美元的家庭中有 96% 在家接入了宽带互联网，与之相比，收入低于 40000 美元的家庭中有 91% 在家接入了宽带互联网（澳大利亚统计局，2011b）。

年龄是访问和使用互联网的主要关联因素。最活跃的互联网用户是 18—44 岁的人，大多数调查活动显示其使用率最高（ACMA 2012a，第 118 页）。然而，在确定各年龄段人口使用互联网的确切特点时，需要谨慎，尤其要避免将年轻人视为"数字原生代"而将老年人视为无知、不情愿的使用者的刻板印象。例如，"青年"是一个复杂的类别，"儿童"也是如此。它们涵盖了广泛的不同群体，尤其是当考虑到社会经济和文化环境时。例如，与所有其他群体相比，除了澳大利亚的年长群体外，14—17 岁人群的手机使用率、智能手机使用率和手机互联网使用率普遍较低。这可能是因为"年轻人"的收入能力下降，更可能是因为他们需要依靠父母的支持来支付手机账单（ACMA 2012a，第 34 页）。尽管存在刻板印象，但互联网上仍有许多年长用户。例如，我们可以看到特定的服务、应用程序或参与模式和水平在不同年龄段的人口中存在偏差。例如，14—34 岁在网上寻求娱乐的人比例较高，而年长的互联网用户更倾向于使用互联网进行财务和交易（ACMA 2012a，第 118 页）。

在澳大利亚，在大城市和非大城市地区之间，仍然存在明显不同的互联网访问和使用模式，虽然这一差距正在缩小。这与该国的媒体历史一致。考虑到首府城市以外的各种社区、基础设施、文化和地理环境，这些地区通常在政策上被视为地方、农村和偏远地区（例如，见 Gregg 和 Wilson，2011），总体情况就复杂了。最显著的差别是原住民和非原住民用户之间的差别，特别是在偏远地区。2011 年的一项研究指出，"居住在偏远地区的澳大利亚原住民最不可能在家访问互联网"（ARC CoE 2011，第 16 页）。2006 年，在澳大利亚的偏远及非常偏远的地区，只有 20% 的原住民家庭有网络连接，而居住在同一地区的非原住民家庭则有 60% 有网络连接。在澳大利亚中部，原住民家庭的使用率低至 2.2%（相比之下，非原住民家庭的使用率为 57%）（澳大利亚统计局 2006 年的数据，引自 ARC CoE 2011，第 16 页）。正如 Thomas 和 Rennie（2012）指出的，互联网用户总体水平低下会有影响所有人：

> （如果）我们注意到澳大利亚其他地方不使用互联网的人，会发现很大一部分人是"代理用户"。许多人年纪大了，虽然自己不使用互联网，但会请家人或朋友在网上为他们做一些事情，比如购买机票或填写政府机构的在线表格。在澳大利亚的偏远地区，几代人中活跃的用户明显较少，相应的代理用户也较少。

残障人士是另外一个领域，在这个领域中，澳大利亚人对互联网的访问和使用在性质上截然不同，而且在访问和参与网络方面存在明显的障碍。现有的统计数据显示，2009 年，超过一半（53%）的残障人士使用互联网（高于 2003 年的 39%）（澳大利亚统计局 2011b）。不过 71% 的人可以在家使用电脑（高于 2003 年的 55%），62% 的人在家可以访问互联网（2003 年为 41%）（澳大利亚统计局 2011b）。

这些数字应该促使我们认识到互联网所涉及的社会排斥现象。这只是建立新型社会关系的第一步，而互联网在这样的社会关系中具有至关重要的地位。此外，我们仍然不太了解网络的普及会带来什么样的连接模式，以及它们的影响。

许多公众争论和社会焦虑转向这一点。例如，人们认为澳大利亚版本的互联网是愚蠢而肤浅，或者人们担心互联网——或更糟糕的，移动技术——会改变我们的大脑结构（Carr, 2010）。当然，认识到任何技术的影响是至关重要的，特别是在避免陷阱的同时利用技术的潜力。理解当代澳大利亚形式的互联网实际涉及什么，可以帮助我们在讨论中获得一些论据。在这里，研究和公众辩论远远落后于网络"公共领域"中群体之间的前沿对话和实验，以及普通用户日常与互联网的有意义的互动。

商业结构

互联网行业涵盖了多种多样的服务和产品，并涉及新的媒体组织形式，因此很难界定和衡量该行业。互联网行业有多个行业协会：互联网行业协会（<www.iia.net.au>）、澳大利亚互动媒体协会（<www.aimia.com.au>）、澳大利亚计算机协会（<www.acs.org.au>）和澳大利亚信息产业协会（<www.aiia.com.au>），就说明了这一点。所以，也很难获得有关互联网行业规模和收入的可靠信息。

一旦互联网成为商业领域，互联网行业在20世纪90年代得到了真正的发展。一股热潮席卷了以前不以为然的投资者、经理人和技术人员（Lovink, 2003）。1997年到2000年，澳大利亚经历了自己的

"网络泡沫"和"崩溃"（Goggin，2004a）。有人作出非凡的断言：互联网不仅作为一个新产业是"下一个最好之物"，也是暂停商业和经济规则的"新经济"的一部分。自2000年以来，互联网行业采取了更加谨慎的态度，认识到需要仔细研究用户行为，开发新的商业模式，以便建立可持续的盈利企业。在这种情况下，成立了许多新类型的企业，包括非传统的商业类型（例如，利用开放源码、《知识共享》或社会创业模式）。自2008年以来，新兴的互联网和移动媒体行业，包括新的参与者，一直在努力应对全球金融危机带来的严重经济困难。围绕着互联网创新的经济学——以及对其中商业模式的探索——这个核心问题，人们视图弄清楚某种特定的互联网形式（例如Facebook）是否只是昙花一现（还记得MySpace吗？），还是会成为一种持续性的交流方式。

互联网基础设施

先锋组织AARNET仍然在澳大利亚互联网中发挥着重要作用，它运营着国家研究与教育网络（NREN），即大学和联邦科学与工业组织（CSIRO）的互联网。目前该网络连接着每秒10千兆的链接。现在，它只是各种互联网基础设施和传输模式中的一种。如果该网络在2013年联邦大选后继续运行，那么国家宽带网络（NBN）的推出将极大地改变它（见第七章）。

然而，2012至2013年，澳大利亚的互联网接入方式仍然主要包括：拨号；使用现有铜缆接入网络的数字用户线路（ADSL）；混合光纤同轴（HFC）电缆；移动互联网；光纤和卫星通信（ACMA 2012a，第 43 页）。2011 年 6 月，自拨号互联网全盛时期以来，行业不断进行整合，共有 97 家宽带互联网服务提供商（ISP）（ACMA 2012a，第 25 页）。只有四家提供商的产品来自自营宽带电缆网络：澳洲电信（Telstra）和 Optus（通过他们在 20 世纪 90 年代中期铺设的有线电视光纤同轴电缆网络）；堪培拉的先驱提供商 TransACT（2011 年年底被 iiNet 收购）；以及 Neighborhood Cable（TransACT 的子公司，服务于 Mildura、Bendigo 和 Geelong）。澳洲电信（Telstra）和 Optus 已经达成协议，将他们的客户转移到 NBN，将其服务建立在新的国家基础设施之上。

在澳大利亚宽带保障的支持下，卫星宽带一直是生活在人口稀少地区的人的唯一选择——截至 2011 年 6 月，估计有 106000 个卫星互联网用户。此时，NBN 推出了临时卫星服务，这是基于目前政府针对固网 NBN 覆盖范围以外农村居民的核心政策。

互联网服务供应商受到一系列不同机构的监管。例如，ACMA 在适当的内容以及消费者保护和技术标准方面进行监管，以及澳大利亚竞争和消费者委员会（ACCC）在反竞争行为、欺骗和误导行为方面进行监管。与电信运输服务提供商一样，为居民消费者提供服务的互联网服务提供商也有义务加入电信业监察专员小组。互联网服务提供商还须遵守互联网行业协会制定的自律行为准则（例如，在适当的内容方面）。由于互联网服务提供商在消费者互联网领域扮演着重要角色，在最近关于互联网审查、媒体分类和言论自由的政策辩论中，互联网服务供应商被视为守门员，特别是被政府视为守门员。

在互联网基础设施方面，现在需要注意的是移动互联网基础设施的主要提供商——移动运营商和服务提供商。2013 年，澳洲电信、

Optus 和 odafone Hutison Australia（VHA）三家公司分别运营着第二代、第三代和第四代手机的三个移动运营商网络。

除了家庭、移动和无线连接之外，用户还在各种公共、半公共和私人场所访问互联网服务，例如网吧、电话亭、社区访问中心（特别是农村和偏远地区）、图书馆、工作场所和教育机构（澳大利亚统计局，2012a）。

域名服务

20世纪90年代初，互联网一日千里，网站也蓬勃发展，网址的个人、文化和商业意义也随之增长。网址与一个识别互联网地址、域和名主机的基本字母数字系统——域名注册系统相联系。域名注册系统转到了有竞争力的私营供应商手中，逐渐发展为一个利润丰厚但波动性很大的行业（Goggin，2004a）。

1999年，auDa（.au域名管理有限公司，<www.auda.org.au>）作为一个非营利公司成立，是国际框架的一部分，于2001年由互联网名称与数字地址分配协会（ICANN）认可。auDa以自我监管的模式运营.au域名空间。另一家名为AusRegistry的公司是实际的注册执行机构，也是所有商业和非商业.au域名的批发供应商。而零售供应商——或称auDA注册公司——则指为想要注册域名的人提供服务的公司。

电子邮件

电子邮件本身仍是一种重要的通信形式。电子邮件服务大致分为两种：一种是互联网服务提供商提供的电子邮件账户，或者是工作场所或教育机构提供的电子邮件账户（通常是通过专用的互联网服务提供商）；另一种是"免费"的电子邮件账户，目前仍由Gmail（谷歌邮件）、Yahoo！邮件或Windows Live Hotmail（以前称为MSN Hotmail，最早简称为Hotmail）主导。这些免费账户的支持来源为广告，以及让用户使用供应商提供的其他服务。继占主导地位的谷歌之后，Yahoo！和Windows现在也提供大量的电子邮件和文件存储，以及基于服务器的应用程序和服务，例如"云计算"（用户可以使用互联网访问计算服务、资源和文件，而不需要将数据保存在本地）。尽管受到垃圾邮件、诈骗和病毒的困扰，电子邮件在许多通信环境和实践中仍然很重要，尤其是电子邮件列表及其"列表文化"（Lovink, 2002）。

网站行业

万维网彻底改变了互联网，因为它提供了一种方便链接和查找资源的方法。它把媒体工具放在大众的手（或者说屏幕、键盘和鼠标）中。自万维网普及20年后，现在已经形成了一个与网站密切相关的基础产业。有些公司专门从事网站托管，提供一系列功能。大多数澳大利亚的大型互联网服务提供商都乐于这样做，但是海外的网站托管往往会更便宜。

从 20 世纪 90 年代中期开始，网站对通信和媒体的重要性越来越大。最早的网站是由大学里的人建立的，例如声称是澳大利亚的第一个网站的澳洲国立大学（ANU）教授 David Green 的 1992 Life（<life.csu.edu.au>）和植物园网站（<www.anbg.gov.au>），但随后出现了一系列其他网站，包括商业组织，特别是通信和媒体组织（如《滚石》杂志的 Next 网站）。

对于网站出现前的互联网，印刷、广播和电视等主导媒体利益集团迟迟没有关注，但是它们最终建立了专门的数字媒体部门，确保其在网络上拥有一席之地。它们现有的品牌名称让互联网"小白"或那些认为互联网导航困难的人打消顾虑，感到安心且熟悉。例如，门户网站的崛起非常适合老牌企业。

因此，大多数成熟的媒体公司都有一个专门的数字部门或子公司，作为其跨平台战略的一部分。例如，费尔法克斯数字公司（Fairfax Digital）（服务于费尔法克斯新闻集团）、ninemsn（第 9 频道和微软的合资公司，成立于 1997 年）和新闻数字媒体［服务于鲁珀特 – 默多克（Rupert Murdoch）的新闻有限公司］。这些渠道现在在媒体消费方面非常有影响力。例如，在 2012 年 6 月，大约 1227 万名澳大利亚人访问了在线新闻网站，其中 ninemsn 的 Nine news 是访问量最大的网站（ACMA 2012b，第 32 页）。尽管如此，这些公司已经面临着大量数字概念的替代品的挑战，例如长期运营的 Crikey 网站、New Matilda 网站、由大学支持的 Inside Story 和 the Conversation 网站以及小型博客、推特相关的订阅服务和网站。如表格 14.1 所示，虽然澳大利亚的传统媒体巨头——特别是广播公司、新闻、杂志和广告商——在澳大利亚互联网中拥有强大的利益，但新旧科技公司都已经占据了制高点（请参阅 Castells，2009）。虽然网站的基本结构一直保持不变，但其核心协议已变得更加复杂和精密，而且出现了重要的新网站、网络和媒体技术。

搜索引擎

随着网站的出现，搜索引擎本身就成为一项有利可图的业务。和其他地方一样，谷歌在澳大利亚占据主导地位，在当地拥有一定的技术开发能力，政策影响力也越来越大。从国际上看，Yahoo! 这位曾经引以为豪的搜索先锋虽然正在走向灭亡，但仍然通过其合资企业 Yahoo! 7 在澳大利亚保持着重要地位。

在搜索领域，最大的国内竞争对手仍是 Telstra 的 Sensis 在线和移动搜索。该搜索业务从 Sensis 以前的电话簿业务发展而来。长期以来，电话簿业务占据媒体广告支出的主导地位，但随着网络广告和搜索的快速增长，Sensis 被迫大幅裁员——尽管其业务已经调整到网络领域。

社交媒体

2005 年以来，互联网的巨大增长领域一直是所谓的网络 2.0 和现在的社交媒体。社交媒体旗下通常包括用户生成的内容、混搭、创建和发布多媒体内容的易用工具、社交网络、内容订阅、图像和视频分享、评论、标签和推荐。"社交媒体"已经取代了 Web2.0，经常被用来表示社交网络（比如 Facebook 和领英）、图片或视频分享（Instagram、Flickr、YouTube）、微博客（推特），甚至是移动或定位媒体（Foursquare、

Facebook Places、应用程序）（参见第十一章）。关于社交媒体行业结构的研究刚刚起步（Albarran，2013），但是，尽管 Facebook 等一些大型、有能力的参与者在澳大利亚也有业务，但它们大多以海外（特别是在美国）为基地。通常，澳大利亚社交媒体公司专注于为社交媒体提供应用程序和工具，这是互联网媒体的一个利润丰厚的新领域（参见二十五章关于应用程序的内容）。

云计算

从远程服务中提供应用程序、工具、计算和文件存储，而不是安装在设备本身，这是当代澳大利亚互联网一个快速发展的现实情况。云计算的使用主要是出于全球性考虑，比如在家庭和工作场所广泛使用的 Dropbox 等应用程序（尽管存在安全问题）。这个新兴产业的结构、特点和影响——特别是在澳大利亚——仍不清楚。然而，正如 2011 年 4 月的一项调查显示，许多澳大利亚人已经在使用基于云的服务，包括：发送和接收电子邮件（95%）；网络邮件（68%）；社交网络网站（60%）；在线存储个人照片（43%）；Google docs 或 Adobe Photoshop Express（41%）等应用程序；在线存储个人视频（11%）；将硬盘备份到在线网站（7%）；以及付费在线存储计算机文件（6%）（ACMA 2012a，第 162 页）。

专栏 14.1：网络及互动服务行业一览

互联网接入服务

· 程传输网络供应商

- 互联网服务供应商（97家）
- 宽带互联网供应商（三家运营商）
- 卫星（33家供应商）
- 无线互联网供应商
- 移动运营商（三家运营商）

主要互联网服务

- 电子邮件供应商
- 域名服务（38所auDA注册公司）
- 网站托管和设计服务
- 搜索引擎
- VOIP（176供应商）
- 云计算

互动技术和服务的主要形式

- 社交媒体平台（Facebook、推特、领英）
- 聊天
- 消息
- p2p应用程序
- 博客
- 照片分享网站（例如Instagram和Flickr）
- 视频分享网站（如YouTube）
- 维基（协作网站和数据库）
- 沉浸式社区（如《第二人生》）
- 地图和导航（谷歌地图）
- 地理空间网络（图像、地图和注释，如标签）

- 无线传感器网络("物联网")

数据来源:ACMA(2012a,第 24—25 页)。

互联网消费与使用文化

在互联网存在的近四十年里,与互联网相关的许多技术、应用程序和服务创造了新的媒体消费形式和使用文化。了解这些新的互联网文化,并将其置于与其他传播和媒体实践的历史和比较背景中,是通信和媒体专业的学生所热衷的,也是广大公众一直痴迷的。尽管已经被广泛讨论和研究了一些新的互动形式(例如电子邮件、网站和各种在线社区),但在澳大利亚背景下开展的工作依然不多,尤其是涉及到最新的互联网技术。

聊天,虚拟和沉浸式世界

长久以来,互联网用户渴望找到互动的空间,这种渴望一直很明显。许多澳大利亚人是早期"聊天"程序的狂热用户,例如 MOO 和 MUD,这些程序借鉴了《龙与地下城》等角色扮演游戏的模式和文化。在"公告板"和早期在线社区以及早期澳大利亚互联网服务提供商 Pegasus 的"咖啡馆"中,也互联网之前的模式(Goggin,2003b)。

互联网中继聊天协议(IRC)是一种早期的网络技术,它开创了与人聊天和相遇的模式。IRC 客户端允许人们通过许多专用渠道与他人相遇和交谈。网站聊天后来取代了 IRC。聊天在各种社交活动中变得很流行,但最著名的是作为一种形成恋爱和性爱关系的方式。如今,通过网络与人见面是在所有性文化中寻找伴侣的成熟方式，对于长期处于公共空间边缘的性少数群体来说尤为如此。聊天仍然很重要，并且现在已被嵌入了广泛的平台和应用程序中——经常与文件共享和视频聊天（如在 Skype 或谷歌 Hangout）搭配使用。另一种"同步型"在线交流形式是即时通信，它首创于 ICQ 程序。即时通信在精通技术的用户中非常受欢迎。随着商业化程度更高的 MSN Messenger（现在的 Windows Live Messenger）的出现，年轻的澳大利亚用户广泛采用了即时通信。

作为在线社区的早期形式，聊天和聊天软件已经进入了虚拟世界和沉浸式社区。林登实验室（Linden Lab）的《第二人生》依然是澳大利亚最受欢迎的软件之一，它拥有一群不同背景下的忠诚用户，尤其是大学、公司、艺术圈和其他地方。关于沉浸式虚拟世界的争论仍在继续，比如《第二人生》构成了什么样的社交生活，残障人士的形象（Ellis and Kent，2013；Hickey-Moody 和 Wood，2008）等。但在很大程度上，人们理所当然地觉得虚拟世界是澳大利亚人使用互联网的一个重要组成部分。

点对点（p2p）应用程序、照片分享和视频分享网站

点对点网络使用计算机客户端（点）之间的直接连接，而不是依赖于服务器—客户端的关系。人们可以利用 BitTorrent 等程序，从互联网上下载电视节目和电影（<www.bittorrent.com>）。这类程序的流行带来了数字电视所承诺的用户选择和互动性（Meikle 和 Young，

2009）。结合视频下载功能，YouTube 等视频分享平台继续成为重塑当代电视的主要力量。

这种用户文化继续挑战免费电视和付费电视公司的策略。公司试图通过精心控制的个人录像机、可录制机顶盒、便携式数字设备和移动媒体、电视和视频应用程序以及最终的国家宽带网络（NBN），来引导消费者行为并从中获利。如果 NBN 全面实施，宽带互联网将成为数字电视广播的主要替代品。照片分享网站，如 Flickr（2005 年被 Yahoo! 收购），一直试图通过与最受欢迎的照片软件（如苹果的 iPhoto）融合来寻求生存。而目前的情况是，用户往往在社交媒体平台，以及集成到这些平台的应用程序，如流行的 Instagram，来分享手机和数码照片。

博客和维基网站

博客作为一种在线日志发展起来，提供了传播思想、图像和声音，以及评论和链接他人的作品的新方法。这个词是 1997 年创造出来的。1999 年，随着诸如 Blogger，WordPress 和 Tumblr 等博客工具的出现，博客迅速传播。2001 年 9 月 11 日的纽约惨案后，博客开始走红，并迅速在非传统的新闻收集和来自四面八方的信息的传播中扮演了重要角色——尤其是在 2003 年开始的第二次海湾战争期间。

在澳大利亚，博客一直是互联网媒体文化创新的重要来源。博主已经在政治中发挥了作用。例如，早在 2000 年和 2004 年联邦选举期间，记者玛戈·金斯顿（Margo Kingston）就为《悉尼先驱晨报》撰写开创性的网络日记（现在可从 <http://webdiary.com.au/cms> 上获取）。老牌媒体机构现在通常将博客作为其跨平台产品的一部分，尤其是作为报纸或广播记者投稿的一部分。

关于博客是为公共领域增加光彩还是噪音的争论已经持续了一段时间（Lovink，2007），但是现在社交媒体更多地被视为制造公共领域混乱的罪魁祸首。在许多方面，对博客圈的愤怒没有太大意义。因为，就像网站一样，博客开创了新的实践，为众多社区和兴趣打开了新的空间，并为媒体多样性作出了明显的贡献（Bruns 和 Jacobs，2006；Bruns，2008；Russell and Echchaibi，2009）。随着社交媒体的出现，博客作为提供意见、观点、新闻、链接和评论的"独立"互联网平台，地位式微。相反，它属于一整套传播体系的一部分。在这个体系中，权威人士和出版商会根据读者或所需的传播方式，在网站、推特、照片分享应用程序、Facebook 和博客之间穿梭。

维基是一类协作网站，因不可或缺的维基百科而出名。维基网站允许用户自由创建和编辑网站内容。它们已在澳大利亚互联网上广泛使用，用于各种教育、文化、专业和个人项目。虽然维基网站的高光时刻可能已经过去了，但仍有一些机构（例如澳大利亚国家图书馆）趣味性地使用维基网站，让终端用户和受众更多地进行访问和参与。

社交网络系统

在澳大利亚，Facebook 和领英主导着基于互联网的社交网络，YouTube、推特、Tumblr 和其他社交网络也非常重要。

Facebook 最受欢迎。在 2021 年上半年的每月高峰期，有近 800

万名澳大利亚人访问它（ACMA 2012a，第 164 页）。以职业为导向的社交网络软件领英已经巩固了它在澳大利亚的地位，许多行业称它是招聘的主要工具。2011 年 6 月，它声称有近 300 万用户（ACMA 2012a，第 164 页）。推特在网络公共领域的影响力弥补了它缺乏的原始用户数量——2011 年 6 月约为 100 万（ACMA 2012a，第 164 页）。毫无疑问，澳大利亚人正在使用许多其他社交网络应用程序——包括那些在中国、韩国、日本和亚太地区其他国家流行的应用程序。然而，在国际互联网和社交媒体的喧嚣声中，没有现成的数据可以清楚地说明澳大利亚互联网在其中的位置。

大多数类型的社交网络软件都围绕着用户邀请朋友或同事加入群组而展开。社交软件提供了一种半开放、规范的方式，利用信任来建立新的友谊和其他关系。在其大众传媒阶段，社交软件也提供了一种新媒体形式，以传播信息、发送活动邀请、发布照片和创建身份。而这正是之前人们要求其他互联网技术（无论是电子邮件、短信还是网站）提供的功能。面对眼花缭乱的社交网络系统，用户已经开始应接不暇。因此，最受欢迎的平台设立了相互连通性——允许用户通过其他受信任的账户（通常是 Facebook 或推特）登录。

现在，社交网络系统现已完全融入整个社交媒体，并进一步融入到电子和移动商务中，巩固了 2007 年以后明显的用户和产业趋势。即使受到许多用户的厌恶，广告、零售信息、商品、服务和商业供应商的"点赞"以及其他类型的商业和消费者活动都已经非常普遍。

人们已经确信，社交网络系统成了许多组织重要的沟通、宣传和政治文化的一个重要特征。历次联邦选举都体现了这个观点——从 2007 年陆克文（"陆克文" 2007 年）大选中使用 Facebook 和

MySpace，直到 2013 年，工党、联盟党和绿党将社交网络近乎完美地融入大选中。

无线技术与移动媒体

正如我们所见，对许多用户而言，澳大利亚互联网的当代现实是移动互联网。使用一系列无线和移动设备在任何地方访问互联网的想法正越来越吸引用户。

2003 年至 2004 年，澳大利亚商业化地引入了无线互联网。最初的使用率较低。在早期互联网概念——如公共访问网络和礼品经济、"黑客"文化和社区或合作网络——的传统中，Wi-Fi 被视作为公民提供一种摆脱大型互联网服务提供商和供应商束缚的方式（Sandvig，2004）。任何人都可以建立 Wi-Fi 网络并提供给路人，也可以加入其他人的网络。这是一种"无线共享"的愿景（Benkler，2006）。在澳大利亚的各个地区，基于社区的 Wi-Fi 是数字文化的一项重要实验（Jungnickel，2013）。现在，Wi-Fi 已经广泛应用于酒店、咖啡馆、机场、旅游景点以及大学校园。Wi-Fi 在家庭中也非常流行。现在很多澳大利亚家庭通过无线路由器上网（Goggin 和 Gregg，2007）。

互联网无线接入和在线服务的另一个重要领域不是来自互联网和计算世界，而是来自移动通信。用户对第一个版本的手机互联网［1997 年发布的声名狼藉的无线接入协议（WAP）］并不热心。然而，用户很快就使用了短信（SMS）功能。开始主要是年轻人和失聪用户，随后是整个社会都热衷于短信。短信受到热烈欢迎，并被证明是非常成功且灵活的移动媒体形式。由于短信的相对普及性和安全性，它已经成为移动商务、广告和银行业务的一部分。彩信（MMS）是建立在短信基础上的服务，允许移动用户发送图片和短视频。彩信服务成为电视互动性的一个重要和有利可图的途径（投票、下载视频），并和短信一起成为利润丰厚的高端移动服务产业的基础（消费者为短信/彩信支付高于标准的价格）。高端移动服务仍然有利可图，而ACMA作为监管机构，最终解决了对消费者不利的行业做法。然而，高端移动服务已经被应用程序的崛起所取代——这归因于许多移动服务和软件开发商如今都专注于应用程序和应用商店（如苹果的iTunes），而不再专注于运营商控制的移动渠道。

从2010开始，手机在通话和短信以外的用途上有了稳定的增长，主要集中在移动互联网上。因此，根据2012年的数据，移动电话的用途排行是：语音通话（23%）；发短信（22%）；收发电子邮件（14%）；访问和浏览网站及搜索（12%）；获取信息（12%）；银行业务（4%）；在线阅读或编辑文件（3%）；在线购物（1%）（AIMIA 2012，第29页）。从2009年开始，人们开始真正使用手机上的社交媒体（Goggin和Crawford，2010）。现在存在着大量的社交应用程序，尤其是Facebook、推特和Instagram。

2004至2005年，澳大利亚实验性的引入移动电视。2006年移动电视开始商业化。在澳大利亚，手机直接转播电视是备受期待的数字电视愿景，但尚未实现广泛应用（Goggin，2012a）。年度行业移动生活方式研究发现，接受调查的2012名手机用户中只有21%使用过移动电视（2009年为16%）（AIMIA 2012，第47页）。然而，对于移动娱乐的"高级"用户（即每天使用特定服务的人）来说，手机电视是第二大最受欢迎的服务（仅次于游戏）（AIMIA 2012，第

ix 页）。人们设计了许多电视内容，供用户在手机、平板电脑和笔记本电脑上使用和观看，但大部分内容在新型应用程序、视频分享网站（YouTube）和点对点文件共享（跨越一系列的无线和移动网络）中进行传播。因此，像互联网一样，通过手机发行在线视频（Curtis，Given 和 McCutcheon，2012），已经成为新电视生态的重要组成部分。

现在，手机电影也是如此。随着手机被称为"第四屏"（继银幕、电视和电脑之后），21 世纪 00 年代初以来，行业、制作商和电影制片人一直在关注为移动平台重新配置电影的前景（Goggin，2012b）。事实证明，微电影和短视频更适合手机文化，以及相对低质量的小屏幕。因此，手机视频成为微电影的一部分，尤其是在电影节上。同时，对于更习惯"零食内容"的手机公司和用户而言，手机视频是一个方便提供给他们的要素。

最后，定位媒体是澳大利亚互联网一个重要且不断发展的领域。移动媒体形式是其中的关键。移动网络和手机有多种定位技术可供使用，也可与全球定位系统（GPS）配合使用。基于位置的服务在手机上出现的速度较为缓慢，但随着地图软件、国内车辆和行人市场的卫星导航设备，以及最后社交媒体和应用程序的出现，位置媒体已经成为澳大利亚互联网中一个多元化、成熟且有利可图的领域。最受欢迎的两个定位媒体应用——Foursquare 和 Facebook Places——在这里不像在美国那样引人注目；然而，基于位置的功能现在被纳入广泛的服务和应用中（尤其是在智能手机的推动下），并且起到了基础作用。现在，应用程序通常会询问用户是否可以使用其位置信息，而许多人都会同意。

结　语

互联网由一个研究性网络而发展普及，历时刚刚超过 20 年。它在澳大利亚是一个相对较新的现象。但是这项技术已经极大地改变了这个国家的通信和媒体。互联网并没有立即终结报纸、书籍、广播或电视；它没能无中生有（或从字节中）地创造财富；它没有成为一个无法驯服、无法无天的蛮荒边疆；它也不完全是商业利益的殖民地。

相反，互联网产生了新的消费和使用文化，重新划定了用户、生产者和传播者之间的界限和关系，创造了新的文化中介和空间。传统媒体没有为许多社区和用户提供足够的服务和展示，互联网则为他们创造了替代性的媒体空间，互联网还从根本上将澳大利亚消费者的习惯、偏好和选择国际化，让消费者更轻松地查看、阅读和理解来自其他地方和人群的内容。

在这一过程中，互联网成为仍主导澳大利亚市场的大型跨国通信和媒体公司投资组合的核心部分。这些公司开发了重要的新的大众和小众消费方式，深受消费者追捧。因此互联网进一步向国际力量和机构开放了我们的国家媒体，对国家政策和监管提出了挑战。

延伸阅读

如果你不能从网上获得大量关于技术的资源，那就不是互联网了。有关澳大利亚互联网和手机的基本信息可参考澳大利亚统计局的相关出版物（<www.abs.gov.au>），以及《世界互联网调查》澳大利亚部分的报告（由 Swinburne 社会研究发布）。ACMA（<www.acma.gov.

au>）提供了一系列关于互联网、手机、数字媒体和经济方面的优秀研究报告，推荐从年度《通信报告》开始阅读。网络行业组织澳大利亚互动媒体行业协会（AIMIA）资源很有用，包括其年度《澳大利亚手机生活方式报告》（<www.aimia.com.au>）。

罗杰·克拉克（Roger Clarke）的网站（<www.anu.edu.au/-people/Roger.Clarke>）拥有关于互联网技术、政策和隐私问题的丰富资源。Link 邮件列表（<mail-man.anu.edu.au/pipermail/link>）是讨论互联网政策和实践的重要邮件列表和存档。关于互联网和手机的有用网站，有澳大利亚互联网协会（<www.isoc-au.org.au>）、澳大利亚计算机协会（<www.acs.org.au>）、互联网行业协会（<www.iia.net.au>）、澳大利亚移动电信协会（<www.amta.org.au>）和澳大利亚互动媒体行业协会（<www.aimia.com.au>）。

关于澳大利亚互联网的发展，参见 Gerard Goggin（编辑）(2004b)，《虚拟国度》；Glenda Korporaal（2009），《AARNET：澳大利亚互联网 20 年：1989 年—2009 年》；和 Maureen Bums（2008），《澳大利亚广播公司在线：成为澳大利亚广播公司》。

关于澳大利亚学者对互联网和手机的介绍，请参阅：Gerard Goggin（2006），《手机文化》；Axel Bruns（2008），《博客，维基百科，第二人生及更多》；Jean Burgess and Josh Green（2013），《YouTube》（修订版）；Gerard Goggin 和 Mark McLelland（编辑）(2009)，《国际化互联网研究》；Leia Green（2009），《互联网》；Larissa Hjorth（2009），《亚太地区的移动媒体》；Adrian Mackenzie（2010），《无线》；Larissa Hjorth, Jean Burgess 和 Ingrid Richardson（编辑）(2012)，《研究移动媒体》；Katie Ellis

和Mike Kent（2013），《残障与新媒体》；Peter Chen（2013），《数字时代的澳大利亚政治》；Melissa Gregg（2012），《工作的亲密关系》，K. Weller等人（编辑）（2013），《推特与社会》Rowan Wilken和Gerard Goggin（编辑）（2014），《定位媒体》；以及Mahew Allen和Tama Leaver（2014），《网络存在》。一个更早但仍然有用的叙述是H. Brown等人（2001）所撰写的《数字时代的政治》。

第十五章
游戏：移动、定位和社交

拉里萨·赫乔斯（LARISSA HJORTH）

一名新加坡少女在咖啡馆里等朋友时，用 iPhone 拍了张照片，然后上传到她的基于位置服务（LBS）的移动网络应用 Foursquare 上，向迟到的朋友们表示自己已到。在东京，一位年轻男性在上下班途中用 iPhone 玩《愤怒的小鸟》。在首尔，一群朋友在网吧玩《魔兽世界》（WoW），同时用手机上网，查看社交媒体。在墨尔本，一位母亲在超市排队等候时，把 iPhone 递给自己的小孩。小孩在很多幼儿游戏应用中选择一种玩了起来。在上海，一位母亲通过玩《开心农场》与她的大学生女儿定期保持在线联系。

以上的场景说明，游戏已经成为全球许多地方日常生活中不可缺少的一部分。随着智能手机的兴起和 LBS 手机游戏的主流化，游戏的类型、平台和媒体以及共同存在和参与的模式正在迅速变化。在各种平台、媒体、背景和存在模式中，越来越多的人正在玩游戏：年轻人和老年人、男性和女性、个人和家庭。游戏跨越了不同文化，不同一代的人，不同的媒体，不再拘泥于"休闲"和"严肃"的区别。在杰斯帕·尤尔（Jesper Juul）（2009）定义的"休闲革命"中，游戏作为日常媒体反映了当代生活中的复杂行为和人际关系。据普华永道（PricewaterhouseCoopers）估计，到 2013 年，全球游戏产业规模将达到 700 亿澳元。游戏作为流行文化的载体，可以帮助我们了解全球文化和媒体活动。像"视频游戏"这样的标题已经词不达意了。随着智能手机的崛起,游戏已经融合了定位、社交和移动媒体领域。虽然不是每个人都拥有电脑,但手机的普及已经导致游戏的数量和范围激增。在这种普遍的现象中,出现了三个关键特征:移动、定位和社交。

在澳大利亚,像 Blue Tongue 这样的本地主要游戏公司已经让位于专门从事移动游戏的小型独立公司。Robot Circus、Firemonkeys 和 Tin Man Games 等公司都是这种新型独立游戏开发商的代表,他们专注于蓬勃发展的手机游戏。在所有移动下载中,75% 是游戏。仅在 2011 年,手机游戏就创造了 120 亿美元的收益。预计到 2015 年,手机游戏产业的收益将达到 540 亿美元。虽然不是每个独立公司都能推出类似 Rovio 公司《愤怒的小鸟》这样的游戏(截至 2012 年年中,下载量已达 10 亿次),但是手机游戏已经让许多设计师和程序员以及玩家,可以选择更多的游戏类型、玩法和美学设计。

可以将游戏理解为文化艺术品、产业、社会社区、物质文化和媒体实践。游戏融合了不同的形式(电脑、手机、在线、游戏机),已经成为 21 世纪的主要娱乐形式之一。从"大型多人在线游戏"(MMOG)和索尼 PlayStation 3、任天堂 Wii 和微软 Xbox 等游戏机,到 iPhone 等设备上移动游戏的兴起,游戏内容、类型和平台已经扩大,反映了玩家群体的多样性和异质性。在围绕融合媒体时代的平台政治的辩论中(Gillespie 2010; Montford 和 Bogost 2009),游戏一直是个典型代表。

作为 21 世纪主导性娱乐产业之一,游戏不断扩张,伴随着文化、技术和经济融合水平的提高,反过来又在"包装媒体"的模式中重塑了 20 世纪的消费和生产模式(Jenkins,2006a)。与旧的媒体为消费而进行包装的模式相反,21 世纪的网络媒体促进受众积极成为意义和内容的共同生产者。在游戏产业，互动和参与的重要性不断上升，使得传统休闲游戏（即益智游戏和手机游戏）与严肃游戏（角色扮演）的区别逐渐模糊，游戏开发商和玩家的劳工之间的差距正在瓦解。新的玩家参与模式的兴起——朱利安·库奇（Julian Kucklich）（2005）称之为"游戏劳工"（playbour，由 play 与 labor 构成）——带来了各种类型的游戏用户创造内容（UCC），例如游戏电影（machinima，由 mechanical 与 cinema 构成，即由游戏引擎制作的电影）和游戏修改（modding）。UCC 游戏的现象说明，游戏的诞生和崛起都要归功于黑客攻击和玩家兼制作人角色的混合。

游戏融合并模糊了平台、媒体、背景和互动模式，反映了在游戏研究中的辩论和不同的思想流派。例如，随着智能手机游戏的兴起，人们需要区分便携式平台和手机媒体平台，例如在 iPhone 和便携式 PlayStation（PSP）上玩游戏的区别。Ingrid Richardson（2012）在研究触感（触摸）屏幕手机游戏（如 iPhone 游戏）时指出，这种媒介创造了一种与身体的特殊关系，这种关系是基于可中断性（即在通话和游戏之间的操控）和位置、存在和存在于世界的独特模式。虽然本章不能涉及游戏研究中的所有争论，但它将提供了一个窗口，让我们了解游戏的发明以及早期最主要的学术论点之一：游戏学与叙事学。我们将通过对技术的社会和文化分析（这些分析方法强调了媒体和传播方式），讨论关于游戏的研究。随后，本章对游戏中一个关键的新兴领域，基于位置的服务（LBS）游戏，进行案例研究。基于位置的游戏曾经只被实验性教学和艺术探索占据，如今已经成为移动媒体主流应用的一部分。

游戏的历史

根据不同学科和方法,可以从不同的角度探讨游戏的历史。跨学科分析从电影和电视研究、文学和艺术理论以及从媒体、传播和文化研究的角度出发,使游戏研究既引人入胜又令人困惑。像电视等其他流行媒体一样,游戏经常遭受媒体的道德批评。游戏作为"青少年媒体"的一种形式,尤其被指责助长了一系列社会问题;在这些指责中,成人往往简化了对儿童的定义,认为儿童是被动的消费者,极易受到媒体的影响。在某种程度上,游戏和电视一样,由于所在位置引起了道德恐慌,即个人电脑和电视一样占据了家庭空间。

Leslie Haddon(1999)认为,要充分了解游戏的历史,最好把游戏混乱的、越来越没有界限的家庭空间联系起来。虽然在街机游戏中可以看到半公开版本的游戏——最近以网吧的形式出现——但游戏的兴起很大程度上与当代生活方式中普遍存在的精心策划的家用技术(包括家庭内外)有关。用来玩游戏的"家"也可能在家庭的物理领域之外。比如正在兴起的网吧(在网吧中,公会们一起进行在线和离线游戏)和休闲移动游戏市场。有趣的是,这两个方面(在线和移动)都因其休闲和社交因素而吸引了主要是女性玩家的注意。然而,正如本章所强调的,尽管游戏与其他国内技术产生了巨大的协同效应,但游戏与电视等其他媒体大相径庭。

黑客行为主义:游戏的诞生

游戏是最具创造性和创新性的(Sutton-Smith,1997),但最被误解的概念之一。所以，游戏诞生于黑客（Haddon，1999），并且游戏在全球流行想象中的出现是以颠覆性和独立的亚文化为标志，这些并非偶然。20世纪50年代和60年代，在美国军方对人工智能（AI）等领域的投资保障下，麻省理工学院创立了计算机科学专业，促进了"视频游戏"的发明。麻省理工学院计算机科学实验室的建立为当时的学生史蒂夫·罗素（Steve Russell）提供了技术机会。1962年，他的团队铁路技术模型俱乐部（TMRC）创造了第一个游戏《太空战争》。《太空战争》的原型是为麻省理工学院的PDP-1计算机设计的，不能同时进行双人互动。1971年，诺兰·布什内尔（Nolan Bushnell）将《太空战争》改成首批街机游戏之一《计算机空间》。布什内尔（Bushnell）后来制作了广受欢迎的《乓》（Pong），并建立了统治20世纪70年代娱乐业的传奇，Atari游戏公司；在他的推动下，游戏进入了街机厅。

美国军方支持的重要性也与视频游戏作为家用技术的概念有关。1972年，国防公司Sanders Electronics首次为电视研发了游戏技术，研制了机器Magnavox Odyssey。Odyssey是第一台家用游戏机，拥有12款益智和迷宫游戏。其中一个重要的游戏是拉尔夫·贝尔（Ralph Baer）的《双人网球》（Tennis for Two），后来被Atari公司改编。1975年，布什内尔（Bushnell）在该游戏基础上发布《乓》（Pong）游戏。1976，游戏机包含了微处理器，可以进行编程。简言之，硬件和软件可以分开。这就意味着游戏，就像黑胶唱片等其他流行媒体一样，可以被"购买、收集和比较"（Hadden，1999）。

20世纪70年代末和80年代初，游戏业不断发展壮大。1979年，Atari公司发布了全球成功之作《太空入侵者》。20世纪80年代初，Atari、任天堂（Nintendo）、世嘉（Sega）、微软（Microsoft）和索尼（Sony）等公司推出了多款家用游戏机。这一现象与个人家用电脑的发展同步，如 Commodore 64、Apple II 和 Sinclair Spectrum 等电脑，使得用户可以实验，进行黑客行为，并制作自己的游戏。

游戏的历史大致可分为七代。第一代（约 1971 年），街机游戏和游戏机游戏（1972 年 Magnavox Odyssey 系统）崭露头角。高校大型电脑和家庭电脑的兴起确保了游戏的发展。1976 年，ROM 卡带格式出现，标志着第二代游戏的诞生。随后，1977 年，Fairild 视频娱乐系统（VES）和 Atari 的视频计算机系统（VCS，后称 Atari 2600）出现。20 世纪 80 年代初，也就是所谓的"街机游戏的黄金时代"，曾经迅速发展的游戏产业开始放缓。这一时期也促进了在线游戏和移动游戏这两个最持久的发展方向。在拨号上网的公告板系统（BBS——网络 2.0 社交网络系统的前身）中诞生了在线游戏，诸如最早的一些 MUD（多用户空间）游戏和基本的文本幻想角色扮演游戏。它们最终发展成为大型多人在线角色扮演游戏（MMORPG）。同时，我们从任天堂的《Game & Watch》游戏机（始于 1980 年）中看到了移动掌上游戏的崛起。任天堂的 DS 掌上游戏机和 Wii 最近大获成功，也显示了移动游戏的流行现象。

1983 年，北美的视频游戏市场崩溃。这是游戏产业决定性的时期之一，也是第二代历史的标志性事件。人们将大片电影改编为游戏，但并未成功。其中最著名的是史蒂文·斯皮尔伯格（Steven Spielberg）的电影 E.T.（1982 年）。E.T. 这款游戏不仅被称为有史以来最差的视频游戏，还标志着 Atari 公司终结的开始。这款游戏是该公司最大的商业失败之一。成千上万的 E.T. 游戏卡带被掩埋在新墨西哥的垃圾填埋场。这不仅象征着 Atari 公司的坟墓，也象征着游戏产业的坟墓。1982年软件和硬件产业达到最高峰，随后产量突然下降，产业开始衰退。

在1983年的崩溃后，任天堂推出了八位游戏机Famicom（或任天堂娱乐系统NES），游戏产业开始部分复苏，标志着第三代（1985年至1989年）的开始。20世纪90年代，面对掌上游戏和MMOG游戏的崛起，游戏厅急剧衰落。在第四代（1989年至1996年）期间，CD-ROM驱动和3D图像（如平面阴影的多边形）被引入。在第五代（1994年至1999年）期间，任天堂放弃了CD-ROM，转向生产成本更低的卡带（任天堂64），造成了灾难性的后果。由于CD-ROM可以容纳比卡带更多的数据，而此时游戏正在增加它们的图形，因此需要更多的内存，SquareSoft（军团式的《最终幻想》系列游戏的制作商）等公司迅速从任天堂转向PlayStation平台。到第五代结束时，PlayStation引领了全球市场，而任天堂只在日本取得了成功。

在游戏发展的这一阶段结束时，两个主要特征变得明显：便携式（移动）游戏系统（索尼PSP，任天堂DS）和在线游戏的崛起，以及以游戏"修改"（玩家可以据此改造游戏环境和玩法）形式出现的在线网络化的UCC的兴起。在游戏文化的生产和消费中，玩家这一不可或缺的角色，以及他们的劳动力或"游戏劳工"，可以体现在对《反恐精英》《半条命》《虚幻竞技》和《模拟》等游戏的修改中。游戏公司开始把定制工具作为游戏劳工现象的一部分。第六代期间，世嘉公司退出，索尼在市场上的地位越来越高，微软也进入市场。在此期间，在线游戏持续发展，而"休闲游戏"的操作平台从之前的游戏机转向个人电脑。

便携式（掌上）游戏系统发展的同时，手机游戏也在不断发展。

手机从固定电话的延伸物向顶级第三代（3G）融合转变，融合了社交和定位媒体的 Web2.0 功能。而游戏就成了这一转变的关键。在日本，主要的电信提供商 iMode 推出了许多的游戏，这些游戏通常是针对与游戏无关的不同人群。在韩国，GOMID（现已停业）等公司专门为手机制作触感游戏。在西方，诺基亚的 N-Gage 手机虽然不太成功，但标志着手机作为娱乐技术的转变。2007 年，苹果公司推出 iPhone 手机，推动了这一势头。到 2008 年，售出的 iPhone 应用程序中有一半以上是游戏。现在，游戏创造了十亿美元的收入。在这段时间里——被称为第七代（2004 年至今）——移动游戏机市场变成了索尼 PSP 和任天堂 DS 之间的战争。任天堂推出了触感游戏机 Wii，成功取得主导地位。

自 2000 年以来，游戏在大众文化想象中的主导地位越来越明显。这一时期也以游戏研究作为一个严肃的跨学科领域而兴起为标志。游戏研究领域有各种有争议的方法和观点，从经验性的、以玩家为基础的研究（Taylor, 2006）到更理论、抽象或形式主义的研究（Bogost, 2009）不等。然而，为了理解游戏研究，我们需要采用社会媒体技术的一般方法来理解游戏的背景。

社会技术方法

游戏研究领域借鉴了多种学科和媒体，所以定义该领域的一个重要部分来自试图区分"游戏"与其他媒体的区别。游戏和其他媒体有什么相似之处？他们之间有什么不同？它们如何融合以及如何修复其他媒体？游戏与其他媒体（如电视和电影）得以区分的两个显著特征是互动和模拟的功能。在通过对游戏学与叙事学的辩论定义早期游戏研究的过程中，这两个元素起了关键作用（Egenfeldt-Nielsen，Smith 和 Tosca，2008；Wolf 和 Perron，2008）。

一方面，叙事学家认为叙事是所有类型媒体的基础——从文学、电影到游戏。他们指出，我们用叙事来理解这个世界。另一方面，游戏学借鉴了拉丁文的"游戏"（ludus）一词，旨在建立一门研究游戏和游戏活动的学科（Frasca，2003）。像 Espen Aarseth（2005）这样的游戏学家认为，虽然叙事确实在游戏中发挥作用，但它们几乎是游戏的特定互动和模拟方面的附属物。这可以从以下事实中看出：游戏类型主要是围绕玩家的互动来定义的，即第一人称射击（FPS）角色扮演游戏，而不是与游戏的基本叙事有关。

对关键理论家贡萨洛·弗拉斯卡（Gonzalo Frasca，2003）来说，理解游戏学和叙事学之间区别的一个方法是区分 ludus（游戏）和 paidea（玩耍）。传统上——当然，对儿童而言——游戏是有规则的，但玩耍没有。不过 Frasca 强调，即使是儿童玩耍，仍然有规则和惯例（例如，如果一个孩子假装是一只鸟，就不会边发出汽车的声音边跑来跑去）。因此，如果玩耍和游戏都有规则，则区别在于它们的结果——游戏定义了赢家或输家，而玩耍则没有。尽管益智游戏和传统视频游戏类型（如第一人称射击游戏）都有一个预先设定的目标，但最近随着"沙盒"（源自沙盒游戏的概念，社交和游戏比目标和行动更重要）在线社交游戏（如《模拟人生》）的兴起——玩游戏逐渐倾向于玩耍而不是游戏模式的概念。

在游戏研究的早期阶段，游戏学与叙事学的争论就获得了极大的关注（2006）。然而，这场围绕游戏的形式属性的分裂性辩论忽略了游戏成为融合和补救措施的关键工具的方式。游戏是独一无二的，但它们也与媒体和技术能力息息相关。补救——即 Bolter 和 Grusin（1999）关于新旧媒体具有循环动态关系的观点——呈现了游戏的特征。游戏借鉴并修正了其他媒体类型和参与模式。与电视等旧媒体一样，游戏反映了社会文化习俗和文学。

自从游戏学的辩论以来，游戏逐渐发展，包含和修正了众多的传统和方法。在社会和文化技术这一跨学科领域，一些主要的研究方法占据了主导地位：科学与技术研究（STS）/技术的社会建构（SCOT）、文化研究和归化理论。这些方法研究了媒体、技术和消费在社会和文化生活中的作用。

据说，STS 始于 20 世纪 60 年代。但就我们今天所知，STS——即史蒂夫·伍尔加（Steve Woolgar）（1991）所称的"向技术的转变"——归功于开创性的两本书：《技术的社会塑造》（MacKenzie 和 Wajcman，1985）和《技术系统的社会建构》（Bijker、Hughes 和 Pin，1987）。在 STS 中，主要有三种方法：实质性方法、社会建构主义方法和直观功能方法。实质性的方法方法以其子集——技术决定论或"媒体效应"——而广受欢迎。这种模式被批评为对技术和用户的简单化理解，尤其是否定了技术/媒体所部署的环境和用户的多维作用。加拿大媒体理论家马歇尔·麦克卢汉（Marshall McLuhan）就是这种方法的例证。随着网络文化研究的兴起，这种方法得到了进一步的普及 [Jones，1997；Bell，1998；Featherstone 和 Burrows，1995；Green，2001]。

为了解决第一种方法的问题，人们提出了一种相反的模式：技术的社会建构（SCOT）。针对电视的一些早期分析，英国文化研究的创始人之一,雷蒙德·威廉姆斯(Raymond Williams)(Williams 1974; During, 1999)提出了这一方法。然而,这种模式忽略了社会技术的多向性,即技术可以塑造用户,用户也可以塑造技术。这种现象在普遍存在的生活方式技术(从手机、游戏机到 MP3 播放器)中尤为明显。这些生活方式技术发挥了多方面(无论是象征性的还是物质性的)的功能。因此,布鲁诺-拉图尔(Bruno Latour)(1987)等理论家提出了一种介于实质性和社会建构主义模式之间的方法:行为者网络理论(ANT),或"直观功能"法。在这种方法中,技术和人们被视为"行为者"。唐纳德·诺曼(Donald Norman)在《日常事物设计》(1988)中提出了直观功能法,借鉴了以人为本的设计原则,不仅考虑行为者/用户的物理能力,还考虑了他们的动机、计划、价值和历史。与关注主观或本质主义立场不同,直观功能法寻求一种更加"生态"和关系性的理解,即媒体和技术如何成为——或可以被设计成为——用户日常生活的基本组成部分。

罗杰·西尔弗斯通(Roger Silverstone)(Silverstone 和 Haddon 1996; Haddon, 2004; Silverstone 和 Hirsh, 1992; Miller, 1987)在工作中发展出了归化方法,结合了这三个模式来探索技术采用的动态和社会层面。英国归化方法的传统源于媒体研究和对消费研究的兴趣,以及探讨物品如何成为身份和社会生活的一部分的人类学工作。这种方法认为,新技术已经植入日常生活和家庭社会关系中。因而,新技术和媒体超出了仅仅作为创造和重塑意义的场所这一作用。保罗·杜盖伊(Paul du Gay)等人的(1997年)《进行文化研究:随身听的故事》等开创性的案例研究表明,采用归化方法,可以很好地理解日常生活中生活方式技术的功能。

在游戏研究中，有很多家用技术方法的应用。典型的代表有 Jon Dovey 和海伦·肯尼迪（Helen Kennedy）（2007）的《游戏文化：作为新媒体的电脑游戏》和 T.L.Taylor（2006）的在线游戏社区民族志。通过实体（掌上）或虚拟（在线）的移动性，游戏趋向于家庭之外的地方，但是我们仍要将它作为家用技术来理解，这对我们如何玩游戏和参与社区活动都十分重要。具有讽刺意味的是，尽管移动设备提供了潜在的实体和电子的移动性，但大多数手机游戏都是在床上玩的。换句话说，当家庭变得越来越无界限和移动化时（Berker 等人，2006；Bakardjieva，2006；Lim，2006），游戏和移动媒体等技术逐渐开始追求归属感。基于位置的网站和游戏（如 Foursquare 和街旁）——用户通过实体和电子方式来在某个地点"打卡"——以及增强现实的手机应用程序不断兴起，因此，游戏、移动性和地点重叠的方式正在发生变化。在更广泛的社会文化转变中，工作和休闲的界限正在变得模糊（Wajcman 等人，2009）。这种转变的表现之一为：手机游戏及其"无线束缚"的能力利用了新的互动形式，在共存（既在这里又在那里，既在线上又在线下），网络存在（在线）和远程存在（依靠技术媒介的存在，如增强现实）等模式中随意来回切换。

定位游戏研究：关于基于位置的服务游戏的案例研究

在全球范围内，诸如全球定位系统（GPS）、地理标记和谷歌地图之类的基于位置的服务，已经通过智能手机、安卓设备、平板电脑和便携式游戏设备等平台和设备成为日常生活中无处不在的一部分。

现在，移动数字设备超越了纸质地图，构建和调节了我们穿越、体验、分享和概念化地点的能力。移动网络技术不仅改变了我们在日常生活中理解地点的方式，也提醒我们，地点不仅仅是实际上的地理位置。更重要的是，地点是由故事、记忆和社会实践的不断积累构建的（Massey，1999；Harvey，2001；Soja，1989）。都市移动游戏的领域尤其如此，该领域旨在挑战塑造城市景观的日常惯例和日常生活。

20世纪90年代初，移动设备已经使用基于位置的服务（LBS）。但直到最近，它们才成为智能手机的一个特征。人们不再需要去购买一个单独的设备如GPS设备。定位媒体，如互联网，以前是用于军事的。但是GPS很快就被用于商业用途。可以从几代人的角度来认识LBS的转变。第一代LBS可通过定制设备获得，这些设备是一次性使用的，在美国和澳大利亚等国家一般只能在高端机动车辆中看到。第一代LBS的使用经过了一些玩耍性的创新实验，但主要局限于早期使用者的实验用途。第二代LBS作为GPS和类似GPS的服务出现，被嵌入到消费者设备中，只是作为这些设备的众多功能之一。随着LBS的普及，该技术的实验用途已经被商品化，并且正在从游戏转向其他应用。这些第二代LBS对智能手机用户最直接的影响是谷歌地图这样的服务。此类互动性地图可以准确为用户定位，并计算前往几乎任何目的地的最快路线。导航功能虽然很重要，但该功能仅代表LBS影响的一小部分，尤其是当它们与网络媒体融合时。还应该注意的是，虽然移动、定位和社交媒体的融合在一些国家（尤其是英语国家）是相当新的，但在其他国家——比如日本——手机（Keitai）与社交和定位媒体的联系已经超过十年（Hjorth，2003；Ito，2005）。现在，随着智能手机的广泛使用，以及移动、社交和定位技术在这些设备中的融合，这种现象的影响已经在很多地方出现。

第一代基于位置的手机游戏是在英国新媒体团体 Blast Theory 等类似人士从实验和创意的角度开发的（de Souza e Silva 和 Hjorth，2009）。他们试图将城市空间变为游戏场所。从 20 世纪 90 年代末开始，对移动媒体艺术作品的第一代尝试和探索大多采取了混合现实和基于位置的手机游戏（de Souza e Silva，2004、2006；Davis，2005），因为它们挑战了共存和日常生活的作用，围绕虚拟和显示、在线和离线、触感（触摸）和大脑（思维）、延迟和即时性之间的界限提出各种问题（Hjorth，2007、2009）。例如，美国的 Pac-Manhattan 项目、英国的 Proboscis 的《都市挂毯》项目和 Blast Theory 团体、芬兰的 aware 项目、日本的 Mogi 游戏以及韩国的 INP（互动与实践）《都市氛围》项目。与第一代的实验和创意的角度不同，Foursquare 等定位媒体移动网站的主流化显示了不同的效果和影响。

尽管第二代 LBS 网站和游戏（如 Foursquare 和街旁）仍处于起步阶段，但它们代表了移动媒体和通信领域日益增长的多样性和复杂性。在 LBS 手机游戏中，我们可以看到社会和个人相重叠的地方，即网络以新的方式叠加到地理上。Adriana de Souza e Silva 和 Daniel Sutko（2009）认为，LBS 手机游戏代表了"网络位置"——即位置感知技术在作为地点的信息和作为信息的地点之间创建了永久的、不断演变的动态过程。虽然技术一直影响着城市空间，但埃里克·戈登（Eric Gordon）和德索萨·席尔瓦（2011，第 91 页）认为，网络位置"产生了独特的网络互动类型，并由此产生了社会凝聚力的新背景"，因此"共存与网络互动并不相互对立——随着技术实践的发展，越来越难以给两者划清界限"。

尽管定位媒体领域融合了都市、游戏和移动媒体的研究，最近引起了很多批评性和严厉的关注（Gordon 和 de Souza e Silva，2011；de Souza e Silva 和 Frith，2012；Farman，2011），但仍然存在一些差距。具体来说，鉴于该领域还处于起步阶段，有必要进行纵向研究，强调媒体实践是根植于日常生活中的。随着移动媒体——作为定位媒体和社交媒体的门户——变得越来越普及，游戏和非游戏、线上和线下空间之间也趋于一致。虽然 LBS 手机游戏让我们回想起，早期由网络文化话语引发的关于线上和线下身份实践的争论（Bell 和 Kennedy，2000），但两者截然不同。英格丽·理查森（Ingrid Richardson）和罗文·威尔肯（Rowan Wilken）（2012）指出，LBS 手机游戏需要一种特殊的体现在屏幕上的体验，这种体验会打开不同的存在模式，并影响人们将地点视为"目前的故事"的实践（Massey，2005）。弗兰斯·梅拉（Frans Mayra）（2003）在研究第一代实验性 LBS 时指出，LBS 手机游戏提醒我们，地点和社交一直是游戏的关键。虽然早期的电子游戏没有体现地点的社会重要性，但手机游戏通过提供复杂的共存的、高度社交化、触感和网络化的游戏空间，正在迅速改善这一问题。

结　语

在一个跨平台的聚合和分歧媒体的时代（Jenkins，2006），游戏提供了各种非传统和主流的叙事形式。随着游戏模式的普及，玩家与行业之间的关系不再像以前那样界限分明。游戏不再仅仅是局限于固定游戏空间的"视频游戏"，而是具有移动、定位和休闲三大功能。随着游戏成为创意产业的重要组成部分走向主舞台，包括男女老少的玩家的统计数据已经急剧扩张。

随着智能手机的兴起，定位媒体越来越成为主流文化的一部分，定位意识的影响也越来越明显。这导致诸如 pleaserobme.com（<http://pleaserobme.com>）之类网站的出现，让人们意识到位置意识在改变我们实践隐私的方式。LBS 手机游戏还让我们意识到，在线参与和隐私等概念具有文化上的特殊性。例如，中国上海推出的 LBS 手机游戏《街旁》反映了中国人的隐私概念，这种概念是由"关系"（社会关系）所决定的——与西方国家 Foursquare 平台的例子截然不同。在西方国家的例子中，监视甚至超监视（Michael 和 Michael，2011）已成为争论的焦点。Alison Gazzard（2011）指出，Foursquare 等 LBS 应用程序将用户的身份变成了被跟踪者。

尽管游戏的类型、平台和内容变得更加包容，但游戏的性别不平等现象仍然存在，尤其对行业内的女性而言。这一问题已经得到承认，并且人们试图通过行业内的教育和招聘实践来解决这个问题。不过，事实上澳大利亚游戏行业中女性开发者只占 5%，而世界范围内这一比例为 12%（国际游戏开发者协会，2008），这表明还需要付出更多的努力。

如前所述，如果从家用技术方法的角度去思考游戏研究，我们需要考虑游戏的社会、文化和经济维度，以及背景在告知游戏内容、意义和实践方面所发挥的持续作用。"居家度假"和 Wii 等用户友好型游戏机促进了家庭游戏的兴起，因此，我们需要考虑家庭领域如何构建特定的性别化行为模式，以及电视和游戏等技术如何塑造了性别和代际互动的类型。虽然在游戏研究中已经有大量的文献探讨了性别化游戏的消费和生产（Jenkins 和 Cassell，1997）——特别是围绕性别化的代表和角色模型（Kennedy，2002）——我们仍然需要分析游戏背景的性别化领域（即在家或在网吧）。鉴于许多手机游戏仍然是在卧室里玩的，情况就更是如此。

此外，随着网络多媒体设备（如iPhone）的兴起，"休闲"手机游戏等性别化类型和平台变得更加普遍，因此需要对游戏的性别化模式和多屏参与的作用进行更多研究。事实上，如前所述，探索"休闲的"手机游戏是一个性别化的问题，因大多数玩家皆为女性（休闲游戏协会，2008）。iPhone等移动融合、跨平台设备已成为以女性为中心的新型游戏叙事的关键存储库（Hjorth和Riardson，2009）。也许，随着智能手机游戏市场上独立游戏公司的崛起，除了女性设计师和管理员外，更多的女性程序员和经理也将参与其中。

然而，应该谨慎地思考，在手机游戏行业解放游戏制作者时，是否给了该行业过多的帮助。尤其是在手机游戏为独立设计者赚取利润的潜力，与占有（不）公平份额的财务利润的苹果公司等跨国公司之间，仍然存在差距。一些澳大利亚公司，如火猴（Firemonkey）和Halfbrick，专门致力于开发移动游戏的创新产业模式（Banks，2012）。但游戏也需要承认劳工政治，尤其是像苹果这样的公司一直以剥削工人的工作条件而自鸣得意（Qiu，2012）。虽然游戏文化是全球性的，但它们的实践（消费和生产）很大程度上由当地人提供。正如本章所概述的那样，游戏已经不均衡地发展成为三个关键领域（定位、社交和移动媒体）的主流活动。

延伸阅读

以下书籍为游戏研究提供了优秀的的理论和概念概述：Dovey 和 Kennedy（2007），《游戏文化：作为新媒体的计算机游戏》；Egenfeldt-Nielsen, Smith 和 Tosca(2008)，《认识视频游戏: 基本介绍》；Wolf 和 Perron（2003），《视频游戏理论读本 2》；Hjorth（2010），《游戏与赌博》。对于对亚太地区游戏研究感兴趣的学生，请参阅 Hjorth 和 Chan（2009），《地点游戏：亚太地区的游戏文化》。有关 iPhone 的案例研究，请参阅 Hjorth, Burgess 和 Richardson（2012），《移动媒体研究》。关于基于位置的服务的手机游戏，请参阅 de Souza E Silva 和 Sutko（编辑）（2009），《数字城市景观》，de Souza E Silva 和 Hjorth（2009），《作为游戏空间的城市空间：对手机都市游戏的历史研究》和 Farman（2011）《移动界面理论》。

第三部分
问 题

第十六章
社交媒体

简·伯格斯（JEAN BURGESS）

约翰·班克斯（JOHN BANKS）

在过去十年，社交媒体的技术、商业模式、日常用途和大众理解都在迅速发展。21世纪00年代早期到中期，新闻界和学术界十分关注MySpace，Facebook和推特等网站，认为极客或"数字原住民"亚文化在这些网站上进行业余性创造，政治颠覆，或打发琐碎时间。但是，人们觉得它们不是合法的主流媒体组织，也普遍认为它们不是专业人士（除新媒体专业人士外）开展业务的体面场所。2011年末，网络营销公司Comscore报告称，社交网络是"全球最受欢迎的在线活动，人们每上网5分钟，就有近1分钟用于社交网络"，其用户占全球互联网人口的82%，即12亿用户（Comscore，2011）。

如今，社交媒体作为一个产业已经站稳了脚跟，并与媒体专业人士、名人和普通用户的日常生活和实践密不可分。现在，我们可以把它看作是一个贯穿文化、社会和经济领域的嵌入式通信基础设施——从地方政府的Facebook页面提醒我们注意路边的垃圾收集，到Tumblr博客通过策划GIF动画进行幽默的文化评论，到澳洲电信的推特账户回应用户的技术求助，再到Yelp评论帮助我们在陌生小镇找到吃饭的地方。社交媒体至少看上去是无处不在的，研究各种问题的学者更能发现它的重要性。这些问题包括新闻实践（Hermida，2012），政府和社区应对自然灾害的协调（Bruns和Burgess，

2012），以及全球社会和政治抗议运动的活动（Howard 和 Hussain，2013）。此外，对营销者，以及自然和社会科学领域的科学家而言，社交媒体平台越来越被视为是"大数据"的高价值来源。例如，我们每天发出的数百万条推文正被用作数据挖掘，用途包括从分析全球情绪波动（Golder 和 Macy，2011）到预测股市趋势（Bollen，Mao 和 Zeng，2011）等。

平台模式

21世纪00年代中期开始，"社交媒体"和"网络2.0""博客""用户生成内容"及"社交网站"等新词首次进入主流视野。不过，直到2010年左右，它才独领风骚。我们认为，"社交媒体"作为一种组织概念——一种模式——出现在这些以前互不相干的现象的商业、实践和研究中，有三个不可分割的原因。首先，一些关键的商业服务提供商，或者像Facebook、YouTube和推特这样的"平台"，已经在国际上崭露头角，在很大程度上定义了大部分人参与网络的意义。其次，在过去几年中，这些平台提供的活动的参与度急剧扩大并合法化——跨越人口，社会和经济部门。第三，这些关键的、占据主导地位的平台的一个主要特点是它们融合人际沟通、创意内容和主流媒体消费的方式——从而产生了"社会媒体"一词的共鸣。

纵观乔斯·范·迪克（Jose Van Dijck，2013）在她的社交媒体批判史《连接的文化》中，强调了用户创造的内容和社会联系之间的融合。在定义社交媒体一词时，她采用了Kaplan 和 Haenlein的定义，即"一组基于互联网的应用程序，基于网络2.0的思想和技术，并允许创建和交换用户生成内容"（Kaplan 和 Haenlein 2010，第 61 页），并补充道，社交媒体平台构成了"人们组织生活的新网络层"（2013，第 4 页），产生了有着近十年历史的被广泛体验的"平台化社会性"（2013，第 23 页）。尽管这种新的平台模式看似平凡又无处不在，但社交媒体有时仍被视为新的颠覆性媒体。例如，社会一直持续关注，媒体也经常关注和报道围绕隐私和网络霸凌的问题和争议（见第十七章和二十章）。

社交媒体企业

社交媒体平台本身就是大型媒体企业。尤其是 Facebook、推特和 YouTube，如今已成为全球数字经济中最强大的参与者，与广播电视、电信和广告等传统媒体行业有着复杂的关系。社交媒体用途的广度和深度也催生了新的媒体管理和通信行业，以及社交媒体营销和分析等辅助业务。

平台模式是从网络 2.0 模式转变过来的。平台模式拥有广泛的内容和连接类型，以及在每个类型类别中相互竞争的服务。现在，更加单一化的公司占领了全球市场的大部分份额——YouTube 为网络视频，Facebook 为社交网络，Pinterest 和 Tumblr 为网络剪贴簿，推特为短消息和微博客，Instagram 为照片分享等。根据 2012 年尼尔森社交媒体报告（Nielsen 2012，第 8 页），2012 年，Facebook 仍然是美国占主导地位的社交媒体平台，约有 152226000 名基于电脑的独立访客；推特的独立电脑访客同比增长 13%，达到 37033000 名。而新兴的"小众"平台 Pinterest 同比增长为惊人的 1047%，达到 27223000 名独立电脑访客。这些数字甚至不包括美国境内的移动用户，更不用说世界其他地区了。但2012年最引人注目的是用于访问这些社交媒体平台的手机应用程序的惊人增长。报告指出，花在手机应用程序和手机网页上的时间占社交媒体使用时间同比增长的63%；人们有30%的手机时间花在了社交媒体应用程序上（Nielsen 2012，第4页）。

在澳大利亚，社交媒体的使用统计数据，比如定期发布在社交媒体新闻网（<www.socialmedianews.com.au>）上的数据，也反映了类似的增长情况。对政府、企业、慈善机构和其他组织来说，社交媒体越来越重要。因为他们意识到这些在线网络和平台为他们提供了与数十万用户、公民和消费者联系的机会。Sensis（2012）的《社交媒体报告黄皮书》指出，为了有效利用社交媒体，企业需要每日更新，并提供多样化内容和参与策略，包括比赛、赠品和折扣（Sensis 和 AIMIA 2012，第42—50页）。但大多数公司仍在探索如何利用社交媒体。

监管与治理问题

知识产权法、服务条款（TOS）协议和最终用户许可协议（EULA）为管理用户创造的内容和社交网络平台提供了大量的监管框架。然而，人们参与共同创造的媒体和在线社交网络的方式多种多样，且发展迅速，这些条款和条件无法总是与之相匹配。相反，这些法律文书和机构的出现，主要是为了处理媒体生产和发行行业系统中主要公司参与者的权利和责任。在新媒体环境中，围绕用户与平台提供商和版权所有者的权利和责任，出现了越来越多的难题。例如，在像Facebook

这样的社交网络网站上，谁拥有并控制你发布到该网站的个人信息和照片呢？如果你决定离开推特，你能够带走你的内容和人脉吗？未经版权所有者许可，上传喜欢的歌曲到 YouTube，会被视为"盗版"吗？

2012 年初，Instagram 被 Facebook 以 10 亿美元的价格收购。2012 年 12 月，Instagram 宣布修改其服务条款和隐私政策，并于 2013 年 1 月生效。这些改变旨在让 Instagram 与 Facebook 分享数据，但其措辞让用户群体感到震惊，给用户留下的印象是：Instagram 会将用户数据（包括用户创建的照片）交给其他企业牟利。在公告中，Instagram 评论道：

> 我们更新后的隐私保护政策能够在群组之间分享信息，有助于 Instagram 更好地成为 Facebook 的一部分。这意味着我们可以更有效地打击垃圾邮件，更快地检测系统和可靠性问题，并通过了解 Instagram 的使用方式为每个人构建更好的功能。
> （Instagram, 2012）

Instagram 的说法是：这一改变符合用户的最大利益，但很多用户对此并不买账。这公告公布后不久，许多人在推特和其他社交媒体平台上——包括在 Instagram 上发布抗议照片——使用"#instascam""#leavinginstagram"和"# byeinsta-gram"等话题标签，表达对 Instagram 修订的隐私政策的愤怒和担忧。新条款还规定，Instagram 有权在用户不知情或未经用户同意的情况下，将用户照片的使用权出售给希望在广告中使用这些照片的公司，并且不向他们提供可能从中获得的收入份额。用户很快注意到了这个规定，并通过社交媒体传播这一消息。随后，用户开始在 Facebook、推特和 Instagram 上宣布，他们将从设备上删除 Instagram 应用。许多人补充说，他们正在考虑迁移到 Flickr。与此同时，Instagram 吸引了全球媒体的大量关注和负面宣传。最后，该公司被迫重新撰写新政策，以便不仅使新规定，而且使公司的企业意图对用户更加透明（Systrom，2012）。

这种在 Facebook 和推特上经常出现的争议是社会学习的过程，在这一过程中，我们开始看到，关于平台所有者可以对用户的内容和数据进行适当和可接受的使用的规范出现了。诸如此类的争议，引发了关于用户创建内容的所有权和控制权以及隐私问题的各种困境，并揭示了在线社交网络的参与者通常对其参与条款的全部法律含义的理解程度有限。不过，正如在这个例子一样，争议也可以带来可见度和讨论，从而带来新知识。在某些情况下，人们还会因此对这些参与条款和解释规则进行局部的重新协商。

第十七章
社会性自我

罗文·威尔肯（ROWAN WILKEN）

安东尼·麦考克（ANTHONY MCCOSKER）

人们普遍认为，通过全球化进程，20世纪末见证了"反思性的现代性"概念的兴起。这一概念愈加强调个人主义，也对"可控性、确定性或安全性的概念"提出了广泛的社会层面的挑战（Beck，1999，第2页）。这些发展直接影响到自我认同的形成（Giddens，1991）、重塑和表现（Hall，1992）。面对这样的动荡，人们认为个体越来越"必须自己制作、展示和拼凑自己的传记"（Beck，1994，第13页）；他们必须自我反省，不断"发明"自己。这些过程发生在日益多样化的社会网络中，并得到了媒体和通信技术的帮助。我们使用媒体、手机等通信设备和社交网络网站，以及其他消费形式来"选择、构建、解释、协商、显示别人对（我们）的印象"（Slater，1997，第84页）。本章探讨了我们如何将社交媒体和通信设备作为社会性自我形成的工具，并探索了它们所引发的我们对于公开性、可见度和"可定位性"的控制上的焦虑。

人们越来越多地通过包含个人详细信息的网上档案进行自我展示，这些档案的公开性各不相同。正如达纳·博伊德（Danah Boyd）（2012）所说，"'一直在线'建立了一个生态系统，在这个系统中，人们可以通过各种微数据保持彼此之间的外围联系"。这些微数据具有不同程度的"公开性"，被人们在各种网络上进行交换。（2012，第 73 页）。例如，社交网络网站使人们能够经常进行交流和联系，同时鼓励越来越公开的自我披露或曝光。在这样的背景下，网络是通过自我表达、交流和分享来发展和维持的。身份叙事和社会联系是在媒体对象、喜欢（和不喜欢）、兴趣和活动的拼凑或组合中产生的。这可能是通过 YouTube、Facebook 或推特等网站分享视频的简单行为。这种行为"可以通过促进分散的朋友之间的社交"，以及根据制作和共享内容的类型，促进"投射与特定社会群体有关的身份"，来支持社交网络（Lange 2007，第 361 页）。在海量的数据流中协商自我和社交网络，成为一个管理关注度和相关性的过程。即使如 YouTube 或推特这样普遍开放、不受限制的公共平台上，关注度和相关性也开始定义和阻止人们的参与。

被视为是私人或公共的空间或环境之间的界限正在急剧解体，人们通常认为这种现象与这些参与和互动形式产生了文化上的共鸣。这体现在与通过 Facebook 等社交网站进行自我披露的行为有关的"对知名度的追求"（Blatterer 2010，第 79 页）上，也体现在我们愿意传播反映自己和自己的私密日常生活的照片和视频。然而，这并不是说，我们居住在两个截然不同的领域——一个是公共的，另一个则是私人的——新兴的社交媒体和社交网络工具已经打破了这两个领域的界限。相反，我们总是在管理自己让他人了解的方面，而传播工具只是提供了新的可能性来增加我们的知名度，同时创造了新的机会和新的焦虑。这里讨论的两个例子来自完全不同的背景，说明了我们通过社交媒体和移动通信设备进行自我塑造所面临的机遇和焦虑。

第一个例子，涉及我们使用媒体和社交网络工具管理个人、文化和网络自我意识的许多方式，可以在 YouTube 视频的病毒式发行量中找到。在 2011 年 9 月，在新西兰举行的为期六周的橄榄球联盟世界杯期间，毛利战舞在公共场所作为快闪活动上演。第一次表演是在 9 月 4 日星期日，在奥克兰的西尔维亚公园购物中心进行的。几台低分辨率的摄像机进行了拍摄，并在同一天上传到 YouTube。其中一个版本由 eyiboom43 上传，名为《Flashhaka@SilviaPark,4.Sept.11》（2011 年 9 月 4 日西尔维亚公园战舞快闪）（<www.youtube.com/watch?v=puXad30DSfg>），获得了最多的关注。因为它被各大网站转发，包括英国广播公司新闻网站，《卫报》网站和 CNN 网站。在这段近两分钟的视频中，摄像机位于西尔维娅公园购物中心开放的中庭区的边缘。起初，可以看到路过或闲逛的人。然后传来毛利之神波蒂基战舞的预备召唤。一小群人开始回应和移动，其他人陆续加入其中。

事件结束一年之后，观看次数多达 140 万次，评论超过 2800 条，大约有 7000 个赞和 250 个不喜欢。对于在新西兰郊区一家购物中心拍摄的视频来说，这个关注度非常高。和一般的快闪表演一样，战舞是在公共场所表演的，将路人和网络观众聚集在一起。路人和网络观众既是观众群体又是参与者。作为一个 YouTube 视频，整个表演的效果依赖于其作为 YouTube 视频的更广泛的公众可及性，并需要通过商业媒体网络产生的关注。但它也依赖于高度本地化的网络，以及参与表演、视频拍摄和上传人员的协同制作和传播努力。大量的关注也来自 YouTube 自己的社交网络以及拥有 YouTube 频道或账号的人的数千条评论和长久的讨论。这段视频是本地制作的，拍摄于一个典型而又特定的郊区购物中心，却获得了全球性知名度。视频作为一个对象参与并贯穿于投射身份和归属某一社会群体的行为（Lange，2007）。

YouTube 的用户网络产生了有趣的互动，这也显示了我们如何通过媒体和社交网络平台从社交层面管理自我意识。当人们通过YouTube 的评论区与视频和其他人互动时，通常都很活跃，并持续多月。绝大多数评论都表达了文化和民族自豪感，表明了归属感的公开表现。正如典型的 YouTube 互动一样，有些互动涉及对抗甚至是谩骂。但更有趣的是，许多评论表达了不同程度的归属感——在有些情况下直接提到了视频中被认出的人。例如，通过对毛利人和波利尼西亚人的传统的长时间讨论，建立了文化归属。这些讨论经常是对那些充满敌意的评论的回应。在所有层面和阶段，这些都是围绕视频对象、它记录的人和表演，以及随后的评论和互动来投射和表达身份和归属的行为。

　　第二个例子是，我们如何管理自己让他人了解的方面，这与我们对移动媒体的日常使用有关。人们普遍认为手机是一种重要的设备，用以构建我们的自我认同感（Castells 等人，2007，第 112 页），并帮助我们协商社交网络关系（Rainie 和 Wellman，2012）——我们的"社会自我"。随着基于位置的移动社交网络平台的崛起，如签到服务平台 Foursquare，这个组合增加了另一个关键因素：位置或地点（见第十六章）。正如艾文·戈夫曼（Erving Goffman，1959）所说，"我们在那里——我们的"位置展示"——现在拓展了"自我展示"的范围。社交网络网站极大地丰富了自我展示。"位置展示"一词是由 Adriana de Souza e Silva 和 Jordan Frith（2012）创造，它捕捉到了一个双向的过程。通过这个过程，位置对人们的自我形成变得很重要。同时，位置表现为我们进行互动的地点、场所和位置，并且日益与网络信息相融合。（2012，第 167，169 页）。

　　我们日常使用具有定位功能的移动设备时，与我们的行为相关的嵌入式地理信息经常被储存起来，并以打卡、带有地理标记的照片、特定位置的推文等形式向他人披露。当推特、Facebook或Foursquare用户的位置被公开时，公众对隐私的关注和焦虑加剧，在这种背景下，手机使用中的位置披露形式尤其重要（de Souza e Silva 和 Frith 2010，第118页）。利用这些恐惧，2010年，荷兰网站"请抢劫我"（Please Rob Me）（<http://pleaserobme.com>）发布了社交媒体用户在家以外的地点签到时的实时信息，从而引起了争议（Hough，2010）。该网站的目的是提高人们对过度分享的风险的认识。Foursquare向那些将签到活动"推送"到推特账户上的用户指出，他们正在向所有人公开自己的位置，而不是仅向在 Foursquare 封闭网络上的朋友开放。

然而，个人信息披露只是围绕基于位置的社交数据的聚合的众多担忧之一。例如，de Souza e Silva 和 Frith（2012）借鉴了 Solove（2008）的工作，认为透明度、排斥和聚合是地理标记的社交数据的关键问题。关于透明度，他们的论点是，流行的基于位置的服务公司的隐私政策很少公开"他们是否与第三方共享位置信息，如何共享信息，或者是否存储位置信息"（de Souza e Silva 和 Frith，2012）。关于排斥和聚合这两个相互关联的问题，他们认为，尽管公司收集了越来越多的数据，并且从创建复杂的社交媒体用户资料中获益，但"人们很少有机会知道那些信息被收集，或者这些信息是否正确"，因此，我们几乎无法控制处理这些信息的方式（2012，第128—129页）。

正如我们使用社交网络网站以及通过 YouTube 这样的平台制作和共享媒体一样，位置信息披露和聚合引起的问题，需要从两个复杂因素中考虑：特定媒介的重要性，以及我们是否愿意使用捕捉位置数据的技术和网站，以利用它们提供的（社会）利益。对于前者，必须从平台到平台的转移方面，来理解位置信息："在 Foursquare 中与一小群朋友共享位置不同于允许任何使用 Whrrl 的人查看自己的位置，这也不同于通过推特在网上公开共享自己的位置。"（de Souza e Silva 和 Frith 2012，第 131 页）。鉴于此，社交媒体用户需要有足够的法规来控制他们共享位置信息的环境。推特和 Foursquare 显然都意识到了这一点，因为他们向用户提供了关于如何管理位置设置的详细信息，并解释了与位置披露有关的风险。但是，因为用户通常很少关注这些信息，而且有这么多人愿意使用这些技术，所以可以说，使用位置感知技术和社交网络只是我们协商"寻找"（某人或某物）和"被发现"（Elmer, 2010）的自我构成行为，以及我们如何在高度中介化和网络化的社会环境中管理我们的可见性的一个方面（Blatterer, 2010）。

在本章中，我们简单探讨了两个截然不同的例子。一个涉及 YouTube 用户网络，另一个涉及基于位置的移动社交网络。这些例子说明了我们通过使用社交媒体和移动媒体来进行自我构建所面临的机遇和焦虑。通过探索社交和定位媒体对我们的公开程度、可见性和"可定位性"的控制所产生的紧张关系，我们能够说明，作为社会自我构建的重要工具，社交媒体平台和传播设备是如何发挥着独特作用的。

第十八章
"白面包"媒体

谭雅·德雷赫（TANJA DREHER）

费拉斯·迪拉尼（Firass Dirani）可以证明澳大利亚媒体中多元文化主义的成功和挑战。这位获得洛吉奖的黎巴嫩裔演员主演过广受好评的电视剧，包括《墨尔本风云：黄金地带》（第9频道，2010）和《海峡》（澳大利亚广播公司，2012）。然而，在2012年，他指责商业电视制作人实行"白澳"政策，声称《人山人海》和《邻居》等全英裔家庭的肥皂剧没有反映"2012年的我们"（Byrnes，2012）。虽然《海峡》的复杂角色是媒体表现澳大利亚原住民的里程碑，但迪拉尼（Dirani）的同事、萨摩亚裔Jay Laga'aia也表达了担忧。Laga'aia最近被从长期播放的肥皂剧《聚散离合》裁掉。他在推特上写道："我在《家和万事兴》失去了工作，因为他们写不出两个不在一起的民族。我希望有机会自由地从事我的工作。"（Wilkins，2012）

考虑到媒体在社会、文化和政治上扮演的核心角色，媒体经常受到批评也就不足为奇了。近年来，在澳大利亚，媒体煽动了社区紧张局势，助长了种族主义，因而广受批判。例如，在2005年克罗努拉暴乱后，许多媒体评论员、社区领袖和政治家认为，谈话类广播尤其激起了对悉尼西南部黎巴嫩人和穆斯林社区的愤怒，并鼓励了旨在为盎格鲁-澳大利亚人"夺回海滩"的狂热民族主义（Marr，2005）。在听众投诉后，澳大利亚通信媒体管理局（ACMA）调查了著名杂谈节目主持人艾伦·琼斯（Alan Jones）的言论，发现某些广播节目"鼓励暴力和暴行，并可能根据种族中伤有黎巴嫩和中东背景的人"（澳大利亚广播公司在线，2007）。

对媒体在澳大利亚多元文化方面的批评的深度和一致性，对于我们理解和体验多样性和差异性非常重要。关于"白面包媒体"的公开辩论提醒我们，媒体的作用有多大。它们之所以重要，是因为它们不仅反映了重要的公众辩论，而且也是其中的参与者，提供了塑造理解和行动的表述和框架。在本章中，我将讨论最近有关媒体对待澳大利亚穆斯林的一些辩论，以及相关社区的回应。

媒体与多元文化的悖论

虽然公众辩论的焦点是媒体中的种族主义，但对媒体和多元文化的研究却描绘了一幅更为复杂的画面。事实上，最近的研究发现，在澳大利亚，媒体既是相对没有问题的"日常多元文化主义"经验的核心，也是日常种族主义经验的核心。这种明显的悖论是澳大利亚多元文化的典型特征。尽管大多数澳大利亚人消费着多样化的文化产品，在日常生活中可以跨文化交际，但他们对文化多样性的刻板印象和零星抵抗依然存在（Ang et al., 2002）。媒体研究的重点是媒体在澳大利亚多元文化中代表功能的积极潜力和消极潜力。

受众研究揭示了媒体在移民社区所经历的文化差异和混合身份的日常交流中的重要性。玛丽·吉莱斯皮（Marie Gillespie, 1995）在她对伦敦旁遮普青年的研究中引入了"电视对话"的概念，强调媒体表现在平凡的对话中如何成为一种共享的文化资源。通过对话，受众探索了各种差异和身份认同的维度,包括性别、世代、种族、宗教与国家(另见 Barker,1999)。《漂浮的生活》(Cunningham 和 Sinclair,2000)调查了亚裔澳大利亚侨民社区中的媒体消费情况,并指出跨国媒体的三大主要用途:遗产维护、文化谈判以及自信融合。在此处,媒体被认为是培养归属感和国际性世界观的核心。

早期的研究传统以不同的模式工作,主要是通过对媒体内容的分析,着重于识别媒体中的种族主义。许多报告揭露了在肥皂剧、广告、新闻和时事中的刻板印象、忽视、哗众取宠和种族主义表现的证据(Coupe,Jakubowicz 和 Randall,1992),并特别关注对澳大利亚原住民(Goodall,1990),20 世纪 90 年代期间的亚裔澳大利亚人(Jacubowicz et al.,1994)和近年来的阿拉伯和穆斯林澳大利亚人(Poynting et al.,2004)的报道。一些大规模的全国性咨询也发现,新闻媒体的报道可能塑造种族主义暴力发生的环境(皇家委员会,1991;HREOC,1991、2004)。人们发现,新闻媒体和谈话类广播经常助长针对移民或少数民族群体的"道德恐慌"浪潮,这些移民或少数民族群体被认为是天生的罪犯、具有威胁性或"非澳大利亚人"。

虽然这项研究主要关注主流媒体,但重要的是要记住,澳大利亚的媒体实际上是多种多样的。澳大利亚的媒体包括所有权高度集中的主流商业媒体;资金相对不足的公共广播公司:澳大利亚广播公司和澳大利亚特别报道台;迅速增长的原住民媒体部门;通过卫星、有线电视和互联网提供的跨国媒体;活跃的社区媒体和公共广播领域;大量以特定语言社区为目标的商业报纸、广播和电视以及更多的渠道。

SBS：澳大利亚多元文化的国家级广播公司

在澳大利亚的主要媒体机构中，最独特和最重要的也许是澳大利亚特别报道台（SBS）。它成立于1975年，在墨尔本和悉尼设有实验性的民族广播电台，并于1980年扩大到广播电视领域，现在覆盖全国的城市和区域中心。它的宗旨是"提供多语种、多文化的广播电视服务，为所有澳大利亚人提供信息、教育和娱乐，并以此反映澳大利亚的多元文化社会"。在世界其他地方没有类似SBS的机构。它可以说澳大利亚官方多元文化政策最显著也是最明显的机构体现（Jakubowicz，1987）。

最近对SBS进行的一项综合研究（Ang，Hawkins和Dabboussy，2008）发现，该组织之所以具有创新精神，正是因为它把差异和多样性的理念视为核心和常态，制定了创新战略，使我们其电视上和广播里的所见所闻多元化。SBS首创的新的电视和广播形式包括：用除英语以外的数十种语言进行广播，使新移民能够能够商量定居和归属问题；探索当代问题的高质量电视剧；以及由第二和第三代时尚文化活动家制作的世界音乐广播节目，用全球英语讲述年轻人的品味文化。Ang，Hawkins和Dabboussy（2008）认为，SBS不仅是一个简单的"小众"或"民族性"的广播公司。事实上，SBS反映了在某些紧张局势下运作的三种多元文化主义版本。早期SBS的特点是"民族多元文化主义"，旨在满足移民和少数民族群体的特殊需求和利益，而SBS电视台的出现则突出了"国际性的多元文化主义"，鼓励所有澳大利亚人，无论其文化背景如何，拥抱全球文化多样性。然而，在20世纪90年代后期，出现了一种向"流行多元文化主义"的转变，"重点不再是积极推动多元文化,而是将其视为日常生活中越来越习以为常、理所当然的特征"(Ang, Hawkins & Dabboussy 2008,第20页)。第十章还涉及了SBS的历史。

社区媒体干预

在澳大利亚,向新闻媒体发声和回应的策略已成为反种族主义和社区关系工作的一个组成部分。研究人员和政府机构越来越多地建议为社区媒体对其媒体表现的反应和干预提供资金[反歧视委员会,2003; HREOC, 2004; Dunn, 2003]。新闻干预策略以主流媒体为目标,旨在改变对社区和问题的报道、限定和定义方式(Dreher, 2003、2010)。

为了回应种族主义的报道,阿拉伯和穆斯林社区制定了各种各样的策略,从媒体监督和投诉,到创意文化制作和喜剧,以及从媒体宣传和技能培训到讽刺。喜剧小品和有嘉宾小组参与的电视节目《萨拉姆咖啡馆》(Salam Cafe)概括了主流媒体对澳大利亚穆斯林表现方式的转变。该节目最初在墨尔本的社区电视台播出,2008年后被SBS电视台选中,面向全国播出。该节目邀请年轻、精通媒体行业的澳大利亚穆斯林定期作为嘉宾小组,讨论新闻中的问题和他们的日常经历。该节目获得了积极的评价:

> 显然,该系列旨在影响在当前全球气候下对年轻穆斯林的看法。它希望表明,作为一个穆斯林,可以像去清真寺一样去足球场,而且穆斯林可以毫不费力地嘲笑自己和他们被歪曲的方式……穆斯林喜剧演员和社区领袖勇于直面他们感受到的偏

见，把偏见娱乐化，这让人耳目一新。（Duthie，2008）

该节目为年轻的澳大利亚穆斯林提供了一个很好的机会。他们可以借此制定媒体议程，谈论日常琐事，如流行文化和手机，以及解决更常见的主流媒体描述伊斯兰教时出现的争议问题。小组成员使用了自我反思的喜剧，将他们在澳大利亚多元文化的日常经历正常化，并讽刺了当代公众辩论及其对伊斯兰教的过度审查。

结　语

在思考澳大利亚的媒体和多元文化时，有很多值得赞扬的地方，也有很多挑战。SBS是一家独特的公共广播公司，它开创了创新的多元文化媒体。例如，向所有澳大利亚人普及文化多样性，开发各种节目，以关注每天都在讨论差异的澳大利亚年轻人的多元生活。在新千年的最初几年，种族化的媒体框架妖魔化了阿拉伯和穆斯林社区，但是与这些社区合作的人们通过不懈努力，创造了富有成效的媒体干预措施。尽管对澳大利亚穆斯林的审查仍在继续，但有证据表明，媒体专业人士正在改变表达方式，并不断尝试，以使表达更多元化、更平衡。

如果说《海峡》或《萨拉姆咖啡馆》这样的节目表明了澳大利亚媒体的多样性日益增强，那么，"白面包媒体"的持续存在也在提醒人们保持警惕。例如，2008年，澳大利亚肥皂剧《邻居》因"太白"而受到英国观众的猛烈抨击（Byrnes，2012）；2007年，关于墨尔本诺布尔公园的青少年犯罪的新闻报道过于耸人听闻，使得人们呼吁减少来自苏丹的移民。青年工作者和非洲社区代表被迫对该报道进行反击。尽管这一类的道德恐慌的焦点和强度可能在变化，媒体仍在理解澳大利亚的多元文化和移民问题上继续发挥着核心作用。在多元文化的澳大利亚，媒体将继续努力解决日常多样性和日常种族主义盛行的明显悖论。

第十九章
名人文化

格雷姆·特纳（GRAEME TURNER）

经常听到有人说，我们现在生活在一种"名人文化"中。通常，这种说法是令人遗憾的：虽然选定的名人可能会得到良好的媒体报道，但"名人文化"却没有。名人文化被视为鼓励浅薄和自恋的自我表演，同时让公共领域充斥着庸俗（可能是虚构的）版本的新闻。尽管如此，尽管人们经常批评对名人的宣传——或者那些认为通过更传统的新闻议程可以更好地服务于公共利益的论点——名人已经越来越普遍的存在于澳大利亚公共文化中。即使是高质量的纸质媒体报纸——比如《时代报》（The Age）和《澳大利亚人》（The Australian），其版面中没有太多名人的内容——但是其网站上却有足够多的名人的内容。YouTube 等视频聚合企业和 Facebook 等社交网络网站的崛起，为名人内容的消费和传播开辟了新的平台，扩大了个人媒体渠道的覆盖范围，为从原始平台提取并重新用于在线消费的名人内容开发了跨国市场。

产生名人的行业——知名度、宣传、公共关系等（关于澳大利亚行业的介绍，见 Turner、Bonner 和 Marshall，2000）——现在成为澳大利亚媒体基本结构的组成部分。名人作为受众兴趣的吸引者，其商业重要性对我们媒体所承载内容的性质产生了重大影响。自 20 世纪 80 年代以来，澳大利亚大众市场女性杂志的焦点发生了巨大变化；名人已经成为电视新闻和时事的标准组成部分。最重要的是，澳大利亚的免费电视节目采用跨国真人秀和选秀模式，构建了一条创造和传播名人的虚拟生产线，如《澳洲偶像》《老大哥》《你以为你会跳舞》《与星共舞》《好声音》《厨艺大师》等等。

更广泛地说，在西方社会中，名人文化现在被视为对身份的构建产生重大影响（Rojek，2011）。在诸如《老大哥》这样的节目中所表现的身份是其中的一个重要元素——也就是说，他们被看作是在推广一种特定的自我身份，仿佛它是一种值得效仿的模式（Wood和Skeggs，2011）。此外，还有对特定名人的狂热兴趣，产生了所谓的"准社会"互动：与从未谋面的人发展"关系"。名人是其中一个关键部分，尽管对准社会互动的渴望与我们社区结构的变化有关。有人认为，如今我们生活的社区中，许多传统结构已经逐渐衰落：大家族、邻里关系网等这些结构不再像以前那样在每个人的生活中发挥核心作用。人们认为，取而代之的是，我们正在和仅仅通过媒体认识的人建立关系：名人、脱口秀主持人、体育明星等。在一项相关的发展中，成为名人的目标也越来越融入人们日常生活的期望中。随着名人越来越普遍，对普通人来说，甚至对那些没有特殊成就或才能的人来说，名人似乎是一个现实的目标或愿望。有许多针对青少年的研究项目，尤其是报告称，在接受调查的青少年中，名人被视为一种真正的职业选择，即使在可能获得名人的活动领域被视为次要考虑因素的情况下（Lumby，2011）。

名人的定义

在今天最常见的用法中,"名人"与特定类型的文化人物相关联:他们通常来自体育或娱乐行业;他们将通过媒体进入公众视野;他们的私人生活将比职业生活更能吸引公众的兴趣。与以往的名声不同,当代名人的知名度并不一定取决于他们首先被我们注意到的地位或成就。相反,他们的知名度很可能已经超过了他们从最初地位或成就发展起来的名声。事实上,现代名人的一个标志是,除了超高的知名度外,他们可能没有任何特别的成就,正如布尔斯廷(Boorstin)(1971)多年前所言,他们"因出名而出名"。正因如此,许多媒体评论员批评说,当今名人获得了不合理的公众关注水平:对于这些评论员来说,名人构成了当今流行文化的不真实性的缩影。然而,对许多其他人来说,正是名人的不合理性和任意性构成了它对一个精通媒体和"后现代"文化的吸引力(Gamson,1994)。

值得指出的是,不应该简单地把名人看作是特定个人的属性。在《理解名人》(Turner,2004)中,我认为名人的定义至少有四个方面。首先,名人是媒体制造、管理和交易的商品。第二,名人是媒体表现的一种模式——也就是说,名人是媒体如何对待特定个人的一种属性,其核心是对他们的私人生活而不是职业生活的兴趣。第三,名人是这种媒体表现的效果——即作为其主体的个人的文化意义以及他们如何传播的变化。第四,名人现在似乎也融入一种社会关系中:通过媒体表现和社会消费模式运作,名人现在成为社区聊天、八卦等内容的一部分。在最后这点,它才与社会身份的构建最紧密相关。

名人制造的当前转变

如前所述，因知名度而不是个人成就出名的名人现在或多或少已经成为标准。事实上，他们的名气与他们的成就之间的联系越少，他们就越依赖其积极的商品化和推广，我们就越能期望看到这样做的结果，即在《Who》杂志上不断出现狗仔队照片、泄露有关个人的戏剧性故事、在电视聊天节目中露面、具有新闻价值的个人网站披露、"坦率"的网络视频等。名人管理已经成为一个独立的行业，现在可以从其作为其他媒体项目宣传的支持结构这一起源中分离出来。

最近，我们看到了一个稳定的转变，从利用已经取得一定知名度的个人（因此在某种意义上已经是一个精英群体），转变为通过参与特定的媒体平台或产品，把"普通"人培养为流行人物（Turner，2010）。如前所述，这里的关键发展是真人秀、告白和纪实节目的爆炸式增长：纪实性肥皂剧、纪实性电视剧、真人秀游戏节目、真人秀相亲节目、告白式脱口秀、选秀节目等。促成这一转变的综合电视节目流派的数量非常惊人。然而，《老大哥》非同寻常的文化影响力——在世界上许多国家中拥有备受瞩目的流行文化盛事的地位——使得媒体对渴望"成名"的普通人的突然增长的需求变得合理。（在马来西亚，《名声学院》马来西亚版第五季吸引了七百万申请者！）这些节目不仅招募普通人在电视节目中展示他们的部分生活——尽管很不普通——但是这些节目强烈的"现场感"让人觉得他们已经成为我们日常生活的一部分。我在这里指的不仅是这些节目在一周内的不同时段进行直播，而且它们提供了多种形式的实时互动（投票、网站互动、参加现场角逐的机会等）。似乎电视已经找到了方法，来缩小它构建的现实与观众自己的现实之间的差距。因此，电视会变得越来越"普通"，即使它把"普通"的对象变成了名人。

当然，这种加速明星化的后果之一——例如，那些参演的人不再需要通过常年演出来"恪尽职守"，只要参加《澳洲偶像》试镜就行了——是这一明星化产品的加速的生命周期。为了响应新媒体形式的需求，使用和处置的产业节奏已经从根本上加快了。一系列的《老大哥》或《幸存者》系列节目是否有吸引力，部分取决于他们对前者的超越；每一系列的参赛者必须让位于下一系列参赛者。他们都是可被替代的名人：首先，他们几乎没有出类拔萃的特质；在电视节目结束后，他们没有什么职业选择；并且只签订了六个月期限的合同（以澳大利亚版《老大哥》为例，尽管在某些美国系列节目中更长——参见Collins，2008）。根据合同，在节目完结后，他们还需参加宣传活动。因此，《老大哥》或《澳洲偶像》的参赛者中，很少有人能够利用自己的经验在澳大利亚媒体或音乐行业继续发展。

在某种程度上，可以认为名人的文化定位和意义本身已经发生了变化。由于名人的机会已经超出了各种精英的范围，进入了一般人的经验中，它已经从一种精英转变到几乎成为一种对自己生活的合理期望。同时，名人的产出也日益系统化。今天，媒体已经学会了如何在需要的时候大批量地产出名人。尤其是电视，不再仅仅是利用那些已经通过其他方式发展起来的人的大众吸引力，而是参与了一个纵向整合的过程：媒体不再营销在其他地方发展起来的名人，而是从零开始发现、产出、营销和出售他们的名人。许多人质疑这样做的道德基础。例如，Andrejevic（2004）和Collins（2008）都发表了研究报告，指出真人秀节目向参赛者提供的合同具有剥削性，参赛者个人无力促成维持事业的交易。并且，在参赛者报名之前，节目所做的承诺和建议都带有误导性。

结　语

在我们的名人文化中名人的机会在扩大，并且，主流传播平台所刻画的当前成名方式推荐了各种身份。在这两个现象中存在真正的伦理问题。Chris Rojek 的《名声攻击》（2011）最近提出了这样一个问题：我们是否需要更慎重地考虑当前版本的名声产生的社会和心理后果——无论是对名人本身而言，还是在公众对成功人士的理解方面。虽然根据过去十年对名人的研究，我们可以更好地认识名人扮演的基本角色，以及进行名人交易的行业，但在当代媒体领域，要深入了解名人文化更广泛的文化和社会功能，仍有很多工作要做。

第二十章
隐私伦理

凯特·鲍尔斯（KATE BOWLES）

Facebook 是一个全球交流平台，受到 1000 多万澳大利亚人的欢迎。因为我们给了他们权力和控制权，他们可以自行决定何时与何人分享何物。说到隐私，我们关注的重点是透明度、控制和问责制。（加立克（Garlick，2012）

关于隐私微妙性质的提醒，在我们日常网络生活中无处不在。免费的电子邮件服务会根据你在私人信件的主题迅速调整针对你的广告。YouTube 的推荐会暴露你最近搜索的主题。Facebook 会在朋友上传的照片中自动标记你。而且，你访问的大多数网站都要求你同意与 cookie 有关的隐私政策，这些 cookie 让你在互联网上走到哪里都会留下一串痕迹。所有这些都让我们觉得隐私是普通的、令人不安的、模糊不清的。但是，关于媒体隐私的主流讨论似乎仍然集中在隐私的完美典范上，这些典范比我们的日常经历更具体，也更令人反感：怀孕名人的模糊照片，小报的电话窃听，备受争议的秘密军事和外交通信的公开，以及个人希望永久保密的电子邮件、性爱录像带、亲密照片和文字所记录的重要事务的曝光。

尽管当代人们认为隐私是一种不可剥夺的公民权，但隐私作为一种相对有限的特权，其边界正在缩小。历史上，它只提供给具有特殊地位的公民，他们有办法保护他们被他人代表的方式，并能要求国家保护他们在公共领域的身份安全。例如，美国南部的奴隶所享有的隐私权非常有限；而儿童的隐私权通常服从于父母或监护人的监管。为了公共安全的利益，囚犯或涉嫌犯罪或恐怖活动的人可能会失去许多隐私权。而公职人员会发现他们的私生活被视为具有国家利益甚至国际利益的合法事务。但最近，我们已经习惯了员工、学生、互联网用户的隐私，甚至任何走在大街上被闭路电视监视的人的隐私，都会因为安全措施甚至商业风险而被侵犯。

媒体和新闻公司长期以来名人遏制媒体对其私人生活的监视，以及控制他们为自己培养的个人品牌的权利（Rahimi，1995）。我们现在也关注普通媒体用户的隐私，因为新的网络、技术和数据处理能力使我们能够捕捉其他人的家庭、人际关系和不幸的细节，并将这些信息传递给以前只有媒体公司才能接触到的全球受众（Blatterer，Johnson 和 Markus，2010）。随着大型媒体公司试图研究如何将隐私作为其新兴商业活动的一个潜在限制因素来管理，这些变化对传统隐私原则造成了巨大压力。要了解媒体隐私的复杂情况，并思考我们在其中的位置，我们可以从一个非常简单又熟悉的例子开始：在公共场合摔倒这一矛盾又孤立的经历。

2011年的某个时候，在巴西贝洛奥里藏特市，一位不知名的女士走在市区一条偏僻的街道上，被绊倒后整个人摔在人行道上。在马路对面，一小群人看到并笑了起来。同年早些时候，在宾夕法尼亚州怀奥米辛镇的一家购物中心，一名妇女在发短信时一头栽进了喷泉，被商场的清洁工看到。这两起发生在公共场所的小事件，代表了我们作为个体存在于陌生人周围的社会困境。当某人跌倒时，正常的社会隐私规则会导致发生什么呢？在大多数情况下，有人在公共场合摔倒，会引发一个平庸的人际困境：是同情地观望，还是谨慎地将目光转向别处。正是旁观者自己将身体上的跌倒转化为社会上的冲突；在人群中，陌生人会建立起来隐形的隐私边界。而在有人摔倒时，如果路人进行查看或看向别处，这些隐私边界就显露了出来。

这两起事件本身并不特殊，与我们通常讨论的那种隐私侵犯不同，如狗仔队抓到明星抽烟，或穿着运动裤不修边幅地购物的时刻。然而，这两起事件对媒体和传播实践的研究具有重要意义，因为它们病毒式传播的媒体事件，引发了关于媒体技术和公共空间监控的问题（Quay和Damico，2012）。事件揭露了改变我们对日常隐私的预期的技术和渠道：如闭路电视，谷歌街景，YouTube和民间新闻内容——拿着手机的现场用户拍摄的糗事、恶作剧和事故视频。这两起事件都涉及熟悉的监控技术，而监控往往会拍下大量意外事故的视频。

在贝洛奥里藏特市那位女士就是这样的例子。她在摔倒时，刚好有一辆谷歌街景汽车驶过。她的摔倒出现在streetviewfun等许多网站。这些网站津津有味地分享谷歌偶然抓拍的日常生活尴尬时刻。比如那些刚从性商店出来、在街上小便、躺在马路边或从自行车上摔下来的人。随后，那位女士走路、绊倒和站起来前后的视频剪辑再次出现在博客和视频分享网站上，2012年1月，她在谷歌街景上的照片突然变模糊了，或者像一个博客所描述的那样——被"审查"了。碰巧的是，任何想要将自己的身份数据（面部、车牌或财产）从公众视野中移除的用户，都可以使用谷歌的图片模糊技术。正如谷歌所说：

> 街景拍摄团队在收集街景照片时，采取了一系列措施来保护个人的隐私和匿名性，包括将面部和车牌变模糊。如果您看到一张应受保护的图片或一张令人担忧的图片，您可以轻松联

系到街景团队。(谷歌街景,2013)

通过模糊化、像素化或声音处理进行的匿名化都是我们熟悉的媒体做法;他们要求我们接受,只要去身份识别达到一个合理水平,那么实际的隐私就是多余的。在贝洛奥里藏特市摔倒的匿名女士的案例中,谷歌的正常做法显然不足以管理她日益增长的名人效应。所以最终对她的整个身体进行了全面的模糊处理,仿佛需要将她从公众视野中彻底抹去才能消除不好的名声。然而,她的实际隐私仍然没有意义,因为人们仍然很容易找到当时拍摄和流传的关于她摔倒的清晰图像。期望谷歌将它们从互联网上移除是不合理的。事实上,谷歌本身就提供了搜索功能,只要简单搜索一下:"巴西街头摔倒女子",就能很快找到这些图片。

然而,当有关个人是可识别的时候,涉及隐私的风险就增加了。掉进宾夕法尼亚州购物中心喷泉的那位女士是购物中心的员工。官方闭路电视拍到了这一事件。安保人员看到后,在其雇主的设备上进行回放,并用私人手机拍下视频,上传至YouTube。当这段视频在世界各地的电视上重播时,该女士表明了自己的身份,并在媒体采访中表示,她准备对商场的管理层采取法律行动。首先是因为没有人来帮助她,这给她带来了痛苦。但更重要的是,他们没能阻止他们的闭路电视录像被重新剪辑成全球性的YouTube搞笑视频(Praetorius,2011)。对自己对该事件的反应,Marrero称:"没人向我道歉,他们反而说,'至少没人知道那是你'。但我知道那是我。"(Chang,2011)

这种常识性考验——在图像被传播后,他们觉得某一部分身份在未经他们同意的情况下被暴露了,不管他们是否真的被其他人认出来——让我们反思我们对隐私的信念。我们对自己被他人代表的方式有多大的控制权？公众利益对名人的私人行为有何考验？在国际人权的传统中，隐私权是否具有文化上的特殊性，或者是否存在所有公民能够进行申诉的普遍原则？在这个广泛而复杂的文化领域中，人们对立法关注的重点通常是对个人和身份信息的保护。例如，《澳大利亚隐私法案》希望收集数据的机构仅将其用于预期目的，希望他们会正确处理这些数据，并且这些数据所涉及的人通常会保留获取数据的权利。这是对公共及私人机构收集的大量个人敏感数据（包括健康和信用数据）的重要保护。但媒体隐私还涉及其他方面，有着不同的管理标准：电话用户的隐私由《电信法》保护，《广播服务法》要求新闻和时事节目制作人制定并实施业务规范，以平衡隐私权与公共利益。然而，就侵犯他人隐私的个人行为而言，监管则更为有限，通常只适用于被曝光的信息具有攻击性、贬低性或诽谤性的情况。而不是所有私密的信息。

新兴技术和实践——例如间谍软件、身份盗窃和黑客攻击——正在挑战所有这些传统隐私保护机制的可行性。许多信息公开的倡导者对任何关于应扩大隐私立法范围的建议都感到不安。同时，个人身份识别数据的商业价值正在增加，这确实表明，需要保护个人在被收集数据方面的利益，这些数据可以被用于商业合作或吸引广告。为了说明这些保障措施的重要性，我们回到贝洛奥里藏特市的那辆车，它意外抓拍到（或许是导致）一名匿名女士摔倒的那一刻。与许多其他大型媒体公司一样，谷歌公司最近也经历了一次公关危机。2010年，该公司承认其街景车一直在收集和存储来自国内无线网络的私人数据，甚至为此编写了代码。在全世界范围内，谷歌被迫进行解释，并承诺将这些泄露的数据销毁。例如,在澳大利亚,澳大利亚隐私专员发现,谷歌收集这些数据明显违反了《隐私法》。他们要求谷歌公开道歉,并由独立的第三方核实数据的销毁情况(OAIC,2010)。

从上文可以看出谷歌街景公司对其隐私投资的策略性宣传。正如 Facebook 热衷于宣传其对"透明度、控制和问责制"的承诺。两家公司都因利用用户的私人数据而声誉严重受损。谷歌公司为了保护在其搜索算法方面的主要业务(其广告收入与此密切相关),用谷歌街景来宣传公司对隐私的承诺。该承诺是对公共领域尊严、匿名和安全的常识性结合。街景地图上模糊的面孔和车牌不仅传达了一个简单的企业理念,即应当给在街上摔倒的人隐私,也是企业广告的一种形式。这样的广告在每个屏幕上都展示着谷歌作为隐私捍卫者的自相矛盾的立场,不断试图掩盖该公司在全球范围内收集和操纵个人数据方面的投资。

第二十一章
体育媒体

大卫·罗（DAVID ROWE）

体育的媒体化

近两个世纪以来，体育运动对全球新闻和娱乐媒体的发展起到了举足轻重的作用。它吸引了稳定的、有时是大量的观众，提供了大量的主要和独特的媒体内容。同时，如果没有媒体宣传和媒体转播权的资助，职业体育将会是一项规模小得多、不那么引人注目的文化活动。Wenner（1998）将这种"天作之合"描述为一种单一现象——"媒体体育"——而其他人则认为媒体和体育形成了一个单一的"综合体"（Jhally，2006；Maguire，1999），涉及生产、消费和文化交流的。如今，"媒体体育文化综合体"已成为一种普遍的全球现象（Rowe，2004、2011）。然而，所有关系——无论是机构关系还是个人关系——都无法回避权力的问题。因此，人们一直担心，媒体现在主导着体育，并利用它来达到自己的目的，进而削弱了体育运动的独立性和完整性。

热衷在电视上观看体育节目通常被认为"有损健康"。在沙发上观看体育节目的观众被视为把他们的体育活动"外包"给屏幕上为他们表演的运动员。根据全国人口普查，澳大利亚人每天花4200万小时看电视，只花620万小时从事体育和户外活动（澳大利亚统计局，2011a、2012c）。虽然不是所有的电视观看都涉及体育，但体育是电视观看的一个重要组成部分，几乎 300 万名澳大利亚人观看了 2012 年伦敦奥运会的开幕式。在澳大利亚免费电视上，体育节目每年都是收视率最高的节目之一。而在付费电视上，体育节目则完全占据了主导地位。长期以来对体育媒体使用数量的关注，伴随着对其质量的同等焦虑。体育被媒体掌控时，会发生什么？

媒体体育的意识形态作用及其后果

媒体不仅仅代表体育，它还将一系列社会文化的含义与体育联系起来。Wenner（2007）将之称为"传播灰尘"，它通过媒体四处散播，带有不同的内涵，并被赋予不同的象征意义。例如，媒体体育压倒性地关注男性。国际研究一直表明，体育新闻大多由男性报道男性，关于女性的体育报道在所有媒体报道中的占比一般远低于 10%（Horky 和 Nieland，2011；Bruce，Hovden 和 Markula，2010）。当女运动员确实获得一些媒体报道时，她们的运动员身份经常会受到诋毁，认为她们不如男性，同时其性取向还会受到过分关注（澳大利亚体育委员会，2010；Coakley 等人，2009，第 8 到 12 章；Marjoribanks 和 Farquharson，2012、2012，第 5 章）。虽然媒体体育伪装成一个无政治的领域（Whannel，2008），但它给予男性特权，将女性边缘化，从而在性和性别不平等的长期存在中发挥了重要作用。

体育作为压迫性意识形态的载体而受到批判，并且批判从性别领域拓展到了其他许多领域，如种族和民族歧视（Adair，2012；Carrington，2010）、同性恋恐惧症（Caudwell，2006；Miller，2001）以及民族沙文主义和仇外心理（Bairner，2001；Tomlinson 和

Young，2006）。在每个领域，人们都认为，体育报道中通常存在一些破坏性的刻板印象。这些刻板印象是由富裕的白人异性恋男性主导的媒体体育世界"天生"形成的，然后在整个社会中产生影响性的共鸣，强化了这种主流观点。当然，体育、媒体、文化、政治和社会之间的关系比这些简短总结要复杂得多，也更具争议性。"媒体体育"可以在各个方面被视为思想、价值观和实践发生冲突的重要空间，从而以大众化的方式推动一系列社会问题的公共辩论。从运动员和俱乐部对待女性的态度，到泰格·伍兹（Tiger Woods）和兰斯·阿姆斯特朗（Lance Armstrong）等体育名人的道德行为，周期性的媒体体育丑闻就是明证（Rowe 2011，第 6 章）。在这里，Wenner 提到的"体育灰尘"可以传播到某些地方，以新的方式展示了体育和社会的政治，从而打消体育迷的幻想，即体育以某种方式凌驾于政治世界之上，处于孤立的"纯洁"状态。当然，深刻理解媒体体育的政治经济学，可以有效破除这种天真幻想。

媒体与体育之争

人们常说，现在体育和其他行业一样是一门生意。尤其是媒体把日常消遣变成了一种商品，从而商业化了体育。这是对体育媒体的政治经济批判方法的主要论点。不可否认的是，媒体，尤其是电视，在体育商业化进程中发挥了关键作用。在不到一个世纪前，人们还在相对较少的，主要是本地人的现场观众面前，为了很少的钱（如果有的话）进行体育运动。随着体育商业化发展以及色彩、卫星和高清等科技的创新，电视转播的体育赛事逐渐成为全球瞩目的盛事。大型媒体体育盛事的收视数据非常出色。例如，据估计至少有9亿人观看了2012年伦敦奥运会开幕式，有9.1亿电视观众观看了2010年国际足联世界杯决赛。

让世界各地的人们能够观看体育赛事的现场直播，以"分享这一刻"，是对媒体力量的正面写照。为了支付转播权来支持体育，电视业花费了大量资源。例如，美国全国广播公司（NBC）为获得2000年至2020年所有夏季和冬季奥运会在美国的转播权，已经花费了约100亿美元。而澳大利亚第7和第9频道为了在一系列媒体平台上分别直播澳大利亚足球联盟（AFL）（2012—2016年）和国家橄榄球联盟（NRL）（2013—2017年）的比赛，（与福克斯电视台，福克斯体育台和澳洲电信合作）均支付了超过10亿澳元的现金和所谓的"对销"（免费广告和促销）。然而，媒体成为体育行业最强大的经济力量，不可避免地要承担相应的责任。因此，媒体影响体育的方式是：重塑体育的形式、规则和节奏，以适应电视需求。这种媒体引起的"创新"包括：网球比赛的加时赛，以配合电视节目时间安排；篮球比赛的暂停，以插入广告；以及有利于电视的仅限20轮的板球赛或一日板球赛。

电视还可以影响体育赛事的发生时间。比如拳击比赛安排在午夜之后，奥运会马拉松比赛安排在炎热的白天，以适应最重要的媒体体育市场——美国的按次付费观众和网络观众的需求。在AFL、NRL和英格兰超级联赛（EPL）等比赛中，一天或数天内"交错"的赛事直播时间可以最大限度地提高收视率。在奥运会等综合体育赛事中，"直播"被包装成"准直播"或"似直播"，让观众感觉本已发生的事正在发生。更深入的是，电视通过多角度摄像、快速剪辑、重播、慢动作、特写镜头和评论等方式重塑了体育观众的整体体验。这些方式现在已经成为电视视觉想象的一部分（Rowe，2004）。因此，我们不觉得家用电视设备是用来弥补不在体育馆的"非现场"观众。相反，体育场的大屏幕是用来弥补现场付费观众的，因为他们无法在家里看电视直播。同时，付费电视在家里引入了"数字旋转门"（付费观看某些节目），使得人们对在电视上观看体育的权利提出了质疑。

媒体、文化公民和电视以外的体育

1995年，收费电视被引入澳大利亚，其主要卖点之一是比免费电视更多的专门体育节目。不仅商业电视网络——特别是在具有政治影响力的Kerry Packer领导下的第9频道——希望防止有利可图的体育版权流向付费电视，而且观众也担心，如果付费电视独占这些版权，他们只能通过订阅才能观看重大体育赛事（在英国和随后在新西兰发生了这样的情况）。因此，人们制定了"反虹吸"制度，列出了"具有国家重要性和文化意义的事件"——所有这些都是体育赛事，包括各种足球、板球和网球。因此，在免费电视广播公司购买版权之前，付费电视广播公司不能播放所列的赛事。澳大利亚所列的赛事（世界上最详尽的清单）历经多次审查和修订。同时，付费电视持续施压，要求减少或放弃该清单，并抱怨媒体融合已使该规则变得不合时宜（宽带、通信与数字经济部，2010、2011）。澳大利亚的主要政党都不支持放弃该清单，这表明了一种民意，即大型电视体育赛事是"国家财产"的一部分，所以观看它们是一种"文化公民"的权利。在"网络媒体体育"（Hutchins和Rowe，2012）蓬勃发展的时代，广播电视体育作为主要传输模式正面临挑战。这场关于获得免费电视体育（Scherer and Rowe，2013）的辩论正以各种方式在世界各地上演。随着体育屏幕（数字频道、计算机、平板电脑、手机和游戏机）极速增加，以及体育爱好者广泛使用社交媒体来绕过机构性"传统"媒体并与之互动，媒体与体育的关系正在发生重大变化。

结语：媒体的"体育化"

本章首先讨论了一项历史性的焦虑，即媒体"接管"体育并降低体育对运动员和观众的质量。相反，体育已经渗透到越来越多的媒体组织、实践和文本中。媒体的"体育化"不仅在于体育严重依赖体育聚集大量观众的能力——尤其是在数字、多渠道、多平台环境中。也表现在媒体类型的不断增长的"类体育"特征，例如具有不确定结果的竞争性"真人秀"和"选秀"电视节目（记分和现场/媒体观众）；新闻和时事围绕着与体育比赛相关的竞赛框架而构建（一个典型案例是为2012年奥巴马和罗姆尼的美国总统大选辩论的"赢家"打分）；以及在广告中无处不在地体育形象和隐喻。它们随意引用了"比赛""障碍"和"终点线"（Jason和Andrews，2005）。因此，对于所有对大众媒体和传播的社会文化影响感兴趣的人来说，媒体体育文化综合体仍然值得密切、系统的关注。

第二十二章
媒体与环境

莉比·莱斯特（LIBBY LESTER）

距离 Miranda Gibson 的树还有很长的路要走。从澳大利亚最南端的城市霍巴特到世界文化遗产荒野地区的边缘，车速缓慢。接下来，需要沿着潮湿且泥泞的丛林小径步行一个小时。当小径通往开阔的工业森林砍伐区，路就好走一些了。但攀登这棵树所在小山的斜坡是很艰难的，尤其是对于那些运送淡水物资上树给 Gibson 的人来说。树高达 80 米；要费力爬 60 米才能到 Gibson 的平台。

Gibson 的树的确过于偏僻。可这也正是她需要的。在塔斯马尼亚的整个夏天和冬天，一名孤独的年轻女子栖息在小平台上，观察周围受威胁的桉树林。这有很强的象征意义。它在庞大而复杂的网络中产生了共鸣。这些网络包括政治决策、商业投资和利益，以及地方和国际对环境保护和减少环境损害的关注。在环境运动中，Gibson 和她的同事因为树的孤立性而选择了它，以创造一些象征、图像、信息和意义，进而影响关于森林未来的讨论和决策。然而，选择这棵树还有另一个更实际的原因。最近附近一座山边新建了一座电信塔台，扩大了该地区的 3G 覆盖范围，使 Gibson 的树成了复杂环境通信战略的中心。除其他活动外，她还每日撰写博客，指导针对日本和其他塔斯马尼亚木材国际买家和零售商的网络行动，向全球媒体分发新闻稿，通过 Skype 接受记者采访，并对偏远地区的学生开展课堂讲座（The

Observer Tree，2012）。因此，Gibson 的树是有关环境方面的媒体与传播的动力站，不仅产生强大的抵抗和价值的象征，而且将它们发送到世界各地。

长期以来，公众对环境问题的讨论和决策依赖于某些图像和意义的力量，以突破环境问题背后复杂的科学或政治。例如，小型浮冰上的北极熊、南冰洋上日本捕鲸船的血迹斑斑的甲板、冷却塔的排放气体。这些都让观众对环境问题产生共鸣，甚至让个人和公众做出回应并采取行动。就其性质而言，媒体传播这些带有象征意义的图像，比展现科学家谈论环境风险时的不确定性或政府为减轻环境损害而制定的复杂政策要容易得多。如果媒体——特别是新闻界——确实需要讨论科学或政治问题，往往采用"他说""她说"这样的"对立的消息来源"安全方式来取得平衡。一些人认为，这样做的代价是对环境问题的理解变得迟钝，充满感情色彩，使得个人和公众无法判断问题的严重性并采取可行的、合理的解决方案。相反，越来越多的企业和政府在获取和开发环境和自然资源时开展了资金充足的公关活动，而环保主义者如 Gibson 则对媒体和通信进行了复杂的利用，这些都会导致棘手的冲突。

报道环境

媒体是我们了解发生于自家后院之外的环境问题的最重要手段。在这个过程中，媒体扮演了多重角色：传播文字和图像，帮助理解和解释环境和相关问题（Anderson，1997）；提供舞台，让环保倡导者可以表达关注，争取使用或保护自然资源和地方的权利提供一个舞台，或对环境损害的科学性和其他表述提出质疑（Hansen，2010）；并且，经常以参与者的身份调查环境损害的原因，推动行业或政府采取行动来防止或修复这种损害，或者抑制他们认为的有损社区或国家利益的环境活动分子的信息（Lester，2010）。

新闻是公众意识和环境风险传播的核心（Beck，2009）。因此，近年来新闻的作用受到了密切关注。许多研究尤其关注国际和澳大利亚的新闻报道气候变化的方式，发现媒体的做法不尽人意：将科学呈现为不确定的或夸大不确定的水平（Pollack，2005）；给予非专业的"怀疑论者"与气候科学家同等的播放时间或专栏空间（Boykoff 2011，第124—128页）；采取政府、行业或活动家的意识形态立场（Carvalho，2007）；以及未能保持对极端天气事件或重大国际政治辩论之外的话题的兴趣（参见 Boykoff 和 Mansfield，2012，他们研究了自2004年以来的新闻报道）。

经常为澳大利亚新闻媒体报道环境问题的记者发现工作中存在一些相关障碍（见 Lester 即将出版）。仅仅是气候变化报道，就需要深入了解可再生能源、碳生产与储存、冰川融化、国际和税收法律以及消费者权力需求。由于环境问题的广度、深度和复杂性，在有限的时间和条件下，记者经常会依靠已知的消息来源进行报道。一方面，这限制了参与讨论的观点范围。另一方面，新闻为了保持平衡，经常提供相反的观点，以避免对报道的指责或持续负面反馈（Herman and Chomsky 1988，第3—30页）。在围绕气候变化的意识形态激烈辩论的情况下，许多记者和编辑转向气候变化问题的"怀疑者"或"否认者"（Painter，2011）。新闻媒体还经常夸大或忽略科学中的不确定性，在公认的媒体框架内，总是将一系列的可能性描绘成绝对的风险或不确定的科学（Cox 2010，第309—314页）。最后，环境报道总是容易受到公众舆论的"起伏"影响（为了理解这种关系，请参见Downs，1972）。21世纪00年代中期，媒体终于认为气候变化是一个严肃的问题。因此，编辑们提供了更多的空间，似乎永远抱有对内容的需求。2009年末，第15届缔约方会议在哥本哈根召开。之后，制作和刊登气候问题报道的机会受到了限制。

然而，明显的是，尽管存在这些专业和实践上的障碍，新闻媒体可以而且确实产生了采取行动的压力。一项对六个国家的电视新闻和时事的研究发现，2004年，在气候变化成为主要国际问题之前，新闻界也有大量的报道将气候变化问题视为迫在眉睫的严重威胁（Lester和Cole，2009）。报道采用了各种形式。首先，它利用了环境风险的标志性形象，例如在极端天气下弯曲的棕榈树，满载个人物品在泥水中跋涉的人们，或者在被侵蚀的悬崖上岌岌可危的房屋。其次，它通过现场直播科学家在繁忙的实验室里工作，或卷起袖子的政治家视察可再生能源的照片，或记者实地考察见证气候变化影响的照片，体现了科学和政治资源的可信度和有效性。第三，它制作并传播了富有感染力的气候变化受害者的照片和采访——一个因纽特人家庭被迫离开家园，一辆向海地洪水受害者运送食物的卡车陷入泥潭；以及一名太平洋小岛官员在勘察当地教堂和公墓被淹没的残骸。

绕过主流

当代澳大利亚环境运动兴起于20世纪60年代末和20世纪70年代初。当时，人们反对淹没塔斯马尼亚西南部的毕德湖、在维多利亚州码头运输铀、在昆士兰弗雷泽岛采砂以及悉尼历史悠久的内郊开发计划（Lohrey，2002）。运动刚刚发展，但人们很快意识到，引人注目的抗议活动是无法吸引新闻媒体的关注的，远远算不上是成功的传播策略。记者很快厌倦了这些抗议。更糟糕的是，他们认为这些抗议是对新闻议程控制的一种挑战（Lester，2007）。因此，尽管新闻媒体报道仍是"主要手段"，环境运动利用了其他各种手段，向公众传达信息并影响决策者，包括市政厅集会、直接游说、新闻邮件以及在人力财力允许的情况下在报纸和电视上做广告。

互联网的出现显然改变了环境和其他社会运动的游戏规则。这些社会运动致力于从权力中心之外推动变革。凭借互联网，可以绕过主流新闻媒体。主流新闻媒体长期以来一直扮演着对运动活动"讨厌的看门人"的角色（Wolfsfeld 1997，第1—5页）。也可以避免昂贵的媒体广告形式，并与大量的潜在支持者和投票公众进行直接和有策略的沟通。最重要的是，还可以有机会与偏远市场上有影响力的消费者和决策者进行对话。比如因为自然环境受到破坏而改变旅行计划的游客；可能选择环保地板而不是来自原始森林的地板的业主；以及愿意介入保护自然环境的国际组织成员。

互联网在许多方面都满足了环境运动的需求。一封电子邮件将收件人指向一个YouTube短片，劝说收件人捐款，支持环境运动对电视广告的购买。只需点击一下就能生成一封发给大公司经理的日文电子邮件，呼吁切断从沙捞越的热带森林到日本家庭的复杂供应链。一条推文召集支持者参加即将在议会大厦草坪上举行的抗议活动。在活动网站上发布活动人士拍摄的与南冰洋捕鲸者发生冲突的视频。并在媒体发布消息，提醒记者这段视频的出现以及他们使用这段视频。一个复杂的网络已经形成,由不同形式的媒体之间的流动和桥梁组成,主流新闻仍然是其中一个重要而有影响力的部分(Cottle 和 Lester,2011)。

互联网正在扩大社会和环境问题的能见度,以及在辩论问题和谈判解决方案时听到不同意见的机会。但互联网也存在争议。像所有的公共空间一样,它并不平等,它的价值也没有得到普遍认可。与新闻一样,它容易被最响亮、资源最丰富的声音淹没;容易被活动人士、律师和公关顾问的战略与战术所左右;容易受流行和平庸的名人和小报政治的影响(Broington,2009)。

结　语

如果某些问题或行动不受关注,关于环境未来的公共讨论受到遏制和控制,那么有些人的利益将得到更好保障(Lester 和 Hutins,2012)。然而,与遥远的受众、支持者和消费者交流的新媒体机会仍在不断涌现。这些机会正改变着对地方和全球环境风险和冲突的理解、谈判,和可能解决的方式。新闻业虽然存在专业和组织方面的限制,但仍发挥着重要的、有影响力的、时常坚定的角色。无国界记者组织的一项研究就说明了这一点(2009,第 1 页)。研究发现,在该新闻自由组织所监督的案件中,环境问题现在占到了 15%。然而,除了在传播信息、压制或推动人们的行动方面的作用之外,还需要考虑媒体和通信本身对环境恶化和危害的影响。移动通信及相关设备和技术的大规模增长,产生了新的和日益增长的资源需求,并对当地资源、场所和社区产生了新的压力。这些必然导致新的矛盾冲突(Maxwell 和

Miller，2012）。媒体和通信在环境知识的生产和传播过程中一直扮演着多方面的、有时甚至是矛盾的角色，并且这种角色还在不断发展。而位于 Gibson 的树附近的森林，现在可能是一个媒体中心和环境保护的媒介象征，但它们曾经被用来为澳大利亚的许多报纸提供纸张。

第二十三章
公共服务广播

莫琳·伯恩斯（MAUREEN BURNS）

如果要预测澳大利亚和其他地方公共服务媒体机构的未来，则必然要讨论数字媒体、参与式文化和全球化。这些讨论问的是，被设计为国家级、一对多的模拟广播公司如何适应全球化、参与性的数字环境？在这样的环境下，我们还需要澳大利亚的公共服务媒体吗？如果需要，那么我们该如何考虑它们的未来？澳大利亚广播公司（ABC）和澳大利亚特别报道（SBS）应该为协商民主提供参与式网站吗？它们能比专门的在线服务提供商更有效吗（Flew 等人，2008；losifidis，2011）？未来是否应该由公共服务媒体机构向商业供应商提供新闻和时事内容（以及其他品牌项目）（Burns，2012）？公共服务媒体是否应像 Andrejevic（2013）提出的那样，提供可搜索的数字内容？澳大利亚广播公司是否应该像曼宁（Manning）（2004）建议的那样，保持并重振对本地内容的关注？公共服务媒体的角色是管理差异，并允许公众创作，就像霍金斯（Hawkins）（2013）所提议的那样吗？

这些问题的答案都是"肯定"的。这些林林总总的问题说明了对公共广播服务进行预测的危险性。这些问题是具有特定的历史性的。有些问题在公共广播服务之初是无法想象的，而有些问题则需要放在最近的媒体环境才有意义。

尽管新闻和时事大部分是学术和政策讨论，但是公共服务媒体不应仅提供新闻和时事。除了放映高质量的野生动物纪录片，适应和采用新技术，允许讨论，"反映"国家文化，公共服务媒体还做了其他的事情。我认为，公共服务媒体机构（以及其他公共机构）的优势，在于其在稳定性和灵活性之间提供了有价值的张力。这一立场基于几个经过充分演练的论点。例如，公共服务媒体机构——若有足够的预算——可以承担商业运营商无法承担的风险。有时它们可以利用那些比较成功的实验来补贴经济上不太成功的实验。他们可以更广泛地作为行业的研究和创新部门。它们的价值——即使只被理解为提供商业领域无法提供的东西的方法——也是重要的。随着新的平台、媒体和商业模式的出现，公共服务媒体表现出了显著的技术灵活性（Burns，2000；Martin，2002），并且在某些情况下借鉴了创新失败的经验教训（Burns，2012）。它们也是提醒国家勿忘过去的重要机构。但首先，需要了解一些历史细节。

自20世纪20年代起，当赖斯勋爵（Lord Reith）主张，新成立的英国广播公司应该提供信息、娱乐和教育时，公共服务广播公司要么被批评为精英主义机构和家长式机构，要么被认为是为所有公民提供平等机会的机构。尽管历史原因各不相同，但自成立以来，公共服务媒体机构的未来机会一直受到质疑。过去的几年里，鲁珀特（Rupert）和詹姆斯·默多克（James Murdoch）等商业经营者质疑了数字时代对公共广播公司持续的需求。他们认为，数字时代媒体多样性的增加本应该解决市场失灵的问题。公共服务媒体组织拥有一种不公平的优势，因为它们获得商业机构所无法获得的政府资金。随着媒体渠道和技术的激增，以及媒体大亨学会重建和操纵数字媒体经济，这种争论变得越来越激烈。

我们不会相信,澳大利亚的公共服务广播公司拥有"纯粹"的公共经济——即没有任何商业纠葛。作为与政府"保持一定距离",却接受政府资助的法定机构,ABC 和 SBS 都有复杂的商业活动,甚至在它们的网页上都可以轻易辨认出来。不能仅仅认为它们是广播公司。事实上,如果你重新回顾本书的第二部分关于 ABC 和 SBS 的内容(请参阅第十章),会发现这两个机构都涉及许多列出的行业。ABC 和 SBS 出版杂志,拥有在线、移动和网络应用程序(包括游戏),并提供广播和电视服务。ABC 和 SBS 都提供了多种媒体平台——尽管 ABC 比 SBS 预算更多,在采用新技术方面领先于 SBS,并且是世界上最早涉足网络的媒体机构之一(Burns,2000)。

ABC 和 SBS 一直在进行数字媒体创新。公司的工作人员不断重新定义公共服务媒体的含义和意义。ABC 提供在线服务后不久,便推出了第一个在线论坛——《前沿在线》。该论坛在 1997 年初与由三部分组成的电视系列纪录片《前沿》一起推出。亨利·雷诺兹(Henry Reynolds)(1996)的历史书记录了白人入侵者和原住民之间的战争。电视剧《前沿》及网站便是基于此书。在该书出版之前,公认的历史是原住民和平接受,放弃了自己的土地。而该书及后来的电视剧记录了那段时期激烈的领土战争,将原本"定居"的历史改写为"入侵"的历史。每集结束后,亨利·雷诺兹(Henry Reynolds)和玛西亚·兰顿(Marcia Langton)教授都会在论坛上进行一场在线直播。在这个网站上,公共记忆是在公共广播服务理念的一对多互动和互联网理念的多对多网络化互动之间协调的。电视剧《前沿》和《前沿》网络论坛都是为了帮助公众通过了解过去和现在,来了解未来。电视剧和网络论坛都存在于公共舞台，而网络论坛则提供了不同的视角。评论的主要内容反而不是过去，而是原住民与非原住民关系的严肃当代问题。论坛让人们对澳大利亚的种族关系有了正面的认识。在《前沿》论坛上，技术的互动性和交互性使得民间和官方可以更容易、更快捷的交流。在关于过去的信仰和思想的交流中，人们讨论了当前的严肃问题——在这种情况下，是指种族关系。

讽刺性的电视系列片和在线网站《运动会》（The Games）是ABC利用当时的新技术，通过现在和过去审视未来的另一个例子。2000年初，约翰·霍华德（John Howard）总理拒绝代表非原住民澳大利亚人，就对原住民澳大利亚人的不公正行为进行道歉。同时，即将在悉尼举行的奥运会不可避免地要进行大肆宣传。ABC播放了一部名为《运动会》的讽刺纪录片式电视剧。《运动会》讽刺了悉尼奥运会的官僚主义，并打断了ABC电视台和ABC在线之间的公认关系。在此之前，在线服务次于电视和广播。然而，在这个例子中，每一集电视节目的剧本在电视播出前，就被"泄露"到了《运动会》网站上。所以热心的用户/观众可以得到属于热心观众的"独家新闻"。在其中一集中，一位演员［也叫约翰·霍华德（John Howard）］在歌颂了澳大利亚的优势（比如澳大利亚拥有世界上最长的海岸线）后，向澳大利亚原住民道了歉。对于《运动会》网站上的这次演讲，各方回应极为积极和热情。有人甚至将演讲与马丁·路德·金（Martin Luther King）的演讲"我有一个梦想"相提并论。以下是另一个回应：

> 你们网站上发布的约翰·霍华德（John Howard）向原住民的道歉，展现了深刻的洞察力、预见性和情感。如果考虑到你们的评论员无趣的称呼，这是完全出乎意料的。然而，虽然你

们的霍华德（Howard）先生似乎比他同名的那个人更热情地接受"整个愿景的事情"，但他确实和后者一样有弄错细节的习惯：加拿大才拥有世界上最长的海岸线。（Lostsole，1999）

权力并不总是完全被授予公共服务广播公司，但可以对权力轻微的嘲弄。《运动会》网站鼓励观众/用户"继续努力"，鼓励他们对ABC和即将到来的悉尼奥运会引起的沙文主义抱有幽默的态度。这个电视节目和网站，像《前沿》网站一样，也回顾了过去，讨论了当下严肃的种族问题。《运动会》（电视剧和在线网站）展现了一个统一国家的借奥运会进行的粉饰。

跨平台项目《前沿》和《奥运会》的历史案例表明，在想象公共服务媒体的未来时，存在着一些复杂性。从那时起，ABC的思维方式发生了变化，从认为自己向公众讲话，变为认为自己与公众对话，再变为有时认为自己置身于自我创造的公众之间的对话之外。例如，互动艺术网站《水池》的ABC制作人认为：

> 我们想尽办法，去设计一个人们可以轻松相遇并相互交流的网站。但这只是整个愿景中的一步。我们仍然会使用Flickr和Vimeo，我们使用推特和Facebook，我们正在尝试使用Instagram和Freesound。我们感兴趣的不仅是将人们与ABC在线联系起来。更重要的是，ABC如何才能帮助人与人之间建立有意义的联系。（Dwyer，2012）

然而，仍然有一对多平台占主导地位的情况。2012年，ABC放映了由六部分组成的电视连续剧《Redfern Now》。该剧由澳大利亚原住民的戏剧、电影和电视明星出演，包括黛博拉·梅尔曼（Deborah Mailman）、莉亚·珀塞尔（Leah Purcell）、迪安·戴利-琼斯

（Dean daley-jones）和米兰达·塔普塞尔（Miranda Tapsell）。该剧由 Blackfella Films 公司制作，并由 Screen Australia、Screen NSW 和 ABC 资助。尽管可以通过 View 进行时移，但 ABC 几乎没有提供用户创建内容选项或虚拟互动元素（倒是在 Redfern 举办了一场线下的首映式）。该剧的制作和放映也许是 Hawkins（2013）所描述的 ABC 进行"主流多元化"的一个例子。Hawkins 认为，数字媒体和多元化平台使 ABC 能够抵制同质化趋势，上述《前沿》和《运动会》的例子或许就是如此。在 ABC 历史上姗姗来迟的高水准电视剧《Redfern Now》表明，数字多平台时代所允许的选择制度为这类电视剧提供了前所未有的空间。关于澳大利亚公共服务媒体的未来，这部传统的高水准电视剧会带给我们怎样的启示呢？

或许，如前所述，该剧展示了一个稳定的公共服务机构如何在不同平台和内容领域提供灵活性。一个能够进行某种程度的尝试（商业或社区部门都不太可能有这样的能力）的稳定组织，才能提供这样的灵活性、服务多样化和技术创新。如果说公共服务性媒体机构会有一个未来——这一点一直存疑——那么该机构将在稳定性和灵活性之间保持平衡，并可以在重新审视过去的国家建设的基础上，展望未来。

第二十四章
分级与规定

泰瑞·弗莱（TERRY FLEW）

媒体融合的政策挑战

澳大利亚的媒体格局正在迅速变化。如今，澳大利亚人可以获得前所未有的通信和媒体服务。技术的发展和宽带速度的提高带来了超乎想象的创新服务……用户越来越处于内容服务交付的中心。他们正在创作自己的内容，并上传到社交媒体平台……尽管发生了巨大变化，澳大利亚关于内容服务的政策和监管框架仍然侧重于 20 世纪 90 年代的传统结构——广播和电信。这些类别之间的区别变得越来越模糊，这些监管框架已经超出最初的目的。这些框架现在面临着阻碍通信和媒体服务发展的风险。（《融合审查》2012，第 vii 页）

世界各国政府面临的主要挑战是如何调整其媒体政策以应对融合挑战。在 20 世纪，媒体政策通常是基于平台的。这些政策涉及广播、电信、电影、报纸和杂志。在 21 世纪，内容在各媒体平台上无缝传播，几乎所有的媒体内容都可以通过互联网访问。所有的媒体公司现在都将自己视为多平台的内容和服务提供商，而像微软、谷歌和苹果这样的公司越来越多地进入媒体领域。

也许最重要的是，在融合媒体的时代，媒体生产者与消费者的关系发生了根本性的转变。在20世纪，大众传播媒体由数量有限的媒体"守门人"组成，他们向受众发行专业制作的内容，并且通常是纵向整合的，即他们制作内容、控制制作设施、管理分发等。在21世纪，内容托管平台变得开放和渗透，使得用户创建内容能够在互联网上传播给更多的受众。因此，随着媒体受众从被动的消费者转变为媒体内容的共同创造者和全球媒体文化的参与者，媒体消费者本身成为媒体内容的生产者和发行者（Jenkins，2006；Hartley，2012）。

2011年至2012年，澳大利亚进行了一系列政策审查，以解决融合带给媒体政策的挑战。进行的审查包括以下内容：

·《融合审查》是一项宽带、通信和数字经济部进行的独立调查，被要求"审查澳大利亚媒体与通信立法的实施情况，并评估其在融合时代实现适当政策目标的有效性"（《融合审查》2012，第110页）。关于该审查的进一步讨论，请参阅第五章。

·《国家分级计划审查》由澳大利亚法律改革委员会进行；其最终的报告标题为《分级——内容监管和融合媒体》（澳大利亚法律改革委员会，2012）。

·《独立媒体调查》始于2011年，旨在审查媒体业务守则和相关法规的适当性，由王室法律顾问Ray Finkelstein主持（媒体和媒体监管独立调查，2012）。

以上审查与一系列其他与媒体法律政策相关的审查同时进行，包括通过总理和内阁部艺术办公室对新的国家文化政策的制定，以及由澳大利亚法律改革委员会（ALRC）对澳大利亚版权法进行的审查。

澳大利亚的媒体分级

媒体分级主要是向消费者提供关于媒体内容性质的信息，通常涉及暴力、裸体、性爱内容、语言以及对"成人主题"（如自杀、吸毒等）的描述。尽管不同国家的分级方式不同，但但它通常涉及有关特定电影、电视节目、计算机游戏和其他媒体内容的年龄适宜性的信息。在更高级别的分级中，也会有限制使用的义务，例如仅向成年人提供的材料。有些媒体内容可能被完全禁止。这被称为审查制度。在澳大利亚，此类材料被视为拒绝的分级（RC）。可能属于 RC 的材料包括描述某些癖好和"可怕"行为的材料，描述性暴力、涉及儿童和未成年人的性活动，指导如何犯罪的内容，以及最近被认为倡导恐怖行为的材料。

审查和分级的历史，经历了从一个强有力的审查制度到一个分级为主，有特殊情况下才完全禁止内容的制度的缓慢过渡。（Sullivan, 1997; Flew, 1998）。20 世纪 70 年代之前，首席审查官几乎拥有无限的权力，来禁止他认为可能会导致"堕落或腐败"的内容。在 1968 年的 Crowe 诉 Graham 案之后，高等法院要求将"社区标准"用于审查决定。此后，海关和税务部长 Don Chipp 和随后的惠特拉姆工党政府，将澳大利亚的审查模式从封闭和高度干预的审查模式转变为更加开放、自由和基于分级的问责制度。

20 世纪 70 年代，澳大利亚引入了电影"R"级评级，并确立了《国家分级法》的三项核心原则，旨在为审查和分级决策提供依据：

- "成年人应该能够阅读、听到和看到他们想要的内容"的原则
- "保护未成年人免受伤害或干扰的内容"原则
- "保护每个人，以免接触到他们认为令人反感的未经请求的内

容"。

与这些支持"社区标准"测试的原则相关的是，人们期望参与分级决定的人应该广泛代表社区，他们的决定应该是公开的，并且可以上诉。自20世纪90年代以来，《国家分级法》还要求分级人员必须考虑到社区对"纵容或煽动暴力，特别是性暴力的描述"和"以贬低的方式描绘人物"的关注（澳大利亚政府，2012）。

国家分级方案是随着2005年《分级法案》（澳大利亚联邦）的通过而建立的，涵盖电影、一些出版物和电脑游戏。它是根据ALRC在其1991年《对审查制度和分级的审查》（澳大利亚法律改革委员会，1991）中的建议发展而来的，包括建立一个合作性的国家计划和一个独立的分级委员会，以及一个分级审查委员会。

虽然国家分级方案解决了以前存在的框架中的异常问题，但仍然存在一些问题。英联邦和各州之间仍然存在不同的法律，尤其是关于性露骨的"X"级内容的法律。这些内容在澳大利亚首都地区和北部部分地区是合法的，但在大多数州是非法的。由于未能批准对电脑游戏进行"R"级评级，在2012年联邦议会最终通过这一评级之前，已经进行了十多年的宣传活动（Humphreys，2009）。广播电视通过1992年的《广播服务法》，建立了一个基于行业的共同监管模式，并在20世纪90年代末扩大到在线内容（Coroneos，2008；Crawford和Lumby，2011）。重要的是，上世纪90年代中期通过的法律是互联网时代之前的法律，不可能理解媒体融合会在多大程度上削弱基于平台的媒体监管法规。

第三部分 问 题

面向未来的媒体分级法规

2001年,司法部长要求审查国家分级方案时,ALRC需要对正在迅速重塑澳大利亚媒体与通信格局的大趋势保持警惕,并将在未来继续这样做。除了技术和产业融合,以及媒体内容与传播平台之间不断变化的关系,它还需要考虑社区对政府监管媒体内容的态度是否已经发生转变。这可能是由于人们有了更广泛的媒体服务,以及用户对通过自己的媒体设备访问的内容有了更大的控制,如回看服务,如ABC的iView;IPTV服务,如BigPond TV和Fetch TV;个人视频录像机,如TiVo和Foxtel的IQ2,以及联网电视。

联邦政府对发展国家宽带网络的承诺也很重要,因为这将使更多的澳大利亚家庭和企业能够更快地从全球各地下载视频内容。举个例子,据估计,在2012年1月,每分钟有60个小时的视频上传到YouTube,每天仅从该网站上观看的视频就有40亿个,估计有600万澳大利亚用户每月至少在YouTube上观看2亿条视频(ALRC 2012,第66—67页)。

技术飞速发展,越来越多的人可以访问看似无限的媒体内容,包括社交媒体和用户创建内容。在这种环境下,人们不禁要问,国家政府的政策,如20世纪管理媒体分级的政策,是否还有意义。凯特·克劳福德(Kate Crawford)和凯瑟琳·鲁比(Catharine Lumby)在他们的2011年报告《适应性时刻》(The Adaptive Moment)中提到了这一困境。他们指出:

> 在涉及文化和社会规范时,各州政府显然有责任执行其国家的法律,并保护公共政策的优先事项。然而,由于媒体内容

的数量庞大，以及媒体生产者的分散化和数量众多，他们行使这种职权的能力受到限制。（Crawford 和 Lumby 2011，第 40 页）

在澳大利亚，对于媒体监管的未来方向，明显缺乏政治共识。这一点在《芬克尔斯坦评论》（Finkelstein Review）中体现得最为明显。该评论呼吁，为纸质媒体设立法定监管机构，确保记者和报纸更好地履行其与社会的契约。这也引来了指责，即《芬克尔斯坦评论》在提议成立奥威尔式的政府监管机构，旨在压制批评者，不让公众获得自由的新闻（Jolly，2012）。

但是，无论媒体监管是否围绕媒体社会责任的概念构建，还是以更多的自由主义论点为框架，让人们接触一切形式的内容和不同观点的争论，澳大利亚在 21 世纪 10 年代对媒体立法体系所做出的任何修订都将持续出现关键问题。第一个问题是，谁应该接受未来的媒体监管。如果人们认为，应受不同的监管要求是大型媒体机构，而不是主要是在线自我表达和同行交流的用户创建内容，那么问题在于界限应该在哪里。《融合审查》和《国家分级方案审查》建议，重点应放在主要面向澳大利亚人的内容上。这些内容有很广的受众范围，主要由媒体专业人士制作。符合这些标准的组织将受到当地内容制作和社区标准要求的约束——包括新闻标准——但不确定谁将被纳入这些要求，特别是考虑到不受这些义务约束的商业利益方。

第二个问题是，媒体公司是谁。直到最近，媒体公司在很大程度上指主要的纸质和广播媒体利益方，以及这些行业中的较小参与者。但现在，很明显的是，像苹果、谷歌、微软、Facebook 和澳洲电信这样的公司都以各种方式向消费者发行媒体内容。这就产生了各种问题，如不同媒体内容提供商（广播网络与 IPTV 服务，或 YouTube）之间的平等待遇；处理不同的服务交付平台（例如，基于控制台的电脑游戏与应用程序）；基于国家的媒体公司与全球媒体内容提供商之间的平等待遇；在高度活跃和融合的技术环境中，平台本身的影响力不断变化的可能性（Flew，2012）。

最后，还有一个问题，即什么应该由媒体法律来规定，什么应该由监管机构来决定。对澳大利亚媒体分级体系最常见的批评是，从社区标准和期望的角度，还是从它跨媒体平台的适用性来看，它都已经过时了。一个适应性和灵活性都很强的媒体内容监管框架，要能根据未来的迅速发展进行调整，需要监管机构在法律和政策的制定和应用方面有更大的自由裁量权，并与媒体内容行业本身建立更密切的工作关系。对于希望维护议会主权、建立法律确定性、制定媒体公司必须遵守的法律的政府来说，这一举措可能会过于激进。但是，目前的分级法律无法适应不断变化的技术和行业发展。因而，对于澳大利亚媒体消费者来说，分级法律是不可持续的，或不是很可靠的。

第二十五章
应用程序产业

本·戈德史密斯（BEN GOLDSMITH）

1985年，苹果公司发布了MacApp编程工具，这是"应用"作为"应用程序"（指计算机软件程序）的简称的首次使用记录。然而，直到2008年7月苹果应用商店和iPhone 2推出后，这个词才开始流行起来。现在，人们普遍认为，它主要指的是在移动平台和设备上运行的软件程序。不过，现在已经为从电视到汽车的一系列设备开发了应用程序。近年来，随着移动网络、智能手机和平板电脑的兴起，以及企业意识到应用程序能促进市场发展和工作实践的创新，并且是投资和新收入来源的渠道，应用程序的开发蓬勃发展。

澳大利亚应用程序行业

澳大利亚应用程序开发人员是全球行业细分的典范，在功能、重点、就业情况和背景方面各不相同。他们包括签约开发定制应用程序的自由职业者、风险投资支持或引导的初创企业、专业应用程序工作室和全方位服务的数字代理机构。全方位服务机构的服务可能包括网络开发、营销、广告、商业战略、品牌和游戏开发，应用程序是其众多服务中的一种。

ARC创意产业和创新卓越中心开展的创意产业国家测绘项目的

调查结果显示，相当大比例的应用程序开发者被"嵌入"或受雇于通常不被视为是创意产业一部分的部门，如政府、教育、制造业和金融业（Cunningham 2013，第125—145页）。在金融领域，几家大银行通常将应用开发外包给应用程序工作室和数字机构。西太平洋银行集团（Westpac Group）——包括西太平洋银行、圣乔治银行、BankSA银行和墨尔本银行——只是部分例外。其将内部采购，外部设计和开发顾问的聘用，以及有限的外包混合在一起。2010年5月，苹果推出平板电脑。圣乔治银行因此发布了一个内部开发的iPad应用程序。设计师和人员成为内部团队的核心，负责创建和开发一系列内部和客户应用程序，供整个集团使用。该团队大约有50人，他们花了一年时间开发Tablula iPad应用程序，让西太平洋银行的董事会成员可以安全地访问并标注文档。同时，该集团为抵押贷款经纪人开发了"经纪人"iPad应用程序；还开发了西太平洋银行iPad应用程序。此应用程序以客户为中心，于2012年7月发布，曾获奖。在2013年3月的季度收益公告中，西太平洋银行报告称，自推出以来，此iPad应用程序已有227000次下载量，记录470万次用户会话，并处理了近20亿澳元的付款。西太平洋银行没有立即开发该应用程序的安卓版本，部分原因是不同于更有限和受控的苹果生态系统，有各种版本的安卓操作系统以及各种屏幕分辨率的设备大量涌现。西太平洋银行的iPad应用程序的一个版本是为2012年10月在全球发布的Windows 8系统开发的，西太平洋银行是唯一一家在新操作系统推出时有应用程序的银行（Muir，2012）。

与其他"天生的数字"创意产业一样，应用程序开发并不像传统的制造业或采矿业那样有固定地点。悉尼和墨尔本有世界上最大的应用程序集群企业，而成功和创新的澳大利亚应用程序开发者遍布全国。2012年3月，布里斯班游戏和应用开发商Halfbrick的《水果忍者》被评为自2008年苹果应用商店开放以来，全球下载量第二高的付费应用（Viticci，2012）。还有两个例子。总部位于阿德莱德的游戏、应用和网络开发公司Magic Kingdom。该公司为iModeling社会发展小组项目开发了一个视频建模应用程序。该项目由澳洲电信基金会和南非自闭症协会为自闭症谱系障碍儿童创立。位于珀斯的应用程序工作室过滤器小组（Filter Squad）开发了Discovr系列应用程序，这些应用程序的总下载量超过300万次。

过滤器小组工作室的经验说明了应用程序行业全球化和出口导向型的特征。该工作室的应用程序旨在帮助用户通过交互式树状地图，发现电影、音乐、人和其他应用程序。过滤器小组工作室只在苹果的生态系统中工作，这意味着其应用程序只在苹果应用商店销售。在获得苹果批准后，开发者可以选择他们的应用程序在哪些国家被使用；而过滤器小组工作室通常会向所有地区开放这些应用程序的功能。因此，自2011年1月第一款应用Discovr Music发布以来，该系列应用已在110多个国家销售，并在130多个国家被下载。Discovr Music应用程序已经在50多个国家达到音乐类排名第一，并被翻译成20种语言。澳大利亚市场仅占过滤器小组工作室所有应用程序总下载量的3%左右，所获利润仅占公司总利润的12%左右。日本是最有利可图的市场（其次是美国、澳大利亚、德国和英国）。不过，事实上该工作室无法获得附属收入（来自应用内购买），因为它不在日本注册，并且无法开设日本帐户（McKinney，2012）。

与网络传播的"传统"内容相比，应用程序的支付和收入模式略有不同。从各种应用商店下载的应用程序中，80%到90%是免费的，预计这个数字还会进一步增长（Lunden，2012；Holgersson，2012）。免费和按下载付费的应用程序都可以从应用程序内广告、产品植入、"应用内购买"中产生收入。应用内购买指在下载后销售应用的功能、游戏关卡、虚拟商品或内容。可以理解为重复订阅，这是许多杂志出版商采用的模式。免费应用（Freemium）可以免费下载，但提供付费升级。付费应用（Paymium）按下载付费，有付费升级选项。高级应用（Premium）提供所有内容或游戏，只需一次性付费。其他收入模式包括：来自想要定制应用的企业或组织的佣金；来自预装在设备上的应用程序的版税；独家分销协议（通过特定的应用商店或供应商分销应用）；销售佣金（从应用促成的第三方交易中收取费用或份额）；以及投资（以换取天使投资人或风险投资人的股权）——这是初创企业的典型模式（Vision Mobile 2012，第43页）。

正如以上例子所示，澳大利亚的应用程序不仅服务于本地受众，而且有可能进入全球市场。该行业通过国际所有权结构和合作安排，以及通过向海外市场扩张的公司，实现了全球网络化。Sky Tenologies公司是所有这些联系的例证。这家总部位于墨尔本的公司开发了移动企业应用平台（MEAP），使企业的员工、客户和供应商能够通过部署在任何移动设备上的"微型应用程序"访问后端系统。通过与世界各地的公司建立战略联盟和伙伴关系，Sky Technologies通过在澳大利亚、美国和英国的办事处为35个国家的客户提供服务。2012年8月，Sky Technologies被美国MEAP供应商科尼解决方案（Kony Solutions）以未公开价格收购。其他值得注意的对澳大利亚应用程序公司的国际收购包括：苹果公司在2012年2月收购iOS和安卓应用发现服务 Chomp。该服务的安卓搜索能力被立即停止，然后在 2012 年 9 月 iOS 6 操作系统发布时被彻底移除。

许多澳大利亚应用程序公司已经向海外市场扩张，并在全球开设了办事处。一些澳大利亚应用程序公司在本地获得成功后也搬迁至国外。例如，BigTinCan 在悉尼设立，当时开发的是智能手机的打折通话应用程序，后来在新加坡、巴黎和基辅设立了办事处。2012 年 10 月，该公司将总部迁至波士顿，并专注于其创新的企业导向型信息和内容交付平台。在这一领域，总部位于悉尼的数字机构和软件/应用程序开发商 Gruden 是第一批意识到中国市场潜力的澳大利亚公司之一。2008 年，Gruden 在青岛的科技园开设了办事处，最初，他们为设在中国的西方公司提供服务，并因澳大利亚数字技能人才的短缺而寻找当地人才。在中国建立起作为培训和发展中心的声誉后，Gruden 与另一家澳大利亚软件开发商 SmartTrans 合作，为世界领先的电信公司之一中国移动建立了一个安卓应用商店。在这个过程中，其本地员工从最初的 6 人增加到 30 多人。2012 年中期，Gruden 宣布收购一家专业从事 3D 和增强现实应用程序和游戏的马来西亚公司，这再次表明了该公司希望在亚太地区成为主要参与者的愿望。在服务本地应用程序市场的同时，吉隆坡的移动设备和平板电脑专家团队拓展了 Gruden 的全球影响力（Trevillion，2012）。

手机之外的应用程序

2012 年年中，在全球接受调查的近 5000 名移动开发人员中，超过 80% 的人预测他们可能会在三年内开发用于电视的移动应用程序

（Appcelerator/IDC 2012，第3页）。近四分之三的开发者预计将为联网汽车开发移动应用程序，超过70%的人预计将为游戏机开发应用程序，而超过三分之二的人预计将为谷歌的Project Glass（2012年年初发布的增强现实头盔）开发应用程序。

迄今为止，电视是这些新兴市场中最先进的领域。越来越多的支持宽带的"智能""混合"或"连网"的电视机、机顶盒（如TiVo、Roku和Boxee），以及其他配套设备（如游戏机）正在进入市场。一些付费电视服务，例如澳大利亚的Foxtel，已经开发了用于Xbox 360等游戏机的应用程序。现在，电视回看服务、YouTube和视频点播服务主导了电视应用的市场。Skype、Facebook和推特等通信和社交网络服务也很受欢迎，但是电视的应用库比手机的应用库要小得多。许多开发者不愿意为电视开发应用程序，因为不同的品牌和机顶盒使用不同的，甚至是专门的操作系统和平台。一些电视制造商，例如LG，甚至在不同型号的电视中安装了不同系统。有些使用Netcast平台和基于Webkit的浏览器引擎，有些则运行在修改后的安卓界面上，还有一些仍基于HTML5，CE-HTML和HbbTV（混合广播宽带电视）等开放标准。

对于寻求广泛影响力的开发商和发行商来说，设备碎片化可能是最紧迫的问题。不仅在电视领域——而且在更大程度上也在移动领域。德勤澳大利亚在其2012年年度《技术、媒体和电信预测》中指出：

> 为了覆盖超过90%的应用程序用户，开发商可能需要为五种不同的操作系统（加上HTML5）、五种主要语言、三种不同的处理器速度和四种不同的屏幕尺寸创建相应的版本。换言之，为了完全覆盖全球市场，一个应用程序可能需要创建360个变

种。(Deloitte 2012，第42页)

对于安卓开发者来说，碎片化是一个特殊的问题。安卓操作系统有多种版本。不仅有谷歌开发的版本(姜饼，冰淇淋三明治，果冻豆等)，还有运营商和设备制造商定制的版本。有多个版本的SDK，每个版本都针对一个安卓版本，这意味着开发商可能需要对其应用程序进行多次迭代，才能获得尽可能多的用户。由于运行安卓系统的品牌多种多样，其中许多品牌包含不同的硬件和软件功能，这使得开发者的挑战更加复杂。OpenSignal是一款整理全球信号强度读数和Wi-Fi接入点数据的应用程序。2012年5月，它的运营商报告称，在过去的六个月里，他们的应用程序被下载到近4000种不同的安卓设备上，有近600种不同的品牌，以及多种不同的屏幕分辨率或长宽比（Open Signal，2012）。

结　语

随着智能手机和平板电脑的普及，应用程序产业发展迅速。一段时间以来，设备和操作系统的碎片化一直是开发商面临的问题。要确保一个应用能在各种应用商店出售的成千上万的应用中脱颖而出，仍然是一个挑战。在这个异常活跃和快速变化的行业，像Chomp和过滤器小组工作室这样的澳大利亚公司正在应对这些和其他挑战。目前，游戏虽然是应用市场上规模最大、利润最高的领域，但在健康和金融等领域以及商业和企业应用方面，收益也都大幅增长。苹果公司2008年的口号"总有一款应用适合你"似乎越来越有先见之明。

第二十六章
媒体伦理

凯瑟琳·鲁比(CATHARINE LUMBY)

2012年12月,跟往常一样,2DayFM电台的两位商业电台主持人在节目中进行了一次大冒险。主持人Mel Greig和Michael Christian给英国一家医院打电话。剑桥公爵夫人Katherine Middleton在怀孕的前三个月因严重的晨吐而在此接受治疗。女主持人假扮成英国女王,男主持人在一边模仿查尔斯王子的声音作为背景。没想到,他们居然联系上了公爵夫人的私人护士。护士透露了关于她患病的私人信息。这通电话是预先录制的,但电视台还是决定将其播出。

三天后,接通电话的护士自杀了。这起事件在英国引发了强烈的反应。媒体专业人员和其他公共评论员强烈谴责了这一大冒险的不道德性。Southern Cross Austereo传媒集团持合法证照,拥有2DayFM电台。该集团称该大冒险经过合法授权,并获准播出。此案例说明了媒体伦理在实践中的复杂现实。澳大利亚的许多商业调频广播电台通过所谓的幽默大冒险来争夺听众,有时会突破道德行为的界限。2DayFM电台DJ Kyle Sandilands因采访一名14岁女孩的性生活而臭名昭著。当时女孩正连着一台测谎仪。在Sandilands的怂恿下,这个愤怒的女孩透露自己曾在12岁时被强奸。

这些大冒险的潜在破坏性后果是显而易见的。但是,在商业导向的环境下,道德的监管责任在哪里?在于主持人吗?他们中的许多人都没有接受过正式的新闻道德培训，并将自己视为艺人。在于决定播放这些内容的制片人吗？还是最终对广播电台文化负责的台主和董事会？或者是监督商业电台遵守商业电台行为守则的监管机构——澳大利亚通信和媒体管理局（ACMA）？

媒体伦理在理论上是一回事，在实践中则是另一回事。道德将我们带入一系列复杂的决策步骤。在这些步骤中，为了吸引观众到传统的出版、广播和电视媒体，记者和艺人面临着越来越大的压力。支持澳大利亚大多数媒体制作的广告收入，正越来越多地转移到网络上。观众对所消费的媒体有大量的选择，而且许多内容是由其他媒体用户制作或重新传播的。

在考虑媒体伦理时，这种新媒体格局的一个重要特征是，许多媒体用户同时也是媒体制作者。他们并未签署行为准则，也可能没有接受过培训，以思考关于他们制作的内容、他们获取内容的方式，以及他们在何处传播的伦理。

许多关于媒体伦理的教科书都侧重于传统的新闻伦理和记者在日常实践中必须面对的核心问题（Goc 和 Tynan，2008；Hirst 和 Patching，2005）。澳大利亚媒体娱乐和艺术联盟（MEAA）的道德准则中也提到了这些问题。这些问题包括：

- 编辑独立的重要性
- 需尊重隐私，包括个人的痛苦
- 需公开任何款项或利益冲突
- 报道中需力求客观或公允
- 报道中需避免种族歧视或其他形式的歧视。

布莱恩·麦克奈尔（Brian McNair）认为，新闻道德准则有着复杂的社会历史根源,反映了准则创立时的社会价值观和理念。新闻是一种职业,就像医学或法律一样。而职业道德就像与公众签订合同,保证记者的可信度(McNair 1998,第64页)。

然而,如今,可能感到受道德规范约束的专业记者在专业媒体领域中的作用越来越小。娱乐价值观已经渗透到新闻价值观中(Turner,2005;Lumby,1999)。制作新闻的动力,不是为公众利益服务,而主要是收视率和读者群体,是为公众提供他们感兴趣的内容。

在21世纪的第二个十年,西方世界越来越担心新闻的标准和道德的下降。在英国,鲁珀特·默多克(Rupert Murdoch)的公司新闻国际(News International)爆出丑闻,公司的一名记者曾窃听了名人和陷入悲惨境地的普通民众的电话。这促使政府建立了莱韦森调查项目。调查由皇家法官莱韦森(Leveson)主持,审查了英国新闻界的文化、道德和实践。他的报告不仅尖锐地批评了记者,还批评了未能调查记者和编辑的警察,以及向老板和编辑献媚以确保有利报道的政客(Leveson,2012)。大卫·麦克奈特(David McKnight)(McKnight 2012,第5页)写道:"电话窃听丑闻不仅揭示了默多克小报编辑的不道德和犯罪行为,也揭示了媒体多年来对英国政府的政治影响网。"报告建议建立一个新的法定独立机构来调查投诉。

英国记者和编辑从事不道德甚至犯罪活动的消息,引发了对澳大利亚媒体进行类似调查的呼吁。联邦政府对此作出回应,由王室法律顾问雷·芬克尔斯坦(Ray Finkelstein)主持,对媒体和媒体监管开展独立调查。调查报告还建议成立一个独立机构——新闻媒体委员会(News Media Council)——与新闻行业协商制定新闻标准,并处理公众对违反这些标准的行为的投诉(Finkelstein,2012)。与《莱韦森报告》中建议的机构不同，《芬克尔斯坦报告》中建议的新闻媒体委员会将处理所有形式的媒体违规行为，包括网络媒体。

毫不奇怪，该建议遭到了许多媒体组织的攻击，特别是鲁珀特·默多克的新闻有限公司旗下的报纸《澳大利亚人》。在澳大利亚，迄今为止，报纸在很大程度上一直在自我监管。若公众对不道德或不准确的报道提出投诉，澳大利亚新闻委员会（APC）是唯一的渠道。该机构负责审议对不道德行为的投诉，并就更正和道歉做出裁决。然而，报纸集团没有义务加入APC或听从其指示。

2012年，澳大利亚政府的第二次审查报告——《融合审查》（见第五章和第二十四章）——也建议建立一个新的行业主导机构，以提高新闻标准，裁定投诉，并为受到媒体不公正待遇的各方提供及时的补救措施。报告指出，"新闻和评论在任何民主国家中都发挥着至关重要的作用"，并且"新闻和评论应该在公平性、准确性和透明度方面达到适当的新闻标准，无论其传播平台如何"（《融合审查》2012，第x页）。

当我们将这两份报告的建议重新映射到当代复杂的网络、移动和社交媒体领域时，可以说这两份报告提出的问题多于答案。

在理解我们如何监管媒体内容（包括新闻和时事内容）时，我们需要将道德原则视为包括法律监管形式在内的连续统一体的一部分。在理想情况下，我们的法律以反映社区标准的立法和普通法为基础。法律旨在保护这些标准，并明确什么是可接受和不可接受的行为。制裁措施包括监禁、罚款或命令支付赔偿金以补偿受害方，以及命令限制个人或公司从事某种特定行为。

我们有监管媒体内容的法律。有关诽谤的法律规定，名誉被媒体

第三部分 问 题

从业者不公平地抹黑的个人有权提起诉讼。有关藐视法庭的法律阻止了媒体机构发表可能损害公平刑事审判的内容。还有一些法律规定媒体内容的分级方式、谁可以访问以及禁止哪些类型的内容。然而，有许多形式的媒体内容和实践不在法律监管范围内。媒体传统上是自我监管的，但监管程度不一。

在大多数媒体内容由纸质、广播和电视等少数组织制作和发行的时代，避免被指责为不道德的行为，符合经营者、记者、编辑或制片人的利益。而在许多媒体内容都是由业余爱好者制作和传播，并由专业媒体机构找出和再传播的世界里，传统自律形式的动机已经被大大削弱了。

网络和社交媒体环境意味着，内容的制作和传播往往不考虑，或甚至不了解现有的法律和道德准则。例如，2012年墨尔本女性吉尔·米格尔（Jill Meagher）被强奸和谋杀后，网上和社交媒体的反应。当警方逮捕一名嫌犯并指控他犯罪时，包括推特和Facebook在内的社交媒体爆发了愤怒。许多参与者在这些网站上发布了被告的照片和关于其所谓前科的信息。与网络领域的通常情况一样，评论是高度个人化和辱骂性的。吉尔·米格尔（Jill Meagher）的丈夫汤姆·米格尔（Tom Meagher）出现在被告被带至法官面前的法庭外，呼吁公众避免在社交和网络论坛上发表可能会影响法律程序的评论。他还要求媒体尊重其妻子家人的隐私（《杀害吉尔·米格尔的嫌疑犯出现在法庭上》，2012）。

此案是很典型的例子，说明了在融合媒体时代，媒体的评论和信息是如何以逃避传统形式的法律和道德监管的方式产生和传播的。虽然会有人因发布的内容而被控藐视法庭，但我们的法院无法起诉在社交媒体世界中传播偏见内容的每一个人。同样，新媒体领域的许多参与者并不觉得受到新闻道德规范的束缚，甚至不理解这些规范。

在网络和社交媒体时代，界定和规范媒体道德充满了新的挑战。在这个时代，内容不再在独立监管的不同媒体孤岛（纸质、广播和电视）中纵向流通，而是在各平台之间横向流动。内容也会在专业媒体环境和业余传播和制作网站之间来回流通。以这种方式流通的媒体内容的绝对数量，已经超过了任何政府或行业组织对所有内容的监管能力。

可以说，这种媒体生态要求我们从法律和伦理两方面重新思考媒体内容的监管和治理。最大的挑战在于如何鼓励普通媒体用户——同时也是媒体内容的制作者和传播者——思考媒体行为的道德原则并采取行动。我们需要找到办法，鼓励这一新生态的参与者将自己视为社区的一部分——也许是数字公民——就像许多记者传统上认为自己因为是专业团体的成员而受道德准则约束一样。对澳大利亚人进行有关媒体制作和参与的道德教育将是很重要的。然而，政府和行业同样需要发挥重要作用，加强媒体用户对内容的管理，并作为社会和网络媒体不同领域的社区，与媒体用户共同努力，形成道德框架，识别和制裁不道德行为（Crawford 和 Lumby，2010）。

第二十七章
危机传播

阿克塞尔·布伦斯（AXEL BRUNS）

尽管围绕社交媒体的讨论有很大一部分仍然集中在对网络霸凌和其他不良行为的关注上，但人们也意识到了社交媒体在信息传播方面的重要作用——特别是在自然灾害和其他严重事件中。自2011年以来，一系列自然和人为的危机事件，包括澳大利亚的几次重大自然灾害，都突出了这种作用。

同时作为一个国家和一个大陆，澳大利亚一直遭受自然灾害：它每年都会经历极端气候，从伴随大范围的洪水暴雨的酷热，到气旋风暴。这种自然灾害的易发性给澳大利亚的应急服务以及作为应急媒体的澳大利亚媒体带来了巨大压力。事实上，可以说，由于澳大利亚大陆的辽阔面积和人口分布，媒体在应急响应中发挥着特别重要的作用。相比之下，地理上更紧凑的国家可能由集中的应急服务机构提供更有效的服务；对于许多偏远地区和农村社区来说，通过广播和网络媒体以电子方式传播的紧急警报可能早于应急人员和设备而到达潜在灾区。同样，由于官方人员分散在各处，当地社区作为当地环境状况的信息来源也发挥着特别重要的作用。在人为气候变化将进一步加剧这些天气模式的背景下，当地人和应急人员之间的有效双向传播尤为重要。在澳大利亚，长期干旱可能会增加南部各州发生毁灭性丛林大火的可能性，而热带地区更大的气旋活动则可能会增加北部洪水的频率和严重程度。此外，由于极地冰盖的缩小，海平面上升的前景对居住在沿海地区的绝大多数澳大利亚人构成了威胁。

2011年和2012年的澳大利亚和国际危机事件表明，出现了一种新的应急媒体生态。它现在结合了传统的大众媒体（特别是广播和电视媒体），以及从短信到社交媒体的多对多的渠道。事实上，不是这些媒体形式和平台中的任何一种，而是这些不同渠道的相互交织，才能确保有效的危机沟通。在2011年的危机事件中，澳大利亚大部分地区在1月份发生了严重的洪灾。随后新西兰基督城发生了毁灭性的地震。在每一种情况下，研究都指出了最近的社交媒体平台（如Facebook和推特）在信息传播和社区回应协调中的重要性（例如，见Bruns等人，2012；Bruns和Burgess，2012）。

在突发灾难（如地震）发生后的第一时间，社会媒体可以作为重要的直接信息来源，为当地人提供实时的情况信息报告。这些信息报告对急救人员规划活动也很重要（Palen等人，2010；Vieweg等人，2010）。从长远来看——如在一个逐渐展开的洪水事件中——当地人也可以充当一个人类"传感器"网络，定期更新当地的情况。其详细程度远远超出了应急和媒体组织有限的人员和资源所能达到的程度（Shklovski，Palen和Sutton，2008；Hughes和Palen，2009）。事实上，在2011年年初的第三次大灾难中，地震、海啸和核泄漏影响了日本东北部的海岸线。活动人士建立了由当地人组成的网络，使用廉价的盖革计数器来监测福岛核反应堆周围省份核污染的进展（Hakatte.jp，2012）。

应急服务和媒体组织越来越关注这种信息的众包。例如，在2011年年初的昆士兰洪水危机期间，澳大利亚广播公司试用了一个基于

Ushahidi 地图平台的紧急地图系统（之前曾在肯尼亚选举暴力和海地地震后用于信息整理——见 Goolsby，2010），以收集和展示官方以及用户生成的关于灾区现状的信息（澳大利亚广播公司，2011）。类似地，应急服务部门也在探索最佳做法，将众包信息更多地纳入其流程。这方面的主要挑战是核实用户提供的信息（区分可靠的一手信息和广泛流传的谣言），以及跟踪情况的变化（紧急危机信息通常比紧急情况结束的通知流传得更广——参见 Mendoza，Poblette 和 Castillo，2010；Starbird 和 Palen，2010）。用以追踪、三角测量和评估社交媒体传播信息的更复杂的工具可能有助于这一过程。例如，这些工具可能会考虑到参与用户的社交媒体追踪记录，或者区分广泛转发的消息与关于同一地区情况的个人独立警报。然而，可能仍然需要进行大量的人工监督和评估工作。

此外，社交媒体在进一步传播紧急警报和其他信息，以及在社区建立本地应急组织方面发挥着重要作用。研究表明，社交媒体对危机局势的反应绝非偶然。相反，关键信息来源会受到社交媒体社区的过度的关注，从而提高了来源和信息的知名度。此类来源可能包括常规应急服务（例如，在 2011 年昆士兰洪水期间，昆士兰警察局媒体部门的账户 @QPS Media 成为推特上的主要信息来源——参见 Bruns 等人，2012）或媒体组织（报纸网站《新西兰先驱报》的账户 @nzherald 在 2011 年的基督城地震中发挥了类似作用——参见 Bruns 和 Burgess，2012）。不过，其他传统或新的应急行动方也可能会崭露头角。这些行动者不仅包括非政府组织和其他民间组织，也包括其他互联网行动者（谷歌慈善机构 Google.org 的员工在基督城地震中表现突出，因为他们分享了自己的 Peoplefinder 网站）和参与分享第一手信息或组织应急活动的当地人。

例如，在昆士兰洪灾发生后的几天里，未受到洪灾直接影响的布里斯班居民在社交媒体上组织了"烘焙救济"活动，组织志愿者为洪水清理志愿者准备并提供食物。通过Facebook页面和 #bakedrelief 推特话题标签，活动取得了明显的成功，引起了更多的媒体报道，并在澳大利亚和其他地方的自然灾害期间开展了衍生活动（Baked Relief，2011）。其他团体和个人通过建立非官方网站来反映和整理官方信息，从而缓解经常超载的政府网站服务器的压力，为"应对危机"做出了贡献；他们还经常将官方信息材料转换成智能手机和其他移动设备用户更容易访问和搜索的格式。这种自发组织的活动在增强社区复原力方面发挥着重要作用，并可以将一系列辅助活动的责任从官方组织转移到更广泛的社区，从而帮助官方紧急救援工作。

应急服务组织在制订策略时，还必须意识到社交媒体和其他网络媒体与传统广播媒体和纸质媒体的深度融合。目前，由于更广泛的媒体生态的复杂性，我们不能将每种媒体形式和平台视为一个单独的实体，而是要预见消息和信息会快速和频繁地从一种媒体转换到另一种媒体（并鼓励这种转换，以确保最大限度的传播——特别是对于关键的紧急信息发布）。例如，在2011年昆士兰洪灾期间，@QPSMedia推特帐户和相应的Facebook页面一直在发布最新消息。这些消息直接来自总理安娜·布莱（Anna Bligh）和应急部门负责人的情况简报。除了社交媒体用户分享这些消息之外，各大网络的电视广播中的直播方收集并传播这些消息，之后这些直播的信息又会被其他社交媒体用户分享，因为他们会在屏幕上发布所看到的信息。最后，当地社交媒体用户也经常通过线下的社交网络，将信息分享给邻居和朋友。如此复杂的紧急事件信息的传播路径表明：至少在紧急情况下，社交媒体是对传统媒体渠道的补充而非替代。

在这种情况下，需要注意的是，紧急情况的性质也将影响到可用于危机传播活动的媒体组合。例如，大多数情况下，当地的移动和固定电话通信基础设施会在洪灾中完好无损。例如，虽然网络的电力中断，但是手机信号塔通常会有独立的电力供应。在某种程度上，地震时也是如此：虽然移动通信网络可能会受到影响，因为各种单独的接入点会出现故障，但整个网络的故障并不常见。另一方面，森林火灾对地面通信基础设施的破坏性要大得多：电话和电缆，以及手机信号塔，通常无法直接暴露在明火和高温中。

危机传播策略必须考虑到这些差异：社交媒体，尤其是通过移动设备访问的社交媒体，可能永远不会在森林火灾的情况下发挥重要作用。而在澳大利亚，能够上网的智能手机的普及，使其对洪水、风暴和地震后的危机通信特别重要。因此，昆士兰和澳大利亚其他州最近开展的应急准备活动已开始建议，购买可用于汽车的手机充电设备。这样，即使固定电源和通信连接出现故障，也能获取应急信息。同样，重大自然灾害后的一项优先任务是恢复移动通信基础设施。

然而，总的来说，社交媒体已经成为危机通信基础设施的一个组成部分：用于向公众发布官方建议，从当地受灾人群中收集信息，以及通过为社区提供额外的自我组织方式来提高社区的复原力。世界各地的应急服务和应急媒体组织正在探索将社交媒体融入其沟通战略的方法；社交媒体格局的不断变化意味着这一过程将在未来一段时间内持续下去。

参考文献

Aarseth, E. 2005,《叙事主义和模拟艺术》, 载于 P.Harrigan 和 N.Wardrip-Fruin（编辑）,《第一人称》, 麻省理工学院出版社, 剑桥, 马萨诸塞州, 第 45—55 页。

Abbate, J.1999,《发明互联网》, 麻省理工学院出版社, 剑桥, 马萨诸塞州。

ABC 新闻 2012,《Spotify 进入澳大利亚引发艺术家愤怒》, <www.abc.net.au/news/2012-05-22/artist-anger-as-spotify-laun;es-in-australia/4026998>（2013 年 2 月 20 日访问）。

ABC 在线 2007,《ACMA 将 Alan Jones 与 Cronulla 暴力联系起来》ABC。

新闻在线, <www.abc.net.au/news/newsitems/200704/s1893477.htm>（2013 年 3 月 20 日访问）。

ABC 国家电台 2006,《Judith Lucy》,《媒体报道》, 6 月 29 日, <www.abc.net.au/rn/mediareport/stories/2006/1674731.htm>（2013 年 3 月 20 日访问）。

Abdela, L.2001,《如此之多男性愚蠢》,《卫报》, 1 月 9 日。

Abercrombie, N., Hill, S. 和 Turner, B. 1980,《主导意识形态理论》, Allen & Unwin, 悉尼。

《杀害吉尔·米格尔的嫌疑犯出现在法庭上》2012，ABC，2月28日，<www.abc.net.au/news/2012-09-28/accused-killer-of-jill meagher-appears-in-court/4285668>（2013年3月20日访问）。

Adair, D.（编辑）2012，《体育：种族、民族与身份：建立全球理解》，Routledge，伦敦。

Adams, P. 2011，《当心：偏见又回来了》，《澳大利亚周末》，11月1—2日，第R36页。

新南威尔士州反歧视委员会2003，《争夺头条新闻：种族主义和媒体话语》，新南威尔士州反歧视委员会，悉尼。

Adbrands 2012，《澳大利亚顶级广告公司》，<www.adbrands.net/au/top_advertising_agencies_australia.html>（2012年10月24日访问）。

AdNews 2012，《机构报告卡》2012年，6月1日，第21—35页。

Adorno, T. 1976，《德国社会学中的实证主义之争》，Heinemann，伦敦。

Albarran, A.B.（编辑）2013，《社交媒体行业》，Routledge，伦敦。

Allen, M. 和 Leaver, T. 2014，《网络存在：在网络化世界中保持可见度》，Chandos，剑桥。

Allen, R.C. 1992，《重组话语的渠道》，Routledge，伦敦。

Alterman, E. 2008，《停刊：美国报纸的生死》，《纽约客》，3月31日。

Althaus, C., Bridgman, P. 和 Davis, G. 2012，《澳大利亚政策手册》，第五版，Allen & Unwin，悉尼。

美国心理学会（APA）2007年，《女孩的性化》，美国心理学会，华盛顿特区，<www.apa.org/pi/women/programs/girls/report.aspx>（2013年6月28日访问）。

Anderson, A. 1997《媒体、文化和环境》，Routledge，伦敦。

Andrejevic, M. 2004,《真人秀：被观看的作品》，Rowman 和 Littlefield, Lanham, MD。

——2013年《公共服务媒体公用功能：将搜索引擎和社交网络重新思考为公共产品》，《澳大利亚国际媒体》，第146期，第123—132页。

Ang, 1.1991,《拼命寻找观众》，Routledge，伦敦。

Ang, L, Brand, J., Noble, G. 和 Wilding, D.2002,《生活多样性：澳大利亚多元文化的未来》，SBS，悉尼。

Ang, L, Hawkins, G, 和 Dabboussy, L.2008,《SBS 的故事》，UNSW 出版社，悉尼。

匿名 2008,《去骨的》，Penguin/Michael Joseph，墨尔本。

Appcelerator/IDC 2012,《下一代移动开发者之声：2012年第三季度移动开发者报告》，<www.Appcelerator.com>（2013年2月20日访问）。

苹果公司 2007,《售出1亿台 iPod》，4月9日，<www.Apple.com/pr/library/2007/04/09ipod.html>（2013年2月20日访问）。

Appleton, G.1988,《澳大利亚如何看待自己：商业电视的作用》，载于《成为澳大利亚人的代价》，会议报告，1987年8月31日—9月1日，澳大利亚广播法庭，悉尼，第190—246页。

APRA/AMCOS 2011,《年度回顾：2011财政年度业绩概览》，<www.Apra-amcos.com.au/dologs/file/ABOUT/ApraYIR201 lD8.pdf>

（2013年2月20日访问）。

ARIA 2012,《截至12月31日年度澳大利亚(实物产品)批发价格》,<www.aria.com.au/pages/documents/physical-salesxvalue.pdf>（2013年2月20日访问）。

Armstrong, M. 1982,《澳大利亚的广播法律和政策》,Butterworths,悉尼。

—1986,《解除对广播的管制》,《澳大利亚媒体信息》,第41期,第45—49页。

维多利亚州艺术2011,《维多利亚州基于舞台的现场音乐的经济、社会和文化贡献》,6月20日,德勤经济,墨尔本。

Arvidsson, A, 2006,《品牌：媒体文化的意义与价值》,Routledge,伦敦。

Askew, K, 2011,《澳大利亚网络泡沫》,Allen & Unwin,悉尼。

澳大利亚委员会2010,《更多的观众：澳大利亚的艺术参与》,澳大利亚委员会,悉尼。

—2012,《艺术作品：音乐》,<http://artfacts.australiacouncil.gov.au/global>（2013年2月20日访问）。

澳大利亚版权委员会2012,《高等法院维持对录音制品收取上限为1%的广播版税》,3月28日,<www.copyorg.au/new-and-policy/detail/id/2056>（2013年2月20日访问）。

澳大利亚国家广告商协会（AANA）2008,《2008年AANA食品和饮料广告和营销传播规则》,<www.aana.com.au/pages/codes.html>（2013年6月20日访问）。

澳大利亚广播管理局（ABA）2003,《了解社区对广播内容的态度》，澳大利亚广播管理局，悉尼。

——2004,《2003/04 年年度报告》,<www.abc.net.au/corp/ar04>（2013 年 2 月 20 日访问）。

澳大利亚广播公司 2011,《澳大利亚广播公司昆士兰洪水危机地图》h<ps://queensland-floods.crowdmap.com/,（2012 年 10 月 15 日访问）。

澳大利亚统计局（ABS）2008,《九月季度澳大利亚国民账户：国民收入、支出和产品》, CAT 号 5206.0, 澳大利亚统计局, 堪培拉。

——2011a,《澳大利亚艺术与文化：统计概览》。h<p://www.abs.gov.au/Ausstats/ABS@.nsf/0/32049C1F6913E595CA257968000CB4B2?opendocument CAT 号 4172.0

——2011b,《信息技术的家庭使用》, 澳大利亚, 2010—11, CAT8146.0, 澳大利亚统计局, 堪培拉。

——2012a,《互联网活动》, 澳大利亚, 2012 年 6 月, CAT 号 8153.0, 澳大利亚统计局, 堪培拉。

——2012b,《九月季度澳大利亚国民账户：国民收入、支出和生产》, CAT 号 5206.0, 澳大利亚统计局, 堪培拉。

——2012c,《参与运动和体育娱乐》, 澳大利亚, 2011—2012 年, CAT 号 4177.0, 澳大利亚统计局, 堪培拉。

澳大利亚通信管理局（ACA）2001,《电信业绩效报告》2000/2001 年, 澳大利亚通信管理局, 墨尔本。

澳大利亚通信和媒体管理局（ACMA）2007,《澳大利亚家庭的媒体与传播》, 澳大利亚通信和媒体管理局, 悉尼。

——2012a,《2011—2012 年年度报告》, 澳大利亚通信和媒体管理局, 悉尼。

—2012b,《2011/2012 年通信报告》,澳大利亚通信和媒体管理局,墨尔本。

—2012c,《通信报告:报告 2—澳大利亚在数字经济中的进展:参与、信任与信心》,澳大利亚通信和媒体管理局,悉尼。

澳大利亚竞争和消费者委员会(ACCC)2009,《截至 2008 年 12 月 31 日的澳洲电信的客户接入网络简介》,澳大利亚竞争和消费者委员会,墨尔本。

—2013,《2011—2012 年电信业竞争安全保障》,澳大利亚竞争和消费者委员会,堪培拉。

澳大利亚政府 2012,《国家分级规则》,<www.classification.gov.au/ClassificationinAustralia/Legislation/Pages/TheCode.aspx>(2013 年 2 月 20 日访问)。

澳大利亚独立唱片公司协会,2013,网站 <www.air.org.au>(2013 年 2 月 20 日访问)。

澳大利亚工党(ALP)2007,《通信新方向:澳大利亚的宽带未来——建设国家宽带网络》,澳大利亚工党,堪培拉。

澳大利亚法律改革委员会,1991,《审查程序》,第 55 号报告,悉尼,澳大利亚法律改革委员会,悉尼。

—2012,《分级——内容管理与融合媒体》,最终版报告,108 号,澳大利亚法律改革委员会,悉尼。

澳大利亚交互式多媒体行业协会(AIMIA)2012,《澳大利亚手机生活方式指数》,第 8 版,澳大利亚交互式多媒体行业协会,悉尼,<www.aimia.com.au/ampli>(2013 年 2 月 20 日访问)。

澳大利亚记者协会(AJA)1991,《关于纸质媒体的意见,至众议院专责委员会》，澳大利亚记者协会，悉尼。

澳大利亚唱片业协会（ARIA）2012，《截至 12 月 31 日年度澳大利亚批发价值销售额（实物产品）》，<www.aria.com.au/pages/documents/physical-salesxvalue.pdf>（2013 年 2 月 20 日访问）。

——2012，《ARIA 发布 2011 年批发数据》，<www.aria.com.au/documents/2011wholesalefigures.pdf>（2013 年 2 月 20 日访问）。

澳大利亚研究委员会卓越中心（ARC CoE）2011，《原住民社区的家庭互联网》，墨尔本斯威本科技大学社会研究所，墨尔本。

澳大利亚体育委员会 2010，《迈向公平赛场：澳大利亚媒体中的体育与性别》，<www.ausport.gov.au/_data/assets/pdf_file/0007/356209/Towards_a_Level_Playing_Field_LR.pdf>（2013 年 2 月 20 日访问）。

Bainbridge，J.2005，《品牌内容占据主导》，B & T，8 月 2 日 <www.bandt.com/au/news>（2013 年 2 月 20 日访问）。

Bairner，A. 2001，《体育、民族主义和全球化：欧洲和北美视角》，纽约州立大学出版社，纽约州奥尔巴尼。

Bakardjieva，M. 2006，《归化失控：从家庭道德经济到文化习俗》，载于 T.Berker、M.Hartmann、Y.Punie 和 K.Ward（合著），《媒体和技术归化》，McGraw-Hill，Maidenhead，第 62—78 页。

烘焙救济 2011，网站 <http://bakedrelief.org>，（2012 年 10 月 15 日访问）。

Baker，S. 和 Homan，S. 2007，《说唱、累犯和创造性自我：拘留中少年犯的流行音乐项目》，《青年研究杂志》，第 10 卷，第 4 期，第 459—476 页。

Ball，J. 和 Lewis，P. 2011，《推特和骚乱：新闻如何传播》，《卫

报》，12月7日，<www.guardian.co.uk/uk/2011/dec/07/twi < er-riots-how-news-spread>，（2012年10月15日访问）。

Balnaves，M.和O'Regan,T. 2002，《转型中的收视率：计数的政治和技术》，载于M. Balnaves，O'Regan,T.，和J.Sternberg（编辑），《动员受众》，昆士兰大学出版社，布里斯班，第29—64页。

Banks，J.A. 2012，《作为创新平台的iPhone：重新想象视频游戏开发者》，载于L. Hjorth，J. Burgess．和I. Richardson（编辑），《学习移动媒体：文化技术、移动传播和iPhone》，Routledge，纽约，第155—72页。

Barker，C. 1999，《电视、全球化和文化身份》，公开大学出版社，宾夕法尼亚州费城。

Barker，M.和Petley，J.（编辑）2001，《Ill效应》，Routledge，伦敦。

Barnouw，E. 1979，《赞助商：现代当权者说明》，牛津大学出版社，纽约。

Barr，T. 2000，newmedia.com.au，Allen & Unwin，悉尼。

Barry，P. 2003，《富家子弟：Murdoch家族和Packer家族如何在One.Tel,公司损失9.5亿美元》。班塔姆图书，悉尼。

Barthes，R. 1968，《符号研究的要素》，Hill and Wang，纽约。

Bartholomeusz，S.2013，《沃达丰渴望重生》，《商业观察家》，2月8日。

Beaton，J.和Wajcman，J.2004，《手机在澳大利亚的影响》，澳大利亚社会科学院，堪培拉。

Beattie，S.和Beal，E. 2007，《连接+聚合：澳大利亚媒体与通信法》，牛津大学出版社，墨尔本。

Beazley, K.（运输和通信部长）1991,《关于电信法案（1991年）的第二次阅读演讲》,《Hansard》,众议院,5月7日,第3094页。

Beck, U. 1994,《政治的重塑：走向反思性现代化的理论》,载于U. Beck, A. Giddens 和 S. Lash（编辑）,《反思性现代化：现代社会秩序中的政治、传统与美学》,Polity出版社,剑桥,第1—55页。

——1999,《世界风险社会》,Polity出版社,Malden, MA.

——2009,《处于风险中的世界》,Polity出版社,剑桥。

《性别歧视初学者指南,A》2000,《Tertangala》,SRC Wollongong大学,2000年,第6期,第28页。

Bell, D. 和 and Kennedy, B.（编辑）2000,《网络文化读者》,Routledge,伦敦。

Bell, P. 1998,《电视》,载于 P. Bell 和 R. Bell（编辑）,《美国化与澳大利亚》,悉尼：UNSW出版社,第193—209页。

Benkler, Y. 2006,《网络的财富：社会生产如何改变市场和自由》,耶鲁大学出版社,纽黑文市,CT。

Bennett, T. 1992,《有益的文化》,《文化研究》,第6卷,第3期,第395—408页。

Bennette, W.L.2005,《新闻：幻象的政治》,第6版,Pearson/Longman,纽约。

Berelson, B. 1949,《错过报纸意味着什么》,载于 P. Lazarsfeld 和 F.Stanton（编辑）,《1948—1949年传播研究》,Harper and Brothers,纽约,第36—47页。

Berg, C. 2012,《捍卫言论自由：从古希腊到安德鲁·博尔特》,墨尔本公共事务研究所。

Bertrand，I.，McFarlane，B. 和 Mayer，G. 1999，《澳大利亚电影的牛津指南》，牛津大学出版社，墨尔本。

Bignell，J. 2008，《电视研究导论》，Routledge，伦敦。

Bijker，W.，Hughes，T. 和 Pinch，T.（编辑）1987，《技术系统的社会建构：社会学与技术史的新方向》，麻省理工学院出版社，剑桥，MA。

Bishop，J. 2005，《建立国际音乐帝国："全球"音乐市场中权力和资源的集中》，《流行音乐与社会》，第 28 卷，第 4 期，第 443—471 页。

Blatterer，H. 2010，《社交网络、隐私和对关注度的追求》，载于 H.Blatterer、P.Johnson 和 M.R.Markus（编辑），《现代隐私：不断变化的边界，新形式》，Palgrave Macmillan，Basingstoke，第 73—87 页。

Blatterer，H.，Johnson，P. 和 Markus，M.（编辑）2010，《现代隐私：不断变化的边界，新形式》，Palgrave Macmillan，Basingstoke。

Blunder，J.G. 和 Katz，E.（编辑）1974，《大众传播的使用：满足研究的当前观点》，赛奇出版社，千橡市，加利福尼亚州。

Bodey，M. 2008，《在 Aunty 公司活力背后的澳大利亚广播公司老板》，《澳大利亚人》，12 月 15 日。

Bogost，I. 2009，《你玩这个？游戏研究遇见游戏批评》"，<www.bogost.com/writing/ you_played_that_game_studies_m.shtml>（2013 年 3 月 18 日访问）。

Bollen，J.，Mao，H. 和 Zeng，X. 2011，《推特情绪预测股市》，

《计算科学杂志》，第 2 卷，第 1 期，第 1—8 页。

Bolter, J. 和 Grusin, R. 1999,《补救：理解新媒体》，麻省理工学院出版社，剑桥，马萨诸塞州。

Bonner, F. 2003,《普通电视》，赛奇出版社，伦敦。

Bonney, B. 和 Wilson, H. 1983,《澳大利亚商业媒体》，麦克米伦出版社，墨尔本。

Boorstin, D.J. 1971,《图片：美国伪事件指南》，Atheneum，纽约。

Bowman, D. 1988,《被俘虏的出版社》，企鹅出版社，墨尔本。

Bowman, M. 和 Grattan, M. 1989,《改革者》，Collins Dove，墨尔本。

Box Office Mojo 2012,《蓝宝石》，<h < p://boxofficemojo.com/movies/intl/? id=_fTHESAPPHIRES01&country=AU&wk=2012W37&id=_fTHESAPP HIRES01&p=.htm>（2012 年 12 月 16 日访问）。

Boyd, D. 2012,《参与永远在线生活的生活方式》，载于 M. Mandiberg（编辑），《社交媒体读者》，纽约大学出版社，纽约，第 71—76 页。

Boykoff, M. 2011,《谁为气候代言？理解气候变化的媒体报道》，剑桥大学出版社，剑桥。

Boykoff, M.T 和 Boykoff, J.M. 2004,《作为偏见的平衡：全球变暖与美国声望出版社》,《全球环境变化》，第 14 期，第 125—136 页。

Boykoff, M. 和 Mansfield, M.,"气候变化/全球变暖的媒体报道"，<http://sciencepolicy.colorado.edu/media_coverage>。

Braman, S.（编辑）2003,《传播研究人员与政策制定》，麻省理工大学出版社，剑桥，马萨诸塞州。

——2006，《国家变化：信息、政策和权力》，麻省理工大学出版社，剑桥，马萨诸塞州。

Braudy, L. 1986，《知名的狂热：名声及其历史》，牛津大学出版社，纽约。

Breen, M. 1992《录音价格调查》，《澳大利亚媒体信息》，第64期，第31—41页。

——1992，《音乐行业和流行文化：用于澳大利亚研究的案例》，《完美节拍》，第1卷，第1期，第66—74页。

——1999，《摇滚藏獒：政治与澳大利亚音乐行业》，冥王星出版社，悉尼。

Brennan-Horley, C. 2007，《工作与玩耍：悉尼舞曲文化中围绕当代文化生产的变化性》，《澳大利亚国际媒体》，第123期，第123—37页。

布里斯班市议会2008，《山谷音乐和声计划》，<www.brisbane.qld.gov.au/BCC:BASE::pc=PC_74>（2012年12月20日访问）。

Brockington, D. 2009，《名人与环境：保护的名望、财富和权力》，ZED Books出版社，伦敦。

Bronner, S. 和 Kellner, D.（编辑）1989，《批判理论与社会：读本》，Routledge，纽约。

Brown, A. 1990，《澳大利亚都市广播的放松管制》，格里菲斯大学文化政策研究所，布里斯班。

Brown, H., Lovink, G., Merri, H., Rossiter, N., The, D. 和 Wilson, N.（编辑）2001，《数字存在的政治：澳大利亚网络文化概览》，《批评与理论》，Fibreculture，墨尔本。

Bruce，T.，Hovden，J. 和 Markula，P.（编辑）2010，《奥运女运动员：报纸报道的全球内容分析》，Sense，鹿特丹。

Bruce，A. 2008，《博客，维基百科，第二人生及更多：从生产到产品使用》，Peter Lang，纽约。

——2012，《如何不使用推特：澳航和西太平洋银行的经验》，《对话》，2月15日，<http://theconversation.com/how-not-to-use-twitter-lessons-from-qantasand-westpac-5342>（2012年9月18日访问）。

Bruns，A. 和 Burgess，J. 2012，《当地和全球对灾害的反应：#eqnz 和基督城地震》，《澳大利亚和新西兰灾害和应急管理会议记录》，布里斯班，4月16—18日，AST管理有限公司，布里斯班，第86—103页。

Bruns，A.，Burgess，J.，Crawford，K. 和 Shaw，F. 2012，《#qldfloods 和 @QPSMedia：2011 年昆士兰东南洪灾的推特危机传播》。布里斯班：ARC创意产业与创新卓越中心，<http://cci.edu.au/floodsreport.pdf>（2012年10月15日访问）。

Bruns，A. 和 Jacobs，J.（编辑）2006，《博客的用途》，Peter Lang，纽约。

Budde，P. 2009，《全球—移动—设备—移动手机》，Buddecom，新南威尔士州巴基迪市。

Budde，P. 和 McNamara，S. 2012，《澳大利亚电信行业统计和预测》，第25版，Buddecom，新南威尔士州巴基迪市。

Bull，M. 2005，"动起来！iPod 和移动聆听文化"，《休闲研究》，第24卷，第4期，第343—55页。

Bunbury，R. 1998，《广告行业监管缺乏有效措施》，《澳大利亚人报 The Australian》，3月26日。

Burgess，J.和 Green，J. 2009，《YouTube：在线视频与参与式文化》，Polity 出版社，剑桥。

——2013，《YouTube：在线视频和参与式文化》，修订版，Wiley，纽约。

Burnley，I.和 Murphy，P. 2004，《巨变：从国际性到田园牧歌式澳大利亚的转变》，UNSW 出版社，悉尼。

Burns，M. 2000，《ABC 在线：一段史前历史》，《澳大利亚国际媒体》，第 97 期，第 92—104 页。

——2008，《ABC 在线：成为 ABC，澳大利亚广播公司在线的第一个五年》，VDM 出版社，鹿特丹。

——2012，《保护品牌：ABC 在线作为商品的历史》，载于 M.Burns 和 N.Briigger（编辑），《网络上的公共服务广播：综合历史》，Peter Lang，纽约。

Burns，M.和 Briigger，N. 2012，《网络上的公共服务广播：综合历史》，Pater·Lang，纽约。

Butler，D.和 Rodrick，S. 2007，《澳大利亚媒体法》，第三版，法律书籍公司，悉尼。

Byrnes，H. 2012，《演员 Firass Dirani 敦促电视大佬展示我们的真实肤色》，《每日电讯报》，2月15日，<www.news.com.au/entertainment/television/actor-firass-dirani-urges-tv-bosses-to-show-our-true-colours/story-e6frfmyi-1226271245464>（2013年1月28日访问）。

《堪培拉时报》2011，《给政治家正确的表情》，《堪培拉时报》，11月13日。

Caro. A. 1981,《广告简介》,载于 K. Fowles 和 N.Mills(编辑),《了解广告:澳大利亚指南》,TAFE 教育出版社,悉尼,第 5—17 页。

Carr, N. 2010,《浅尝辄止:互联网对我们大脑的影响》,W.W. Norton,纽约。

Carrington, B. 2010,《种族、体育和政治:黑人运动者的移居》,赛奇出版社,伦敦。

Carvalho, A. 2007,《思想文化和媒体关于科学知识的话语:重读气候变化的新闻》,《公众理解科学》,第 16 卷,第 223—243 页。

Castells, M. 2009,《传播力》,牛津大学出版社,纽约。

Castells, M., Fernandez-Ardevol, M., Qiu, J.L. 和 Sey, A. 2007,《移动传播与社会:全球视野》,麻省理工学院出版社,剑桥,MA。

休闲游戏协会 2012,网站,<www.casualgamesassociation.org>(2012 年 11 月 20 日访问)。

Caudwell, J.(编辑)2006,《体育,性和酷儿/理论》,Routledge,伦敦。

Chadwick, P. 1989,《媒体伙伴:瓜分澳大利亚媒体》,麦克米伦出版社,墨尔本。

Chandler, D.2006,《媒体表现》,<www.scribd.com/doc/109805233/Representation-David-Chandler>(2012 年 8 月 31 日访问)。

Chang, J 2011,《跌落喷泉的发短信者因涉嫌债务上法庭》,ABC 新闻在线,<http://abcnews.go.com>,1 月 20 日(2012 年 10 月 28 日访问)。

Chen, P. 2013,《数字时代的澳大利亚政治》, ANU e-Press, 堪培拉。

CIMB 证券 2012,《公司声明-iiNet》, 12月12日。

—2013《快讯：新加坡电信》。2月14日。

Clark, P 1988,《还会有更多的调频电台》,《悉尼先驱晨报》, 8月10日, 第2页。

Clarke, R 2004,《互联网初级读本：技术与治理》, 载于 G.Goggin（编辑）,《虚拟国家：澳大利亚的互联网》, UNSW 出版社, 悉尼, 第13—27页。

Coakley, J., Hallinan, C., Jackson, S. 和 Mewett, P. 2009,《社会中的体育：澳大利亚和新西兰的问题和争议》McGraw-Hill, 悉尼。

Cole, J. 2011,《美国正处于一个数字转折点吗？》《南加州大学安纳伯格新闻》, 12月14日。

Collingwood, P. 1997,《跨媒体革命以来的商业媒体》, 通信法律中心, 悉尼。

Collins, F. 和 Davis, T. 2005,《马博裁决之后的澳大利亚电影》, 剑桥大学出版社, 剑桥。

Collins, S. 2008,《充分利用15分钟：真人秀可有可无的名人》,《电视与新媒体》, 第9卷。第2期, 第87—110页。

联邦议会参议院环境、传播与艺术常务委员会, 2008,《当代媒体中儿童性化调查报告》<www.aph.gov.au/Senate/Committee/eca_ctte/sexalisation_of_children/Report/index.htm>（2012年9月20日访问）。

《社区广播全国听众调查：调查结果总结报告》2008, McNair 调查公司, 悉尼, 7月28日。

Comscore 2011,《这是一个社交世界：社交网络十大须知》,

<www.comscore.com/Insights/Presentations_and_Whitepapers/2011/it_is_a_social_world_top_10_need-to-knows_about_social_networking>（2013年11月20日访问）。

Conley, D. 2002,《日常奇迹：新闻学概论》（第二版），牛津大学出版社，牛津。

融合审查2012,《融合审查最终报告》,宽带、通信和数字经济部，堪培拉。

Conroy, S. 2012,《更新决定为移动消费者提供了确定性》,媒体发布，2月10日。

——2009,《新国家宽带网络》,与总理、财政部长和财务部长联合媒体发布，4月7日。

Coombs, A. 1990《Adland：企业戏剧的真实故事》Heinemann, Melbourne。

Coroneos, P. 2008,《澳大利亚的互联网内容政策和法规》,载于B. Fitzgerald, F. Gao, D. O'Brien和S.X. Shi（编辑）,《亚太著作权法、数字内容和互联网》,悉尼大学出版社,悉尼,第49—65页。

Coster, A., McMahon, K. 和 Epstein, J. 2011,《总理有了时尚热情》,《先驱太阳报》,6月17日。

Cottle, S. 和 Lester, L.（编辑）2011,《跨国抗议与媒体》,Peter Lang, 纽约。

Couldry, N. 2003,《媒体仪式：批判性方法》,Routledge,伦敦。

——2004,《将媒体理论化为实践》,《社会符号学》,第14卷，第2期，第115—132页。

Counihan, M. 1982,《广播受众的形成：20世纪中的澳大利亚广播》，《Meanjin》，第 41 卷，第 2 期，第 196—209 页。

——1992,《给年轻的缪斯一个机会：广播、唱片和第一个澳大利亚音乐配额》，《澳大利亚媒体信息》，第 64 期，第 6—16 页。

——1996,《郊区的夏天：HITZ FM 和青少年广播的重塑》，载于 H. Ericksen（编辑），《媒体的澳大利亚》，墨尔本大学澳大利亚中心，第 17—30 页。

Coupe，B.，Jakubowicz，A. 和 Randall，L. 1992，《隔壁邻居：多元文化事务办公室关于澳大利亚媒体种族群体讨论的报告》，AGPS，堪培拉。

Coward，R. 1989，《全部真相：另类健康的神话》，费伯和费伯出版社，伦敦。

Cowley，M. 2012，《Seebohm 身陷入炒作，臭骂社交媒体的过分关注》，悉尼先驱晨报，7 月 31 日 <www.smh.com.au/olympics/swimming-london-2012/seebohm-cursess-social-media-fixation-after-falling-for-own-hype-20120731-23boi.htm>（2013 年 1 月 22 日访问）。

Cox，R. 2010，《环境传播与公共领域》，赛奇出版社，千橡市，加利福尼亚州。

Craig，G. 2000，《持续危机：拯救澳大利亚广播公司的政治》，《澳大利亚国际媒体》，第 98 期，第 105—116 页。

Crawford，K. 2005，《适应：追踪音乐和点对点网络的生态》，《澳大利亚国际媒体》，第 114 期，第 30—39 页。

Crawford，K. 和 Lumby，C. 2011，《适应时刻：澳大利亚融合媒体的全新方法》，新南威尔士大学新闻与媒体研究中心，悉尼。

Crawford，R. 2008，《等等，还有：1900—2000 年澳大利亚广告

历史》，墨尔本大学出版社，墨尔本。

知识共享 2012，网站，<http://creativecommons.org>（2013 年 2 月 20 日访问）。

Crook，J. 2012，《Instagram 将根据其新的隐私政策与 Facebook 分享用户数据》，《TechCrunch》<http://techcrunch.com/2012/12/17/instagram-will-share-users-data-with-facebook-according-to-its-new-privacy-policy>（2013 年 1 月 20 日访问）。

Cunningham，S. 1992，《框架文化：澳大利亚的批评与政策》，Allen & Unwin，悉尼。

—2000，《历史、背景、政治、政策》，载于 G. Turner 和 S. Cunningham（编辑），《澳大利亚电视书》，Allen & Unwin，悉尼，第 13—32 页。

—2013，《隐藏的创新：政策、产业和创意部门》，昆士兰大学出版社，布里斯班。

Cunningham，S. 和 Bridgstock，R. 2012，《和薯条说再见：媒体、文化和传播研究的毕业生职业》，《澳大利亚国际媒体》，第 145 期，第 6—17 页。

Cunningham，S. 和 Sinclair，J.（编辑）2000，《漂泊人生：媒体与亚洲侨民》，昆士兰大学出版社，布里斯班。

Cunningham，S. 和 Turner，G.（编辑）1993，《澳大利亚媒体》，Allen & Unwin，悉尼。

Curran，J. 1990，《大众传播研究中的新修正主义：评估》，《欧洲通信杂志》，第 5 期，第 130 页。

Curthoys，A. 1986，《得到电视：所有权、控制和权和文化的困境 1941—1956 年》",载于 A. Curthoys 和 J. Merritt（编辑），《宁死不红：澳大利亚的第一次冷战 1941—1956 年》，第 2 卷，Allen & Unwin，悉尼。

Curtis，R.、Given，J. 和 McCutcheon，M. 2012，《澳大利亚的在线视频》，《国际数字电视期刊》第 3 卷，第 2 期，第 141—162 页。

Dahlgren，P. 和 Sparks，C. 1991，《传播与公民：新媒体时代的新闻与公共领域》，Routledge，纽约。

《每日电讯报》，2010，《快速适应新形象》，《每日电讯报》，7 月 7 日。

Dale，D. 2004，《童话终结，电影中好女孩会吃亏》，《悉尼先驱晨报》，新闻和专题，5 月 10 日，第 3 页。

D'Alpuget，B. 1982，《Robert J. Hawke 传记》，施瓦茨，墨尔本。

Darian-Smith，K. 和 Turnbull，S.（编辑）2012，《记住电视：历史，科技，记忆》，剑桥学者出版社，泰恩河畔纽卡斯尔。

Davis，A. 2005，《调动电话艺术》，《实时》，<www.realtimearts.net/article/issue66/7782>（2005 年 8 月 20 日访问）。

Davis，L. 和 Mackay，S. 1996，《结构与策略：学术写作概论》，麦克米伦出版社，墨尔本。

Day，M. 2002，《美国新一代爱听 FM 谈话节目》，《澳大利亚人》，媒体，12 月 12 日，第 5 页。

德勤公司 2012，《2012 年技术、媒体和电信预测》，4 月 24 日，德勤公司，悉尼。

Dempster，Q. 2000，《死亡挣扎：政治恶意和董事会权力如何扼杀澳大利亚广播公司》，Allen & Unwin，悉尼。

宽带、通信和数字经济部（DBCDE）2010，《电视上的体育：当代数字环境下的反虹吸方案回顾》，<www.dbcde.gov.au/data/assets/pdf_file/0017/131462/Review_Report_-_Sport_on_Television-the_anti-siphoning_scheme_in_the_contemporary_digital_environment_-_25- ll-2010.pdf>（2012 年 11 月 20 日访问）。

—2011，《融合审查讨论论文：媒体多样性、竞争与市场结构》，

<www.dbcde.gov.au/data/assets/pdf_file/0004/139270/Paper-2_Media-diversity_competition_access.pdf>（2012 年 11 月 20 日访问）。

通信、信息技术和艺术部（DCITA），《数字广播问题简介论文》，2004 年 12 月，通信、信息技术和艺术部，堪培拉。

Dermody，S.，Docker，S.，J. 和 Modjeska，D.（编辑）1982，《Nellie Melba，Ginger Meggs 和朋友们：澳大利亚文化史论文集》，Kibble Books，马姆斯伯里。

Dermody，S. 和 Jacka，E. 1987，《澳大利亚屏幕，第一卷：电影产业的剖析》，Currency 出版社，悉尼。

—1988a，《想象力工业：80 年代后期的澳大利亚电影》，澳大利亚电影、电视和广播学校，悉尼。

—1988b，《澳大利亚屏幕，第二卷：全国电影业的剖析》，Currency 出版社，悉尼。

de Souza e Silva，A. 2004，《电话艺术：从静态到移动界面》，《莱昂纳多电子年鉴》，第 12 卷，第 10 期，<http://mitpress2.mit.edu/e-journals/LEA/TEXT/Vol_12/lea_v12_n10.txt>（2006 年 1 月 4 日访问）。

—2006，《从网络到混合：作为混合空间界面的移动技术》，《空间与文化》，第 9 卷，第 3 期，第 261—278 页。

de Souza e Silva, A. 和 Frith, J. 2010,《公共空间中的移动界面：位置隐私、控制和城市社会性》，Routledge，纽约。

——2012,《公共场所的位置隐私：位置感知移动技术的媒体论述》,《传播、文化与评论》, 第 3 卷, 第 4 期, 第 503—525 页。

de Souza e Silva, A. 和 Hjorth, L. 2009,《好玩的城市空间：移动游戏的历史性探究》,《模拟与游戏》, 第 40 卷, 第 5 期, 第 602—625 页。

de Souza e Silva, A. 和 Sutko, D.（编辑）2009,《数字城市景观》, Peter Lang，柏林。

Donovan, P. 2008a,《羞愧的 Wheatley 打算努力上进》,《时代报》, 8 月 28 日。

——2008b,《Iggy 的突现让 Jet 迷上 Jonny》,《时代报》, 4 月 10 日。

Dovey, J. 和 Kennedy, H.W. 2007,《游戏文化：作为新媒体的电脑游戏》, 开放大学出版社, 梅登黑德。

Downie, L. Jr 和 Schudson, M. 2009,《美国新闻学的重建》, 哥伦比亚大学新闻研究生院, 纽约, 10 月 20 日。

Downs, A. 1972,《生态的起伏："问题—注意力"循环》,《公共利益》, 第 28 期（夏）, 第 38—50 页。

《你需要卫星广播节目吗？》1988,《广播》, 第 3 卷, 第 4 期, 第 13—15 页。

Dreher, T. 2003,《发声和反击：悉尼"被排斥"社区中的媒体干预》,《澳大利亚国际媒体》, 第 119 期, 第 121—137 页。

——2010,《穆斯林社区媒体干预——受命专场演出》, J.Ewart 和 H. Rane（编辑）,《澳大利亚穆斯林和媒体》, 墨尔本大学出版社,墨尔本。

Du Gay, P., Hall, S., Janes, L., Mackay, H. 和 Negus, K.（编辑）1997，《进行文化研究：随身听的故事》，赛奇出版社，伦敦。

Dunbar-Hall, P. 和 Gibson, C. 2004，《致命声音，致命空间：澳大利亚当代原住民音乐》，UNSW 出版社，悉尼。

Dunleavy, P. 和 O'Leary, B. 1987,《国家理论：自由民主政治》，麦克米伦出版社，伦敦。

Dunn, K. 2003，《运用文化地理学对悉尼种族和公民身份的进行有争议的解释》，《社会和文化地理学》，第 4 卷，第 2 期，第 153—165 页。

During, S. 1999，《文化研究读本》第二版。，Routledge，伦敦。

Duthie, K. 2008，《萨拉姆咖啡馆》，《时代报》，5 月 6 日，<www.theage.com.au/news/tv-reviews/salam-cafe/2008/05/06/1209839627629.html>（2012 年 11 月 20 日访问）。

Dwyer, T. 2008，《所有权变更》，载于 T. Dwyer，《新闻现状：澳大利亚纸质媒体》，澳大利亚新闻委员会，悉尼。

—2012，《社区一词是否可以描述网上发生的事情？》，<http://about.abc.net.au/2012/09/is-community-the-right-word-for- what-happens-online>（2012 年 12 月 23 日访问）。

Dyer, R. 1997，《白》，Routledge，伦敦。

《经济学人》2008，《感到压力》，12 月 6 日，第 76 页。

Edgar, P. 1977,《儿童与影视暴力》,昆士兰大学出版社,布里斯班。

Egenfeldt-Nielsen, S., Smith, J. 和 Tosca, S. 2008，《理解电子游戏：基本介绍》，Routledge，伦敦。

Eichler, A. 2012,《Instagram 服务条款变更引发抗议：用户讲述反对 Instascam 之争》,《赫芬顿邮报》<www.huffingtonpost.com/2012/12/20/instagram-terms-of-service-; ange_n_2333284.html?utm_hp_ref=te; nology>（2013 年 1 月 20 日访问）。

Ellis, K. 和 Kent, M. 2013,《残障和新媒体》, Routledge, 纽约。

Elmer, G. 2010,《定位网络：发现和被发现》,《Aether：媒体地理杂志》, 第 5A 卷, 第 18—26 页。

Emerson, C. 2006,《重要符号, 活力社会。：保障澳大利亚的经济和社会福祉》, UNSW 出版社, 悉尼。

Ergas, H. 2008,《错误号码：解决澳大利亚电信僵局》, Allen & Unwin, 悉尼。

Ernesto 2012,《权力的游戏——2012 年被盗版最多的电视剧》,《Torrentfreak》, 12 月 23 日, <http://torrentfreak.com/game-of-thronesmost-pirated-tv-show-of-2012-121223>（2013 年 1 月 20 日访问）。

Errington, W. 和 Miragliotta, N. 2012,《媒体与政治,: 导论》, 第二版, 牛津大学出版社, 墨尔本。

Este, J. 2008,《私有化可以解决媒体之困吗？》《Crikey》, 9 月 9 日。

Evans, P. 2012,《亚洲——移动运营商》, 第 10 版, Buddecom, Bucketty, 新南威尔士州。

Ewing, S. 和 Thomas, J,《2012 年 CCi 数字未来：澳大利亚的互联网》, 9 月 1 日, <h < p://ssrn.com/abstract=2144214>（2012 年 11 月 20 日访问）。

Fairchild, C. 2008,《流行偶像与海盗：消费机制与全球音乐发行量》，Ashgate，Aidershot。

Fallows, J. 2010,《如何拯救新闻业》,《大西洋月刊》, 6月。

Farman, J. 2011,《移动接口理论》, Routledge, 伦敦。

Featherstone, M. 和 Burrows, R.（编辑）1995,《赛博空间，赛博组织，赛博朋克：技术体现的文化》, Routledge, 伦敦。

联邦通信委员会，计划和政策办公室（FCC）1997,《数字龙卷风：互联网和电信政策》,《OPP 工作文件系列》, 第 29 期, 计划和政策办公室, 华盛顿, <www.fcc.gov/Bureaus/OPP/working_papers/oppwp29.pdf>。

Finkelstein R.（由 M. Ricketson 协助）, 2012,《关于媒体和媒体监管的独立调查报告》,《向宽带、通信和数字经济部部长的报告》, 联邦政府, 堪培拉。

Fiske J. 1989,《理解流行文化》, Unwin Hyman 出版社, 伦敦。

Fiske J., Hodge B. 和 Turner G. 1987,《奥兹国的神话》, Allen & Unwin, 悉尼。

Fleischer, R. 2008,《版权的未来》,《Cato Unbound》, 6月9日, <www.cato-unbound.org/2008/06/09/rasmus-fleischer/the-future-of-copyright>（2012年11月20日访问）。

Fletcher, P. 2009,《联网的棕色土地？为宽带而战》, UNSW 出版社, 悉尼。

Flew, T. 1995,《国家形象：澳大利亚商业电视内容法规的经济和文化方面》, 载于 J. Craik, J.J. Bailey 和 A. Moran（编辑）,《公共之声，私人利益：澳大利亚媒体政策》, Allen&Unwin, 悉尼, 第 73—85 页。

——1998,《从审查到政策:反思媒体审查和分级》,《澳大利亚国际媒体》,第88期,第89—98页。

——2005,《广播媒体政策中的社会契约及其他》,《电视和新媒体》,第6卷。第2期,第247—270页。

——2007,《认识全球媒体》,Palgrave Macmillan, Houndmills。

——2009,《文化经济时刻?》,《文化科学》,第2卷,第1期,<http://cultural- science.org/journal/index.php/culturalscience/article/viewArticle/23/79>(2012年11月20日访问)。

——2012,《融合媒体政策时刻》,《文化与社会研究所专题文件3(3)》,<www.uws.edu.au/data/assets/pdf_file/0004/396373/ICS_Occasional_Paper_Series_3_3_Flew_Final.pdf>(2013年2月20日访问)。

Flew, T., Cunningham, S., Bruns, A, 和 Wilson, J, 2008,《社会创新、用户创建内容以及ABC和SBS作为公共服务媒体的未来》,提交至ABC和SBS审查,宽带、通信和数字经济部,12月12日。

Forde, H., Meadow, M. 和 Foxwell, K. 2002,《文化、承诺、社区:澳大利亚社区广播部门》,格里菲斯大学,布里斯班。

Franklin, B. 2008,《拆散报纸:分析纸质新闻》,Routledge,伦敦。

Fransman, M. 2002,《互联网时代的电信业:从繁荣到萧条再到……?》,牛津大学出版社,牛津。

Frasca, G. 2003,《模拟与叙事:游戏学导论》,载于B. Perron 和 M. Wolf(编辑),《电子游戏理论读本》,Routledge,伦敦。

Freedman, D. 2008,《媒体政策的政治》,Polity出版社,伦敦。

Frith, S. 2002,《非法与音乐行业》,载于M.Talbot(编辑),《音乐商业》,利物浦大学出版社,利物浦,第195—216页。

Frow, J. 和 Morris, M.（编辑）1993,《澳大利亚文化研究：读本》Allen & Unwin, 悉尼。

Gamson, J. 1994,《成名：当代美国的名人》，加州大学出版社, 伯克利, 加州。

Garfinkel, H. 1967,《民族方法学研究》，普伦蒂斯·霍尔出版社, Englewood Cliffs, 新泽西州。

Garlick, M. 2012,《Facebook 的数据使用政策回应》，致澳大利亚隐私保护专员的信函, 7 月 30 日。

Garnham, N. 1979,《对大众传播政治经济学的贡献》,《媒体、文化与社会》，第 1 卷, 第 2 期, 第 123—146 页。

Garofalo, R. 2003,《我要我的 MP3：谁拥有互联网音乐？》载于 M. Cloonan 和 R. Garofalo（编辑），《监管流行》，Temple 大学出版社, 宾夕法尼亚州费城。

Gazzard, A. 2011,《位置, 位置, 位置：在移动媒体中收集空间和地方》,《融合：国际新媒体技术研究杂志》，第 17 卷, 第 4 期, 第 405—417 页。

Geffen, S. 2012,《Amanda Palmer"负担不起"后备乐队》,《Prefix》, <www.prefixmag.com/news/amanda-palmer-cant-afford-to-pay-her-backup-band/69017>（2013 年 2 月 20 日访问）。

Gibson, C. 2007,《音乐节：非大城市地区和创意工作中的转变》,《澳大利亚国际媒体》，第 123 期, 第 65—81 页。

Gibson, C. 和 Connell J. 2012,《澳大利亚音乐节和区域发展》，Ashgate, 艾德肖特。

Giddens, A.（编辑）1974,《实证主义与社会学》，海涅曼出版社,伦敦。

——1991，《现代性与自我认同：近现代的自我与社会》，Polity 出版社，剑桥。

——2001，《全球第三条道路的辩论》，Polity 出版社，莫尔登。

——2002，《新工党现在在哪里？》Blackwell，Malden，马萨诸塞州。

Gilles, J. 和 Cailliau, R. 2000，《网络如何诞生：万维网的故事》，牛津大学出版社，牛津。

Gillespie, M. 1995，《电视，种族和文化变化》。Routledge，伦敦。

Gillespie, T. 2010，《平台的政治》，《新媒体与社会》，第 12 卷，第 3 期，第 347—364 页。

Given, J. 2003，《关掉电视：广播电视的渺茫未来》，UNSW 出版社，悉尼。

——2010，《我们现在都是技术大拿》，《内幕故事》，8 月 23 日，<http://inside.org.au/we-are-all-tech-heads-now>（2013 年 3 月 1 日访问）。

Glance, D. 2011，《#QantasLuxury：澳航的社交媒体睡衣灾难》，《对话》，11 月 23 日，<http://theconversation.edu.au/qantasluxury-a-qantas-social-media- disaster-in-pyjamas-4421>（2012 年 12 月 20 日访问）。

Goc, N. 和 Tynan, L. 2008，《沟通中的伦理》，载于 J. Bainbridge, N. Goc 和 J. Tynan（编辑），《媒体与新闻：理论与实践的新方法》，牛津大学出版社，墨尔本。

Goffman, E., 1959，《日常生活中的自我展示》，Doubleday 出版社，纽约。

——1979，《性别广告》，麦克米伦出版公司，伦敦。

Goggin, G. 2003,《数字彩虹：在新南威尔士州北部发明互联网》，载于 H.Wilson（编辑），《属于彩虹地区》，南十字星大学出版社，利斯莫尔，第 227—246 页。

—2004a,《反模式互联网：建立澳大利亚网络》，载于 G. Goggin（编辑），《虚拟国家：澳大利亚的互联网》，UNSW 出版社，悉尼，第 1—12 页。

—2004b,《网络加速：日常互联网的出现》，载于 G. Goggin（编辑），《虚拟国家：澳大利亚的互联网》，UNSW 出版社，悉尼，第 55—70 页。

—（编辑）2004c,《虚拟国家：澳大利亚的互联网》，UNSW 出版社，悉尼。

—2006,《酷手机：诺基亚，网络和身份》，载于 G. Goggin（编辑），《手机文化：日常生活中的移动技术》，Routledge，阿宾登，第 41—62。

—2006,《手机文化：日常生活中的移动技术》，Routledge，纽约。

—2012a,《移动电视的古怪职业》,《国际数字电视杂志》，第 3 卷，第 2 期，第 119—140 页。

—2012b,《澳大利亚移动屏幕的演变：新技术、新业态、新商业模式》,《澳大利亚电影研究》，第 6 卷，第 3 期，第 263—277 页。

Goggin, G. 和 Crawford, K. 2010,《可移动类型：移动社交媒体在澳大利亚的兴起》,《亚洲媒体杂志》，第 37 期，第 224—231 页。

Goggin, G. 和 Gregg, M.（编辑）2007,《无线文化与技术》,《澳大利亚国际媒体》特刊，第 126 期。

Goggin, G. 和 McLelland, M.（编辑）2009,《互联网研究的国

际化：超越英语模式》，Routledge，纽约。

Golder，S. 和 Macy，M. 2011，《在不同文化中白天和季节性情绪因工作、睡眠和白天时常而变化》，《科学》，第 333 卷，第 6051 期，第 1878—1881 页。

Goldsworthy，A. 2013，《未竟事业：性自由与厌女症：季度随笔 50》，墨尔本。

Goodall，H. 1990，《种族主义、文化多元化和媒体：提交给多文化事务办公室的报告》，总理和内阁部，多元文化事务办公室，堪培拉。

《优秀大学指南》2009，霍布森斯澳大利亚公司，墨尔本。

——2013，霍布森斯澳大利亚公司，墨尔本。

《谷歌公司对 ACCC》，2013，HCA 1，2 月 6 日。

谷歌街景 2013，《隐私》，<www.google.com/help/maps/streetview/privacy.html>（2013 年 1 月 13 日访问）。

Goolsby，R. 2010，《作为危机平台的社交媒体：社区地图/危机地图的未来》，《智能系统和技术的 ACM 交易》，第 1 卷。第 1 期，<http://doi.acm.org/10.1145/1858948.1858955>（2012 年 1 月 4 日访问）。

Goot，M. 1979，《1932—1977 年澳大利亚报纸发行量》，拉筹伯大学教育传播和媒体研究中心，墨尔本。

Gordon，E. 和 de Souza e Silva，A. 2011，《网络位置》，威利布莱克威尔，伦敦。

Gould，E. 2012，《谈话广播与电话连线：澳大利亚商业对话电台历史》，博士论文，麦考瑞大学。

Grant，A. 和 Howarth，D.（编辑）2011，《澳大利亚电信条例》，

第 4 版。，澳大利亚 CCH，悉尼。

Gray, J. 和 Lotz, A.D. 2012,《电视研究》, Polity 出版社, 剑桥。

Green, J. 2001,《不止电视：第十频道和免费广播的多样性》,《澳大利亚国际媒体》, 第 100 期, 第 49—63 页。

—2008,《不在电视机上的电视可以称作电视吗？"新"电视服务和旧电视功能》,《澳大利亚国际媒体》, 第 126 期, 第 95—105 页。

Green, L. 2001,《技术文化：从字母表到赛博性》, Allen&Unwin, 悉尼。

—2003,《新"其他"：9 月 11 日后的媒体与社会》,《澳大利亚国际媒体》, 第 109 期, 第 7—13 页。

—2009,《互联网：新媒体简介》, Berg, 伦敦。

Greenacre J. 2012,《向分行说再见——银行业的未来向上移动化》,《谈话》, 10 月 19 日, <http://theconversation.edu.au for-banking-is-upwardly-mobile-10191>（2012 年 11 月 20 日访问）。

Greenfield, S. 和 Osborn, G. 2003,《远程控制：创意过程的法律审查》, 载于 M.Cloonan 和 R.Garofalo（编辑）,《监管流行》, Temple 大学出版社, 宾夕法尼亚州费城。

Greenslade, R. 2003,《新闻帮：报纸如何从宣传中获利》, Pan Books, 伦敦。

Gregg, M. 2012,《工作的亲密性》, Polity 出版社, 剑桥。

Gregg, M. 和 Wilson, J. 2011,《Willunga 联系：NBN 前的基线研究》, 南澳政府继续教育、就业、科学和技术部, 阿德莱德。

Griffen-Foley, B. 2003,《政党游戏：澳大利亚政客和媒体从战争到否定》, 文本, 墨尔本。

——2004，《从 Murrumbidgee 到 Mamma Lena：澳大利亚商业广播电台的外语广播》，澳大利亚和新西兰交流协会会议论文，未发表，悉尼大学。

——2009，《变化中的电台：澳大利亚商业广播的故事》，UNSW 出版社，悉尼。

Habermas, J. 1989,《公共领域的结构转型》，译自 T. Burger 和 F. Lawrence，麻省理工学院出版社，剑桥，MA。

Haddon, L. 1999,《互动游戏的发展》，载于 H. Mackay 和 T. O'Sullivan（编辑），《媒体读本：连续与转变》，伦敦，第 305—327 页。

——2004,《日常生活中的信息和传播技术：简明介绍和研究指南》，Berg，纽约。

Hadju, D. 2008,《被混音迷住的粉丝》,《澳大利亚人》，6 月 20 日，<www.theaustralian.news.com.au/story/0,25197,23890642- 16947,00.html>（2012 年 11 月 20 日访问）。

Hakatte.jp 2012, 网站 <http://hakatte.jp>（2012 年 10 月 15 日访问）。

Hall, S. 1973,《电视话语中的编码和解码》，伯明翰大学当代文化研究中心，伯明翰。

——1992,《文化认同问题》，载于 S. Hall 和 T. McGrew（编辑），《现代性及其未来》，Polity 出版社，剑桥，第 274—316 页。

——1997a, "表现的工作"，载于 S. Hall,《表现：文化表现和象征实践》，赛奇出版社，伦敦，第 13—64 页。

——1997b,《表现：文化表现和象征实践》，赛奇出版社，伦敦。

Hall, S., Hobson, D., Lowe, A. 和 Willis, P.（编辑）1980,《文

化、媒体、语言：文化研究工作文件，1972—1979年》，哈钦森，伦敦。

Halliday, J. 2011,《政府撤销在危机中停用推特和Facebook的计划》,《卫报》, 2011年8月25日, <www.guardian.co.uk/media/2011/aug/25/government-plan-shut-twitter-facebook>（2012年10月15日访问）。

《Halsbury澳大利亚法律大全》, 2004, 第18卷, 275, 媒体与通信、广播服务, 6月15日。

Hansen, A. 2010,《环境, 媒体与传播》, Routledge, 伦敦。

Harcourt, E. 1987,《驯服暴君：澳大利亚国际传播服务的首个百年》, Allen & Unwin, 悉尼。

Harding, S. 2010,《政策发展中心议题简介：澳大利亚的媒体所有权与监管》, <http://cpd.org.au/wp-content/uploads/2011/11/Centre_for_Policy_Development_Issue_Brief.pdf>（2012年11月20日访问）。

Harrington, S., Highfield, T. 和 Bruns, A. 2012,《不止是秘密渠道：推特和电视》, 载于J.M. Noguera（编辑）,《观众互动和参与》, COST Action研究机构ISO906转变观众, 转变社会, 布鲁塞尔。

Hartley, J. 1992,《电视学：电视研究》, Routledge, 伦敦。

——1993a,《隐形小说》, 载于J. Frow 和 M. Morris（编辑）,《澳大利亚文化研究：读本》, Allen & Unwin, 悉尼。

——1993b,《图片政治》, Routledge, 伦敦。

——1996,《流行现实：新闻, 现代性, 流行文化》, 爱德华阿诺德, 伦敦。

——1999,《电视的使用》, Routledge, 伦敦。

——2012,《文化与媒体研究的数字化未来》, Wiley-Blackwell,

莫尔登，马萨诸塞州。

Harvey, D. 2001,《资本空间：迈向关键地理》, Routledge, 纽约。

Hawke, J. 1995,《公共利益私有化：1992年公共和广播服务法案》, 载于J. Craik, J.J. Bailey 和 A. Moran（编辑）,《公共之声，私人利益：澳大利亚媒体政策》, Allen&Unwin, 悉尼，第33—50页。

Hawkins, G 1996,《SBS：少数民族电视》,《文化与政策》。第7卷，第1期，第45—64页。

——2010,《澳大利亚公共服务媒体：治理多样性》, 载于P. Iosifidis（编辑）,《重塑公共服务传播：欧洲广播公司及其他机构》, Palgrave Macmillan, 贝辛斯托克。

——2013,《在澳大利亚广播公司的问答中实施公共价值：从规范方法到行为方法》,《澳大利亚国际媒体》, 第146期，第82—92页。

Herd, N. 2012,《网络：澳大利亚的商业电视—历史》, Currency 出版社，悉尼。

Herman, E. 和 Chomsky, N. 1988,《制造许可：大众媒体政治经济学》, Pantheon, 纽约。

Hermida, A. 2012,《社会新闻：探索社交媒体如何影响新闻》, 载于E. Siapera 和 A. Veglis（编辑）《全球在线新闻手册》, Wiley-Blackwell, Malden, 马萨诸塞州，第309—328页。

Herzog, H. 1941,《借来的经验：听日间速写分析》,《哲学和社会科学研究》, 第9卷，第65—93页。

Hesmondhalgh, D. 2007,《文化产业》, 第二版，赛奇出版社，伦敦。

Hibberd, J.2013,《权力的游戏早期DVD销量打破HBO记录》,

《Inside TV》，2月22日，<http://insidetv.ew.com/2013/02/22/game-of- thrones-dvd-sales-breaking-hbo-records>（2013年3月30日访问）。

Hickey-Moody, A.和Wood, D. 2008，《虚拟可持续：第二人生中的Deleuze与渴望分化》，《Continuum》，第22卷，第6期，第805—916页。

Hill, A. 2005，《真人秀：观众和大众纪实娱乐》，Routledge，伦敦。

Hirst, M.和Patching, R. 2005，《新闻伦理：论点与案例》，牛津大学出版社，墨尔本。

Hjorth, L. 2007，《移动化的游戏：亚太地区的游戏和移动技术的媒体历史》，《融合：国际新媒体媒体技术研究杂志》，游戏特刊，第13卷，第4期，第369—381页。

——2009，《亚太地区的移动媒体：性别与移动化的艺术》，Routledge，伦敦。

——2010，《游戏与博彩》，Berg，伦敦。

Hjorth,L., Burgess, J.和Richardson, I.（编辑）2012，《学习移动媒体：文化技术、移动传播和iPhone》，Routledge，纽约。

Hjorth, L.和Chan, D.（编辑）2009，《位置游戏：亚太地区游戏文化和场所》，Routledge，伦敦。

Hjorth,L.和Richardson,I. 2009，《等待的游戏：休闲手机游戏中(远程)存在和性别化分散的复杂概念》，《澳大利亚通信杂志》，特刊：《定位移动传播》（编辑）G. Goggin, C. Lloyd和S. Rickard，第36卷，第1期，第23—35页。

——（2010）《玩等待游戏：休闲手机游戏中（远程）存在和性别化分散的复杂概念》，载于H. Greif, L. Hjorth, A. Lasen和C.Lobet-Maris

（编辑），《参与的文化：媒体实践、政治和素养》，Peter Lang，柏林，第 111—125 页。

Holgersson, T. 2012，《免费应用真的占总下载量的 89% 吗？》，《移动趋势》，9 月 17 日，<http://ebctyho.blogspot.com.au/2012/09/do-free-apps-real-account-for-89-of.html>（2013 年 4 月 24 日访问）。

Homan, S, 2003，《市长广场：悉尼的现场音乐和法律与秩序》，当地消费，悉尼。

——2007，《数字时代的经典歌曲：音乐广播和澳大利亚音乐行业》，《澳大利亚国际媒体》，第 123 期，第 95—108 页。

——2008，《简介：定位澳大利亚流行音乐》，载于 S. Homan 和 T. Mitchell（编辑），《彼时之声，此时之声：澳大利亚流行音乐》，ACYS，Hobart，第 1—18 页。

——2010a，《无音乐的跳舞：版权和澳大利亚夜店》，《流行音乐与社会》，第 33 卷，第 3 期，第 377—393 页。

——2010b，《政府是什么：墨尔本的现场音乐和法律与秩序》，《完美节拍》，第 11 卷，第 2 期，第 103—118 页。

Homan, S., Cloonan, M. 和 Cattermole, J., 2013，《流行音乐工业与国家：政策说明》，Routledge，伦敦。

Homan, S. 和 Mitchell, T.（编辑），2007，《彼时之声，此时之声：澳大利亚流行音乐》，ACYS，Hobart。

Horky, T. 和 Nieland, J.-U. 2011，《国际体育新闻调查的首批结果》，<www.playthegame.org/fileadmin/image/PTG2011/Presentation/PTG_Nieland-Horky_ISPS_2011_3.10.20ll_final.pdf>（2012 年 11 月 20 日访问）。

Hough, A. 2010,《"请抢劫我"网站因"告诉窃贼推特用户何时不在家"而引发愤怒》,2月19日,<www.telegraph.co.uk/technology/twitter/7266120/Please-Rob-Me- website-tells-burglars-when-Twitter-users-are-not-home.html>(访问于2012年11月20日)。

Howard, P.和Hussain, M. 2013,《民主的第四次浪潮?数字媒体与阿拉伯之春》,牛津大学出版社,纽约。

Hughes, A.L.和Palen, L. 2009,《大规模融合和紧急事件中对推特的采纳和使用》,《国际应急管理杂志》第6卷,第3—4期,第248—260页。

Huber, A. 2007,《澳大利亚前40名:流行音乐与主流》,载于S. Homan和T. Mitchell(编辑),《彼时之声,此时之声:澳大利亚流行音乐》,ACYS,Hobart,第271—288页。

——2004,《Isma——聆听:关于消除对阿拉伯和穆斯林澳大利亚人的偏见的国家级协商》,人权和平等机会委员会,悉尼。

人权和平等机会委员会(HREOC),1991,《种族主义暴力:澳大利亚种族主义暴力全国调查报告》,AGPS,堪培拉。

——2004,《最后的手段?移民拘留营儿童状况全国调查报告》,AGPS,堪培拉。

Humphreys, S. 2009,《电脑游戏:共同创造和规范》,《澳大利亚国际媒体》,第130期,第50—52页。

Hunt, A.和Wickham, G. 1994,《Foucault与法律:面向作为治理的法律社会学》,冥王星出版社,悉尼。

Hutchins, B.和Rowe, D. 2012,《电视之外的体育:互联网、数字媒体和网络媒体体育的兴起》,Routledge,纽约。

国际唱片业联合会（IFPI）2008，《2008年IFPI数字音乐报告》<www.ifpi.org/content/ section_statistics/index.html>（2012年10月20日访问）。

国际唱片业协会（IFPI）2012，《2012年数字音乐报告》，<www.ifpi.org>（2013年2月20日访问）。

媒体和媒体监管的独立调查，2012，《媒体和媒体监管独立调查报告》，宽带、通信和数字经济部，堪培拉。

Ingham, D. 和 Weedon, A. 2008，《美好时光：杂志出版业的在线小众市场》，《融合》，第14卷，第2期，第205—220页。

Inglis, F. 2010：《名人简史》，普林斯顿大学出版社，新泽西州普林斯顿。

Inglis, K. 1983，《这是澳大利亚广播公司：澳大利亚广播委员会1932—1983年》，墨尔本大学出版社，墨尔本。

——2006，《谁的澳大利亚广播公司？澳大利亚广播公司1983—2006年》，Black公司，墨尔本。

Instagram 2012，《Instagram隐私和服务条款更改》，《Instagram博客》，<http://blog.instagram.com/post/38143346554/privacy-and-terms-of-service-changes-oninstagram>（2013年1月20日访问）。

国际唱片业协会2004，《报告摘要》，<www.ifpi.org/site-content/statistics/worldsales.html>（2012年11月20日访问）。

——2008，《2008年IFPI数字音乐报告》，<www.ifpi.org/content/section_statistics/index.html>（2012年11月20日访问）。

——2012，《2012年数字音乐报告》，<www.ifpi.org>（2013年1月16日访问）。

国际游戏开发者协会（IGDA）2012，网站，<www.igda.org>（2012年11月20日访问）。

Iosifidis，P. 2011，《公共领域、社交网络和公共服务媒体》，《信息、传播和社会》，第14卷，第5期，第619—637页。

Ito，M. 2003，《手机与地方占有》，《接收者》，第8期，<http://academic.evergreen.edu/curricular/evs/readings/itoShort.pdf>（2012年11月20日访问）。

Jacka，E. 1990，《1975—1990年澳大利亚广播公司的戏剧》，AFTRS，悉尼。

—1994，《研究受众：文化研究和社会科学之间的对话》，《澳大利亚媒体信息》，第73期，第93—98页。

—2006，《公共广播的未来》，载于S. Cunningham和G. Turner（编辑），《澳大利亚媒体与传播》第四版，第344—356页，Allen & Unwin，悉尼。

Jacka，E.和Green，L.（编辑）2003，《新"其他"：9月11日后的媒体与社会》，《澳大利亚国际媒体》特刊，第109期。

Jackson，R.，Stanton，M.和Underwood，R. 1995，《西澳报纸对原住民人的描绘：完全不清白》，提交给澳大利亚和新西兰传播协会全国会议的论文，珀斯，7月。

Jackson，S. 2008，《八卦杂志在衰退中首当其冲》，《澳大利亚人》，11月17日，第32页。

—2012，《澳大利亚联合出版社所有者Yvonne Bauer受媒体追捧，但回避宣传》，《澳大利亚人》，9月5日。

Jackson，S.和Andrews，D.（编辑）2005，《体育，文化和广告：

身份,商品和代表权的政治》,Routledge,伦敦。

Jakubowicz, A.H. 1987,《我们生活的日子:多元文化、主流化和"特别"广播》,《澳大利亚媒体信息》,第 45 期,第 18—32 页。

Jakubowicz, A., Goodall, H., Martin, J., Mitchell, T., Randall, L. 和 Seneviratne, K. 1994,《种族主义、种族与媒体》,Allen & Unwin,悉尼。

Jakubowicz, A. 和 Newell, K. 1995,《哪个世界?谁的/谁在家?澳大利亚通信字母表中的特别广播》,载于 J. Craik, J.J. Bailey 和 A. Moran(编辑),《公共之声,私人利益:澳大利亚媒体政策》,Allen & Unwin,悉尼,第 130—145 页。

Javes, S. 2003,《灯亮着但没人在家》,《悉尼先驱晨报》,指南,2003 年 10 月 13 日,第 4—5 页。

——2008,《熬夜等最新》,《悉尼先驱晨报》,指南,9 月 29 日,第 5 页。

Jay, M. 1974,《辩证的想象:法兰克福学派和社会研究所的历史》,1923—1950 年,海涅曼,伦敦。

Jenkins, H. 1992,《文本盗猎者:电视粉丝与参与式文化》,Routledge,伦敦。

——2006a,《粉丝、博主和游戏玩家,关于参与式文化的论文集》,纽约大学出版社,纽约。

——2006b,《融合文化:新旧媒体的冲突地带》,纽约大学出版社,纽约。

Jenkins, H. 和 Cassell, J. 1997,《从芭比娃娃到真人快打》,麻省理工学院出版社,剑桥,马萨诸塞州。

Jenkins, H. 及 Clinton, K., Purushotma, R., Robison, AJ 和 Weigel, M. 2006《应对参与式文化的挑战：21 世纪的媒体教育》，麦克阿瑟基金会，<www.digitallearning.macfound.org/atf/cf/%7B7E45C7E0-A3E0-4B89-AC9C-E8O7E1BOAE4E%7D/JENKINS_WHITE_PAPER.PDF>（2013 年 2 月 20 日访问）。

Jericho, G. 2013,《拿点爆米花，我们没事》，Drum 网站意见专栏，<www.abc.net.au/unleashed/4489102.html>（2013 年 2 月 20 日访问）。

Jhally, S. 2006,《积累的奇观：关于文化、媒体和政治的论文》，Peter Lang，纽约。

Johansson, D. 2008,《私人复制的未来》，3 月 27 日，《数码复兴》，<www.digitalrenaissance.se/2008/03/27/the-future-of-private-copying>。

Johnson, B. 2000, 《听不见的音乐：爵士乐、性别与澳大利亚的现代性》，Currency 出版社，悉尼。

Jolly, R. 2012,《媒体评论：都是喧嚣与骚动？》《议会图书馆背景说明》，澳大利亚议会，议会服务部，<www.aph.gov.au/About_Parliament/Parliamentary_Departments/Parl iamentary_Library/pubs/BN/2012-2013/MediaReviews>。

Jones, S.（编辑）1997,《虚拟文化：网络社会中的身份与交流》，赛奇出版社，千橡市，加利福尼亚州。

—（编辑）2007,《网络社会》，赛奇出版社，千橡市，加利福尼亚州。

Jonker, E. 1992,《当代音乐和商业广播》,《澳大利亚媒体信息》，第 64 期，第 24—30 页。

Jowett, G 和 O'Donnell, V. 1992,《宣传与说服》第二版，赛

奇出版社，纽伯里公园，加利福尼亚州。

Jungnickel，K. 2013，《WiFi 制作者：无线数字文化的民族志》，Palgrave，贝辛斯托克。

Juul，J. 2006，《半真实：真实规则与虚拟世界之间的视频游戏》，麻省理工学院出版社，剑桥，马萨诸塞州。

——2009，《一场偶然的革命：重塑视频游戏视频及玩家》，麻省理工学院出版社，剑桥，马萨诸塞州。

Kaplan，A. 和 Haenlein，M. 2010，《全世界的用户，联合起来！社交媒体的挑战与机遇》，《商业视野》，第 53 卷，第 1 期，第 59—68 页。

Karaganis，J.（编辑）2011，《新兴经济体的媒体盗版行为》，社会科学研究委员会，华盛顿，DC。

Kennedy，H. 2002，《Lara Croft：女权主义偶像或网络花瓶？论文本分析的局限》，《博弈研究》，第 2 卷，第 2 期，<www.gamestudies.org/0202/kennedy>（2012 年 11 月 20 日访问）。

Kenyon，A. 2007，《电视的未来。澳大利亚的数字电视政策》，墨尔本大学出版社，墨尔本。

Kickstarter 2012，《Amanda Palmer：新记录、艺术书籍和巡回演出》，<www.ki：starter.com/projects/amandapalmer/amanda-palmer-the-new-record-art-book-and-tour?ref=most-funded>（2013 年 2 月 20 日访问）。

Klocker，N. 和 Dunn，K. 2003，《谁推动了庇护之争？寻求庇护者的报纸和政府代表》，《澳大利亚国际媒体》，第 109 期，第 71—92 页。

Kohler, A. 2008,《报纸是新的唱片》,《Crikey》,10月8日。

Kompare, D. 2006,《出版流程:DVD播放器和电视新构想》,《电视与新媒体》,第7卷,第4期,第335—360页。

Korporaal, G. 2009,《AARNET:澳大利亚互联网20年》,AARNET,悉尼,<http://mirror.aarnet.edu.au/pub/aarnet/AARNet_20YearBook_Full.pdf>(2013年1月20日访问)。

Kucklich, J. 2005,《危险的游戏劳工:游戏修改者与网络游戏产业》,《Fibreculture》期刊,第5期,<http://journal.fibreculture.org/issue5/.Html>(2008年7月23日访问)。

Laing, D. 2003,《版权》,载于《世界流行音乐连续百科全书》,第1卷,第480—485页。

Laird, R. 1999,《声音的开端:澳大利亚的早期唱片业》,Currency出版社,悉尼。

Lange, P. 2007,《公共私人和私人公共:YouTube上的社交网络》,《计算机媒介传播杂志》,第13卷,第1期,第18条,<http://jcmc.indiana.edu/volll3/issuel/lange.html>(2012年11月20日访问)。

Latour, B. 1987,《科学在行动:怎样在社会中跟随科学家和工程师》,哈佛大学出版社,剑桥,马萨诸塞州。

Lawe Davies, C. 1998,《SBS及其神奇世界》,《澳大利亚国际媒体》,第89期,第89—108页。

Lawson, A. 2002,《老大哥,大商业》,《时代绿色指南》,6月28日,第8—9页。

Le Masurier, M. 2012,《独立杂志与印刷的复兴》,《国际文化研究杂志》,第15卷,第4期,第383—398页。

Lester, L. 2007,《让步：塔斯马尼亚媒体与环境冲突》，昆图斯，霍巴特。

——2010,《媒体与环境：冲突、政治与新闻》，Polity 出版社，剑桥。

——2013,《关于谴责、平衡和行动主义：环境新闻业的起伏变化》，载于 S. Tanner 和 N. Richardson（编辑），《数字时代下的调查性新闻》，牛津大学出版社，墨尔本，第 221—232 页。

Lester, L. 和 Cottle, S. 2009,《视觉化气候变化：电视新闻与生态公民》，《国际传播杂志》，第 3 期，第 17—26 页。

Lester, L. 和 Hutchins, B. 2012,《看不见的力量：环境冲突、媒体和隐性》，《媒体，文化与社会》，第 34 卷，第 7 册，第 832—846 页。

Leveson, Lord Justice Brian 2012,《新闻的文化、实践和伦理调查：报告》，<www.levesoninquiry.org.uk>（2013 年 2 月 20 日访问）。

Levin, J. 2009,《行业视角：：校准变革速度》，载于 J. Holt 和 A. Perren（编辑），《媒体行业：历史、理论和方法》，Wiley-Blackwell，马尔登，马萨诸塞州，第 256—263 页。

Levinson, P. 1999,《数字 McLuhan：信息化新千年指南》，Routledge，纽约。

自由党全国联盟 2013,《联盟关于高速宽带及经济型 NBN 的计划》（The Coalition's plan for fast broadband and an affordable NBN），自由党，堪培拉。

现场音乐工作组 2001,《南澳现场音乐》，是为南澳交通和城市规划部长编写的报告，阿德莱德。

澳大利亚现场演出 2011,《2010 年票务及收入调查》，<www.

liveperformance.com.au/site/_ content/document/00000184- source.pdf>（2012年11月20日访问）。

Livingstone, S. 2004,《改变受众的挑战：或，在互联网时代，受众的研究者要做什么？》,《欧洲传播杂志》, 第19卷, 第1期, 第75—86页。

《当地》2008,《报纸销量和广告收入攀升》6月2日。

Lohrey, A. 2002,《迅速高涨：绿党的崛起：季刊》, 第8期, 第1—86页。

Lovink, G. 2002,《暗光纤：探寻关键互联网文化》, 麻省理工学院出版社, 剑桥, 马萨诸塞州。

—2003,《我的第一次衰退：转型中的关键互联网文化》, V2_NAI, 鹿特丹。

—2007,《零评论：博客和批判性互联网文化》, Routledge, 伦敦。

Lowery, S.A. 和 de Fleur, M.L. 1983,《大众传播研究的里程碑》, 朗文出版社, 纽约。

Lucas, P. 1964,《永恒之声：澳大利亚广播电台》, 澳大利亚广播委员会, 悉尼。

Luckman, S. 2008a,《音乐和互联网：文件共享、iPod革命和未来的产业》, 载于 S. Homan 和 T. Mitchell（编辑）,《彼时之声, 此时之声：澳大利亚流行音乐》, ACYS, Hobart, 第181—198页。

—2008b,《愚蠢、舞蹈和狂欢文化》, 载于 S. Homan 和 T. Mitchell（编辑）,《彼时之声, 此时之声：澳大利亚流行音乐》, ACYS, Hobart, 第131—150页。

Luft, O. 2008,《Rupert Murdoch：互联网不会毁掉报纸》,《卫

报》,11月17日。

Lumby, C. 1997,《坏女孩:90年代的媒体、性和女权主义》,Allen & Unwin,悉尼。

——1999,《抓住你了:小报世界里的生活》,Allen & Unwin,悉尼。

——2003,《真实吸引力:电视真人秀的伦理》,载于 C. Lumby 和 E. Probyn(编辑),《遥控器:新媒体,新伦理》,剑桥大学出版社,墨尔本,第18—38页。

——2008,《艺术,不是色情,或反之亦然?》《周日时代报》,5月25日。

——2011,《自己动手?少女、性和名誉》,载于 S. Redmond 和 S. Holmes(编辑)《明星与名人读本》,赛奇出版社,伦敦,第341—352页。

Lunden, I. 2012,《免费应用占总下载量的89%》9月11日《TechCrunch》,<http://techcrunch.com/2012/09/ll/fre-apps>(2013年4月24日访问)。

Lunt, P. 和 Livingstone, S. 2012,《媒体监管:治理与公民和消费者的利益》,赛奇出版社,伦敦。

Machin, D. 和 van Leeuwen, T. 2003,《世界主义中的全球图式和地方话语权》,《社会语言学杂志》,第7卷,第4期,第493—512页。

——2007,《全球媒体话语:批判性导论》,Routledge,伦敦。

Mackenzie, A. 2010,《无线:网络文化中的激进经验主义》,麻省理工学院出版社,剑桥,马萨诸塞州。

MacKenzie, D. 和 Wajcman, J.(编辑)1999,《科技的社会塑造:

冰箱为何会嗡嗡作响》，第 2 版，开放大学出版社，米尔顿凯恩斯。

MacLean, S. 2005,《敬请关注最新消息》,《澳大利亚人》，媒体，2 月 3 日，第 17 页。

Macleay, J. 2000,《网络让广播明星激动不已》,《澳大利亚人》，媒体，6 月 22 日，第 6—7 页。

《杂志》2000,《Austar 电视指南》，EMAP 合同和 Austar 通信，11 月，第 115 页。

Maguire, J. 1999,《体育全球化：身份、社会、文明》，Polity 出版社，剑桥。

Maguire, T. 2007,《需要朋友的一点帮助》,《每日电讯报》，6 月 3 日，第 15 页。

Manatiy, T. 2003,《那不是娱乐》,《澳大利亚周末》，8 月 16—17 日，第 25 页。

Manning, P. 2004,《狗哨政治和新闻：悉尼报纸对阿拉伯人和穆斯林的报道》，澳大利亚独立新闻中心，技术大学，悉尼。

Maras, S. 2004,《关于 ANZCA 历史的思考：澳大利亚的视角》,《澳大利亚传播杂志》，第 31 卷，第 2 期，第 13—51 页。

Marcato, P. 2004,《精致立体声音响：澳大利亚商业调频广播的历史》，媒体研究荣誉学士论文，拉筹伯大学。

Marjoribanks, T. 和 Farquharson, K. 2012《全球时代的体育和社会》，Palgrave Macmillan, Houndmills。

Marr, D. 2005,《单向通信广播自行其道》,《悉尼先驱晨报》，12 月 13 日，<www.smh.com.au/news/national/oneway-radio-plays-by-its-own-rules/2005/12/12/1134236005956.html>。

Marshall, P.D. 1997,《名人与权力：当代文化中的名声》，明尼苏达大学出版社，明尼阿波利斯市，明尼苏达州。

——（编辑）2006,《名人文化读本》，Routledge，伦敦。

Martin, F. 2002,《超越公共广播服务？ ABC 在线与用户/公民》，《南方评论：传播、政治与文化》，第 35 卷，第 1 期，第 42—62 页。

Martin, I. 2013, 个人通信，2 月 6 日和 28 日。

Massey, D. 1993,《位置的问题》，《地理》，第 78 期，第 142—149 页。

Masters, C.2006,《琼斯镇：艾伦·琼斯的力量和神话》，Allen & Unwin，悉尼。

Mattelart, A. 1991,《广告国际》，Routledge，伦敦。

Mattelart, A. 和 Siegelaub, S.（编辑）1983,《传播与阶级斗争。卷一：资本主义、帝国主义》，国际通用，纽约。

Maxwell, I. 2003,《动感节拍，炫酷押韵：嘻哈音乐风靡澳洲》，卫斯理大学出版社，密德敦，CT。

Maxwell, R. 和 Miller, T. 2012,《绿化媒体》牛津大学出版社，牛津。

Mayer, H. 1964,《澳大利亚新闻业》，兰斯多恩出版社，墨尔本。

Mayra, F. 2003,《与虚拟狼共城市萨曼舞——研究普及性手机游戏》,《接收者》，第 12 期，<www.receiver.vodafone.com>（2005 年 5 月 20 日访问）。

McChesney, R.W. 2008,《媒体政治经济学：持久问题，新的困境》，每月评论出版社，纽约。

McCutcheon, M. 2006,《付费电视实现了诺言吗？》博士论文,默多克大学。

McFall,, L.2004,《广告：文化经济》，赛奇出版社，伦敦。

McKee, A. 2001,《澳大利亚电视：伟大时刻的历史》，牛津大学出版社，墨尔本。

—2003,《文本分析：初学者指南》，赛奇出版社，千橡市，加州。

—2004,《神秘博士与政治有关吗？》《文化研究欧洲期刊》，第7卷，第2期，第223—259页。

—2005,《公共领域：导论》，剑桥大学出版社，剑桥。

McKee, A., Albury, K. 和 Lumby, C. 2008,《色情报道》，墨尔本大学出版社，墨尔本。

McKinney, D. 2012, 创始人，过滤器小组工作室。作者采访，10月19日。

McKnight, D. 2012,《Rupert Murdoch：政治权力调查》，Allen & Unwin，悉尼。

McLeod, K. 2005,《知识分子（知识产权）的自白：危险老鼠、米老鼠、Sonny Bono 和我作为版权活动家（学者）的漫长而曲折的道路》,《流行音乐与社会》，第28卷，第1期，第79—93页。

McNair B. 1998,《新闻社会学》，Arnold，伦敦。

McQuail, D. 2010,《麦奎尔大众传播理论》，第6版，赛奇出版社，伦敦。

McQueen H. 1977,《澳大利亚媒体垄断》，Widecope，墨尔本。

Meade A. 2008,《宗教主持人 Stephen Crittenden 抨击澳大利亚广播公司国家频道削减电视节目》,《澳大利亚人》，10月15日。

Meadows, M. 1992,《沙漠中的喷壶：澳大利亚原住民广播政策问题》，格里菲斯大学文化政策研究所，布里斯班。

Meikle, G. 2002,《未来活跃：媒体激进主义和互联网》，Routledge 和冥王星出版社，纽约和悉尼。

Meikle, G. 和 Young, S.（编辑）2008,《超越广播》，《澳大利亚国际媒体》特刊，第 126 期。

Mendoza, M., Poblete, B. 和 Castillo, C. 2010,《危机下的推特：我们能信任我们转发的内容吗？》，提交给社交媒体分析第一研讨会（SOMA'TO）的论文，ACM，华盛顿特区。

Mercer, C. 1994,《文化政策：研究与政府的当务之急》，《澳大利亚媒体信息》，第 73 期。

Meyer, P. 2004,《消失的报纸：拯救信息时代的新闻》，密苏里大学出版社，伦敦。

Michael, M.G. 和 Michael, K. 2010,《迈向定位隐私被监视的状态》，《IEEE 技术与社会杂志》，第 29 卷，第 2 期，第 9—16 页。

Michaels, E. 1986,《澳大利亚中部原住民电视的发明 1982—1985 年》，澳大利亚原住民研究所，堪培拉。

Miller, D. 1987,《物质文化与大众消费》，布莱克威尔，伦敦。

Miller, T. 1995,《力争差异：商业广播政策》"，载于 J. Craik, J.J. Bailey 和 A. Moran（编辑），《公共之声，私人利益：澳大利亚媒体政策》，Allen & Unwin，悉尼，第 86—100 页。

——2001,《体育性爱》，Temple 大学出版社，费城，宾夕法尼亚州。

——2010,《电视研究：基础》，Routledge，伦敦。

Miller, T. 和 Turner, G. 2002,《广播》，载于 S. Cunningham 和 G. Turner（编辑），《澳大利亚媒体与传播》，Allen & Unwin，悉尼。

Miller, T., Turner, G., McKay, J. 和 Rowe, D. 2001,《全球化与体育：上场比赛》，赛奇出版社，伦敦。

Mills, C. Wright 1959,《社会学想象》，牛津大学出版社，纽约。

Mitchell, T. 2001,《全球噪音：美国以外的说唱和嘻哈》，卫斯理大学出版社，米德尔敦，康涅狄格州。

—2008a,《澳大利亚嘻哈的多元文化素养：亚文化出现在光明中》，载于 S. Homan 和 T. Mitchell（编辑），《彼时之声，此时之声：澳大利亚流行音乐》，ACYS, Hobart，第 231—252 页。

—2008b,《文化与经济》，载于 T. Bennet 和 J. Frow（编辑），《赛奇出版社文化分析手册》，赛奇出版社，伦敦，第 447—466 页。

Molloy, B. 1990,《中场休息前：澳大利亚神话和故事片，1930—1960 年》，昆士兰大学出版社，布里斯班。

Molloy, M. 和 Lennie, J. 1990,《澳大利亚传播研究：澳大利亚高等教育机构教师、学生和课程统计研究》，传播中心，昆士兰科技大学，布里斯班。

Montford, N. 和 Bogost, I. 2009,《与光赛跑：Atari 视频电脑系统》，麻省理工学院出版社，剑桥，马萨诸塞州。

Moores, S. 1993,《解读观众：媒体消费的民族志》，赛奇出版社，伦敦。

Moran, A. 1985,《影像与产业：澳大利亚电视剧制作》，Currency 出版社，悉尼。

Morley, D. 1980,《"全国"的受众，结构和解码》，英国电影学院，伦敦。

—1992,《电视，观众和文化研究》，Routledge, 纽约。

—1999,《从电视新闻中了解世界：一些困难》，载于 J. Gripsrud（编辑），《电视与常识》，Routledge，伦敦。

Mosco，V. 1996，《传播的政治经济学》，赛奇出版社，伦敦。

Moyal，A. 1984，《跨越澳大利亚：电信历史》，Thomas Nelson，墨尔本。

Muir，I. 2012，西太平洋银行客户体验经理与 Ben Goldsmith 的访谈，11 月 6 日。

Mulhern，F. 1979，《"审视"时刻》，新左派丛书，伦敦。

Mulvey，L. 1975，《视觉乐趣与叙事电影》，《屏幕》，第 16 卷，第 3 期，第 35—47 页。

—1989，《视觉和其他乐趣》，印第安纳大学出版社，卢明顿，印第安纳州布。

Munstet，A. 2009，《汉森摄影与"网络条件"》，《连续——媒体与文化研究杂志》，第 23 期，第 3—12 页。

Murdock，G. 和 Golding，P. 1974，《大众传播的政治经济学》，载于 R. Miliband 和 J. Saville（编辑），《社会主义登记》，梅林出版社，伦敦。

Murphy，K. 2012，《突发事件后，是时候再次联系了》，《时代》，12 月 10 日，<www.smh.com.au/opinion/politics/after-a-sudden-shocking-event-its-time-to-connect-again-20121209-2b3en.html>。

Murray，S.（编辑）1995，《澳大利亚电影 1978—1994 年》，第二版，牛津大学出版社，墨尔本。

Mutter，A. 2011，《报纸广告销售额跌至新低：240 亿美元》，《新闻老古董的思考》，12 月 5 日。

Myers，K. 1983，《理解广告商》，载于 H. Davis 和 P.Walton（编辑），《语言、图像、媒体》，Basil Blackwell，牛津，第 205—223 页。

Neuenfeldt，K. 2008，《Ailan 爱兰风格：托雷斯海峡岛民的现代音乐概述》，载于 S. Homan 和 T. Mitchell（编辑），《彼时之声，此时之声：澳大利亚流行音乐》，ACYS，Hobart，第 167—180 页。

新西兰商业创新和就业部，以及澳大利亚宽带、通信和数字经济部，2013，《跨塔斯曼漫游：最终报告》，新西兰政府和澳大利亚政府，惠灵顿和堪培拉。

Nicoll，F. 2001，《从矿工到男扮女装者：澳大利亚民族身份的配置》，冥王星出版社，悉尼。

Nielsen 2012，《媒体现状：2012 年社交媒体报告》，<www.nielsen.com/us/en/reports/2012/state-of-the-media-the-social-media-report-2012.html>（2013 年 3 月 20 日访问）。

尼尔森在线 2012a，《排名前二十的代理商》，《Mumbrella》，3 月 9 日，<http://mumbrella.com.au/only-five-from-top-20-agencies-grow-as-media-market-shrinks-78341>（2013 年 3 月 20 日访问）。

尼尔森在线 2012b，《澳大利亚在线景观评论》，7 月，<www.nielsen.com/au/en/news-insights/press-room/2012/australian-online-landscape-review-july-2012.html>（2013 年 3 月 20 日访问）。

Nielsen，R.K. 2012，《震撼媒体世界的十年：国际媒体发展的大问题和大趋势》，路透社新闻研究所，牛津大学。

Nightingale，V. 1993，《关于人种学受众研究的"人种学"是什么？》，载于 J. Frow 和 M. Morris（编辑），《澳大利亚文化研究：读本》，Allen & Unwin，悉尼，第 164—178 页。

Nitins，T. 和 Burgess，J. 2013，《推特、品牌和用户参与度》，载于 K. Weller，A. Bruns，J. Burgess，C. Puschmann 和 M. Mahrt（编辑），《推特和社会》，Peter Lang，纽约。

Noble，G. 1975，《小屏幕前的孩子们》，Constable and 赛奇出版社，伦敦和比佛利山庄，加州。

Norman，D. 1988，《日常物品的设计》，Basic Books，伦敦。

The Observer Tree 2012，网站 <http://observertree.org>（2012 年 10 月 14 日访问）。

澳大利亚信息专员办公室（OAIC）2010，《澳大利亚隐私专员从谷歌获得隐私承诺》，<www.privacy.gov.au/materials/a-z?fullsummary=7103>（2013 年 2 月 12 日访问）。

经合组织宽带门户网站 2010，《互联网时代新闻》，经合组织，巴黎。

——2011，《2011 年经合组织通信展望》，经合组织，巴黎。

O'Connor，J. 2009，《创意产业：新方向？》，《国际文化政策期刊》，第 15 卷，第 4 期，第 387—402 页。

O'Donnell，P.，McKnight，D. 和 Este，J. 2012，《字节速度下的新闻业——21 世纪澳大利亚报纸》，沃克利基金会，悉尼。

开放信号网站 2012，《可视化的安卓碎片》，<http://opensignal.com/reports/fragmentation.php>（2013 年 4 月 24 日访问）。

O'Regan，T. 1990，《电视作为一种文化技术：Eric Michaels 的作品》，《持续：媒体与文化》杂志，第 3 卷，第 2 期，第 53—98 页。

——1994，《澳大利亚电视的贾纳斯面孔：本地和进口节目》，载于 A. Moran（编辑），《电影政策：澳大利亚读本》，格里菲斯大学文化政策研究所，布里斯班，第 87—104 页。

——1996，《澳大利亚国家电影院》，Routledge，伦敦。

Owen B. 和 Wildman, S. 1992，《视频经济学》，哈佛大学出版社，剑桥，马萨诸塞州。

Painter, J. 2011，《南辕北辙：气候怀疑主义的国际报道》，路透社新闻研究所，牛津。

Palen, L., Starbird, K., Vieweg, S. 和 Hughes, A. 2010，《2009 年红河谷洪水威胁期间基于推特的信息传播》，《美国信息科学与技术学会公报》，第 36 卷，第 5 期，第 13—17 页。

Papandrea, F. 1997，《澳大利亚电视节目文化条例》，运输和通信经济局，临时文件第 114 号，AGPS，堪培拉。

Pavlik, J.V. 1996，《新媒体技术——文化和商业前景》，阿林和培根出版社，波士顿。

Pearce, M. 2000，《澳大利亚广播政策透视》，《持续》，第 14 卷，第 3 期，第 367—382 页。

Petersen, N. 1993，《新闻而非观点：澳大利亚广播公司，新闻，政治，1932—1947 年》，Hale & Iremonger，悉尼。

——1999，《谁的新闻？澳大利亚广播公司的组织冲突，1947—1999 年》，《澳大利亚新闻专刊》，第 3—4 期，5 月至 11 月。

皮尤研究中心数据库 2012，《23%——阅读纸质报纸的美国人人数继续下降》，10 月 15 日。

澳大利亚唱片表演公司（PPCA）2011，《澳大利亚唱片表演公司 2011 年年度报告》，<www.ppca.com.au/IgnitionSuite/uploads/docs/PPCA%20AR%202011.pdf>（2012 年 10 月 20 日访问）。

Pike, A. 和 Cooper, R. 1998,《1900—1977 年的澳大利亚电影》,牛津大学出版社, 墨尔本。

为生命而演奏 2012,《音乐——为生命而演奏》,<www.musicplayforlife.org>(2013 年 2 月 20 日访问)。

Pollack, H.N. 2005,《不确定的科学……不确定的世界》第二版。剑桥大学出版社, 剑桥。

Popper, K. 1959,《科学发现的逻辑》, Basic Books, 纽约。

Potter, W. 1999,《媒体暴力》, 赛奇出版社, 千橡市, 加州。

Potts, J. 1989,《澳大利亚的广播电台》, UNSW 出版社, 悉尼。

Poynting, S., Noble, G., Tabar, P. 和 Collins, J. 2004,《本·拉登在郊区: 误判阿拉伯群体有罪》, 悉尼犯罪学研究所, 悉尼。

Praetorius, D. 2011,《发短信时摔进喷泉的女孩 Cathy Cruz Marrero 考虑诉讼》, 赫芬顿邮报, 5 月 25 日。

Putnam, R.D. 2000,《独自打保龄球: 美国社区的崩溃和复兴》, 西蒙舒斯特出版社, 纽约。

Putnis, P. 2000,《澳大利亚大学传播和媒体研究课程的增长和现状调查》, DEST 评估和调查项目, 堪培拉。

Quay, S.E. 和 Damico, A.M. 2012,《围观"摔倒的人"的十年》,《媒体伦理》, 第 24 卷, 第 1 期, <www.mediaethicsmagazine.com>(2013 年 1 月 20 日访问)。

昆士兰科技大学 2010,《2010 年澳大利亚艺术和娱乐部门的数据图像》, 创意产业学院, 昆士兰科技大学, 布里斯班。

Quigley A. 2006,《Julia 的形象右比左好》《每日电讯报》, 12 月 6 日。

《国家广播电台计划削减开支》2012,《ABC 新闻》,9 月 25 日,<www.abc.net.au/news/2012-09-25/radio-national-plans-program-cuts-to-save-money/4279846>(2012 年 11 月 29 日访问)。

Rahimi,T.J. 1995,《控制身份的权力:限制名人的宣传权利》,《圣克拉拉法律评论》,第 35 卷,第 2 期,第 72 页。

Rainie,L. 和 Wellman,B. 2012,《网络化:新社会操作系统》,麻省理工学院出版社,剑桥,马萨诸塞州。

Redhead,S. 2004,《创意现代性:新文化国家》,《澳大利亚国际传媒》,第 112 期,第 9—27 页。

无国界记者 2009,《揭露环境问题的记者所面临的危险》,无国界记者,巴黎。

Reynolds,H. 1996,《前沿:原住民、定居者和土地》,Allen&Unwin,悉尼。

Rimmer,M. 2005,《灰色专辑:版权法与数字样本》,《澳大利亚国际媒体》,第 114 期,第 40—53 页。

Richardson,I. 2011,《移动游戏的混合本体》,《融合:国际新媒体技术研究杂志》,第 17 卷,第 4 期,第 419—430 页。

—2012,《触屏:手机游戏和 iphone 的现象学》,载于 L. Hjorth,J. Burgess 和 I. Richardson(编辑),《移动媒体研究:文化技术、移动传播和 iPhone》。Routledge,纽约,第 133—153 页。

Richardson,I. 和 Wilken,R. 2012,《第三屏幕的副业:移动媒体、位置和存在》,载于 R. Wilken 和 G. Goggin 的《移动技术和位置》,Routledge,纽约。

Robterson,R. 1995,《全球本土化:时空和同质—异质性》,载于 M.

Featherstone、S. Lash 和 R. Robertson《全球的现代性》，赛奇出版社，伦敦，第 25—44 页。

Rojek, C. 2001,《名人》, Reaktion Books 出版社，伦敦。

——2012,《名声攻击：名人膨胀及其后果》, Bloomsbury 出版社，伦敦。

Roscoe, J. 2001,《真实娱乐：新的纪实综合类电视节目》,《澳大利亚国际媒体》第 100 期，第 9—20 页。

罗斯, N. 1999,《自由的力量：重塑政治思想》, 剑桥大学出版社，剑桥。

——2007,《生命本身的政治：生物医学：21 世纪的权力与主体性》, 普林斯顿大学出版社，普林斯顿，新泽西州。

Rosen, J. 2006,《以前被称为受众的人》,《Pressthink》, 6 月 27 日, <http://archive.pressthink.org/2006/06/27/ppl_frmr.html>（2012 年 11 月 20 日访问）。

Ross, K. 和 Nightingale, V. 2003,《媒体与受众：新视角》, 公开大学出版社，梅登黑德。

Ross, S. 2008,《打破常规：电视和互联网》, Blackwell, Malden, 马萨诸塞州。

Rosten, L. 1939,《好莱坞的"中城"研究》,《公共观点季刊》, 第 3 卷, 第 2 期, 第 314—315 页。

Rowe, D. 2004,《体育、文化和媒体：不羁的三位一体》, 第二版, 开放大学出版社，梅登黑德。

——2011,《全球媒体体育：流动、形式和未来》, 布鲁姆斯伯里学术出版公司，伦敦。

皇家委员会对原住民在押死亡的调查1991，Elliott Johnston 的《国家报告》，AGPS，堪培拉。

Roy Morgan 研究 2006，《澳大利亚媒体持怀疑态度——电视仍然是我们追逐新闻的首站》，12月18日。

Ruddock，A. 2001，《了解观众》，赛奇出版社，伦敦。

——2007，《调查观众》，赛奇出版社，伦敦。

Rush，E. 和 La Nauze，A. 2006，《企业恋童癖：媒体中儿童的性化》，澳大利亚研究所，堪培拉。

Rushton，M. 2002，《版权和言论自由：经济分析》，载于 R. Towse（编辑），《文化产业版权》，Edward Elgar，Cheltenham，第48—62页。

Russell，A. 和 Echchaibi，N.（编辑）2009，《国际博客：身份、政治与网络公众》，Peter Lang，纽约。

Salomon，M. 2009，《阿尔法男性是网络政治贝塔》，《时代》，2月12日。

Sanders，K. 2003，《伦理与新闻》，塞奇出版社，伦敦。

Sandvig，C. 2004，《Wi-Fi 网络中合作行动的初步评估》，《电信政策》，第28期，第579—602页。

Saxton，A. 2003，《我当然不希望这里有那样的人："寻求庇护者"的话语建构》，《澳大利亚国际媒体》，第109期，第109—120页。

SBS 2008，《Mitunes》，《洞察》栏目，SBS 电视，6月3日，<http://news.sbs.com.au/insight/episode/index/id/19#overview>。

Scherer，J. 和 Rowe，D.（编辑）2013，《体育、公共广播和文化公民：信号丢失？》，Routledge，纽约。

Schiller, H. 1969,《大众传播与美国帝国》，Kelly，纽约。

Schudson, M. 1978,《发现新闻：美国报纸的社会史》，Basic Books，纽约。

——1984,《广告：令人不安的说服》，Basic Books，纽约。

Schultz, J. 1998,《复兴第四等级：民主、问责和媒体》，剑桥大学出版社，剑桥。

澳大利亚银幕 2009,《1998—2009 年前 20 名电视节目》，<www.screenaustralia.gov.au/research/statistics/archwftvtopprog.aspx>。

——2012,《1995—2011 年订阅用户数，总计和运营商》，<www.screenaustralia.gov.au/research/statistics/archwptvsubs xops.aspx>（2012 年 11 月 20 日访问）。

Seiter, E. 1990,《电视观众研究中的与众不同：关于令人不安的采访的案例研究》，《文化研究》，第 4 卷，第 1 期，第 61—84 页。

参议院常务委员会 2007,《当代媒体中儿童的性化》，6 月 26 日，<www.aph.gov/au/Senate/Committee/eca_ctte/16/index.htm>（2012 年 11 月 20 日访问）。

Sensis 与澳大利亚互动多媒体行业协会 2012,《社交媒体报告黄皮书》，第二版，<http://about.sensis.com.au/IgnitionSuite/uploads/docs/FinalYellow_SocialMediaReport_digital_screen.pdf>（2013 年 2 月 20 日访问）。

Sexton, E. 2010,《关于版权法上限的喧嚣和愤怒》，《审查者》（Hobart），10 月 13 日，<www.examiner.com.au/news/national/national/general/sound-and-fury-over-copyright-act-cap/1967126.aspx?storypage=1>（2013 年 2 月 20 日访问）。

Seymour-Ure，C. 1991,《自 1945 年以来的英国报纸和广播业》，Basil Blackwell，牛津。

Shanahan，J. 和 Morgan，M. 1999《电视与观众：培养理论与研究》，剑桥大学出版社，剑桥。

Shand，A. 2002,《Chisholm 在佩珀协议中起关键作用》，《澳大利亚金融评论》，3 月 6 号，第 41 页。

Shawcross，W. 1992,《Rupert Murdoch：伦敦信息马戏团的表演指挥》，Pan Books，伦敦。

Sheridan，S. 及 Baird，B.，Borrett，K. 和 Ryan，L. 2002,《那个女人是谁？战后澳大利亚妇女周刊》，UNSW 出版社，悉尼。

Shirley，G. 和 Adams，B. 1987,《澳大利亚电影：前八十年》，Currency 出版社，悉尼。

Shklovski，I.，Palen，L. 和 Sutton，J. 2008,《通过信息和传播技术在救灾时寻找社区》，《2008 年 ACM 计算机支持的合作工作会议记录 -CSCW'8》，ACM，圣地亚哥，第 127 页。

Silverstone，R 和 Haddon，L. 1996,《信息和通信技术的设计和归化：技术变革与日常生活》，载于 R. Silverstone 和 R. Mansell（编辑），《设计通信：信息和通信技术的政治》，牛津大学出版社，牛津，第 44—74 页。

Silverstone，R. 和 Hirsch，E.（编辑）1992,《消费技术：家庭空间中的媒体和信息》，Routledge，伦敦。

Simons，M. 2008,《Kirk 在自助垃圾站进行垃圾分类》，Crikey，6 月 5 日。

—2012,《十字路口的新闻业》，Scribe，墨尔本。

Sinclair, J. 1987,《合并的图像：作为产业和意识形态的广告》，Croom Helm 和 Methuen，伦敦和悉尼。

——2012,《广告，媒体和全球化》，Routledge，伦敦。

Sinclair, J. 和 Davidson, J. 1984,《澳大利亚文化研究＝伯明翰＋米安津，是吗？》，人文系，Footscray 理工学院。

Sinclair, L. 2011,《澳大利亚广告市场增长超出预期》，《澳大利亚人》，2月28日。

Slater, D. 1997,《消费文化与现代性》，Polity 出版社，剑桥。

Slattery, K. 2003,《溺水而不招手："儿童落水"事件与澳大利亚对"他人"的恐惧》，《澳大利亚国际媒体》，第109期，第93—108页。

Smirke, R. 2011,《2011年国际唱片业协会报告：全球唱片销量下降8.4%》，《Billboard》，<www.Billboard.biz/bbbiz/industry/Global/ifpi-2011-report-global-recorded-music-sales-1005100902.story>（2012年11月20日访问）。

Smith, A. 1980,《再见古腾堡：20世纪80年代的报纸革命》，牛津大学出版社，牛津。

Smith, C. 1998,《创意英国》，费伯和费伯出版社，伦敦。

Smith, G. 2005,《歌唱的澳大利亚人》，冥王星出版社，墨尔本。

——2007,《民谣音乐：运动、场景和风格》，载于载于 S. Homan 和 T. Mitchell（编辑），《彼时之声，此时之声：澳大利亚流行音乐》，ACYS，Hobart，第151—166页。

Smith, S.E. 2012,《唐氏综合症模特抬头看 Dolores Cortes 美国儿童泳装目录》，《xojane》，<www.xojane.com/issues/model-down-

syndrome-heads-dolores-cortes-us-kids-swimwear-catalogue>（2012 年 7 月 24 日访问）。

Soja，E. 1989，《后现代地理：批判社会理论中的空间理论》，Verso 出版社，纽约。

Solove，D. 2008，《理解隐私》，哈佛大学出版社，纽约。

Sparks，G. 2002，《媒体效应研究：基本概览》，沃思/汤姆森学习出版集团，贝尔蒙特，加利福尼亚州。

Spearritt，P. 和 Walker，D. 1979，《澳大利亚流行文化》，George Allen & Unwin，悉尼。

澳大利亚特别报道台（SBS）2012，《2011—2012 年年度报告》，SBS，悉尼。

Spurgeon，C. 2008，《广告与新媒体》，Routledge，伦敦。

标准电话服务审查小组 1997，《标准电话服务审查》，通信、信息技术和艺术部，堪培拉。

Starbird，K. 和 Palen，L. 2010，《转出去？在大规模紧急情况下转发推特》，《第七届国际 ISCRAM 会议纪要》，ISCRAM，西雅图。

Stelter，B. 2010，《水冷却器效应：互联网可以成为电视的朋友》，《纽约时报》，<www.nytimes.com/2010/02/24/business/media/24cooler.html>（2012 年 11 月 20 日访问）。

St John，G.，2001，《FreeNRG：来自舞池边缘的笔记》，公共地面出版社，墨尔本。

Stockbridge，S. 1988，《付费播放的辩论：澳大利亚电视公司与唱片公司之争，以及"公共福利"的神话》，载于 T. Bennett，L. Grossberg，W. Straw 和 G. Turner（编辑），《摇滚乐：政治与政策》，格里菲斯大学文化政策研究所，布里斯班，第 13—20 页。

Stone，G. 2007，《谁毁掉了第九频道？》Pan Macmillan，悉尼。

Stratton，J. 2007，《澳大利亚摇滚：流行音乐论文》，API 网络出版社，珀斯。

Sullivan，B. 1997，《性的政治：1945 以来澳大利亚的娼妓和色情》，剑桥大学出版社，剑桥。

Sutton-Smith，B. 1997，《戏剧的模棱两可》，Routledge，伦敦。

Swingewood，A. 1977，《大众文化的神话》，麦克米伦出版社，伦敦。

Systrom，K. 2012，《基于您的反馈的更新服务条款》，《Instagram 博客》，<http://blog.instagram.com/post/38421250999/updated-terms-of-service-based-on-your-feedback>。

Tanner，L. 1999，《开放的澳大利亚》，冥王星出版社，悉尼。

——2012，《次要事件》，第二版，Scribe，墨尔本。

Taylor，T.L. 2006，《在世界之间的游戏》，麻省理工学院出版社，剑桥，马萨诸塞州。

Thomas，D. 和 McCarthy，B. 2013，《移动运营商挑战谷歌和苹果》，《金融时报》，2 月 24 日。

Thomas，J. 和 Rennie，E. 2012，《没有人因为政府强迫而使用互联网》，《内幕》，10 月 1 日，<http://inside.org.au/nobody-uses-the-Internet-because-the-government-says-they-should>（2013 年 2 月 2 日访问）。

Thornley，P. 1995，《揭穿"Whitlam"神话：重访公共广播年鉴》，《澳大利亚国际媒体》，第 77 期，第 155—164 页。

—1999，《澳大利亚的广播政策：政治影响和联邦政府在建立和发展澳大利亚公共/社区广播中的作用——1939年至1992年的历史》，博士论文，纽卡斯尔大学。

Throsby，D. 和 Zednik，A. 2010，《你真的希望拿到工资吗？澳大利亚专业艺术家经济研究》，澳大利亚艺术委员会，悉尼。

Tiffen，R. 1989，《新闻与权利》，Allen & Unwin，悉尼。

—1994a，《梅耶尔论媒体：问题与争论》，Allen & Unwin，悉尼。

—1994b，《媒体政策》，载于 J. Brett，J. Gillespie 和 M. Goot（编辑），《澳大利亚政治发展》，麦克米伦出版社，墨尔本。

Tiffen，R 和 Gittins，R 2009，《澳大利亚的比较》，第二版修订版。剑桥大学出版社，墨尔本。

Tomlinson，A 和 Young，C（编辑）2006，《国家身份和全球体育事件：奥林匹克和足球世界杯的文化、政治和奇观》，纽约州立大学出版社，纽约。

Toohey，P 2010，《时尚基金推动茱莉亚的发展》，《水星报》，7月6日。《3月1日星期五，前150大公司截止交易》，2013年，《澳大利亚人》周末版——商业，3月2—3日，第33页。

Totaro，P. 2010，《吉拉德作为总理首次登上国际舞台》，《悉尼先驱晨报》，10月4日，<www.smh.com.au/world/gillards-first-appearance-on-international-stage-aspm-20101004-1644u.html>（2012年10月20日访问）。

Toynbee，P. 2005，《为什么投给工党？答案在〈每日邮报〉上》，《卫报》，3月16日

Trevillion，T. 2012，执行总裁，与作者的访谈，10月17日。

Tunstall，J. 1971，《工作中的记者》，Constable，伦敦。

——1996，《报纸力量：英国的新国家新闻业》，克拉伦登出版社，牛津。

Turnbull，M.《通信和宽带影子内阁大臣》2012，在 CommsDay 墨尔本峰会上发表讲话，10 月 9 日。

Turner，G. 1986，《国家小说》，Allen & Unwin，悉尼。

——1992，《澳大利亚流行音乐及其背景》，载于 P. Hayward（编辑），《从流行到朋克再到后现代：20 世纪 60 年代至 90 年代的流行音乐与澳大利亚文化》，Allen & Unwin，悉尼。

——1993a，《导论：移动边缘——理论、实践和澳大利亚文化研究》，载于 G. Turner，《国家、文化、文本：澳大利亚文化与媒体研究》，Routledge，伦敦，第 1—13 页。

——1993b，《谁杀死了广播明星？澳大利亚青少年广播之死》，载于 T. Bennett、S. Frith、L. Grossberg、J. Shepherd 和 G. Turner（编辑）《摇滚与流行音乐：政治、政策与制度》，Routledge，伦敦，第 142—155 页。

——1996，《维护新闻》，《文化与政治》，第 7 卷，第 3 期，第 127—164 页。

——2003，《英国文化研究：导论》，第 3 版，Routledge，伦敦。

——2004，《理解名人》，塞奇出版社，伦敦。

——2005，《事件终结：澳大利亚电视时事的衰落》，UNSW 出版社，悉尼。

——2010，《普通民众和媒体：民众转向》，赛奇出版社，伦敦。

2012，《文化研究变成什么了？》，赛奇出版社，伦敦。

Turner，G.，Bonner，F. 和 Marshall，P.D. 2000，《成名游戏：

澳大利亚名人的产生》，墨尔本，剑桥大学出版社。

Turner，G. 和 Cunningham，S.（编辑）2000，《澳大利亚电视书》，Allen & Unwin，悉尼。

Turner，G. 和 Tay，J.（编辑）2009，《电视后的电视研究：理解后广播的电视》，Routledge，伦敦。

Van Dijck，J. 2013，《连接文化：社交媒体批判史》，牛津大学出版社，牛津。

Varian，H. 2010，《报纸经济学：线上和线下》，在联邦贸易委员会研讨会上的演讲，《新闻如何在互联网时代幸存？》，联邦贸易委员会会议中心，华盛顿特区。

Verghis，S. 2000，《拒绝有色人！我们是永远的白澳人》，《悉尼先驱晨报》，10月26日，第12页。

视觉移动 2012，《2012年开发商经济：新的移动应用经济》，视觉移动，悉尼，4月24日。

Vieweg，S.，Hughes，A.，Starbird，K. 和 Palen，L. 2010，《两次自然灾害期间的微博客》，《第28届计算机系统人为因素国际会议纪要—CHI '10》，ACM，亚特兰大，第1079页。

Viticci，F. 2012，《苹果揭示新的"顶级应用"》，3月3日，《Macstories》。<www.macstories.net/news/apple-reveals-new-all-time-top-apps-following-25-billion-downloads>（2013年4月24日访问）。

沃达丰集团 2012，《2012年背景介绍》，<www.vodafone.com/content/dam/vodafone/investors/factsheet/group_presentation.pdf>（2013年1月30日访问）。

Waddell，R. 2007，《最新消息：麦当娜与 Live Nation 签署全

球协议》,《Billboard》, 10月16日, <http://billboard.biz/bbbiz/content_display/industry/e3i172f2c4d34dd5766e64291d7752db92d?imw=Y>（2013年10月20日访问）。

Wajcman, J., Bittman, M. 和 Brown, J. 2009,《亲密关系：手机对工作/生活边界的影响》。载于 G. Goggin 和 L. Hjorth（编辑）,《移动技术：从电信到媒体》, Routledge, 纽约, 第 9—22 页。

Waldman S. 2011,《社区的信息需求》。载于 S. Waldman,《宽带时代不断变化的媒体格局》, 联邦通信委员会, 华盛顿特区。

Walsh K.A. 2013,《对 Julia Gillard 的跟踪》, Allen & Unwin, 悉尼。

Ward, I 2002,《对话广播, 政治传播和澳大利亚政治》,《澳大利亚传播杂志》, 第 29 卷, 第 1 期, 第 21—38 页。

Wasko, J., Murdock, G. 和 Sousa, H.（编辑）2011,《通信政治经济学手册》, Blackwell, 牛津。

Weller, K., Bruns, A., Burgess, J., Mahrt, M. 和 Puschmann, C.（编辑）2013,《推特和社会》, Peter Lang, 纽约。

Wenner, L.A.（编辑）1998,《媒体体育》, Routledge, 伦敦。

——2007,《转向叙事伦理学的肮脏理论：媒体、体育和商品价值的绪论》,《媒体和文化政治国际期刊》, 第 3 卷, 第 2 期, 第 111—129 页。

Western, J. 和 Hughes, C. 1971,《澳大利亚大众媒体》, 昆士兰大学出版社, 布里斯班。

Westfield, M. 2000,《守门人：控制澳大利亚付费电视的全球媒体之战》, 冥王星出版社, 悉尼。

Whannel, G. 2008,《文化、政治和体育：吹哨, 重访》。

Routledge，伦敦。

Wheelright, E. L. 和 Buckley, K.（编辑）1987,《澳大利亚的通信与媒体》, Allen & Unwin, 悉尼。

Whiteoak, J. 2003,《流行音乐》，载于 J. Whiteoak 和 A. Scott-Maxwell（编辑），《澳大利亚音乐与舞蹈的货币伴侣》, Currency 出版社，悉尼，第 529 页。

Whiteoak, J. 和 Scott-Maxwell, A.（编辑）2003,《澳大利亚音乐舞蹈的货币伴侣》，悉尼，Currency 出版社。

Wilken, R. 和 Goggin, G.（编辑）2014,《定位媒体》,Routledge, 纽约。

Wilkins 2012,《明星因聚散离合电视剧中种族歧视而受抨击》,《悉尼先驱晨报》，2 月 12 日，<www.smh.com.au/entertainment/tv-and-radio/star-hits-out-at-home-and-away-racism-20120216-lta23.html>（2012 年 11 月 20 日访问）。

Williams, R. 1974,《电视：技术和文化形式》, Fontana/Collins 出版社，伦敦。

Williamson, J. 1978,《解码广告：广告中的意识形态与意义》,Boyars 出版社，伦敦。

Wilson, H. 2006,《MIA30 年：纪念社论》,《澳大利亚国际媒体》,第 119 期，第 3—20 页。

Windschuttle, K. 1988,《媒体》, 第二版，企鹅出版社，林伍德。

Wolf, M.J.P. 和 Perron, B.（编辑）2003,《视频游戏理论读本》,Routledge, 纽约。

——2008,《视频游戏理论读本2》, Routledge, 纽约。

Wolfsfeld, G. 1997,《媒体与政治冲突：来自中东的新闻》，剑桥大学出版社，剑桥。

Wood, H. 和 Skeggs, B.（编辑）2011,《真人秀与阶级》，Palgrave Macmillan，伦敦。

Woolgar, S. 1991,《科学社会研究向技术的转向》,《科学、技术与人类价值》，第16卷，第1期，第20—50页。

附　录

缩略语和首字母缩写词

AANA　澳大利亚国家广告商协会

AAPAAP　澳大利亚联合新闻社

AARNET　澳大利亚学术研究网

ABA　澳大利亚广播管理局

ABAF　澳大利亚商业艺术基金会

ABC　报刊发行审计局

ABC　澳大利亚广播公司（以前的委员会）

ABCB　澳大利亚广播控制委员会

ABS　澳大利亚统计局

ABT　澳大利亚广播法庭

ACA　澳大利亚消费者协会

ACC　澳大利亚版权委员会

ACCAN　澳大利亚消费者行动网

ACCC　澳大利亚竞争和消费者委员会

ACMA　澳大利亚通信和媒体管理局

ACP　澳大利亚联合出版社

ACTF　澳大利亚儿童电视基金会

ACTU　澳大利亚工会理事会

ADB 反歧视委员会（新南威尔士州）

ADSL 非对称数字用户线

AFA 澳大利亚广告联合会

AFACT 澳大利亚反版权盗窃联合会

AFC 澳大利亚电影委员会

AFDC 澳大利亚电影开发公司

AFI 澳大利亚电影学院

AFTRS 澳大利亚电影、电视和广播学校

AHA 澳大利亚旅馆协会

AIAI 人工智能

AIIA 澳大利亚信息产业协会

AIM 澳大利亚信息媒体

AIMIA 澳大利亚交互式多媒体工业协会

AIRLA 澳大利亚独立唱片标签协会

AJA 澳大利亚记者协会

ALP 澳大利亚工党

ALRC 澳大利亚法律改革委员会

AM 调幅

AMCOS 澳大利亚机械版权所有者学会

AMPAL 澳洲音乐出版商协会有限公司

AMTA 澳大利亚移动电信协会

ANT 行动者网络理论

ANZCA 澳大利亚和新西兰通信协会

AOL 美国在线

附 录

AOTC　澳大利亚海外电讯公司

APA　美国心理学会

APC　澳大利亚新闻理事会

APEC　亚太经济合作组织

APRA　澳大拉西亚表演权协会

ARA　澳大利亚录音协会

ARC　澳大利亚研究理事会

ARC　澳大利亚研究理事会卓越中心

ARIA　澳大利亚唱片业协会

ARL　澳大利亚橄榄球联盟

ARN　澳大利亚广播网

ARPA　高级研究计划局

ARPU　每个用户的平均收入和价格

ARPANET　高级研究项目机构网络

ASC　澳大利亚体育委员会

ASEAN　东南亚国家联盟

ASTRA　澳大利亚订阅电视和广播协会

ASX　澳大利亚证券交易所

ATR　高级电视研究

AT&T　美国电话电报

auDa.au.　域名管理有限公司

AUSFTA　澳大利亚－美国自由贸易协定

AWA　澳大利亚联合无线公司

AWW　澳大利亚妇女周刊

BBC　英国广播公司

BBS　公告板服务

BMG　贝特尔斯曼音乐集团

BRACS　偏远土著社区广播计划

BSA　1992年《广播服务法》

BSEG　宽频服务专家小组

BTCE　运输和通信经济局

CAD　计算机辅助设计

CAAMA　澳大利亚中部土著媒体协会

CBAA　澳大利亚社区广播协会

CBF　社区广播基金会

CCCS　当代文化研究中心

CD　光盘

CDMA　码分多址联接方式

CD-ROM　光盘只读存储器

CE-HTML　消费电子超文本标记语言

CER　更紧密的经济关系

CGI　计算机生成的图像

CLC　通信法中心

CNN　有线新闻网

CRA　澳大利亚商业电台

CSE　内容服务企业

CSIRO　英联邦科学和工业研究组织

CTN　消费者电信网

DAB 数字音频广播

DARPA 国防部高级研究计划局

DBCDE 宽带、通信和数字经济系

DCITA 通信、信息技术和艺术系

DIY 自己动手

DOTAC 运输和通信部

DPP 刑事检控主任

DSB 数字声音广播

DV 数字视频

DVB-T 数字视频广播。地面

DVD 数字视盘

EFTF 实验影视基金

EPL 英格兰超级联赛

ESA 娱乐软件协会

EU 欧洲联盟

EULA 最终用户许可协议

FACTS 澳大利亚商业电视台联合会

FARB 澳大利亚无线电广播者联合会

FCC 联邦通信委员会（美国）

FFC 电影金融公司

FLICS 电影特许投资公司

FM 调频

FMCG 快速消费品

FPC 联邦出版公司

FTA　自由贸易协定

FTTH/FTTP　光纤到家/房屋

FTTN/FTTC　光纤到节点/路缘

GATS　服务贸易总协定

GATT　关税及贸易总协定

GFC　全球金融危机

GIS　地理信息系统

GPS　全球定位系统

GSM　全球移动电话系统（欧洲标准）

GST　商品及服务税

HbbTV　混合广播宽带电视

HBO　主场票房

HDTV　高清晰度电视

HFC　混合光纤同轴

HREOC　人权和平等机会委员会

HTML　超文本标记语言

ICANN　互联网名称与数字地址分配机构

IEAA　澳大利亚互动娱乐协会

IFPI　国际唱片业联合会

IGDA　国际游戏开发者协会

IIA　互联网行业协会

IM　即时通信

IRC　因特网中继聊天

ISOC　澳大利亚互联网协会

ISP　互联网服务提供商

ITN　独立电视网

ITU　国际电信联盟

iTV　交互式电视

LBS　基于位置的服务

LTE　长期演变（服务）

MCA　澳大利亚媒体委员会

MDS　多点配送系统

MEAA　媒体娱乐与艺术联盟

MEAP　移动企业应用平台

MERCOSUR　巴西、阿根廷、巴拉圭和乌拉圭南美洲集团

MIA　澳大利亚媒体国际

MMOG　大规模多人在线游戏

MMORPG　大规模多人在线角色扮演游戏

MMS　多媒体信息服务

MPA　澳大利亚杂志出版商

MPDAA　澳大利亚电影发行商协会

MTV　音乐电视

MUD　多用户地牢游戏

MOO　对象导向式 MUD 游戏

NAFTA　北美自由贸易协定

NES　任天堂娱乐系统

NBN　全国宽带网

NGO　非政府组织

NIMAA 澳大利亚全国土著媒体协会

NIM 报纸插页杂志

NIRS 全国土著无线电服务

NREN 国家研究和教育网络

NRP 国家无线电计划

OECD 经济合作与发展组织

OIPC 澳大利亚信息专员办公室

OTC 海外电讯委员会

p2p 点对点

PBL 出版广播有限公司

PBS 公共广播服务

PDV 后期制作数字和视频

POTS 普通老式电话系统

PPCA 澳大利亚唱片公司

PRIA 澳大利亚公共关系研究所

PSA 物价监督管理局

PSP 便携式游戏站（索尼）

PSX X游戏站

RCIADICc 土著居民在押死亡调查皇家委员会

RIAA 美国唱片工业协会

RSS 真正简单的整合

SBS 特别广播服务

SCOT 技术的社会建构

SDTV 标准清晰度电视

SLAM　保存现场澳大利亚音乐

SMS　短消息业务

SST　技术的社会塑造

STS　科学技术研究

TCP/IP　传输控制协议/因特网协议

TIO　电信业监察专员

TOS　服务条款

TMRC　技术模型铁路俱乐部

TPC　贸易惯例委员会

TPG　外围设备组共计

TVC　电视广告

UCC　用户创建内容

UHF　超高频

UNSW　新南威尔士大学

USO　普遍服务义务

VCR　盒式录像机

VCS　视频计算机系统

VES　视频娱乐系统

VHA　沃达丰和记澳洲

VHF　甚高频

VIDA　澳大利亚视频行业分销商

VOIP　因特网协议上的语音

VPN　虚拟专用网

VRF　维多利亚岩基

WAP　无线接入协议
WIPO　世界知识产权组织
WoW　魔兽世界
WTO　世界贸易组织

中英文对照词表

Abbott, Tony
ABC

abolition of fees	取消费用
audience loyalty	受众忠诚度
Australian content	澳大利亚内容
bias, perception of	偏见，认知
broadcasting regulation	广播条例
budget cuts	削减预算
charter	宪章
comedies	喜剧
commencement	生效日期
demographic appeal	人口吸引力
emergency mapping system	应急地图系统
innovation	创新
iView	iView
legislation	立法
loyalty	忠诚度
Mansfield Review	曼斯菲尔德评论
multi-channelling capacities	多频道容量

news and current affairs	新闻时事
1970s and 1980s	20世纪70年代与20世纪80年代
1990s and 2000s	20世纪90年代和21世纪00年代
'perpetual crisis'	"永恒危机"
political bias	政治偏见
'Pool' interactive art site	"水池"互动艺术网站
radio	广播
satirical comedy	讽刺喜剧
services, expansion and re-branding	服务、扩张和品牌重塑
structural changes	结构变化
studies	研究
ABC Online	澳大利亚广播公司在线
Aboriginal people see Indigenous people	原住民见原住民
ACP Magazines	澳大利亚联合出版社杂志
ADSL (asymmetrical digital subscriber line)	ADSL（非对称数字用户线路）
Advanced Research Project Agency Network (ARPANET)	高级研究计划局网络（ARPANET）
advertising	广告
agencies	机构
agency services	机构服务
audience research see audience	受众研究见受众
branded content	品牌内容
budgets	预算
channel planning	频道规划

code of ethics	道德规范
commerce and art, fusion	商业与艺术，融合
commercial media sustained by	商业媒体的维持
competition	竞争
deregulation	放松管制
direct marketing	直接营销
freelance specialists	自由职业专家
global links	全球链接
globalisation	全球化
income derived from	收入所得
infotainment	信息娱乐
internet	互联网
legislation	立法
magazines	杂志
media-buying agencies	媒体采购机构
medium, choosing	中等，选择
misleading	误导
national advertisers	全国广告商
nature of	本质
newspapers	报纸
niche marketing	利基营销
non-national advertising	非国家广告
online	在线
operation of	操作
origins	起源
product placement	植入式

radio	广播
ratings-based	基于收视率的
regulation	法规
social networking sites	社交网络网站
sponsors	赞助商
spots	景点
telecommunications industry	电信业
telemarketing	电话销售
television	电视
television commercials (TVCs)	电视广告（TVC）
top advertisers	顶级广告商
top agencies	顶级代理
transnational advertisers	跨国广告商
viral	病毒
Advertising Federation of Australia (AFA)	澳大利亚广告联合会（AFA）
Advertising Standards Board	广告标准委员会
Advertising Standards Bureau (ASB)	广告标准局（ASB）
Afghan refugees	阿富汗难民
The Age	《时代》
American empiricism	美国经验主义
American Telegraph and Telephone (AT&T)	美国电报公司（AT＆T）
Android	安卓
Angry Birds	《愤怒的小鸟》

Apple	苹果
Apple iPhone	苹果 iPhone
Apple iPhoto	苹果 iPhoto
Apple iPods	苹果 iPods
Apple iTunes	Apple iTunes
apps	应用程序
Australian industry	澳大利亚工业
banks	银行
cars, for	汽车
development	发展
device fragmentation	设备分化
distribution	发行
markets	市场
mobile devices	移动设备
national developers	全国开发者
non-creative company involvement	非创意公司参与
outsourcing	外包
revenue	收入
televisions, for	电视机，用于
Arab Australians	阿拉伯澳大利亚人
ARC Centre of Excellence for Creative Industries and Innovation	ARC 创意产业与创新卓越中心
Arnold, Matthew	Arnold, Matthew
the arts, regulation of	艺术，监管
Asian Australians	澳大利亚亚裔
Associated Press	美联社

Atari	阿塔里
ATN	ATN
audience	受众
academic interest in	学术兴趣
active	活跃
advertising and	广告和
concept of	概念
consumers	消费者
'cultural dopes'	"文化毒品"
'effects tradition'	"影响传统"
encoding/decoding	编码/解码
ethnographic approach	人种学方法
fans and fandom	粉丝和粉丝群
global	全球
globalisation	全球化
government interests in	政府利益在
industry interests in	行业利益在
interpretations by	解释
'invisible fictions'	"隐形小说"
nature of	性质
old versus new	旧的与新的
passive	被动
'produser'	"参与生产的消费者"
public interests in	公共利益
quantitative and qualitative measures	定量和定性措施

ratings	收视率
research	研究
social and civil participation	社会和公民参与
tele-participation	电话参与
theory and method in research	研究中的理论与方法
Audit Bureau of Circulation	发行量审计局
AUSSAT	AUSSAT
Austereo	Austereo
Australia and New Zealand Communication Association (ANZCA)	澳大利亚和新西兰传播协会（ANZCA）
Australia Council	澳大利亚理事会
Australia Institute	澳大利亚研究所
Australia-US Free Trade Agreement	澳美自由贸易协议
The Australian	《澳大利亚人》
Australian Academic Research Network (AARNET)	澳大利亚学术研究网络（AARNET）
Australian Associated Press (AAP)	澳联社（AAP）
Australian Association of National Advertisers (AANA)	澳大利亚国家广告商协会（AANA）
Australian Broadband Guarantee	澳大利亚宽带保障
Australian Broadcasting Commission see ABC	澳大利亚广播公司参见澳大利亚广播公司
Australian Broadcasting Corporation see ABC	澳大利亚广播公司参见澳大利亚广播公司

Australian Broadcasting Tribunal (ABT)	澳大利亚广播法庭（ABT）
Australian Business Arts Foundation	澳大利亚商业艺术基金会
Australian Children's Television Foundation (ACTF)	澳大利亚儿童电视基金会（ACTF）
Australian Communications and Media Authority (ACMA)	澳大利亚通信和媒体管理局（ACMA）
Australian Communications Consumer Action Network (ACCAN)	澳大利亚通信消费者行动网络（ACCAN）
Australian Competition and Consumer Commission (ACCC)	澳大利亚竞争和消费者委员会（ACCC）
Australian Computer Science network	澳大利亚计算机科学网
Australian Computer Society	澳大利亚计算机协会
Australian Constitution	澳大利亚宪法
Australian Council of Trade Unions (ACTU)	澳大利亚工会理事会（ACTU）
Australian cultural identity	澳大利亚文化认同
Australian culture sexist, whether	澳大利亚文化性别歧视，是否
Australian Film Commission	澳大利亚电影委员会
Australian Film Development Corporation (AFDC)	澳大利亚电影发展公司（AFDC）
Australian Film Institute (AFI)	澳大利亚电影学院（AFI）
Australian Financial Review	《澳大利亚金融评论》
Australian Fine Music Network	澳大利亚优秀音乐网络

Australian Hotels Association	澳大利亚酒店业协会
Australian Idol	《澳洲偶像》
Australian Information Industry Association	澳大利亚信息产业协会
Australian Interactive Multimedia Industry Association (AIMIA)	澳大利亚互动媒体产业协会（AIMIA）
Australian Journal of Communication	《澳大利亚传播杂志》
Australian Journal of Cultural Studies	《澳大利亚文化研究杂志》
Australian Journalists' Association	澳大利亚记者协会
Australian Law Reform Commission (ALRC)	澳大利亚法律改革委员会（ALRC）
Australian media and communications	澳大利亚媒体与传播
Australian media studies	澳大利亚媒体研究
Australian Mobile Telecommunications Association (AMTA)	澳大利亚移动电信协会（AMTA）
Australian Press Council	澳大利亚出版业理事会
Australian Record Industry Association (ARIA)	澳大利亚唱片业协会（ARIA）
Australian Research Council	澳大利亚研究委员会
Australian Subscription Television and Radio Association (ASTRA)	澳大利亚订阅电视和广播协会（ASTRA）
Australian theoretical traditions	澳大利亚理论传统
Australian Women's Weekly	《澳大利亚女性周刊》

Autism SA	自闭症 SA
Autohome	汽车之家
Ballmer, Steve	史蒂夫·鲍尔默（Ballmer Steve）
Bandura, Albert	阿尔伯特·班杜拉（Bandura Albert）
Barr, Trevor	巴尔·特雷沃尔（Barr Trevor）
Barthes, Roland	巴特·罗兰（Barthes Roland）
Bauer Media Group	鲍尔媒体集团
BBC iPlayer	英国广播公司 iPlayer
Berners-Lee	伯纳斯·李·蒂姆（Berners-Lee, Tim）
Big Brother	《老大哥》
BigPond	BigPond
BigPond Movies	BigPond 电影
BigTinCan	BigTinCan
Birmingham School	伯明翰学校
BitTorrent	BitTorrent
Bligh, Anna	布莱，安娜（Bligh, Anna）
The Block	《街区》
Blogosphere	博客
blogs	博客
Blue Tongue	蓝舌病
Bobo doll studies	波波娃娃研究
Bond, Alan	阿兰，邦德（Bond, Alan）
Boxee	Boxee
British cultural studies	英国文化研究

British press	英国出版社
broadband	宽带
DSL technology	DSL 技术
National Broadband Network (NBN)	国家宽带全国网络网络（NBN）
satellite, via	卫星，通过
broadcasting	广播
digital, move to	数字化，转至
legislation	立法
ownership of licences	执照所有权
regulation	法规
spectrum	范围
state involvement in	国家介入
Broker iPad app	中介 iPad 应用（app）
Bruns, Axel	Bruns，Axel
'bullet theory'	"魔弹论"
Business Spectator	《商业观察》
Buttrose, Ita	Buttrose，Ita
Campion, Jane	Campion，Jane
Canberra Times	《堪培拉时报》
capitalism	资本主义
cash for comment	现金置评
CCTV	闭路电视
celebrity	名人
career path, as	职业道路，如
concept of	概念

culture	文化
industry producing	行业制作
magazine stories	杂志故事
mass production	大批量制作
parasocial interaction	拟社会互动
privacy	隐私
production of	制作
reality TV	真人秀
representation	代表
what is	什么是
censorship 335 *see also* classification	审查 335 也可参见分级
community standards test	社区标准测试
Centre for Contemporary Cultural Studies	当代文化研究中心
Centre for Independent Studies	独立研究中心
change, velocity of	变化，速度
Channel 11	第 11 频道
The Chaser's War on Everything	《追逐者对万物的战争》
chat programs	聊天节目
children	儿童
'corporate paedophilia'	"恋童癖"
sexualisation of	性别化
China Mobile	中国移动
CHOICE	选择
Chomp	Chomp

Christchurch earthquake	克赖斯特彻奇地震
Christian, Michael	Christian, Michael
Christian radio	基督广播电台
cinemas	电影院
Australian	澳大利亚
discourses of	话语
early Australian	澳大利亚早期
civil participation	公民参与
classification	分级
censorship and	审查和
community attitudes to regulation	社区对法规的态度
community standards test	社区标准测试
future	未来
legislation	立法
principles	原则
purpose	目的
restriction of access	限制访问
review	审查
state and Commonwealth differences	国家和英联邦的分歧
Cleo	《Cleo》
climate change	气候变化
cloud computing	云计算
co-regulation	共同管制
Code of Ethics	道德规范
Cole, Jeffrey	Cole, Jeffrey

commercial radio	商业广播
Commercial Radio Australia	澳大利亚商业电台
Commonwealth powers	联邦权力
Commonwealth Scientific and Industrial Organisation (CSIRO)	联邦科学与工业研究组织（CSIRO）
Communication Research	《传播研究》
Communications Alliance	通信联盟
communications services	通信服务
Community Broadcasting Association of Australia (CBAA)	澳大利亚社区广播协会（CBAA）
community media interventions	社区媒体干预
community radio	社区广播
competition	竞争
convergence and	融合和
laws	法律
telecommunications	电信
computer games see electronic games	电脑游戏，见电子游戏
Comscore	康姆斯克
conflicts of interest	利益冲突
Consolidated Media	综合媒体
consumer associations	消费者协会
Consumers' Telecommunications Network (CTN)	消费者的电信网络（CTN）
contempt laws	蔑视法律
content convergence	内容融合

convergence	融合
challenge of competition and	挑战
competition and	竞争和
content	内容
culture	文化
horizontal layers	水平层
industry	行业
policy challenge	政策挑战
technological	科技
television	电视
vertically integrated industry 'silos'	纵向一体化产业"桶"
Convergence Review	融合审查
cooking shows	烹饪表演
copyright	版权
Copyright Tribunal	版权仲裁法庭
popular music	流行音乐
review of laws	法律审查
'corporate paedophilia'	"恋童癖"
Cosmopolitan	《Cosmopolitan》
cosmopolitan multiculturalism	国际性多元文化
Courier-Mail	《信使邮报》
Crawford Productions	克劳福德制作公司
Creative Industries National Mapping Project	创意产业国家测图工程
Cricket LIVE	板球直播
Crikey	《Crikey》

crisis communication crowdsourcing	危机传播众包
emergency services strategies	紧急服务策略
local communities	当地社区
media role	媒体角色
natural disasters	自然灾害
social media	社交媒体
strategies	战略
critical theory	批判理论
Cronulla riot	克罗纳拉暴乱
cross-media ownership	跨媒体所有权
crowdsource funding	众筹
CSL	CSL
'cultivation theory'	"培育理论"
cultural clusters	文化集群
cultural diversity	文化多样性
cultural imperialism	文化帝国主义
Cultural Ministers Council	文化部长委员会
cultural policy studies	文化政策研究
Cultural Research Network	文化研究网络
cultural studies	文化研究
analysis	分析
Marxist concerns	马克思主义的关注点
Cunningham, Stuart	Cunningham,Stuart
CVC Asia Pacific	CVC 亚太
cyberbullying	网络霸凌

Daily Mail	《每日邮报》
Daily Mirror	《每日镜报》
Daily Telegraph	《每日电讯报》
data-gathering	数据收集
de Certeau, Michel	de Certeau，Michel
de Saussure, Ferdinand	de Saussure，Ferdinand
defamation laws	诽谤法
democracy and the press	民主与新闻
Department of Broadband, Communications and the Digital Economy (DBCDE)	宽带，通信和数字经济系（DBCDE）
de-regulation	解除管制
DiG	数字
digital distribution models	数字发行模式
Digital Economy Goals	数字经济目标
digital radio	数字广播
digital technologies	数字技术
Dirani, Firass	Dirani，Firass
direct regulation	直接条例
disabilities, persons with	残障人士
Discovr Music	Discovr 音乐
disenfranchisement	剥夺公民权
Dix Report	Dix 报告
domain name services	域名服务
dot.com bubble	网络泡沫
downloading	下载

data	数据
illegal	非法
media industry participation	媒体产业参与
drinking, social	饮酒，社交
Dropbox	Dropbox
The Drum	《Drum》
Duchess of Cambridge	剑桥公爵夫人
DVB-T	DVB-T
DVD see also film	DVD 167-9 另请参见电影
content delivery	内容交付
industry data	行业数据
rental	租赁
rental kiosks	租赁亭
role	角色
sales	销售
electronic games	电子游戏
actor network theory (ANT)	演员网络理论（ANT）
affordances approach	可供性方法
apps	应用程序
arcade games	街机游戏
birth of gaming	游戏的诞生
console games	电视游戏
convergence	融合
convergent formats	融合格式
developers	开发者
domestication approach	归化方法

generations of	几代的
growth of industry	行业的增长
hackers	黑客
histories	历史
interactivity	互动
location-based service (LBS) games	基于位置服务（LBS）游戏
ludology	游戏学
massively multiplayer online role-playing games (MMORPGs)	大型多人在线角色扮演游戏（MMORPGs）
mobile gaming devices	移动游戏设备
mobile phones	手机
narratology	叙事学
Nintendo 260	任天堂
online gaming	在线游戏
player participation	玩家参与
popular culture simulation	流行文化模拟
social constructivism	社会建构主义
social technologies	社会技术
Sony Playstation	索尼 Playstation
Space Invaders	《太空侵略者》
US military funding	美国军事资金
user-created content	用户创建的内容
uses	用途
video game crash	美国视频游戏业萧条事件
Wii	Wii
Xbox	Xbox

Electronic Program Guides (EPGs)	电子节目指南（EPGs）
email	电子邮件
emergency media	紧急媒体
Emerson, Craig	Emerson, Craig
end-user licence agreements (EULAs)	最终用户许可协议（EULA）
environment	环境
bypass of mainstream media	绕开主流媒体
complexity of issues	问题的复杂性
conflicts	冲突
environmental movements	环境运动
Gibson's tree	Gibson 的树》
ideological debate	意识形态辩论
internet	互联网
power of images	图片的魔力
reporting	报告
role of media	媒体的角色
ethics	道德
education	教育
inquiries and reviews	咨询和评论
journalists	记者
legal regulation	法律法规
online/social media responses to events	网络/社交媒体对事件的反应
phone-hacking	电话黑客
policing	警务

radio stunts	广播特技
regulation	法规
self-regulation	自律
theory and practice	理论与实践
ethno-multiculturalism	民族多元文化
ethnographic approach	人种学方法
Experimental Film and Television Fund (EFTF)	实验性电视和电影基金（EFTF）
Facebook	Facebook
privacy	隐私
Facebook Places	Facebook 排名
Factiva	道琼斯路透商业资讯
Fairfax	Fairfax（费尔法克斯）传媒公司
press ownership	新闻所有权
redundancies	裁员
shift to digital products	转向数码产品
tabloid format	小报格式
television ownership	电视所有权
Fairfax Digital	费尔法克斯数码
Fame Attack	《名声攻击》
fanfiction	同人小说
Fango	Fango
fans and fandom	粉丝和粉丝群
Federation of Australian Commercial Television Stations (FACTS)	澳大利亚商业电视电台联合会（FACTS）

feminism	女权主义
representation of women	妇女代表
Fetch TV	Fetch TV
film	电影
anachronistic term	过时的术语
Australian-international productions	澳大利亚国际制作
box office receipts	票房收入
cinema, predicted death of	电影，死亡预言
content regulation	内容管理
crowdsource funding	众筹
digital distribution	数字发行
distribution	分销发行
DVDs	DVD
exhibition	展览
foreign production	国外制作
fourth industry model	第四产业模型
funding	融资
globalisation	全球化
government role	政府角色
history of Australian cinema	澳大利亚电影史
industry	行业
industry data	行业数据
international projects	国际项目
international shifts	国际转移
offset incentives	抵消激励

production	制作
regulation of industry	行业监管
structural issues 2010s	21世纪10年代结构性问题
tax concessions	税收优惠
third industry model	第三产业模型
two-industry model	双产业模式
Film Australia	电影澳大利亚
Film Finance Corporation (FFC)	电影金融公司（FFC）
Filter Squad	过滤器小组工作室
Finkelstein Independent Media Inquiry	Finkelstein独立媒体调查
Fiske, John	约翰·菲斯克（Fiske, John）
flash mob events	快闪族事件
Flickr	Flickr
food magazines	食品杂志
foreign ownership	外国所有权
Foucault, Michel	米歇尔·福柯（Foucault, Michael）
Four Corners	《四个角落》
4G 'Long Term Evolution' (LTE) technology	4G"长期演进"（LTE）技术
Foursquare	Foursquare
Fox Sports	福克斯体育
Foxtel	Foxtel
IQ2	IQ2
magazine	杂志

Frankfurt School	法兰克福学派
Fraser government	Fraser 政府
Free TV Australia	澳大利亚免费电视
Freeview	自由视野
French structuralism	法国结构主义
Frontier Online	《前沿在线》
Fruit Ninja	《水果忍者》
Future Fund	未来基金
Game of Thrones	《权力的游戏》
games see electronic games	游戏参见电子游戏
The Games	《运动会》
gang rapes	轮奸
Garrett, Peter	Garrett, Peter
gender roles	性别角色
genre of texts	文本体裁
Gerbner, George	Gerbner，George
Gibson, Miranda	Gibson，Miranda
Gillard, Julia	吉拉德·朱莉娅（Gillard Julia）
Gillespie, Marie	吉莱斯皮·玛丽（Gillespie Marie）
Global Financial Crisis	全球金融危机
Global Positioning System (GPS)	全球定位系统（GPS）
globalisation	全球化
advertising	广告
media, of	媒体
Go!	GO!

Good Universities Guide	《优秀大学指南》
Google	谷歌
Google Maps	谷歌地图
Google Play	谷歌市场
Google Street View	谷歌街景
Google's Project Glass	谷歌眼镜计划
Gordon & Gotch	Gordon & Gotch
government	政府
audiences, interests in	观众，兴趣
broadcasting, involvement in	广播，参与
film production	电影制作
press, involvement in	出版社，涉及
regulation	法规
Gramsci's hegemony concept	葛兰西（Gramsci）的霸权理念
Grazia	《Grazia》
Greig, Mel	Greig, Mel
Griffen-Foley, Bridget	Griffen-Foley，Bridget
Griffith School	格里菲斯（Griffith）学派
Gruden	Gruden
The Gruen Transfer	《格伦转移》
Grundy Organisation	格伦迪组织（Grundy Organisation）
The Guardian	《卫报》
Gyngell, Bruce	Gyngell，Bruce
Habermas, Jürgen	哈贝马斯，尤尔根（Habermas, Jurgen）

hactivism	黑客活跃分子
haka viral video	战舞网红视频
Hall, Stuart	霍尔，斯图尔特（Hall，Stuart）
Hawke, Bob	霍克，鲍勃（Hawke，Bob）
Hawke government	霍克政府
health and fitness magazines	健康与健身杂志
hegemonic capitalism	霸权资本主义
Herald and Weekly Times	《先驱》和《周刊时报》
Herald Sun	《太阳先驱报》
Herzog, Herta	Herta Herzog
Hesmondhalgh, David	Hesmondhalgh，David
Hill, David	Hill, David
Hitler's Nazism	希特勒的纳粹主义
The Hobart Mercury	《霍巴特水星》
Hoggart, Richard	Hoggart, Richard
Homicide	《凶杀案》
homosexuality	同性恋
Howard government	霍华德政府
ABC budget cuts	澳大利亚广播公司削减预算
copyright	版权
foreign and cross-media ownership	国外和跨媒体所有权
privatisation of Telstra	澳洲电信私有化
Howard, John	Howard, John
Hulu	Hulu
Hutchison	Hutchison
hybrid fibre/coaxial cable (HFC)	混合光纤/同轴电缆（HFC）

'hypodermic needle' conception	皮下注射概念
Hywood, Greg	希伍德,格雷格(Hywood, Greg)
iiNet	iiNet
Independent Media Inquiry	《独立媒体调查》
IndieGoGo	IndieGoGo
Indigenous people	原住民居民
apology to	致歉
community radio	社区广播
internet usage	互联网用途
Michaels' analysis of television and culture	迈克尔对电视与文化的分析
music	音乐
radio	广播
representations in media	媒体陈述
individualism	个人主义
industry associations	行业协会
internet	互联网
industry convergence	产业融合
information-based systems of delivery	以信息为基础的交付系统
Inquiry into the Sexualisation of Children in the Contemporary Media Environment	对当代媒体环境中儿童性化的调查
Instagram	Instagram
instant messaging	即时通讯
Institute of Public Affairs	公共事务研究所

intellectual property	知识产权
laws	法律
music piracy	音乐盗版
INTELSAT	国际通信卫星组织
international telecommunications	国际电信
internet	互联网
access and use	访问和使用
advertising	广告
age of users	用户年龄
blogs	博客
broadband	宽带
chat programs	聊天节目
cloud computing	云计算
commerce ban, lifting of	商业禁令，解除
commercial structures	商业结构
compulsory filters	强制审查
concepts underlying	基本概念
consumption	消费
converged medium	融合媒介
cultures of use	使用文化
dial-up	拨号
disability and access	障碍或准入
diversity	多元化
domain name services	域名服务
email	电子邮件
environmental movements	环境运动

globalisation	全球化
impact	影响
Indigenous users	原住民用户
industry associations	行业协会
informational content, source of	信息内容：来源
infrastructure	基础设施
instant messaging	即时通信
launch of	发行
nature of	本质
new technologies	新技术
online and interactive services	在线和交互式服务
photo-sharing websites	照片分享网站
policy	政策
press and	出版社和
p2p applications	p2p 应用
role	角色
search engines	搜索引擎
subscribers	订阅者
understanding	理解
usage	使用
users	用户
video-sharing websites	视频分享网站
V0IP technology	网络电话技术
web industry	网络行业
wikis	维基
wireless technologies	无线技术

Internet Corporation for Assigned Names and Numbers (ICANN)	互联网地址分配公司（ICANN）
Internet Industry Association (IIA)	互联网行业协会（IIA）
Internet Protocol television (IPTV)	互联网协议电视（IPTV）
internet relay chat (IRC)	互联网中继聊天（IRC）
Internet service providers (ISPs)	互联网服务提供商（ISPs）
iOS	iOS
iView	iView
Jacka, Elizabeth	杰卡（Jacka），伊丽莎白（Elizabeth）
Jamster	贾姆斯特（Jamester）
Jarvis, Gail	贾维斯（Jarvis），盖尔（Gail）
Jenkins, Henry	亨利·詹金斯（Jenkins）
Jiepang	《街旁》
Jones, Alan	琼斯（Jones），艾伦（Alan）
Journal of Communication	《传播学刊》
journalism	新闻
environmental reporting	环境报告
quality	质量
styles	风格
journalists	记者
ethics	道德
job losses	失业
public scepticism	公众猜疑
Kath and Kim	《凯丝和金（Kath and Kim）》
Kazaa	Kazaa
Keating, Paul	Keating，Paul

Kickstarter	Kickstarter
Kohler, Alan	Kohler，Alan
Kony Solutions	Kony 解决方案
Labor Party	工党
Lacan, Jacques	Lacan，Jacques
Laga'aia, Jay	Laga'aia，Jay
language	语言
Lasswell, Harold	Lasswell，Harold
Laws, John	Laws，John
Lazarsfeld, Paul	Lazarsfeld，Paul
legislation	立法
Leveson Inquiry	莱韦森调查（Leveson Inquiry）
Levi-Strauss, Claude	Levi-strauss，Claude
Levin, Jordan	乔丹·莱文（Levin，Jordan）
LG	LG
Liberal Party	自由党
lifestyle programs	生活方式节目
LinkedIn	领英
Linux	Linux
Live Music Accord	现场音乐协议
location-based service (LBS)	基于位置的服务（LBS）
disclosure concerns	信息披露担忧
electronic games	电子游戏
privacy policies	隐私政策
locative media	地方性媒体
The Loop	《Loop》

Lucy, Judith	朱迪斯·露西（Lucy，Judith）
McChesney, Robert W.	罗伯特·W·麦克切斯尼（McChesney，Robert W.）
McGuire, Eddie	艾迪·麦圭尔（McGuire，Eddie）
McHugh, Michael	McHugh，Michael
McQueen, Humphrey	McQueen，Humphrey
Magazine Publishers of Australia (MPA)	澳大利亚杂志出版社（MPA）
magazines	杂志
advertising	广告
audit of sales	销售审计
categories	类别
celebrity gossip *see also celebrity*	名人八卦 206，304 也可参见名人
changes in content	内容变化
children's	儿童的
circulation	发行量
component of media companies	媒体公司的组成部分
cover price	封面价格
demographics	人口统计数据
desktop publishing	桌面出版
digital sales	数字销售
distribution	发行
economics	经济
editorial content	编辑内容
fashion	时尚

food magazines	食品杂志
gender and	性别与
health	健康
income sources	收入来源
'lads' mags'	"男性"杂志"
links to other media	其他媒体链接
market segmentation	市场细分
men's	男士
microzines	微杂志
new titles	新标题
newspaper-inserted (NIMs)	报纸插页杂志（NIM）
online threat, response to	网络威胁，应对
parenting	育儿
readership	读者
special interest	特殊利益
supermarket sales	超市销售
television versions	电视版本
women's	女子
Magic Kingdom	魔法王国
Mansfield Review	曼斯菲尔德评论
Marie Claire	《嘉人》
marketing and public relation strategies	营销与公共关系策略
Marxism	马克思主义
mass culture	大众文化

massive multi-player online games (MMOGs)	大型多人在线游戏（MMOG）
massively multiplayer online role-playing games (MMORPGs)	大型多人在线角色扮演游戏（MMORPG）
Master Chef	《主厨》
Masthead Metric	报头度量标准
Mayer, Henry	Mayer，Henry
Meagher, Jill	Meagher，Jill
Meagher, Tom	Meagher，Tom
media and communications Australian	澳大利亚媒体与传播
campuses offering	校园提供
change, velocity of	变化，速度
competition	竞争
convergence	融合
downloading as	下载为
established	成立
history	历史
'new'	"新"
'old' forms	"旧"形式
study of	研究
systems of delivery	交付系统
theoretical approaches	理论方法
traditional distinctions	传统区别
what are	什么是
whose	谁的

media and communications policy see policy	媒体与传播政策见政策
media and communications theory	媒体与传播理论
Althusser	阿尔都塞（Althusser）
American	美国
audience research	受众研究
Australian cultural studies	澳大利亚文化研究
Australian quirkiness	澳大利亚的古怪之处
Australian traditions	澳大利亚传统
Birmingham School	伯明翰学校
Bonney and Wilson	邦尼和威尔逊（Bonney and Wilson）
British cultural studies	英国文化研究
content analysis	内容分析
critical theory	批判理论
cultural industries	文化产业
dominant ideology thesis	主导意识形态论
Edgar's Children and Screen Violence	埃德加（Edgar）的《儿童和影视暴力》
empiricism	经验主义
ethnographic method	人种学方法
European	欧洲
Foucault, Michel	米歇尔·福柯（Foucault, Michael）
Frankfurt School	法兰克福学派
French structuralism	法国结构主义
functionalism	功能主义

Gramsci's hegemony concept	葛兰西（Gramsci）的霸权理念
Griffith School	格里菲斯（Griffith）学派
Hall, Stuart	Hall，Stuart
ideological critique	意识形态批判
Jacka, Elizabeth	Jacka，Elizabeth
Lazarsfeld, Paul	Lazarsfeld，Paul
linguistic turn	语言学转向
McQueen, Humphrey	McQueen，Humphrey
Marxist	马克思主义者
Mayer, Henry	Mayer，Henry
media power	媒体权力
Michaels, Eric	Michaels，Eric
policy studies *see also policy*	政策研究 9 另请参见政策
political economy	政治经济学
positivism	实证主义
propaganda	宣传
relative autonomy	相对自治权
semiology	符号研究
Smythe, Dallas	达拉斯·斯麦塞
social science model	社会科学模式
socio-political	社会政治
structuralism	结构主义
Turner's *National Fictions*	特纳（Turner）的《民族小说》
'uses and gratifications'	"使用与满足"
Western Marxism	西方马克思主义

Williams, Raymond	威廉姆斯，雷蒙德（Williams, Raymond）
media audience see audience	媒体受众见受众
media classification see classification	媒体分级参见分级
Media Council of Australia	澳大利亚媒体委员会
Media, Entertainment and Arts Alliance (MEAA)	媒体娱乐艺术联盟（MEAA）
media 'gatekeepers'	媒体"看门人"
Media Information Australia	《澳大利亚媒体信息》
Media International Australia (MIA)	《澳大利亚国际媒体》（MIA）
media literacy	媒体素养
mergers, regulation of	合并，监管
messaging, instant	信息发送，即时
Meyer, Philip	Meyer，Philip
Michaels, Eric	Michaels，Eric
Microsoft	微软
Mindfood	《Mindfood》
mobile enterprise application platform (MEAP)	移动企业应用平台（MEAP）
Mobile Lifestyle	移动生活方式
mobile media	移动媒体
everyday uses of technology	科技的日常应用
mobile phones	手机
apps	应用程序
growth of	增长

handsets	手机
internet subscribers	互联网订阅用户
MMS	彩信
mobile broadband	移动宽带
mobile television trials	手机电视实验
ring tones	铃声
SMS	SMS
third-generation (3G) phones	第三代（3G）手机
uses	用途
Wireless Access Protocol (WAP)	无线接入协议（WAP）
mobile television	移动电视
MOG	MOG
monopolies	垄断
newspapers	报纸
moral panic	道德恐慌
Morley, David	Morley，David
Morris, Graham	Morris，Graham
Morrison Media	媒体传媒
Mott, David	Mott，David
MP3 technology	MP3 科技
MSN messenger	MSN 即时通讯
multiculturalism	多元文化
paradoxes of media and multimedia messaging services (MMS)	媒体悖论与多媒体消息服务（MMS）
multi-user dungeons (MUDs)	多用户检测（MUD）

MUDs object-oriented (MOOs)	面向对象的 MUD（MOO）
Mulvey, Laura	Mulvey，Laura
Murdoch, James	Murdoch，James
Murdoch, Keith	Murdoch），Keith
Murdoch, Rupert	Murdoch），Rupert
music see also popular music	音乐，另见流行音乐
downloading	下载
subscription streaming service	订阅流媒体服务
Muslim Australians	澳大利亚穆斯林
Mutter, Alan	Mutter・Alan
MySpace	MySpace
Napster	Napster
National Broadband Network (NBN)	国家宽带网络（NBN）
National Classification Code	国家分级代码
National Classification Scheme	国家分级
national competition policy	国家竞争政策
National Cultural Policy	国家文化政策
National Ethnic and Multicultural Broadcasters' Council	国家种族和多文化广播公司理事会
National Indigenous Radio Service (NIRS)	全国原住民人广播服务
National Library	国家图书馆
National Reform Agenda	国家改革议程
National Research and Education Network (NREN)	国家研究与教育网络（NREN）
National Rugby League	国家橄榄球联盟

natural disasters	自然灾害
media role	媒体角色
Nazism	纳粹主义
Neighbourhood Cable	邻里有线
neoliberalism	新自由主义
Netcast platform	网络广播平台
Network Services	网络服务
New Idea	《新理念》
New York Review of Books	《纽约书评》
New York Times	《纽约时报》
news agencies	新闻机构
news and current affairs	新闻时事
ABC	ABC
public service broadcasting	公共广播服务
quality	质量
racist representations	种族主义言论
radio	广播电台
television	电视
websites	网站
News Digital Media	新闻及数码媒体
News Ltd	新闻有限公司
Murdoch's approach	默多克的做法
newspaper cutbacks	报纸削减
newspaper ownership	报纸所有权
News Media Council	新闻媒体委员会
NewsLifeMedia	新闻生活传媒

newspapers	报纸
advertising	广告
Australia, in	澳大利亚，在
business of	商业
circulation decline	发行量下降
closures	停业
competition	竞争
costs	成本
cross-media laws	跨媒体法律
cutbacks	削减
distribution, slowness of	分布，慢速
importance in 20th century	在20世纪的重要性
Indigenous representation in	原住民代表
international comparisons	国际比较
internet and	互联网和
magazines in (NIMs)	报纸插页杂志（NIM）
marginalisation of role	角色边缘化
market niche	市场利基
market research, use of	市场调研，运用
nature	自然
new	新
numbers in Australia	澳大利亚的数字
oligopolistic structure	寡头垄断结构
online titles	在线标题
ownership and control	所有权和控制权
pessimism	悲观主义

population growth and	人口增长和
profit maximisation	利润最大化
public appreciation	大众品味
public transport, decline in	公共交通，下降
rankings	排名
reasons for decline	下降原因
reduction in number	数量减少
self-regulation	自律
shift to digital products	数码产品转移
state involvement	国家介入
structure of Australian press	澳大利亚出版社结构
textual analysis	文本分析
titles closing	结语
total market size	总市场规模
Nine Network	第九频道
Nintendo	任天堂
Nokia	诺基亚
Obama, President Barack	总统巴拉克·奥巴马
objectification	物化
obscenity laws	淫秽法
One	一个
online delivery	在线播放
OpenSignal	信号雷达（OpenSignal）
Optus	Optus

Organization for Economic Cooperation and Development (OECD)	经济合作与发展组织（OECD）
Overland Telegraph Line	陆路电报线
Overseas Telecommunications Commission (OTC)	海外电信委员会（OTC）
ownership and control	所有权和控制权
changes in	变更
cross-media rules	跨媒体规则
debate about policy	关于政策的讨论
deregulation	解除管制
diversity	多样性
foreign ownership	外国所有权
influence on policy	对政策的影响
newspapers	报纸
print media	印刷媒体
radio	广播
television	电视
Pacific Magazines	太平洋杂志
'Pacific Solution'	《太平洋解决方案》
Packer, Frank	弗兰克·帕克
Packer, James	詹姆斯·帕克
Packer, Kerry	克里·帕克
Consolidated Press Holdings	联合报业控股公司
death of	死亡
Nine Network	第九频道电视台

paedophilia, corporate	恋童癖，企业
parallel importing	平行进口
pay TV	付费电视
anti-siphoning legislation	反虹吸法
commencement	生效日期
content sharing agreement	内容分享协议
Foxtel	Fox 电视台
Point Piper Accord	点派尔协议
restructuring	重组
take-up rates	使用率
Telstra involvement	澳洲电信接入
peer-to-peer (p2p) networks	点对点（p2p）网络
Peirce, Charles	Peirce，Charles
phone-hacking	电话黑客
Phonographic Performance Company of Australia (PPCA)	澳大利亚唱片表演公司（PPCA）
photo-sharing	照片分享
Pinterest	Pinterest
piracy	盗版
Please Rob Me	请抢劫我
policy	政策
advocacy groups	宣传组
arts	艺术
Australia, in	澳大利亚
broadcasting	广播

competition and social principles, balancing	竞争与社会原则的平衡
convergence, challenge of	融合挑战
cyber file sharing	网络文件共享
decentralisation	去中心化
deregulatory standpoint	放松管制的立场
film and video	电影和视频
government regulation	政府法规
input/output distinction	输入与输出的区别
internet	互联网
'media mates' approach	"媒体伙伴"方法
neo-classical economic approach	新古典主义经济学方法
normative approach	规范性方法
over-regulation	过度管制
ownership and control see ownership and control	所有权和控制权见所有权和控制权
participation in formation	参与形成
players	玩家
political economy approach	政治经济学模式
politics and	政治和
print media	纸质媒体
public participation	公众参与
regulation approaches	法律监管模式
reviews	评论
stages	阶段
telecommunications	电信业

think-tanks	智库
political economy	政治经济学
politics	政治
representation in media	媒体代表
Pong	《Pong》
Popper, Sir Karl	Popper, Sir Karl
popular multiculturalism	流行的多元文化
popular music	流行音乐
Australian music business	澳大利亚音乐商业
Australian rock	澳大利亚摇滚
broadcasting	广播
CD prices/sales	CD 价格 / 销售额
commercial radio	商业广播
convergence	同质化
copyright	版权
crowdfunding	众筹
dance music cultures	舞曲文化
definition	定义
digital consumption	数字消费
digital sales	数字销售
distribution	发行
festivals	节日
file sharing	文件共享
globalisation	全球化
government policy	政府政策
hip hop	嘻哈

income from	收入来源
Indigenous music	本土音乐
international	国际
live performance	现场表演
local labels	本地标签
mashups	混搭
MP3 technology	MP3 技术
open source remixing	开放源码混音
participation by fans	粉丝的参与
profits	利润
protection of local industry	保护当地产业
regulation of broadcasting	广播法规
remixing songs	混音歌曲
role	角色
royalties	版税
schools, in	在校
software	软件
streaming services	流媒体服务
television	电视
postmodern public spheres	后现代公共领域
Pozible	Pozible
the press see newspapers	新闻界见报纸
Prices and Surveillance Authority (PSA)	物价及监察局（PSA）
inquiry into sound recordings	对录音的调查

print media 78 see also magazines; newspapers	印刷媒体 78 另请参见杂志；报纸
ownership	所有权
privacy	隐私
celebrity right to	名人权利
data collection	数据收集
image blurring technology	图像模糊技术
legislation	立法
limited privilege	有限特权
location disclosure and nature of	地点公开 性质
public interest test	公共利益测试
social privacy	社交隐私
viral media events	网络媒体事件
Productivity Commission	生产力委员会
'Produser'	"参与生产的消费者"
public-interest advocacy groups	公共利益团体
Public Relations Institute of Australia	澳大利亚公共关系学院
public service broadcasting (PSB)	公共服务广播（PSB）
ABC see ABC	ABC 参见 ABC
arguments against	反对意见
commercial arrangements	商业安排
digital archives	数字档案
future of	未来
globalisation, adaption to	全球化适应

innovation	创新
institutional strength	制度的力量
local content	本地内容
multi-platform products	多平台产品
news and current affairs	时事新闻
one-to-many platforms	一对多平台
predictions and debate	预测与辩论
role	角色
satire	讽刺文学
SBS see SBS	SBS 见 SBS
public sphere	公共领域
postmodern	后现代
Queensland floods	昆士兰洪灾
Queensland University of Technology	昆士兰科技大学
Quickflix	Quickflix
racism	种族主义
media, in	媒体
radio	广播
advertising	广告
cash for comment	现金置评
Christian radio	基督广播电台
commercial	商业
community radio	社区广播
daytime radio serials	日间广播连续剧
deregulation	放松管制

development	发展
digital transmission	数字传输
dual system	双元制
expansion	扩展
history	历史
Indigenous	原住民
local content	本地内容
music broadcasting	音乐广播
ownership	所有权
structure	结构
stunts	特技
talkback	对话
television and types of services	电视和服务类型
Rage	《愤怒》（Rage）
ratings	收视率
reality TV	真人秀
Redfern Now	《雷德芬现场》（Redfern Now）
reflexive modernity	反思现代性
regulation see also classification; policy	规范也见分级；政策
media ethics	媒体道德
Reid, Campbell	Reid，Campbell
representation	代表
analysing	分析
Arab Australians	阿拉伯裔澳大利亚人

capitalism and	资本主义和
concept of	概念
effect	效果
environment	环境
feminist theory	女权主义理论
Gramsci's hegemony concept	葛兰西（Gramsci）的霸权理念
ideology	意识形态
Indigenous Australians	澳大利亚原住民
judging	评判
language	语言
meaning	含义
multiculturalism	多元文化
Muslim Australians	澳大利亚穆斯林
objectification	物化
other countries/cultures, from	其他国家/文化，从
reality, relationship to	现实，关系
research strategies	研究策略
semiotics	符号学
sexualisation	性化
shared cultural resource	共享文化资源
social judgments, forming	社会判断，形成
stereotyping	刻板印象
textual analysis and	文本分析和
theoretical approaches	理论方法
value-driven practice	价值导向实践
women	女性

resale price maintenance	转售价格维持
Reuters	路透社
Rinehart, Gina	Rinehart, Gina
rock music see popular music	摇滚音乐流行音乐
Roku	Roku
Rosen, Jay	Rosen，Jay
Roy Morgan Research	罗伊·摩根（Roy Morgan）研究
Rudd government	陆克文政府
Rudd, Kevin	陆克文（Rudd，Kevin）
Ruddock, Andy	鲁多克，安迪（Ruddock·Andy）
Salam Cafe	《萨拉姆咖啡馆》
Samsung	三星
Sandilands, Kyle	Sandilands，Kyle
Save Live Australian Music	拯救澳大利亚现场音乐
SBS	SBS
budget cuts	削减预算
demographic	人口
documentaries	纪录片
establishment	企业
function	职能
legislation	立法
multiculturalism	多元文化
1990s and 2000s, in	20世纪90年代与21世纪00年代，
radio	广播
regulation	章程
studies	研究

Scott, C.P.	Scott，C.P.
Scott, Mark	Scott，Mark
Screen	《屏幕》
Screen Australia	澳大利亚银幕
Screensound	屏幕下载
ScreenWest	ScreenWest
SDK	软件开发工具包
search engines	搜索引擎
Second Life	《第二人生》
Sega	世嘉
Seiter, Ellen	Seiter，Ellen
self-identity	自我身份
self-presentation	自我展现的
self-regulation	自律
semiosphere	符号域
semiotics	符号学
Seven Network	七网络
sexism in Australia	澳大利亚的性别歧视
definition of sexism	性别歧视的定义
representations of women	女性代表
sexualisation	性化
children, of	儿童
Singtel	新加坡电信
Sky Technologies	天空科技
Skype	Skype
smartphones	微型电话

SmartTrans	SmartTrans
SMS	SMS
social capital	社会资本
social inclusion	社会包容
social media	社交媒体
apps	应用
business of	商业
convergence	融合
emergence of	兴起
governance	治理
platforms	平台
privacy	隐私
regulation	法规
role in emergencies	在紧急情况下的作用
social networking	社交网络
advertising use of	广告使用
celebrity material	名人内容
communication and networking	传播与网络
cultural affiliation	隶属关系
information disclosure to third parties	对第三方的信息披露
interactions	互动
location disclosure see also location-based service (LBS)	位置披露 294-5 另请参见基于位置的服务（LBS）
mobile media technology use	移动媒体技术利用
privacy concerns	隐私问题

using	使用
social sciences	社会科学
Sony Ericsson	索尼爱立信
Sony Playstation	索尼 Playstation
Sony Walkman	索尼随身听（Walkman）
South Park	《南方公园》
Southern Cross Media	Southern Cross Media 集团
Spacewar	《太空战争》
Special Broadcasting Service see SBS	特别广播服务见 SBS
spectrum	光谱
sport	体育
anti-siphoning regime	反虹吸机制
commercialisation	商业化
conflicts of interest	利益冲突
cultural citizenship	有文化的公民
gender and	性别与
ideological uses	意识形态用途
'live'	"现场"
media coverage	媒体报道
mediatisation of	中介化
popularity	流行
rights-sharing deals	权利共享交易
stereotypes	铅版印刷
subscription television	订阅电视节目
television resources	电视资源

Spotify	Spotify
Star Trek	《星际迷航》
stereotyping	刻板印象
structuralism	结构主义
Summer Heights High	《夏日高中》
Sun	《太阳报》
Sydney Morning Herald	《悉尼先驱晨报》
Tabula iPad app	Tabula iPad 应用软件
Tanner, Lindsay	琳赛·坦纳（Lindsay Tanner）
technological convergence	技术融合
telecommunications	电信业，电信
Asia-Pacific telcos	亚太电信股份有限公司
Australian market	澳大利亚市场
conduct regulation	行为条例
consolidation of providers	供应商的合并
Constitution	宪法
consumer regulation	消费者法规
deregulation	放松管制
economy and	经济与
growth of industry	产业增长
history	历史
information society component	信息社会组成部分
international	国际
Internet see internet	互联网
market share of providers	供应商的市场份额
misleading advertising	误导性的广告

mobile phones see mobile phones	手机
policy	政策
private partners	私人合作伙伴
public ownership	公共所有
second-tier companies	二线企业
service providers	服务供应商
services	服务
society and	社会与
structural regulation	结构条例
subscriber numbers	用户数量
Telstra see Telstra	Telstra 见 Telstra
universal service obligations	普遍服务义务
Telecommunications Industry Ombudsman (TIO)	电信行业申诉专员（TIO）
telemarketing	电话销售
tele-participation	电话参与
telephony	电话
fixed line voice	固话语音
music streaming services	音乐流媒体服务
television	电视
ABC see ABC	ABC 见 ABC
advertising	广告
apps	应用程序
breakfast	早餐
digital broadcasting	数字广播
drama series	戏剧系列

entrepreneurial	创业
establishment	企业
free-to-air	免费频道
future directions	未来方向
historical development	历史发展
history and analysis	历史与分析
influence and power	影响力与权力
lifestyle programs	生活方式节目
local content	本地内容
magazines, TV versions of	杂志，电视版本
multi-channels	多频道
1970s and 1980s	20 世纪 70 年代与 20 世纪 80 年代
number of channels	频道数量
overseas programs	海外节目
ownership	所有权
pay TV see pay TV	付费电视见付费电视
pervasiveness, effect	普遍性，影响
popular culture, influence on	流行文化，及其影响
popularity	人气
reality TV	真人秀电视
representation on see representation	代表见代表
SBS see SBS	SBS 见 SBS
social media and	社交媒体与
studies	研究
youth television	青年电视
Telstra	澳洲电信

NextG	NextG
privatisation	私有化
Sensis	Sensis
Ten Network	Ten Network
terms of service agreements (TOS)	服务条款协议（TOS）
text genre	文本流派
textual analysis	文本分析
academic and popular research	学术研究和大众研究
analysis of audience interpretations	受众解读分析
content analysis	内容分析
data-gathering methods	数据收集方法
how to do	如何做
media research drawbacks	媒体研究的弊端
own interpretations	自己的解读
purpose	目的
qualitative research	定性研究
questions	问题
relevant intertexts	相关交互文本
report on results	成果报告
representation	代表
semiosphere	符号域
summary	摘要
text gathering	文本收集
text types	文本类型
theoretical traditions	理论传统
theory, meaning	理论，意义

think-tanks	智库
TiVo	TiVo
Torrentfreak	Torrentfreak
trade practices Act	贸易惯例法案
competition see competition	竞争参见竞争
prohibitions	禁令
TransACT	TransACT
Tumblr	Tumblr
Turner, Graeme	Turner，Graeme
Twitter	推特
Underbelly	《Underbelly》
United Press International	合众国际社
United States newspapers	美国报纸
United States Free Trade Agreement	《美国自由贸易协定》
Universal Magazines	环球杂志
University of Southern California, Annenberg Center for the Digital Future	南加利福尼亚大学安纳伯格数字未来中心
user-created content	用户创建内容
Ushahidi Maps	Ushahidi 地图
Verizon Wireless	Verizon 无线
video see also film content delivery	视频另见电影内容交付
games see electronic games	游戏参见电子游戏

regulation	条例
video-sharing websites	视频分享网站
Vincent Committee	文森特委员会
Virgin Mobile	维珍移动
virtual worlds	虚拟世界
Vodafone	沃达丰
The Voice	《好声音》
VOIP technology	网络电话技术
war on terror	反恐战争
Warlpiri people	瓦尔皮里（Warlpiri）人
Washington Post	《华盛顿邮报》
Web 2.0	网络2.0
Webkit	Webkit
websites	网站
online news	在线新闻
West Australian	《西澳大利亚》
Westpac Group	西太平洋银行
Westpac iPad app	西太平洋银行iPad应用
White House home page	白宫主页
Whitlam government	惠特兰（Whitlam）政府
Who magazine	《Who》杂志
Whrrl	Whrrl
Wi-Fi	Wi-Fi
Wii	Wii
Wikipedia	维基百科
wikis	维基

Williams, Kim	Williams，Kim
Williams, Raymond	Williams Raymond
Wireless Access Protocol (WAP)	无线接入协议（WAP）
wireless technologies	无线技术
Woman's Day	《Woman's Day》
women	女性
daytime radio serials	日间广播剧
representation of	代表
World Association of Newspapers	世界报业协会
Wright Mills, C.	Wright Mills，C.
Writers Guild in Hollywood	好莱坞作家协会
Xbox	Xbox
Yahoo!	Yahoo!
Yellow Social Media Report	《社交媒体报告黄皮书》
Yelp	Yelp
YouTube	YouTube
viral circulation	病毒循环
Zeebox	Zeebox